轨道交通工程风险分级管控和隐患排查治理双重预防机制实施指南

何　山　阮大伟　石　雷　主编
吴　波　主审

中国建材工业出版社

图书在版编目（CIP）数据

轨道交通工程风险分级管控和隐患排查治理双重预防机制实施指南/何山，阮大伟，石雷主编. -- 北京：中国建材工业出版社，2020.5

ISBN 978-7-5160-2685-4

Ⅰ.①轨… Ⅱ.①何… ②阮… ③石… Ⅲ.①城市铁路—铁路工程—安全风险—管理控制—指南②城市铁路—铁路工程—安全隐患—安全检查—指南 Ⅳ.①U239.5-62

中国版本图书馆 CIP 数据核字（2019）第 212840 号

轨道交通工程风险分级管控和隐患排查治理双重预防机制实施指南

Guidao Jiaotong Gongcheng Fengxian Fenji Guankong he Yinhuan Paicha Zhili Shuangchong Yufang Jizhi Shishi Zhinan

何　山　阮大伟　石　雷　主编

吴　波　主审

出版发行：中国建材工业出版社

地　　址：北京市海淀区三里河路 1 号

邮　　编：100044

经　　销：全国各地新华书店

印　　刷：北京鑫正大印刷有限公司

开　　本：787mm×1092mm　1/16

印　　张：25.25

字　　数：550 千字

版　　次：2020 年 5 月第 1 版

印　　次：2020 年 5 月第 1 次

定　　价：128.00 元

本社网址：www.jccbs.com，微信公众号：zgjcgycbs

请选用正版图书，采购、销售盗版图书属违法行为

本书如有印装质量问题，由我社市场营销部负责调换，联系电话：（010）88386906

编审委员会

顾　问： 戚兴初　黄毓琳

主　任： 张付林

副主任： 徐德剑　蒋　敏　黄贵彬　刘建军
蔡慧静　俞春耀　王克明

主　编： 何　山　阮大伟　石　雷

副主编： 余秀平　罗文亮　殷茜东　倪大尧

参编人：（按姓氏笔画排序）
丁文圩　丁建成　王旭虹　王兵诚
王宏奇　王冠东　王　霞　仓定华
卞士海　申文明　叶荣华　叶咪咪
田小龙　朱明军　刘龙文　刘成龙
刘　鹏　闫　方　杜培贞　杨金刚
李文革　李栋伟　吴文斌　吴　冬
吴　宇　吴鑫杰　邱　波　何浪泓
汪　辉　沈华宇　张水潮　张　良
张　侠　张　勇　陈开端　陈立平
陈卓辉　陈　蛟　陈　煜　周志勇
周　晖　宓　绅　屈俊生　赵勇博
赵晓军　胡杨杨　胡　斌　钱宏春
徐华坤　徐驾俊　郭士朋　郭　刚
唐华栋　唐　姝　黄江华　黄　涛
韩三琪　韩全吉　景　浩　蒙国往
楼若楠　蔡可键　樊标伟　薛　刚

审　稿： 吴　波　胡群芳　王景春　马运康
黎忠文　刘少凯　刘永勤

序

2016年1月6日，习近平同志在中共中央政治局常务委员会上提出：必须坚决遏制重特大事故频发势头！国务院安委会办公室2016年4月印发了《标本兼治遏制重特大事故工作指南》落实习总书记关于安全生产的指示。2016年10月，国务院安委会办公室印发了《关于实施遏制重特大事故工作指南 构建安全风险分级管控和隐患排查治理双重预防机制的意见》。

安全风险是可能导致人员伤亡和财产损失的事故发生可能性和后果严重性的组合，而事故安全隐患是风险管控失当造成的缺陷或漏洞，不及时治理将直接导致人员伤亡和财产损失。

城市轨道交通由于建设投资大，施工工艺复杂，施工周期长，周边环境复杂，所需的施工设备繁多，涉及的专业工种与人员众多且相互交叉，工程建设中容易发生各类安全事故，风险管理已成为减少或降低风险的重要手段。城市轨道交通迫切需要采用风险分级管控和安全隐患排查治理的双重预防机制，以形成宏观和微观统一、静态和动态互补的常态化安全生产管控手段。

住房城乡建设部轨道交通“双重预防机制”试点工作部署在北京、山东、辽宁、浙江、河南、广东、广西、贵州八省市。作者结合浙江省宁波轨道交通试验区，坚持从实践中来到实践中去，从基层实践中摸索总结出一套宝贵经验，值得推广借鉴。

相信该书的出版，将对从事该领域的广大科技与管理人员提供十分有益的帮助，谨此与作者共勉，是以为序。

中国工程院院士 顾金才

2020年5月

前　　言

2016年1月6日，习近平同志在中共中央政治局常务委员会上提出：必须坚决遏制重特大事故频发势头！构建“风险分级管控”和“隐患排查治理”双重预防机制就是国务院安委会办公室响应这一号召的具体举措。

当前宁波市正全力发展轨道交通，工程施工安全特别是自身结构安全和周边环境保护面临极大挑战：宁波软土地层具有“天然含水量高、压缩性高、灵敏度高、触变性高、流变性高、强度低、透水性低”等特点，淤泥质土地质改良难度大、成本高；地下工程施工变形和沉降难以控制；工程地下水位高、江河密布、道路纵横交错、老旧建筑物基础复杂、地下暗埋多条管线、社会企事业单位建设活动频繁；既有运营铁路、公路、地下线路需要精细保护……类似地质条件的地铁城市的安全管理都压力极大。轨道交通工程建设者将如何开展风险管理，如何形成一套有效的风险控制方法，这是必须面对和认真解决的难题，安全事故的预防机制建设是当务之急。

宁波轨道交通工程建设者积极响应国家、省市号召，自2018年年初开始深入“风险分级管控”和“隐患排查治理”双重预防机制建设试点工作，针对基坑、盾构、高架、机电安装工程各专业试点经验总结形成本书，对轨道交通工程建设构建双重预防机制具有较强指导和借鉴意义。

各参建单位可参考本书，结合项目工程实际，在实践中不断创新和完善，不折不扣地做到“防风险，除隐患，遏事故”，努力实现双重机制建设科学化、标准化、规范化、实效化，促进轨道交通安全生产形势持续稳定。

本书出版得到国家自然科学基金项目（51678164、51478118）、广西自然科学基金项目（2018GXNSFDA138009）、广西科技计划项目（AD18126011）、广东省高等职业院校珠江学者岗位计划资助项目（2019）、浙江省土木工程工业化建造工程技术研究中心等的资助和支持，在此深表感谢！

由于时间仓促，书中难免存在一些不完善的地方，真诚希望各位读者勇于推陈出新，并提出宝贵意见！

编审委员会

2020年5月

前言

目　　录

第四篇　保　　障

名词术语

工程风险：工程发生事故的概率和事故引起的损失、伤害、破坏的组合。

工程隐患：是指违反安全生产质量控制法律、法规、规章、标准、规程和安全生产质量控制管理制度的规定，或者因其他因素在工程建设过程中存在可能导致事故发生的人的不安全行为、物的不安全状态和管理上的缺陷。

工程事故：工程建设中，可能造成人员伤亡、环境影响、经济损失、工期延误和社会影响等损失的不利事件和灾害的统称。

风险辨识：亦即风险识别，是指在风险事故发生之前，人们运用各种方法系统地、连续地认识所面临的各种风险以及分析风险事故发生的潜在原因。

风险控制：是指风险管理者采取各种措施和方法，消灭或减少风险事件发生的各种可能性，或者减少风险事件发生时造成的损失。

风险管理：是指在降低风险的收益与成本之间进行权衡并决定采取何种措施的过程。

风险评估：风险评估就是量化测评某一事件或事物带来的影响或损失的可能程度。

隐患评估：对隐患引起的危害程度与隐患整改难度进行估计。

隐患排查：参建单位相关人员调查、识别工程建设中存在的隐患类型、发生时间、地点及原因、可能引起的事故，并进行记录分类。

隐患上报：隐患排查人将排查情况及排查发现的安全质量隐患告知或通知相关人员。隐患上报内容包括排查的时间、排查人员、排查的工点、排查项目、排查内容、具体隐患描述、隐患类别、隐患级别等。

隐患响应：相关人员在收到隐患通知后对处置隐患所做的反应，包括确认知悉、发出整改指令、及时组织整改等。

隐患整改：对隐患进行现场消除，一般由施工单位完成。

整改复查：对隐患的整改情况进行现场检查，确保整改措施落实到位，隐患得到控制或消除，一般都由监理单位组织实施。

第一篇　概　述

第1章　绪　　论

1.1　双重预防机制的由来

所谓工程安全的双重预防机制，就是采用风险分级管控和安全隐患排查治理来防范安全事故的两重防火墙。安全风险是可能导致人员伤亡和财产损失的事故发生可能性和后果严重性的组合，而事故安全隐患是风险管控失当而造成的缺陷或漏洞，不及时治理将直接导致人员伤亡和财产损失。风险辨识侧重于经验和认知固有风险，隐患排查则需要全员、全过程、全方位地开展排查治理。两者必须紧密结合、宏观和微观统一、静态和动态互补，形成常态化的工程安全生产管控系统。

2016年1月6日，习近平同志在中共中央政治局常务委员会上提出：必须坚决遏制重特大事故频发势头，对易发重特大事故的行业领域采取风险分级管控、隐患排查治理双重预防性工作机制，推动安全生产关口前移，加强应急救援工作，最大限度减少人员伤亡和财产损失。

国务院2016年4月28日印发了《标本兼治遏制重特大事故工作指南》，落实总书记安全生产的指示。指南针对近年来发生的重特大事故暴露出当前安全生产领域“认不清、想不到”的突出问题，构建双重预防机制就是针对这些突出问题，强调安全生产的关口前移，从隐患排查治理前移到安全风险管控，强化风险意识，分析事故发生的全链条，抓住关键环节采取预防措施，防范安全风险管控不到位变成事故隐患、隐患未及时被发现和治理演变成事故的情况重复发生。

2016年10月9日，国务院安委办印发了《关于实施遏制重特大事故工作指南构建安全风险分级管控和隐患排查治理双重预防机制的意见》，要求坚持风险预控、关口前移，全面推行安全风险分级管控，进一步强化隐患排查治理，尽快建立健全相关工作制度和规范，完善技术工程支撑、智能化管控、第三方专业化服务的保障措施，实现企业安全风险自辨自控、隐患自查自治，形成政府领导有力、部门监管有效、企业责任落实、社会参与有序的工作格局，提升安全生产整体预控能力，夯实遏制重特大事故的坚强基础。

城市轨道交通地下工程建设投资大，施工工艺复杂，施工周期长，周边环境复杂，所需的施工设备繁多，涉及的专业工种与人员众多且相互交叉，工程建设中容易发生各类风险，风险管理作为减少或降低风险的有效手段，需在整个建设过程中实施。同时，工程建设风险是贯穿整个建设过程的客观问题，工程建设过程无法避免或消除全部的风险，而一旦发生风险，必将产生人员伤亡或经济损失等，直接危及人民生命财产和健康安全，甚至会造成严重的环境影响或破坏。随着城市轨道交通建设活动的不断深入开展，工程建设风险也随之不断发展变化与传递，有些风险在工程建设初期会因采取有效的控制措施得到规避，但有些风险会随着建设活动重新出现或演化，有些风险只有到施工甚至运营阶段才会出现，甚至恶化。因此，为了有效地管理各类建设风险，必须在工程建设过程中实施风险管理，对各类建设风险尽早地进行辨识、分析与控制，对各阶段建设风险实施跟踪记录和管理。

城市轨道交通地下工程建设风险管理贯穿于工程建设全过程。结合宁波轨道交通工程的建设实际情况，根据工程建设内容与过程，从时间角度考虑，主要从分为可行性研究阶段、总体设计阶段、初步设计阶段、施工图阶段四个勘察设计阶段，以及施工准备期、施工实施期和工后交验期（不含运营使用期）三个阶段进行风险控制；从专业角度考虑，建设阶段的设计和施工主要从勘察、高架、地下、机电装修四方面进行风险管控。

1.2 宁波轨道交通工程地质特点

宁波轨道交通工程涉及主要土层（图 1-1）为表层杂填土或①3 层淤泥质粉质黏土、②2a 淤泥、②2b 淤泥质黏土、②2c 淤泥质粉质黏土、③2 粉质黏土、④1a 淤泥质黏土，隧道底层主要为③2 粉质黏土、④1a 淤泥质黏土。各土层特性分析如下：

（1）②2b 淤泥质黏土：灰色，流塑，厚层状构造，偶为淤泥或淤泥质粉质黏土，土质较均匀，土面有光泽，韧性高，干强度高，无摇振反应，灵敏度高。该层沿线均有分布，层位稳定，物理力学性质差，具高压缩性，液性指数 $I_L = 1.35$，压缩系数 $a_{0.1-0.2} = 1.07$（1/MPa），静探锥尖阻力 $q_c = 0.54$MPa，静探侧壁摩阻力 $f_s = 8.4$kPa，顶板埋深 5.0 ~ 10.8m，层厚 1.7 ~ 9.8m，平均厚度 5.1m。

（2）③2 粉质黏土：灰色，流塑，鳞片状，厚层状构造，夹大量粉土或粉砂薄层及团块，土质不均匀，土面基本无光泽，韧性较低，干强度较低，局部具轻微摇振反应，灵敏度较高。该层沿线主要分布里程 CK32 + 800 以西段，物理力学性质较差，具有高压缩性，液性指数 $I_L = 1.19$，压缩系数 $a_{0.1-0.2} = 0.53$（1/MPa），静探锥尖阻力 $q_c = 0.73$MPa，静探侧壁摩阻力 $f_s = 8.8$kPa，顶板埋深 9.2 ~ 18.8m，层顶标高 −13.29 ~ −6.61m，层厚 1.1 ~ 5.3m，平均厚度 3.0m。

（3）④1a 淤泥质黏土：灰色，流塑，鳞片状构造，土面有光泽，韧性高，干强度高，无摇振反应，灵敏度较高。该层沿线主要分布里程 CK31 + 950 以西段，物理力学性质差，具高压缩性，液性指数 $I_L = 1.06$，压缩系数 $a_{0.1-0.2} = 0.83$（1/MPa），静探锥尖阻力 $q_c = 1.00$MPa，静探侧壁摩阻力 $f_s = 16.2$kPa，顶板埋深 21.6 ~ 28.8m，层顶标高 −26.19 ~ −21.72m，层厚 3.3 ~ 6.5m，平均厚度 5.0m。

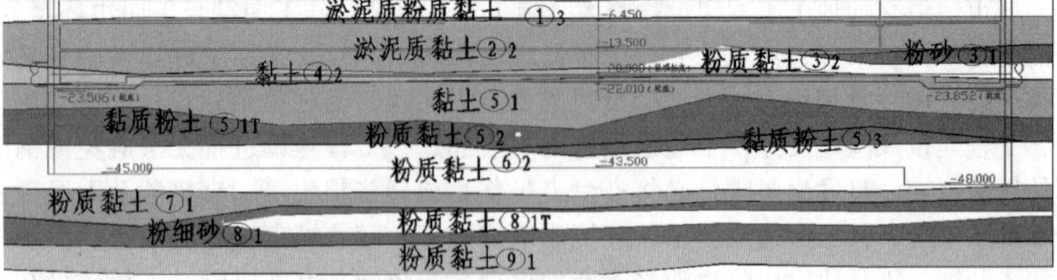

图 1-1 宁波轨道交通工程典型地层分布

1.3　宁波轨道交通工程水文地质特点

据地下水埋藏条件，可将其分为地表水和地下水。

1. 地表水

宁波地区河宽一般为 15～25m，水深 0.5～2.0m，河底浮泥厚 0.2～0.5m，河水位低于地面 1.0～1.5m，水流基本处于静止状态，河水混浊，受工厂、居民排污影响，污染较严重。河底下部为渗透性微弱的淤泥质土，地表水与地下水联系微弱，只能通过缓慢的渗透作用补给地下水。

2. 地下水

根据地下水含水层介质、水动力特征及其赋存条件，可将沿线地下水分为孔隙潜水、孔隙承压水。

（1）孔隙潜水

孔隙潜水赋存于场地表部杂填土和浅部黏土、淤泥质土层中。表部杂填土因组成成分的差异导致富水性、透水性及渗透性均呈现明显的各向异性。道路、村庄以碎（块）石及建筑垃圾为主，富水性、透水性及渗透性均较好，铁路、高速公路两侧绿化带因以黏性土混碎（块）石为主，富水性、透水性及渗透性相对较差，局部易形成上层滞水。赋存于表部黏土、淤泥质黏土层中的孔隙潜水，富水性及透水性均较差，渗透性微弱，水量贫乏。

孔隙潜水主要接受大气降水的竖向入渗和地表水的侧向入渗补给，多以蒸发方式排泄。水位主要受气候条件等影响，季节性变化不大，潜水位变幅一般在 0.5～1.0m，根据详勘实测各勘孔潜水位埋深为 0.3～2.5m，相应标高为 0.83～2.49m。

（2）孔隙承压水

本区域范围内埋藏分布有浅部孔隙承压水和深部孔隙承压水，深部孔隙承压水可分为第Ⅰ含水层组（Q3）和第Ⅱ含水层组（Q2），第Ⅰ含水层组又可细分为 I1 和 I2 层承压水。

浅层孔隙承压水主要赋存于②2T 层黏质粉土中（其顶板埋深 4.7～13.4m，与沿线其他段分布的③1a 层承压含水层接近，两者可视为同一含水层组），厚度为 1.0～8.7m，渗透系数为 3.0×10^{-4} cm/s，属弱透水，水量相对较小，单井出水量在 6～15m^3/d，主要接受上部孔隙潜水的入渗透补给，水质为微咸水，地下水基本不流动。

I1 层孔隙承压水根据含水介质和埋深的不同可分为 I1-1 和 I1-2 层承压水。I1-1 层承压水主要赋存于⑤3a 及⑤4b 层黏质粉土中，其他零星赋存于④2T 层粉土中，含水层顶板埋深一般在 35.0～38.0m，厚度 2.0～9.0m 不等，因其黏粒含量高，富水性一般，单井涌水量一般小于 50m^3/d；I1-2 层承压水主要赋存于⑥4a 层粉砂、⑥4b 层砾砂中，零星赋存于⑦1T 层粉土中，含水层埋深 39～45m，厚度一般较薄，为 1.5～5.5m，水量亦不大。I1-1 与 I1-2 层承压水基本处于隔断状态，局部存在互通。

I2 层孔隙承压水赋存于⑧3a 及⑧3b 层砂土中，含水层埋深 50～52m，厚度较薄，为 2.0～3.0m，因夹有⑧3T 层粉质黏土，造成本层含水层富水的不均匀，水量相对较丰富。其与下伏第Ⅱ含水层连通，主要接受赋存于⑨层砂土中的承压水补给。

第Ⅱ层孔隙承压水赋存于⑨1T层粉砂、⑨2b层砾砂，含水层厚度大，透水性较好，水量较大，单井开采量一般为1000～1500m^3/d，是市区主要淡水开采层之一，水温为20.5～21.0℃，测压水位埋深一般为10～20m。

1.4 宁波轨道交通工程风险特点

盾构施工于高流变性地层中隧道轴线控制难；基坑围护结构在基坑开挖期间变形较大，基坑降水施工和围护变形同盾构掘进一样，对地表和周边道路房屋管线等环境影响较大，存在安全风险。地表水系、建（构）筑物多，特殊地段盾构隧道施工质量及周边建构筑物变形控制困难，如存在穿越河流以及多种形式的建（构）筑物等情况；因为在城区施工，已经建成的桥梁、建筑地下基础和既有运营线路，都给新的地铁建设带来太多约束条件；受社会施工的干扰隧道周边加卸载引起的隧道变形控制困难。周边建筑物施工、地下工程施工、抽水排水、卸土堆载；轨道交通工程多样性，土建按大类分为基坑、盾构（联络通道）、高架、车辆段等，还有铺轨、装饰装修及机电、信号通号等十几种专业，各专业风险不一。

本书着重从地下盾构、基坑和高架桥梁、机电装修等四大类工程风险控制进行双重预防机制研究总结。

第 2 章　勘察设计阶段风险管理

2.1　可行性研究阶段

2.1.1　风险管理目标

通过辨识和评估工程建设风险，优化可行性方案，降低由线站位和施工方案不合理所带来的风险，为工程实施做好前期准备，初步制定工程风险措施，完成工程可行性研究阶段风险评估。

2.1.2　风险管理实施

1. 现场风险调查

现场风险调查前了解工程沿线的工程地质和水文地质情况，根据划分的风险评估单元，制定现场风险调查计划。安排专业人员按照可行性方案进行全线线路和站位的现场踏勘，开展现场风险记录。调查工程影响范围内的交通流、道路、地面建（构）筑物、特殊建（构）筑物、文物或保护性建筑等情况，必要时进行补充调查或现状安全评估。核查地下工程影响范围内的地下障碍物、地下构筑物、地下管线和地下水等情况。了解工程所在地的动拆迁规模和环境保护要求，并进行施工环境影响风险调研。

2. 风险评估

城市轨道交通地下工程可行性研究中的主要风险因素包括：

a）自然灾害。

b）区域特殊不良工程地质与水文地质条件。

c）地下工程施工方法选择与工期拟定。

d）工程施工对周边环境的影响（包括第三方损失及周边区域环境影响）。

e）施工场地动拆迁及交通疏解。

f）重大关键性节点工程。

g）工程施工环境保护，包括污染、粉尘、噪声、振动或地下水流失等。

h）危及人员和工程安全的各种危险物质，包括地下水、气体、化学品及其他污染物、爆炸物及放射性物质。

i）线路建设规模、客流预测以及车辆、机电设备及系统选型与配置对线路的服务水平、工程投资的影响。

j）地下工程运营及其对周边区域环境的影响。

结合具体地下工程实际情况，进行风险因素分析，优化可行性方案，规避和降低由于线站位和施工方法等可行性方案不合理所带来的风险，为工程设计、施工及工程保险做好前期准备。城市轨道交通地下工程建设施工方法与工期密切相关，合理地选择施工方法不但可以节省工程建设投资，还能降低工程施工风险，保障合理的施工工期。另外，运营期间易对周边环境产生噪声或振动影响，同时，可能还会发生各类灾害（火灾、恐怖袭击）或运营施工。本阶段针对上述因素进行分析，开展专题试验与研究。

工程可行性研究风险评估考虑工程建设规模、技术经济指标的合理性与环保影响风险、施工方法选择不当风险、技术方案的不确定性与变更风险等，评估建设风险因素引起的建设工期风险。重大关键节点工程一般是城市轨道交通地下工程建设的难点，需考虑工程潜在的重大风险因素，对各重大关键节点工程进行专项风险分析，必要时进行计算模拟分析与试验测试。另外，尚需结合地下工程的规模、施工方法及机电系统配置，合理安排建设工期，防止因工程建设工期紧张等引起的风险。

2.1.3 风险评估报告

可行性研究风险管理编制成风险评估报告，报告中列明可行性方案风险清单，说明风险评估等级、总体风险评估结果，以及重大风险的处置措施。风险评估报告通过专项评审后作为后续风险管理的依据。

2.2 勘察阶段

宁波轨道交通工程参建勘察单位均具有工程勘察综合类甲级或岩土工程勘察专业甲级资质，项目负责人均具有注册土木工程师（岩土）执业资格和岩土类专业高级工程师及以上职称，内部质量、安全管理体系及安全质量责任制明确健全，项目负责人在勘察实施及后期服务期间均未调整。集团公司层面制定有《宁波市轨道交通建设工程勘察管理办法》（甬轨〔2012〕28 号），建设分公司制定有《宁波市轨道交通建设工程详勘管理办法》（甬轨建设〔2017〕154 号），所有勘察项目均委托有勘察监理。另外，与参建勘察单位每年签订安全生产合同，要求建立健全安全管理体系及施工作业安全应急预案，勘察项目部成立安全应急领导小组。勘察工作满足国家、地方有关技术标准和设计技术要求，并严格按照“先勘察、再设计、后施工”的建设程序分阶段（可行性研究勘察、初步勘察、详细勘察）有序进行。同时，根据设计方案调整或拆迁进展，及时完成补充勘察工作。

2.2.1 勘察安全管理内容

采用钻探取样、静力触探试验、标准贯入试验、动力触探试验、十字板剪切试验、扁铲侧胀试验、波速测试、地温测试、平板载荷试验、抽水试验等和室内试验相结合的综合勘察方法，用合理的勘察工作量准确、全面地获取工程场地内的各项岩土参数，主要措施如下：

（1）在充分收集与研究既有资料的基础上分工点编制勘察大纲，勘察手段齐全，各工点勘察大纲在勘察单位内部审核的基础上组织总体设计、设计咨询、工点设计和勘察监理进行联合审查。

(2) 勘察实施阶段，对施工质量（钻探、取样、原位测试、室内试验等）进行严格管理和全过程监理，所有钻孔岩芯均拍照留存。

(3) 各工点详勘报告在勘察单位内部审核基础上均组织专家评审，总体设计、设计咨询、工点设计、勘察、监理单位参加评审会并发表审查意见，修改完善后的详勘报告通过施工图审查后再提供设计使用，报告内容包括宁波地区常见的地质风险因素（如厚层软土、人工填土、有害气体、液化土层、高承压水、粉细砂层等）及防治措施建议。

(4) 根据城市轨道交通工程特点，对地下管线、建（构）筑物基础和地下障碍物、冻结施工项目（联络通道及泵站）等进行专项勘察或专项调查。

(5) 提交勘察成果后，及时对设计、施工进行勘察交底，对勘察工作遗留问题进行说明，并按勘察合同提供设计、施工配合服务工作。

2.2.2　勘察安全生产要点

勘察监理全过程监督，建立道路施工围挡标准格式，在勘探孔周边采用施工围挡进行有效封闭，分隔施工、非施工区域，以保护车辆、行人、现场作业人员及勘察设备的安全，严禁在未设置围挡和安全警示标志的区域进行勘察施工。现场作业人员进入施工围挡内，必须佩戴安全帽，道路施工穿反光背心，水上作业穿救生衣。勘察施工过程中，要求勘察单位组织专人对施工围挡及安全警示标志进行巡查，发现问题及时纠正，建设单位勘察管理人员不定期对现场工作进行检查。

为保护地下管线的安全，钻孔开孔严格执行“八步法”钻探开孔程序，开孔、终孔等关键环节均要求勘察监理旁站监督，所有钻孔施工结束后，均采用水泥浆进行有效封孔。针对水上勘探孔，尤其是江上勘探孔，采用水下勘探孔封孔桩塞和速凝水泥浆进行封堵，有效解决水下勘探孔的安全隐患。

2.3　总体设计阶段

总体设计中的主要风险因素包括：

(1) 自然灾害。

(2) 不良地质条件和工程周边环境条件。

(3) 地下工程交叉相互影响。

(4) 邻近重要的古建筑、国家和城市标志性建筑等。

(5) 车辆、机电设备及系统选型与配置。

(6) 工程设计缺陷或失误。

总体设计风险管理对全线总体技术标准、技术要求、工程规模、项目功能、线路敷设方式、配线、重难点车站及区间的施工方法、各系统专业的总体设计方案等进行风险评估。在搜集工程建设用地范围内地质灾害危险性评估、地震安全性评价与环境影响评价等专题研究报告的基础上，复查评估结论，若发现不合理之处，需要进行专项风险评估。根据地下工程类型、施工难易程度和邻近区域影响特征，评估地下工程自身的风险等级。根据地下工程周边环境设施的重要性和邻近影响距离的关系，评估周边环境影响的风险等级。针对重大风险开展专题试验研究和风险分析，编制风险处理措施与应急技术处置方案。

总体设计风险管理编制成风险记录文件，记录Ⅲ级及以上风险的名称、发生位置、风险等级、描述、建议控制方案及备注等信息。

2.4 初步设计风险管理

2.4.1 风险管理目标

配合工程设计目标和需求，形成符合国家法律、法规和设计规范、条例中要求的安全、可靠、经济、适用和技术先进的设计文件，控制并减少由于设计失误或可施工性差等引起的工程缺陷、结构损伤及工程事故。同时，通过工程结构设计进一步明确重大风险因素源，对其进行专项初步设计。

2.4.2 风险因素

初步设计中的主要风险因素包括：

（1）自然灾害。

（2）不良工程地质及水文地质条件。

（3）地层物理、力学参数的取值，工程荷载与计算模型，工况选取不当或失误。

（4）车辆及机电设备系统配置不当。

（5）设计方案变更不确定性。

2.4.3 风险管理工作

（1）编制工程建设风险清单，建立层状或树状风险评估列表，对全线地下工程的风险进行分级评估。

（2）对工程自身的风险进行风险评估，编制Ⅰ级工程自身风险控制专项措施。

（3）对Ⅰ级环境影响的风险应通过理论和试验研究，评估其影响程度和范围。

（4）编制Ⅱ级及以上环境影响的风险应急处置方案。

2.4.4 风险评估

对关键工程、重大周边建（构）筑物影响以及采用新技术、新工艺、新设备的地下工程进行专题风险评估。分析因城市规划调整或更新所引起的周边环境变化，评估其对地下工程建设的影响风险。

2.4.5 风险处置

初步设计风险管理可采用的风险处置措施包括：

（1）补充地质勘探资料，提高勘察精确性，获取可靠的设计计算参数。

（2）对周围环境建（构）筑物进行调查，并提出保护性措施。

（3）建立建设风险等级审查、设计变更风险管理办法。

（4）制定重大风险控制指导文件。

（5）聘请有经验的设计咨询单位参与初步设计、建设风险管理。

2.4.6　风险记录

初步设计风险管理编制风险记录文件，例如（安全质量风险工程专册、工程风险分析及对策等），记录Ⅲ级及以上风险的名称、发生未知风险等级、描述、建议控制方案及备注等信息。

2.5　施工图设计阶段

2.5.1　风险管理目标

确保风险源的可靠识别和分级管理，确保施工图设计方案的具体实施，采取合理的施工图设计方案对风险进行有效的控制，对工程中潜在的重大风险进行施工风险专项评估，提出工程重大风险专项风险管理方案。

2.5.2　风险因素

施工图设计中的主要风险因素包括：

（1）自然灾害。

（2）不良工程地质与水文地质及不明地下障碍物等。

（3）工程结构变形、沉降和位移。

（4）工程施工偏差。

（5）结构形式与施工方法不适应。

（6）车辆、机电设备及系统选型与配置不当。

（7）工程运营功能调整。

（8）现场施工场地及周边环境条件限制。

2.5.3　风险管理工作

在前期工程建设风险评估和风险管理的基础上，结合施工图设计方案再次进行建设风险辨识，编制工程建设风险清单。建立风险评估层状或树状结构列表，结合现场调查资料开展施工图设计风险管理，包括：

（1）对环境风险因素进行现状调查、检测和评估。

（2）编制工程建设风险和风险等级清单。

（3）对重大环境影响风险开展工程建设风险专项设计。

（4）地下结构自身的风险控制措施。

（5）其他施工影响分析。

2.5.4　风险评估

对采用新技术、新材料、新工艺、新型车辆、新设备系统及管件单项工程进行风险分析，对建设中的关键工序或难点进行专项风险评估。

2.5.5 风险处置

针对周边重要环境影响区域，结合现场监控制定环境影响风险预警控制指标，编制施工注意事项说明及事故应对技术处置方案。可采用的风险处置措施包括：

（1）实施风险等级审查制度。

（2）对重大建设风险进行多级审查。

（3）审查工程控制性节点风险控制方案。

（4）加强相关单位间的风险沟通与交流。

（5）建立施工图设计变更风险管理办法。

第 3 章　施工阶段风险管理简述

3.1　项目部机制建设组织机构

工地项目部建立以建设合同的项目经理为组长（第一负责人）的工地项目部双重预防机制管理班子，副组长由项目副经理（安全总监）和总工程师共同担任；副组长为日常工作负责人，协助项目经理检查督促双重预防机制运转；副经理为现场执行负责人，主要分管隐患排查治理；项目总工程师主要分管风险辨识与动态评估；组员为项目各部门负责人或主管（图 3-1）。双重预防机制领导小组办公室设在安质部，具体的隐患排查工作应包含施工现场各班组和专业分包队伍。

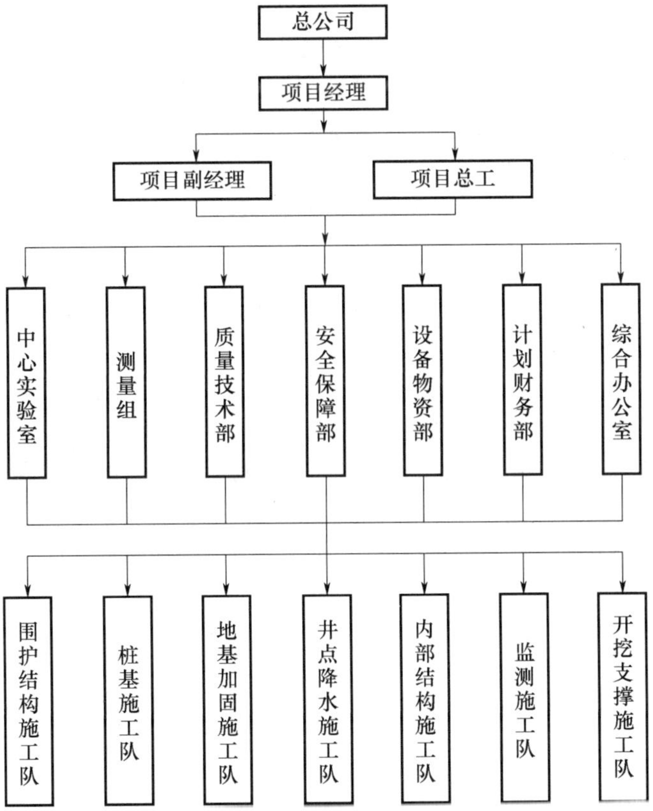

图 3-1　项目部机制建设组织机构图

双重预防机制领导小组职责如下：

1. 领导小组组长职责

（1）负责编制经理部的隐患排查治理方案；

（2）保证隐患排查治理工作所需要的人员、设备及相关费用；

（3）组织各岗位人员按照责任分工及有关要求开展隐患排查治理工作。

2. 领导小组副组长职责

（1）在组长的领导下开展“风险分级管控”和“隐患排查治理”工作，对组长负责；

（2）组织并参与经理部“风险分级管控”和“隐患排查治理”方案的编制，报组长审批；

（3）组织制定经理部《风险分级管控制度》《隐患排查治理制度》并监督落实；

（4）定期组织开展经理部范围内的隐患自查工作，对存在的隐患积极响应、整改；将隐患信息及时、全面、准确地上传至管理信息系统中的隐患排查管理子系统。

3. 领导小组成员职责

（1）在副组长的领导下开展风险分级管控工作，对副组长负责；

（2）由工程技术部牵头，其他部门成员参加，根据设计文件中对工程风险的控制要求，对所有工程的地质条件、环境条件、施工条件等逐一进行核对、分析，列表统计，确定各工点安全风险等级，形成安全风险评估报告，报副组长审核；

（3）由工程技术部牵头对中度风险和高度风险工点逐条细化风险控制措施，降低和减少灾害和风险损失；

（4）由安全质量部牵头，其他部门成员参加，制定项目部《项目风险分级管控制度》，报副组长审核，组长批准后，下发实施，小组成员监督落实；

（5）由工经部牵头，制定项目部《项目实名制管理相关制度》，报副组长审核，组长批准后，下发实施，小组成员监督落实；

（6）由财务部牵头，制定项目部《工资发放相关制度》，防止恶意讨薪及资金应急等，报副组长审核，组长批准后，下发实施，小组成员监督落实；

（7）由综合办工室牵头，制定项目部《卫生防疫相关制度》，报副组长审核，组长批准后，下发实施，小组成员监督落实；

（8）由物机部牵头，联系合格供应商，确保应急物资满足施工现场应急抢险；

（9）由实验室牵头，严格控制原材料检查验收，配合比制定，杜绝不合格品使用；

（10）小组成员日常监督、检查、指导项目部风险分级管控措施落实情况。

3.2 主要管理法规

（1）《国务院安委会办公室关于印发标本兼治遏制重特大事故工作指南的通知》安委办〔2016〕3 号；

（2）《关于实施遏制特重大事故工作指南构建双重预防机制的意见》（安委办〔2016〕11 号）；

（3）《地铁及地下工程建设风险管理指南》建质〔2007〕254 号；

（4）《安全生产事故隐患排查治理暂行规定》（安监总局令第 16 号）；

（5）《住房城乡建设部办公厅关于加强城市轨道交通工程关键节点风险管控的通知》建办质〔2017〕68 号；

（6）《危险性较大的分部分项工程安全管理规定》建设部令第 37 号；

（7）《城市轨道交通地下工程建设风险管理规范》（GB 50652—2011）；

（8）《城市轨道交通工程监测技术规范》（GB 50911—2013）。

3.3　主要管理文件制度

（1）《关于印发浙江省城市轨道交通工程“风险分级管控”和“隐患排查治理”双重预防机制试点工作方案》（建建发〔2018〕73 号）；

（2）《宁波市城市管理局宁波市轨道交通工程建设指挥部关于印发城市轨道交通工程“风险分级管控”和“隐患排查治理”双重预防机制试点工作实施细则的通知》（甬城管联〔2018〕3 号）；

（3）《关于印发宁波市轨道交通工程监测监控管理办法的通知》（甬轨建设〔2017〕22 号）；

（4）《关于印发宁波市轨道交通工程安全质量隐患排查治理管理办法（试行）的通知》（甬轨建设〔2018〕67 号）；

（5）《关于印发宁波市轨道交通工程关键节点风险管控条件验收管理办法的通知》（甬轨建设〔2018〕44 号）；

（6）《宁波市轨道交通工程风险管理体系文件》；

（7）《宁波市轨道交通工程建设监控量测技术与管理手册》；

（8）《宁波市轨道交通工程管线保护标准化手册》；

（9）《宁波市轨道交通工程临时用电管理典型案例手册》；

（10）《宁波市轨道交通工程高处作业安全防护标准化手册》；

（11）《宁波市轨道交通工程起重吊装安全管理标准化手册》；

（12）《宁波市轨道交通工程三级安全教育管理标准化手册》；

（13）《宁波市轨道交通工程门禁系统标准化手册》；

（14）《宁波市轨道交通工程安全文明施工标准化手册》；

（15）《宁波市轨道交通工程分包安全管理手册》；

（16）《宁波市轨道交通工程应急抢险标准化手册》。

3.4　项目部工程风险分级管理制度要点

《风险分级管控管理制度》是项目部制定的具体实施工程风险分级管理的工作制度，应根据各项目的具体工程和管理环境来动态制定、实施和调整。

1. 目的和适用范围

（1）工程项目实行风险分级管控的目的就是以最经济、科学合理的方式消除项目施工中的风险所导致的各种灾害及事故后果。通过对施工过程中的危害进行辨识、风险评价、风险控制，从而针对本项目存在的风险做出客观而科学的决策，预防事故的发生，实现安全技术、安全管理标准化和科学化。

（2）本制度适用于生产机械设备、设施、存储、运输的风险评价与控制，适用于施工作业现场，生产经营活动的正常和非正常情况，包括本项目工程范围内各个施工阶段的风险管理、风险评价、风险控制以及风险信息的更新。

2. 风险分级

（1）采取科学方法将识别出的风险据其风险水平大小予以排序，按照一定的风险等级评定准则，对各个风险进行风险等级的划分，以便于风险管理方按照规定的风险决策，有针对性、有重点地管理好风险；

（2）在工程参建各方的配合下，由施工单位组织内部专业技术人员和邀请的专家，经过充分讨论对层次分析法模型中底层风险因素发生的可能性以及发生后后果非效用值进行评分，结合层次分析法中各层次风险权重的计算，计算出各层次风险的风险系数，作为衡量风险因素风险水平的最终指标，进而根据风险等级的评定标准来判断各风险因素的风险等级；

（3）由专家打分法确定风险事件的P（风险发生的概率）、C（风险发生产生的破坏程度）值，其中P的打分为风险发生概率等级为1级时打分为5、风险发生概率等级为2级时打分为4，依此类推，C的打分为根据工程风险直接损失和间接损失情况，构建判断标准，综合取定。

3. 管控措施

（1）通过风险评价工作确定的危险源（点），造册登记、绘制一览图上墙、任何部门和个人无权擅自撤销已确定的危险源（点）或者放弃管理。

（2）对所有危险源（点）必须悬挂警示牌并保持警示牌完整无损，因工作需要调整危险源（点）负责人，应在警示牌上及时更正。

（3）各级管理者要按危险源（点）的管理要求实施管理监督工作。在危险源（点）工作人员应严格执行风险控制措施。

（4）各类危险源应列为各级安全检查的重点，发现问题及时解决，暂时不能解决的应及时采取临时措施，并向上级管理部门反映情况。

（5）凡属高压、高空、有毒等危险作业，必须有安全措施和专人负责。

（6）凡在各类危险源（点）发生事故时，必须按“四不放过”的原则，对危险源（点）的管理情况进行调查，如果确属危险源（点）管理失控造成事故，将追究有关人员的责任，加倍处罚。

（7）建立健全风险教育培训和交底制度。项目部必须每年组织对全员进行风险源的学习培训和教育，并对风险分级管控人员进行风险分级管控技术交底。

（8）建立风险巡查机制，风险分级管控人员必须每日对风险源进行检查，并认真做好巡查记录。对于新发现的危险源必须及时上报风险管理机构，以确定危险源的级别，迅速制定相应控制措施。

（9）针对1级、2级和3级风险必须建立健全应急预案和应急响应机制。

3.5 监测监控管理办法

《宁波市轨道交通监测监控管理办法》自2012年以集团公司文件发布以来，一直在实际工程风险管理实际工作中发挥着重要作用，规范严格地实施风险分级管理思路，取得了良好成效。其主要内容如下：

3.5.1　总则

1. 编制目的

为加强宁波市轨道交通工程建设安全管理，明确各参建单位在监测监控管理中的责任和义务，高效发挥监测监控管理体系在土建施工阶段监测、分析、反馈、预警、消警、应急等方面的作用，特制定本办法。

2. 编制依据

本办法以国家法律法规、行业规范为依据，结合宁波市轨道交通工程土建施工阶段的实际建设情况编制，遵循的法律法规、规范文件包括：

（1）《中华人民共和国安全生产法》（中华人民共和国主席令第十三号）；

（2）《建设工程安全生产管理条例》（中华人民共和国国务院令 393 号）；

（3）《城市轨道交通工程安全质量管理暂行办法》（建质〔2010〕5 号）；

（4）《城市轨道交通工程质量安全检查指南（试行）》（建质〔2016〕173 号）；

（5）《城市轨道交通建设项目管理规范》（GB 50722—2011）；

（6）《城市轨道交通地下工程建设风险管理规范》（GB 50652—2011）；

（7）《城市轨道交通工程监测技术规范》（GB 50911—2013）。

3. 适用范围及其他说明

本办法适用于宁波市轨道交通土建地下工程中的监测监控管理。

本办法将作为建设单位对各参建单位考核的依据。

宁波市轨道交通工程监测监控管理实行分层管理（图 3-2），即建设分公司指挥层、中间管理层和现场执行层三级管理体制。在中间管理层组建监测监控中心，由安全质量部、项目建设部、第三方监测单位组成，安全质量部是监测监控中心的归口管理部门，安全质量部监测监控科负责对监测监控中心日常工作统筹管理。在现场执行层组建监测监控分中心（以下简称分中心），由业主代表、施工单位、监理单位、设计代表组成，日常工作由监理单位监督执行。

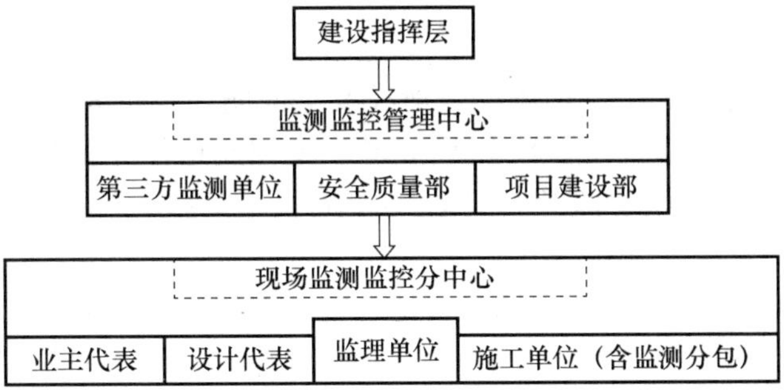

图 3-2　宁波轨道交通工程风险管理三级架构图

3.5.2　各参建单位职责

1. 建设单位职责

（1）体系建设：负责建立健全监测监控管理体系，并监督体系的运行情况；适时修订完善发布监测监控管理办法及技术标准。

（2）审查备案：审核第三方监测单位、施工单位、监理单位提交的单位资质、人员、仪器、变更等材料，确认无误后签字盖章。

（3）组织交底：在施工单位、监理单位进场后，组织第三方监测单位向施工单位、监理单位进行监测监控工作交底。

（4）方案评审：收到第三方监测单位提交的监测和监测管理总体方案及线路静态风险评估报告并初审后，组织专家评审。

（5）监督及考核：通过监测监控管理信息平台、现场检查、各单位反馈等方式监督考核第三方监测及现场监测监控工作执行情况，并签发计量支付申请表。

（6）预警工作：督促第三方监测单位对工程进行动态管控和预警管理工作，并根据预警级别参加现场预警分析会，监督预警措施的落实与整改。

2. 第三方监测单位职责

（1）报审备案：将单位资质、人员、仪器等上报建设单位审查及备案。

（2）监测交底：按要求向施工单位、监理单位进行监测监控工作交底。

（3）方案管理：编制第三方监测方案，经专家评审通过后备案。审核施工监测方案，并组织专家评审。

（4）静态风险评估：指导施工单位编制静态风险评估报告，参与监理单位组织的静态风险评估报告会审；编制线路总体静态风险评估报告并提交建设方组织专家评审及备案。

（5）测点验收：参加测点验收会，督促现场测点验收工作，对现场测点布设情况进行检查，验收合格后督促施工单位进行初始值采集并复核。

（6）监测抽检：开展日常抽测，监测数据应在13:00之前上传至监测监控管理信息平台。

（7）施工监测管理：根据相关要求，对施工单位的监测人员、仪器、设备进行专业化管理；定期对比分析监测数据；对施工单位监测工作进行日常考核。

（8）现场巡检：积极开展现场巡检，定期组织施工单位、监理单位进行联合巡检，对巡检中发现的问题督促整改。

（9）动态风险评估：结合现场巡检情况及工况图表，每天分析监测数据，判断工点的安全状态，填写“每日动态风险评估表”。定期发布各阶段安全风险监控与管理报告，包括但不限于安全风险监控与管理工作周报、月报、半年报、年报及风险管控总结。

（10）预消警管理：根据工程风险状态发布预警，参加预警会议并提出建议。及时跟踪、反馈预警工点的风险情况，督促、检查预警措施的落实情况，直至警情消除，完成消警程序。

（11）参加现场周例会：按时参加现场周例会，反馈现场监测及巡检存在的问题，并提出整改要求。

（12）监测信息化管理：督促现场单位利用监测监控管理信息平台进行施工监测信息化管控。

（13）标准化检查：每月组织开展现场监测分中心标准化月度工作检查。

（14）工后监测：结构施工完成后，开展工后监测工作，并将每次监测成果资料及时上传监测监控信息管理平台。

（15）停测工作：对于满足停测标准的工点及时向建设单位提交监测工作停测申请单，附监测项目成果报表，经批准后方可停测。

3. 监理单位职责

（1）分中心管理：主持分中心日常管理工作。

（2）审核工作：审核施工单位报审的施工监测分包申请及其他材料。

（3）参加相关会议：参加监测监控各类交底工作、监测方案评审会议、联合巡视、标准化月度工作检查等，并做好相关记录。

（4）静态风险评估：协同施工单位完成静态风险评估报告的编制，组织会审并审批备案。

（5）方案管理：对施工监测方案进行审批，参加施工监测方案专家评审会，督促施工单位在一周内按照专家评审意见对方案进行完善，并备案。

（6）测点验收：组织测点验收及初始值采集工作。

（7）数据管理：监测数据及工况图表审查工作，如检查工况图表是否符合现场实际；会审施工监测数据，如数据异常，督促施工单位落实对异常数据签署的应对措施。

（8）现场巡检：组织日常巡检工作，参加第三方监测单位组织的联合巡检。对于巡检发现的问题，督促施工单位整改。

（9）预消警管理：主持预警分析会，编制预警会议纪要，监督施工单位预警措施的落实与整改，督促施工单位及时消警。

（10）组织现场周例会：主持监测监控现场周例会，负责日常两方监测数据比对与分析，填写记录表，并按时上传平台。

4. 施工单位职责

（1）报审工作：按要求自主确定具有相应资质的监测分包单位，并将施工监测分包的资质、人员、仪器等按规定程序报审。

（2）组建监测监控分中心：落实分中心独立办公室，配置会议桌、档案柜、计算机及网络等标准办公软硬件设施。

（3）静态风险评估：编制本标段静态风险评估报告，并报审备案。

（4）施工监测方案：编制本标段施工监测方案，逐级上报监理单位和第三方监测单位进行审查，配合第三方监测单位组织专家评审并备案。

（5）测点布置及报验：按照监测方案完成测点布设，关键节点验收前 3 天进行报验，根据验收意见在规定时间内进行整改。

（6）初值采集：测点验收整改销项后，及时会同第三方监测单位同时平行采集初始值，上报监理单位及第三方监测单位。

（7）日常监测：提供安全监测环境，按施工监测方案规定频次开展现场监测工作，每日 13:00 之前将当日监测数据上报第三方监测单位，上传至监测监控管理信息平台，并报送监理单位会审。

（8）巡检工作：参加日常/联合巡检，对巡检中发现的监测方面问题及时进行整改。

（9）动态风险评估：结合现场巡检情况及工况图表，每天分析监测数据，判断工点的安全状态，及时反馈至参建各方。

（10）参加周例会：准备一周内的监测数据汇报材料，对参会单位提出的问题给予回答，并对存在的问题落实整改。

（11）预消警及处置措施落实：参加现场预警会议，制定并落实预警处置措施。在紧急状态下，先期启动应急机制快速控制险情。警情得到有效控制或解除后，及时消警。

（12）测点保护及修复：负责监测点保护，严禁覆盖，施工中避免机械破坏测点，对已破坏测点及时修复。

（13）工后监测：结构完成后，根据方案及规范要求，认真开展监测工作并形成报表直至达到停测标准。

（14）停测工作：对于满足停测标准的工点，施工单位应及时提交监测工作停测申请单，附工后监测项目成果报表，报监理审核后，报监理审核后上报至建设单位审核，同时第三方监测单位复核并附第三监测项目成果复核报表，经建设单位审核通过后方可停测。

（15）档案管理：认真整理监测监控分中心日常档案，并在工程完工时提交监测档案（含技术总结报告等）。

5. 勘察单位职责

（1）提供勘察报告资料：在基坑开挖、盾构始发前，勘察单位应提供岩土勘察报告等资料。

（2）巡查、对比土质情况，必要时进行补勘。

6. 设计单位职责

（1）提供设计图纸资料：在基坑开挖、盾构始发前，设计单位应提供基坑围护结构施工图、区间隧道施工图等资料。

（2）参加方案评审：参加监测方案评审会，汇报监测设计意图，确认监测控制指标。

（3）预消警管理：发生预警后，参加黄色、橙色、红色预警分析会，对警情原因进行分析并提出预警建议措施。

3.5.3 日常管理工作

1. 监测监控交底

（1）施工单位、监理单位进场后，安全质量部组织第三方监测单位向施工单位、监理单位进行监测监控工作交底。

（2）交底内容包括：施工监测分包单位资质、人员、仪器要求、监测监控分中心组建、监测方案及静态风险评估报告编写、监测监控管理信息平台使用、监测点埋设、标识与保护、测点验收、初值采集、数据处理、工况图表上传及管理、监测频率、现场巡检、预消警管理、现场监测监控周例会制度、停测申请、档案管理等。

（3）第三方监测单位形成交底会议记录，保留存档。

2. 单位资质、人员、仪器报审

（1）施工、监理单位在监测监控交底完成后一周内上报本单位监测管理人员。

（2）施工单位在监测监控交底完成后一周内完成施工监测分包报批资料。报审资料包括：分包合同、分包单位资质、业绩合同、仪器设备（含检定证书）、主要人员三金证明或在职证明有效文件、工作经历等资料。

（3）施工单位、监理单位及第三方监测单位所报单位资质、人员、仪器参照《监测监控管理手册》及合同要求。

3. 监测监控分中心组建

（1）机构组成

宁波市轨道交通工程监测监控管理实行分级管理，即指挥层、监测监控管理中心、现场监测监控分中心。安全质量部负责对监测监控管理中心日常工作统筹管理。监理单位负责现场监测监控分中心日常管理工作。

（2）主要工作任务

分中心架构组建与日常办公管理、分中心内业资料整理与归档、图表上墙与每日更新、图表及工况上报监测监控管理信息中心、监测数据平台上传、每周召开现场监测监控周例会、参加日常/联合巡视、参加预（消）警会议、风险跟踪、应急处置等工作。

（3）日常工作要求

项目施工期间，施工单位需根据现场实际情况，及时更新工况图表信息，做好每日的施工监测工作。

4. 方案管理

（1）静态风险评估报告

1）开工前，由建设单位组织召开施工准备期风险评估工作交底会议，开展风险辨识分析与评估，进行风险记录。建设单位、设计勘察单位、施工单位、监理单位、第三方监测单位相关人员参加。各工点静态风险评估报告由施工单位编制，监理单位协助，第三方监测单位指导与审核。

2）由第三方监测单位根据施工单位的成果，汇编线路的《总体静态风险评估总报告》，建设单位收到第三方监测单位提交的《总体静态风险评估报告》并初审后，组织专家评审。第三方监测单位按照专家评审意见修订完善，报送建设单位审批备案。

（2）施工监测方案管理

施工监测专业分包是方案编制主体，施工单位负责组织方案编制工作，监理单位、第三方监测单位负责编制过程的指导与审核，监测专业分包根据审核意见完善监测方案内容。

施工单位应督促施工监测专业分包编制监测方案并完成分包企业技术负责人审查，再通过总承包施工企业技术负责人审核并盖企业公章后，按施工技术方案报审表报监理单位审批，审批完成后由第三方监测单位配合建设单位组织专家评审。评审后由施工单位落实专家意见，必要时重新报审，报审完成后向各方备案。

当出现工程结构形式发生变更或周边环境发生重大变化等情况时，应针对原方案进行补充变更，经监理单位专业监理工程师、总监理工程师审批完成。

（3）第三方监测方案管理

第三方监测单位编制第三方监测总体方案，上报单位技术负责人审查，对审查意见修改完善并加盖单位公章后提交建设单位审核，经批准后方可组织专家评审会议。第三方监测单位按照专家评审意见修订完善监测方案后向建设单位备案；必要时对重大修订的方案重新报审后备案。

（4）第三方监测工程总结报告

第三方监测工程总结报告由单位技术负责人审查、建设单位审核、专家评审、报建设单位审批备案。

5. 测点验收及初值采集

（1）按照施工监测方案进行测点验收，并参照《监测监控管理手册》相关规定。

（2）关键节点验收前总监须先组织测点验收会议，测点验收通过并完成整改项后，方可组织关键节点验收会议。

（3）测点验收工作由监理单位组织，需在基坑开挖关键节点验收、盾构推进关键节点验收前3～4天完成。

（4）验收工作分内业、外业进行，形成测点验收记录，施工单位对验收存在的问题整改完成后，提交测点验收销项申报表。

（5）测点验收后2天内，监理单位应组织第三方监测单位和施工单位对验收合格的监测点进行初始值采集工作，形成初值采集相关表格，监理单位对初值采集过程旁站。

6. 工况图表及监测数据上传

（1）施工单位在基坑开挖、盾构始发测点验收前完成相关工况图表（参照《监测监控管理手册》）制作，报第三方监测单位审核。审核通过后在分中心办公室上墙，施工期间按照现场实际施工进度安排专人进行每日更新。

（2）施工期间，施工单位安排技术人员在每日10:00前将基坑（包括附属）、盾构相关图表（参照《监测监控管理手册》）上传至监测监控管理信息平台。

（3）施工单位每日13:00之前将当日监测数据上报第三方监测单位，并上传至监测监控管理信息平台，并保证数据的真实、准确、及时、连续。

（4）施工单位每日14:00之前将施工监测日报同施工监测日报信息会审表报送施工单位负责监测工作技术人员、工程部长、总工程师，填报审核意见，采取防范措施等。意见签署完成后由施工单位报送至监理单位专业监理工程师、总监理工程师，填报审核意见，采取防范措施等。完成后由施工单位负责防范措施落实，并将会审表存档。

（5）第三方监测单位督促施工单位按时上传数据，并对施工单位每日上传的监测数据进行审核。第三方监测单位监测数据应在13:00之前上传至监测监控管理信息平台。

（6）施工现场出现数据异常情况（或出现警情、险情等）时，根据现场实际情况加密监测频率，将监测数据和工况以短信速报形式报至相关方，并及时上传至监测监控管理信息平台。

7. 现场巡检

（1）监理单位组织施工单位、施工监测分包人员参加每日巡视。

（2）第三方监测单位组织每周联合巡视，由施工单位、监理单位、施工监测分包人员参加。

(3) 每次巡视组织单位应牵头做好文字、照片等记录，并填写《日常/联合巡视现场记录表》，各相关单位留存。

(4) 对于巡视中所发现问题，要及时反馈，监理单位负责督促施工单位整改。

8. 现场监测监控周例会

对有在建工点的标段，监理单位每周组织施工单位、施工监测分包、第三方监测单位及业主代表召开监测监控周例会。

重点对监测数据进行分析（包括双方数据对比）、巡检问题整改情况。

9. 监测信息变更管理

因外部条件限制或人为因素导致监测范围、频率、数据及方案等相关监测信息与实际情况不符时，应进行监测信息变更报审。施工单位应先填写监测信息变更报审表，并按照报表中的报审流程上报监理单位、第三方监测单位等单位审批，各方审批完成均通过后方可变更。

10. 监测监控管理信息平台

(1) 第三方监测单位负责监测监控管理信息平台的日常维护，并在每日 16:00 之前，完成监测监控管理信息平台的数据分析及风险评估工作。

(2) 对于建设单位领导在监测监控管理信息平台上的批示，施工单位、监理单位必须 2h 之内作出响应。

(3) 参建单位应登录监测监控管理信息平台查看当天现场情况及安全评估。

11. 停测

(1) 停测标准

基坑监测宜延续至地下结构施工完成后不少于半年。当半年内周边重要建（构）筑物及管线最后 100d 的沉降速率小于 0.025mm/d 时，认为建（构）筑物及管线基本稳定，可停止监测。半年后周边重要建（构）筑物及管线沉降仍未稳定，应继续监测直至其稳定。

盾构隧道监测宜延续至隧道结构贯通后不少于半年，当隧道两相邻测点（间隔 5 环）不均匀沉降小于 0.5mm/半年时，认为隧道结构基本稳定，可停止监测。隧道施工对环境影响监测宜延续至隧道主体结构贯通后不少于 3 个月，当影响范围内重要建（构）筑物及管线最后 100d 沉降速率小于 0.025mm/d 时，认为建（构）筑物及管线基本稳定，可停止监测。

如文件中约定的监测内容及停测条件与建设合同不符的，执行合同约定的相关内容。

(2) 申请停测审批流程

基坑本体、盾构本体、周边重要建（构）筑物及管线工后沉降稳定后，由施工单位提交监测工作停测申请单附监测项目成果报表，报监理审核后流转至建设单位（项目建设部、安全质量部）审核，同时第三方监测单位复核并附第三方监测项目成果复核报表，审核通过后方可停测。

12. 文档资料管理

(1) 在基坑开挖、盾构始发前，施工单位应将施工方案、施工监测方案，监理单位应将监理规划、实施细则，第三方监测单位应将监测方案，勘察单位应将岩土勘察报告，设计单位应将基坑围护结构施工图、区间隧道施工图上传至监测监控管理信息平台。

（2）第三方监测单位周报于每周五上午 10:00 前上传至 OA 平台，月报于每月 26 日上午 10:00 前上传至 OA 平台。

（3）施工单位每日 13:00 之前将当日监测数据上报第三方监测单位，上传至监测监控管理信息平台，并保证数据的真实性、连续性、及时性。

（4）监理单位应在当日将监测监控周例会记录表、预警分析会会议纪要上传至监测监控管理信息平台，供各参见单位人员查阅。

3.5.4 预警及消警管理

宁波市轨道交通工程预警管理是结合现场监测数据、巡视信息，通过核查、综合分析和专家咨询等，由安全质量部监测监控中心及时判定出工程风险大小，确定相应预警级别。预警级别按工程风险由小到大分为：蓝色预警、黄色预警、橙色预警和红色预警。监测监控中心发布的预警为综合预警信息。

1. 预警等级

（1）蓝色预警：当日施工监测数据达到监测预警要求，需提醒各方关注该监测数据的持续变化状况。

（2）黄色预警：当日施工监测数据达到监测预警要求，综合判断为可接受风险，现场须采取防范措施。

（3）橙色预警：当日施工监测数据达到监测预警要求，且周边环境复杂，综合判断为不愿接受风险，工程处在不安全状态，现场须立即采取措施。

（4）红色预警：当日施工监测数据达到监测预警要求，且无有效措施，综合判断为不可接受风险，工程处在抢险状态。

2. 预警发起

第三方监测单位根据现场工点每日监测上传数据和日常巡视情况或结合现场施工单位、监理单位、业主代表提出预警建议，通过综合了解现场工况及数据异常原因，判定风险程度后及时进行预警，第三方监测单位负责向参建单位相关人员发送预警短信。

3. 预警响应

（1）蓝色预警响应流程（图 3-3）

监理单位组织会议，项目总监、施工单位总工、第三方监测单位岗位工程师、施工监测分包负责人参加分析数据变化原因，预测数据变化趋势，指导现场生产施工。施工单位、监理单位、施工监测分包加强监测和巡视，监理单位负责跟踪监督。

（2）黄色预警响应流程（图 3-4）

监理单位组织会议分析，项目总监、施工单位总工、施工监测分包项目负责人、第三方监测单位技术负责人和岗位工程师、设计单位代表、安全质量部监测监控工程师、项目建设部现场业主代表参加处理方案的制定和风险处理。施工单位、监理单位、施工监测分包、第三方监测单位加强监测和巡视，安全质量部、监理单位负责协调处理和跟踪监督。

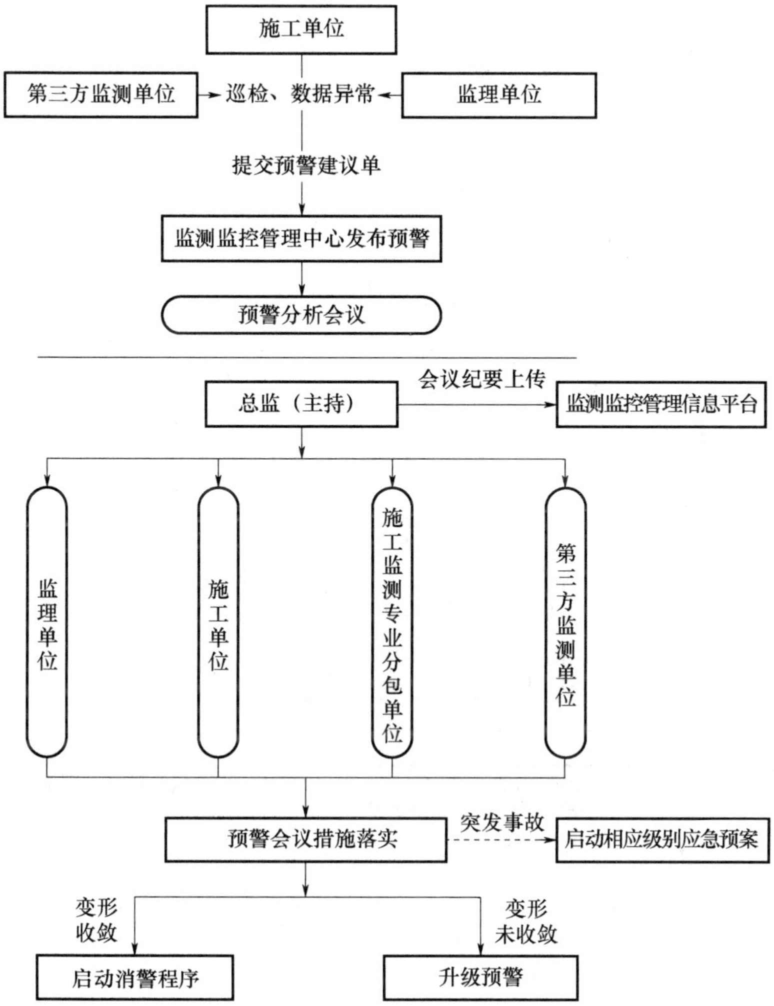

图 3-3　蓝色预警流程图

（3）橙色预警响应流程（图 3-4）

监理单位组织会议分析，项目总监、施工单位项目负责人、施工监测分包项目负责人、第三方监测单位项目负责人和岗位工程师、设计单位代表、安全质量部部长、项目建设部部长参加，共同研究风险处理方案的制定和风险处理过程的监督、管理。安全质量部、监理单位负责协调处理和跟踪监督。

（4）红色预警响应流程（图 3-4）

施工单位应组织专家论证，启动项目部应急预案。施工单位企业主管领导主持组织风险处理，建设单位主管领导参与主持风险处理。安全质量部、监理单位负责协调处理和跟踪监督。

4. 响应要求

（1）综合预警发出的主要依据有监测预警与巡视预警两大类。预警级别的最终判定应同时考虑监测数据变化、现场施工技术水平、管理水平以及可能对现场造成的风险程度等综合因素。

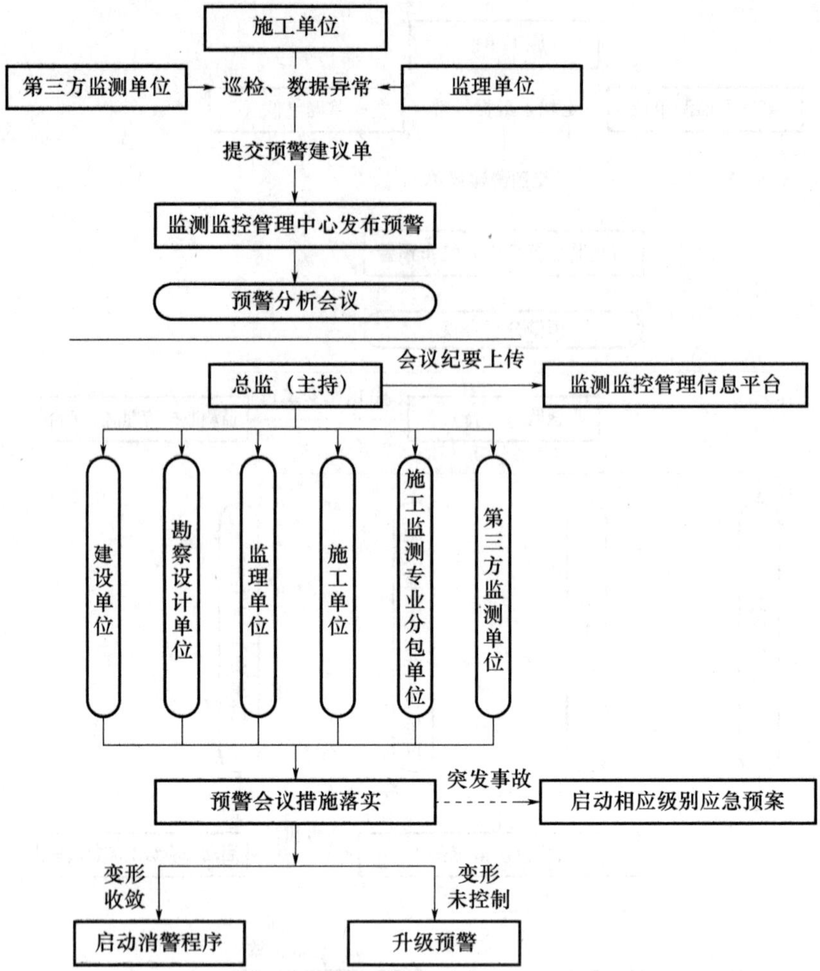

图 3-4　黄、橙、红色预警流程图

（2）对于两次发出预警的同一工程部位，数据在一定时间内未收敛，并有继续增大的趋势时，应将当前预警级别予以升级。

（3）预警会议先踏勘现场，后在施工监测分中心召开，会议由监理单位主持，施工单位汇报现场情况，施工监测分包汇报当日监测及加密监测数据情况，各单位共同参与对警情原因进行分析，提出建议和控制措施。会议结束后监理单位负责形成会议纪要，抄送与会各方并上传至系统平台。

（4）发生蓝色、黄色、橙色、红色级别预警时，两方监测单位应按如下要求加密监测（表 3-1），并及时提交监测成果。

表 3-1　加密监测频次表

序号	预警等级	施工监测频次	第三方监测频次
1	蓝色	2 次/d	1 次/2d
2	黄色	3 次/d	1 次/d
3	橙色	4 次/d	2 次/d
4	红色	根据现场情况确定	

5. 消警流程

预警发出后，在现场采取有效措施的情况下，连续多日监测数据显示收敛趋势，警情得到有效控制或解除后，方可申请消警。

（1）蓝色消警流程

蓝色预警应在当日 17：00 前监理单位将预警会议记录上传至监测监控管理信息平台，同时按照消警流程申请消警，由第三方监测项目负责人审核，总监理工程师批复。

（2）黄色、橙色消警流程

当现场采取相关措施，警情得到有效控制，监测数据收敛后，施工单位按消警处理流程申请消警。

黄色消警流程：消警由施工单位提出申请，监理单位初审，第三方监测单位复核并提出消警意见，流转至项目建设部由业主代表先批复，最后由监测监控科线路工程师批复消警，并存档。

橙色消警流程：消警由施工单位提出申请，监理单位初审，第三方监测单位复核并提出消警意见，流转至项目建设部由工程管理科科长批复后交监测监控科科长批复消警，并报备于安全质量部部长。

递交消警申请报告时，施工单位应提交以下文件：

1）预警现场会会议纪要；

2）施工监测、第三方监测的监测数据报告；

3）整改措施落实情况；

4）消警申请单。

（3）红色消警流程

当现场采取相关措施，警情得到有效控制，监测数据收敛后，施工单位按消警处理流程申请消警。

消警由施工单位提出申请，监理单位初审，第三方监测单位复核后，总监主持召开现场红色消警会议。施工单位、施工监测分包、监理单位、勘察设计单位、第三方监测单位、业主代表、监测监控科科长参加，与会各方形成消警意见后报安全质量部部长初审后报建设分公司领导批复。

递交消警申请报告时，施工单位应提交以下文件：

1）预警、消警现场会会议纪要；

2）施工监测、第三方监测的监测数据报告；

3）整改措施落实情况；

4）消警申请单。

3.5.5　检查与考核

为完善宁波市轨道交通工程建设监测监控管理，规范各参建单位的风险管控行为，建设分公司将对各参建单位进行监测监控专项考核。

3.6 征地拆迁阶段

3.6.1 征地拆迁的实施影响与难度

（1）征地拆迁对原产权所有者的影响是多方面的：

1）利益受损。失去直接和间接收益、村集体失去赖以为生的土地、原有生活方式和邻里关系改变随之产生失落感或被剥夺感等。

2）存在攀比。不同年代之间、不同区域之间、不同征地性质之间的不同补偿标准和方式，有可能导致群众对比甚至盲目攀比，造成误解，产生不公平感等。

（2）整体而言，拆迁难度较大，具体表现为：

1）土地预期较高。随着城市化的演进和城市的不断扩张，城市边界土地升值明显，农民对土地升值的预期加强，“惜地”思想普遍，要价和附带条件越来越高。

2）具有一定的强拆性。考虑到征地拆迁是政府行为而不是市场行为，在保证工程建设进度要求的前提下带有一定的强制性，征拆工作难度不断加大。

3）区片价差异较大。土地的价值具有很强的区域性，不同的区位土地价值相差显著，国有、集体土地并存补偿标准差价较大，这些也都增加了征拆的难度。

3.6.2 征地拆迁的风险具体表现

（1）征地拆迁范围的合理性

轨道交通项目征地拆迁的范围原则定在施工围挡的范围之内，该范围内的土地永久征用或临时借用涉及的建筑原则上整体拆迁。

1）带拆诉求。在实际操作中，同一区块被拆迁范围之外的村民可能会以房屋安全隐患、破坏整村坏境等理由提出带拆诉求。

2）完整性拆迁诉求。从生产角度考虑，重要生产性厂房被拆迁意味着生产流程的中断，故被拆迁对象往往要求对其实施整体拆迁。因带拆涉及量较大，可能会存在估算不足的情况，加大政府资金压力，后期双方谈判难度较大，可能会影响工程进度，但产生社会稳定风险的可能性较小。

（2）征迁安置补偿方式和标准

1）住宅征拆主要表现为货币补偿或安置房补偿。

2）补偿价格低于预期或低于临近地区同类工程价格，群众往往会认为征拆补偿的标准不合理，反对征拆。

3）因各地区补偿标准不一或安置方案未落实而引发的反对征拆风险，往往出现在前期或施工进场阶段。

（3）企业征拆补偿与安置风险

异地安置要求难以满足。部分被拆迁户企业经营状况良好，希望继续经营，要求实物安置，但目前拆迁主要采取货币安置方式，拆迁谈判难度非常大，进展不顺利将会影响工程整体进度。

3.6.3 征迁的风险控制要点

（1）拆迁手续不健全引发的风险。如果项目为了赶工期，在审批手续不健全、拆迁补偿资金不到位的情况下征地拆迁，会引发居民反对和投诉。目前，拆迁补偿资金统一发放至街道，由街道统筹安排，往往存在土地程序办理完善，但村民尚未签订协议的情况，在进场施工前若未予以解决，将面临阻工事件。

（2）村集体使用和分配补偿费不当等可能诱发社会稳定风险。

（3）评估、补偿不公引发的风险。如果为了赶进度，对一些钉子户采取妥协措施，操作不当容易引发攀比，激化矛盾。

（4）确权不当引发的风险。由于历史原因，往往存在较多无证建筑，由于界定困难，涉及利益巨大，在处理过程中往往会产生矛盾冲突，若按司法程序进行，将严重影响施工进度。

（5）不文明拆迁引发的风险。拆迁实施中如存在不文明拆迁乃至粗暴施工行为，容易引起个体极端事件。

第二篇　风险分级管控

第4章　风险分级管控方法

4.1　风险评估工作简述

既然风险多而且施工的时间、空间变化，那么如何辨识轨道交通工程的风险呢？构建双重预防机制就是要在全社会形成有效管控风险、排查治理隐患、防范和遏制重特大事故的思想共识，推动建立企业安全风险自辨自控、隐患自查自治，政府领导有力、部门监管有效、企业责任落实、社会参与有序的工作格局，促使企业形成常态化运行的工作机制，政府及相关部门进一步明确工作职责，切实提升安全生产整体预控能力，夯实遏制重特大事故的坚实基础。

风险评估的目的是逐步深入认识工程项目中可能发生的风险水平，对诸多风险事件进行评价，进而规避和减缓风险，达到风险控制和管理的目的。

所谓的风险就是指不利事件或事故发生的概率（频率）及其损失的组合。

安全风险事件是指工程施工中发生、可能影响到工程自身及环境安全的偶然性事件，一般由地质、环境、设计、施工工艺设备和施工组织管理等方面的安全风险因素导致，主要包括工程自身安全风险事件和环境安全风险事件。

风险工程是指潜在发生事故的工程自身及在其影响范围内的周边环境［如周边建（构）筑物、道路、管线等］的复杂工程集合体，它反映了一个工程由于工程施工和地质、环境相互影响、相互作用的复杂风险关系。

风险单元是指风险工程中遭受或承担风险损失的具体对象，如人员、机械设备、基坑围护结构和周边环境［包括建（构）筑物、道路、管线、水体等］。风险单元分为自身风险单元和环境风险单元，一个风险工程包括若干风险单元。

重大风险源是指对于风险等级为Ⅱ级及以上的风险工程均作为重大风险源。

风险因素是指导致安全风险事件发生的各种主客观的有害因素、危险事件或人员错误行为的统称。

风险评估是指首先确定衡量风险水平的指标，然后采取科学的方法将辨识出并经分类的风险事件按照其风险量估计的大小予以排序，进而根据给定的风险等级评定准则，对各个风险进行等级划分的过程。通过风险评估，可根据明确的风险等级，制定相应的风险管理对策，在轨道交通工程施工期间有针对、有重点地管理好风险，避免恶性事故的发生，保障工程能够按安全、质量、工期等预定目标顺利完成。

风险界定及辨识是工程风险评估的第一步，是风险评估的前提和基础。轨道交通工程在不同的环节开展风险评估工作，本项评估是在完成工程初步设计风险评估、工点土建施工图设计、施工方案筹划等基础上进行的。风险的界定要根据设计施工特点，从工作角度区分工程本体、周边环境、自然条件等类别，细化工程本体对象及单元、环境对象、自然条件影响因素等风险单元。从风险角度，根据影响工程安全风险特点从管理、技术、环境对风险进行分解，通过两者的耦合，最后得出具体的风险源，并进行初步的分析评价。

风险评估的关键环节是确定衡量风险水平的指标，通常通过对风险量的估计来衡量风险的水平。风险量的定义为：基于某种方法得到的风险发生概率乘以该风险发生后对工程项目可能造成的损失，即为此种风险源的风险量。风险量的定义包括两部分内容，一部分是风险发生的概率，即风险发生的可能性到底有多大的问题；另一部分是风险发生后，对工程项目造成的潜在损失到底有多大的问题。风险量的两部分内容含括了风险发生的综合后果，既考虑可能性，又考虑经济因素，是衡量风险水平的可靠的、实用的性能指标。因为在实际工程中，有的风险发生可能性很大，但是发生后引起损失极小，其整体风险水平较低。本报告中的风险水平评定指标为风险指数，它在风险量估计的基础上引入风险重要性权重的排序，并对风险重要性排序进行一致性检验，不仅具有风险量估计的优点，而且进行了科学的验证和判断，在三维空间中对风险水平进行衡量，使风险评估的结果更加准确，更具说服力。

风险等级评定准则反映了风险评估的目标，通常根据业主、保险公司等客户的需要制定。国际上风险评估常用的风险等级评定准则是根据美国国防部的系统安全纲要评定标准确定的，风险指数的大小在 1 ~25 之间，划分为 4 个级别。本报告就是采用这种风险等级评定方法，由定性定量相结合的综合集成法定义风险等级。

风险决策反映了不同风险等级的风险所应采取的应对策略，它通常也是根据工程项目建设单位或者保险公司等客户的需要，由其高层部门确定的。风险决策以及相应的风险控制措施是风险评估的最终目的，风险评估最终是为风险控制服务的。风险评估得越精确，风险控制效果就越显著。

项目的风险评估总体思路，一般先由风险评估人员收集各类资料，对工程相关资料进行详细分析，同时对工程项目现场进行深入细致的调查、研究和分析，识别出工程项目评估范围内的各类风险；然后根据风险评估工作要求，制定合理的风险等级评定准则以及相应的风险决策方法；再利用科学可靠的风险评估方法，得出衡量风险水平的具体指标（如风险指数、风险量等），进而划分风险等级，最后确定相应的风险监控管理措施。

风险评估工作在收集各类资料的基础上，先开展风险沟通与交流，然后开展风险评估工作，评估工作总体流程为：风险界定、风险辨识、风险估计、风险评价、风险控制，具体流程如图 4-1 所示。

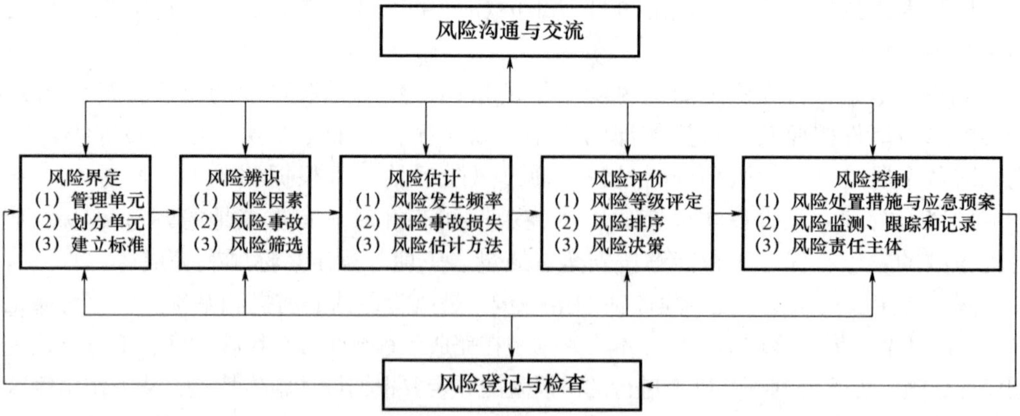

图 4-1　风险评估流程图

4.2 风险辨识方法

1. 风险界定

风险评估首先进行评估单元的划分，在此基础上进行风险评估。单元划分根据轨道交通工程工点的特点、施工方法以及工程的施工阶段安排，按照 WBS-RBS 方法进行。单元划分根据工程实施时具体的施工筹划（图）进行。

（1）工作分解结构（WBS）

工作分解结构（WBS）是将整个工程项目进行系统分解（工程总体—单位工程—分部分项工程—工序），以分解后的“工序”层作为目标块，如图 4-2 所示。

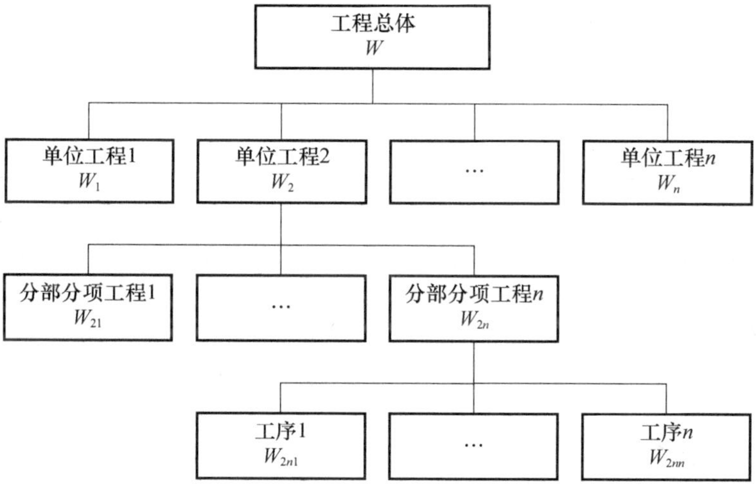

图 4-2　工作分解结构

（2）风险分解结构（RBS）

按类别对风险源进行分解，如图 4-3 所示。

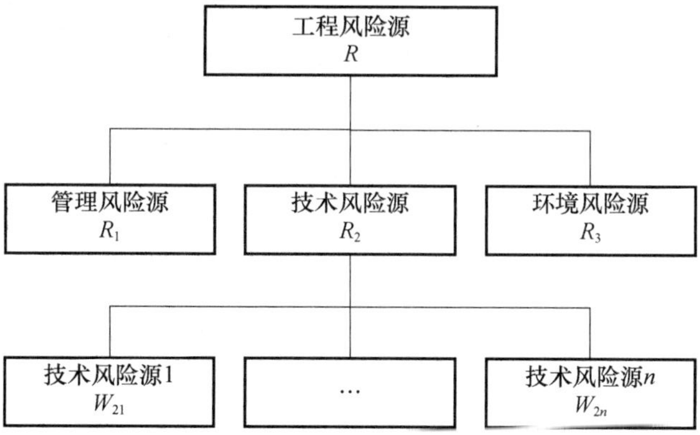

图 4-3　风险分解结构

（3）建立 WBS-RBS 耦合矩阵

耦合矩阵的建立是以 WBS“工序”层为行向量，RBS“基本风险源”为列向量形成耦合矩阵，见表4-1。其中，“0”表示耦合不产生风险因素，“1”表示两者耦合能够产生风险因素，且不同位置的“1”代表不同的风险事件或因素。

表 4-1　WBS-RBS 耦合矩阵表

		W_1				…	W_n			
		W_{11}	W_{12}	…	W_{1k}		W_{n1}	W_{n2}	…	W_{nn}
R_1	R_{11}		1							
	R_{12}		0							
	⋮									
	R_{1i}									
⋮										
R_m	R_{m1}									
	R_{m2}									
	⋮									
	R_{mj}									

2. 风险辨识

风险源辨识：使用 WBS-RBS 风险辨识方法，通过工作结构分解可得出此风险工程的风险单元、安全风险事件、风险因素辨识结果。通过风险结构分解调查、识别工程建设中潜在的风险类型、发生地点、时间及原因，两者结合进行筛选、分类，形成风险辨识清单。

4.3 风险评估推荐方法

施工期间进行安全风险评估时，采用层次分析法与专家打分相结合的综合评判方法。项目部组织内部专业技术人员，经过充分讨论对层次分析法模型中底层风险因素发生的可能性以及发生后后果非效用值进行评分，结合层次分析法中各层次风险权重的计算，计算出各层次风险的风险系数，作为衡量风险因素风险水平的最终指标，进而根据风险等级的评定标准来判断各风险因素的风险等级。

（1）风险指数计算

风险等级评定准则反映了风险评估的目标，此次风险评估方案中，严格依据《城市轨道交通地下工程建设风险管理规范》（GB 50652—2011），即通过定量计算的风险指数 R，将其对应于 GB 50652—2011 中的风险等级分级标准。

安全风险事件打分标准规定如下：

风险事故发生概率等级 P：A、B、C、D、E，对应打分值：5、4、3、2、1。

风险事故损失等级 C：1、2、3、4、5，对应分值：5、4、3、2、1（本项目对 C 值进行了细化）。

风险指数计算公式：$R=P\times C$。

通过以上计算，得出某安全风险事件的风险指数，然后将风险指数值对应于 GB 50652—2011 中的风险等级，分级方法见参考标准内容，即得出某风险事故的风险等级大小。

（2）专家调查打分方法

依据 GB 50652—2011 附件 A：风险辨识表（表 4-2），安全风险事件的具体评分标准见风险评估标准部分，开展打分工作。

表 4-2　城市轨道交通地下工程建设安全风险事件辨识表

<table>
<tr><td colspan="3">工程名称</td><td colspan="12"></td></tr>
<tr><td colspan="3">进展阶段</td><td colspan="12">□规划阶段　□可行性研究　□勘察与设计
□招标、投标与合同签订　□施工</td></tr>
<tr><td colspan="3">参与单位</td><td colspan="12">1. 建设单位　5. 监理单位
2. 设计单位　6. 第三方监测单位
3. 勘察单位　7. 其他单位
4. 施工单位</td></tr>
<tr><td colspan="3">填写人</td><td colspan="4"></td><td colspan="2">填写日期</td><td colspan="6"></td></tr>
<tr><td rowspan="2">编号</td><td rowspan="2">风险事件</td><td rowspan="2">发生位置</td><td rowspan="2">风险因素（可能成因）</td><td rowspan="2">风险损失（不利影响/危害后果）</td><td colspan="2">等级</td><td rowspan="2">风险等级</td><td colspan="6">处置负责单位</td><td rowspan="2">备注</td></tr>
<tr><td>概率</td><td>损失</td><td>建设单位</td><td>设计单位</td><td>勘察单位</td><td>施工单位</td><td>监理单位</td><td>监测单位</td></tr>
<tr><td>1</td><td></td><td></td><td></td><td></td><td></td><td></td><td></td><td></td><td></td><td></td><td></td><td></td><td></td><td></td></tr>
<tr><td>2</td><td></td><td></td><td></td><td></td><td></td><td></td><td></td><td></td><td></td><td></td><td></td><td></td><td></td><td></td></tr>
<tr><td>3</td><td></td><td></td><td></td><td></td><td></td><td></td><td></td><td></td><td></td><td></td><td></td><td></td><td></td><td></td></tr>
<tr><td>4</td><td></td><td></td><td></td><td></td><td></td><td></td><td></td><td></td><td></td><td></td><td></td><td></td><td></td><td></td></tr>
<tr><td>5</td><td></td><td></td><td></td><td></td><td></td><td></td><td></td><td></td><td></td><td></td><td></td><td></td><td></td><td></td></tr>
<tr><td>6</td><td></td><td></td><td></td><td></td><td></td><td></td><td></td><td></td><td></td><td></td><td></td><td></td><td></td><td></td></tr>
<tr><td rowspan="4">填表说明</td><td rowspan="4"></td><td colspan="13">1. 按照不同阶段和建设内容填写表格；</td></tr>
<tr><td colspan="13">2. 表格由参与调研的单位自行组织，参与单位填写“√”；</td></tr>
<tr><td colspan="13">3. 风险名称栏中填写名称或风险描述；</td></tr>
<tr><td colspan="13">4. 发生位置栏中填写风险发生的里程桩号或具体位置、周边环境等</td></tr>
</table>

（3）计算总体风险指数

由专家打分法确定风险事件的 P（风险发生的概率）、C（风险发生产生的破坏程度）值，两者的乘积为其风险指数 R_i，层次分析法可得到风险事件的权重 ω_i。在此基础上，对各个风险进行集成，得到总体的风险指数 R，计算方法如下：

$$R = \sum_{i=1}^{n} \omega_i \cdot R_i$$

（4）风险评价

对风险进行分析和评价，对风险危害性及其处置措施进行决策。

（5）风险控制

对风险进行分析与决策，判断风险是否可接受的等级标准，对重大风险源编制应急预案。

4.4 风险评估的参考标准

（1）评估的参考指标

轨道交通工程建设期间发生的工程风险，是否可接受以及接受程度如何，决定着不同的风险控制对策及处置措施，风险评估中需预先指定明确的风险等级及接受准则。城市轨道交通地下工程建设风险管理应根据工程建设阶段、规模、重要性程度及建设风险管理目标等制定风险等级标准。

依据《地铁及地下工程建设风险管理指南》（建质〔2007〕254 号）、《城市轨道交通地下工程建设风险管理规范》（GB 50652—2011）及国际隧协提供的风险评价方法，风险分级标准包括风险事故发生概率的等级标准（简称风险概率等级）和风险事故发生后的损失等级标准（简称风险损失等级）。

工程风险概率等级根据风险发生的可能性宜采用概率或者频率作为指标，可分为五级，具体等级标准见表 4-3。

表 4-3 工程风险概率等级标准

等级	5	4	3	2	1
事故描述	不可能	很少发生	偶尔发生	可能发生	频繁
区间概率	$P<0.01\%$	$0.01\%\leqslant P<0.1\%$	$0.1\%\leqslant P<1\%$	$1\%\leqslant P<10\%$	$P\geqslant10\%$
估值 P	1	2	3	4	5

注：P 为风险事故发生概率估值。

轨道交通施工风险损失包括人员伤亡、周边环境破坏、经济损失、工期延误和社会影响，均分为五级，最后综合以上损失来评定风险损失的严重程度。人员伤亡等级标准见表 4-4。

表 4-4 人员伤亡等级标准

等级	A	B	C	D	E
建设人员	死亡（含失踪）10 人以上	死亡（含失踪）3～9 人，或重伤 10 人以上	死亡（含失踪）1～2 人或重伤 2～9 人	重伤 1 人，或者轻伤 2～10 人	轻伤 1 人
第三方	死亡（含失踪）1～2 人	重伤 2～9 人	重伤 1 人	轻伤 2～10 人	轻伤 1 人

周边环境破坏等级标准见表 4-5。

表 4-5 周边环境破坏等级标准

等级	A	B	C	D	E
影响范围及程序	涉及范围非常大，周边生态环境发生严重污染或破坏	涉及范围很大，周边生态环境发生较重污染或破坏	涉及范围大，区域内生态环境发生污染或破坏	涉及范围较小，邻近区生态环境发生短期污染或破坏	涉及范围很小，施工区生态环境发生轻度污染或破坏

经济损失等级标准见表4-6。

表4-6 经济损失等级标准

等级	A	B	C	D	E
工程本身	1000万元以上	500万~1000万元	100万~500万元	50万~100万元	50万元以下
第三方	200万~500万元	100万~200万元	50万~100万元	10万~50万元	10万元以下

工期损失等级标准见表4-7。

表4-7 工期损失等级标准

等级	A	B	C	D	E
长期工程（工期超过2年）	延误大于9个月	延误6~9个月	延误3~6个月	延误1~3个月	延误少于1个月
短期工程（工期少于2年）	延误大于90d	延误60~90d	延误30~60d	延误10~30d	延误少于10d

社会信誉损失等级标准见表4-8。

表4-8 社会信誉损失等级标准

等级	A	B	C	D	E
影响程度	恶劣的，或需紧急转移安置1000人以上	严重的，或需紧急转移安置500~1000人	较严重的，或需紧急转移安置100~500人	需考虑的，或需紧急转移安置50~100人	可忽略的，或需紧急转移安置小于50人

表中的工期损失、社会信誉损失、周围环境破坏和人员伤亡换算成经济损失中的直接损失或者简介损失来进行风险损失等级划分，比如工期延误造成的经济损失、人员伤亡造成的经济损失和破坏周边环境造成的直接和间接的经济损失，以此来评定风险损失的严重程度，见表4-9。

表4-9 风险损失的等级标准

等级	A	B	C	D	E
严重程度	灾难性的	非常严重的	严重的	需考虑的	可忽略的
估值	5	4	3	2	1

（2）评估的分级标准

根据城市轨道交通地下工程建设风险发生的概率和损失等级，将工程风险等级分为四级，建立风险分级矩阵，具体见表4-10。

表4-10 风险等级标准

损失等级 / 可能性等级		A	B	C	D	E
		灾难性	很严重	严重的	较大的	可忽略的
1	频繁的	Ⅰ级	Ⅰ级	Ⅰ级	Ⅱ级	Ⅲ级
2	可能的	Ⅰ级	Ⅰ级	Ⅱ级	Ⅲ级	Ⅲ级

续表

可能性等级＼损失等级		A 灾难性	B 很严重	C 严重的	D 较大的	E 可忽略的
3	偶尔的	Ⅰ级	Ⅱ级	Ⅲ级	Ⅲ级	Ⅳ级
4	罕见的	Ⅱ级	Ⅲ级	Ⅲ级	Ⅳ级	Ⅳ级
5	不可能的	Ⅲ级	Ⅲ级	Ⅳ级	Ⅳ级	Ⅳ级

根据风险等级进行 R 值打分，见表 4-11。

表 4-11　风险等级打分表

等级	估值	说明
Ⅰ	$15 \leqslant R < 25$	为减少风险的预防措施必须不惜代价实行
Ⅱ	$9 \leqslant R < 15$	明确并执行预防措施以减少风险
Ⅲ	$4 \leqslant R < 9$	风险处于可容忍的边缘，预防措施可能需要
Ⅳ	$1 \leqslant R < 4$	风险是可容忍的，不必另设措施

根据风险等级制定风险接受准则，见表 4-12。

表 4-12　风险接受准则

等级	接受准则	处置对策	控制方案	应对部门
Ⅰ级	不可接受	必须高度重视，并采取措施规避，否则必须将风险降低至可接受的水平	需制定控制、预警措施，或进行方案修正或调整等	政府部门及工程建设参与各方
Ⅱ级	不愿接受	必须加强监测，采取风险处理措施降低风险等级，且降低风险的成本不应高于风险发生后的损失	需防范、监控措施	
Ⅲ级	可接受	不需采取风险处理措施，但需注意监测	加强日常管理审视	工程建设参与各方
Ⅳ级	可忽略	无须采取风险处理措施，实施常规监测	日常管理审视	工程建设参与各方

第5章　基坑工程风险分级管控

5.1　勘察设计阶段风险管理

为确保施工安全，防止塌方事故发生，建筑基坑支护设计与施工应综合考虑工程地质与水文地质条件、基坑类型、基坑开挖深度、降排水条件、周边环境对基坑侧壁位移的要求、基坑周边荷载、施工季节、支护结构使用期限等因素，做到合理设计、精心施工、经济安全。

5.1.1　基坑坍塌风险

（1）随着目前基坑工程越挖越大，越挖越深，周边环境越挖越复杂，基坑设计面临的风险也越来越大，造成基坑坍塌的风险在设计方面的原因主要有：

1）深基坑设计方案选择失误；

2）支护结构设计中土体的物理力学参数选择不当；

3）深基坑支护的设计荷载取值不当；

4）支护结构设计计算与实际受力不符，或设计模型与基坑开挖实际不一致；

5）支撑结构设计失误或锚固结构设计失误；

6）地下水处理方法不当；

7）对基坑开挖存在的空间效应和时间效应考虑不周；

8）对基坑监测数据的分析和预判不准确。

（2）对深基坑坍塌风险，设计阶段要综合考虑和采取以下措施：

1）基坑计算必须考虑施工过程的影响，进行土方分层开挖、分层设置支撑、逐层换撑拆撑的全过程分析，尽可能使实际施工的各个阶段，与计算设定的各个工况一致；

2）基坑设计时要考虑软土流变特性的时间效应和空间效应，考虑特殊土在温度、荷载、形变、地下水等作用下的特殊性质；

3）认识施工过程的复杂性，如经常发生的超挖现象、出土口位置、重车振动荷载和行车路线、施工栈桥和堆场布置等；

4）重视周边环境监测，研究基坑监测警戒值合理取值范围；

5）实行基坑动态设计和信息化施工：监测数据（内力、变形、土压力、孔隙水压力、潜水及承压水水头标高等）；反分析得到计算模型参数；预测下一工况支护结构内力和变形；必要时，修改设计措施、调整挖土方案；

6）设计单位应当考虑施工安全操作和防护的需要，对涉及施工安全的重点部位和环节在设计文件中注明，并对防范生产安全事故提出指导意见；

7）采用新结构、新材料、新工艺和特殊结构的深基坑工程，设计单位应当在设计中提出保障施工作业人员安全和预防生产安全事故的措施建议；

8）从设计理念和设计方法来看，要彻底转变传统的设计理念，建立变形控制的新的工程设计方法，开展支护结构的试验研究，探索新型支护结构的计算方法。

5.1.2 坑底突涌风险

（1）深基坑坑底突涌的风险，设计方面的原因是因设计考虑不周引起的，主要风险因素有：

1）忽略抗渗流或抗管涌稳定性验算；

2）设计没有考虑处理承压水措施；

3）在地下水及在施工扰动作用下，深基坑坑底土层性能的弱化作用。

（2）风险控制要点

对深基坑坑底突涌的风险控制，设计阶段要考虑和采取以下措施：

1）设计阶段同样关注基坑坍塌面临的风险；

2）设计时必须进行抗渗流或抗管涌稳定性验算；

3）设计时应考虑施工承压水处理措施，包括采取竖向止水帷幕隔绝法和坑底加固法；

4）采取合理的基坑加固措施。

5.1.3 坑底隆起风险

（1）深基坑坑底隆起风险与基坑边坡坍塌有一定的关联关系，要重视因设计不周带来的风险：

1）忽略坑底隆起稳定性验算；

2）与基坑坍塌相关的风险；

3）忽略坑底隆起对工程桩、支护构件带来的不利影响。

（2）对深基坑坑底隆起的风险控制，设计阶段要考虑和采取以下措施：

1）设计阶段同样考虑基坑坍塌面临的风险；

2）设计时必须进行抗坑底隆起稳定性验算；

3）设计时应考虑施工坑底隆起（回弹）量的监测。

5.1.4 基桩断裂风险

（1）造成基桩断裂的风险，设计方面的原因是因设计考虑不周引起的，主要风险因素有：

1）设计没有考虑基坑开挖后，基坑底部隆起引起对基桩的轴拉力，对桩身强度、多节桩接桩桩头、接桩节点的构造和强度没有考虑上述情况下的轴拉力；

2）因设计失误造成桩身强度不足而造成断桩。

（2）对基桩断裂的风险，设计阶段要综合考虑和采取以下措施：

1）桩身设计除考虑正常使用状态下桩身轴力外，还需考虑基坑开挖施工后土体回弹隆起引起的轴力和桩顶上拔引起的轴力；

2）根据以上的内力情况，对不同工况作用下的桩身的钢筋配置量进行校核，如不满足，需增加配筋量；

3）对多节桩接桩桩头、接桩节点的构造和强度，也必须考虑上述情况下的轴拉力。

5.1.5　地下结构上浮和受浮力破坏风险

（1）造成地下结构上浮和受浮力破坏的风险，设计方面的原因是因设计考虑不周引起的，主要风险因素有：

1）勘察报告没有明确提出抗浮设防水位；

2）设计者对当地的水位变化不了解，选取的抗浮设防水位取值不当；

3）设计文件没有提出施工阶段对抗浮的要求。

（2）对地下结构上浮和受浮力破坏的风险，设计阶段要综合考虑和采取以下措施：

1）勘察单位应搜集当地水文历史资料，根据多年统计经验推算出需要考虑的抗浮水位高度，并考虑将来使用期水位的变化综合确定设计抗浮水位，并在勘察报告中加以明确；

2）当无历史数据时，设计时应估计地下水位高度，可按最不利情况取值；

3）如场地标高在施工期间发生大面积改变，设计需重新核实设防水位；

4）设计应考虑上部建筑高低悬殊引起的地下室结构局部抗浮的受力差异；

5）设计图纸应对施工过程提出对阶段性抗浮的施工要求，包括施工程序和施工措施的时间要求。

5.2　基坑工程施工风险分级管控实例

5.2.1　工程简介

宁波某深大基坑工程属于明挖区间，基坑全长 565m，宽 10.55～19.75m，开挖深度 13.9～16.4m。区间主体结构位于（规划）广德南路西侧绿化带，北侧穿越句章东路（即茶桃公路），南侧穿越现状横塘河。周边交通主干道包括：北面为句章东路和鄞州大道、南面为沈海高速、西面为宁姜公路、东面为宁南南路和天童南路。

本工程为地下一层箱形框架结构，支护结构为地下连续墙＋内支撑形式，地基采用三轴水泥搅拌桩抽条加固。围护结构采用锁口管柔性连接，为满足横塘河改河和句章路改道需求，内部设置两道封堵墙。围护结构分三期进行施工：一期施工分区为南端 135m 和中间 180m，二期施工分区为中间 105m 和句章路以北 90m，三期施工分区为句章路南 55m，如图 5-1 所示。

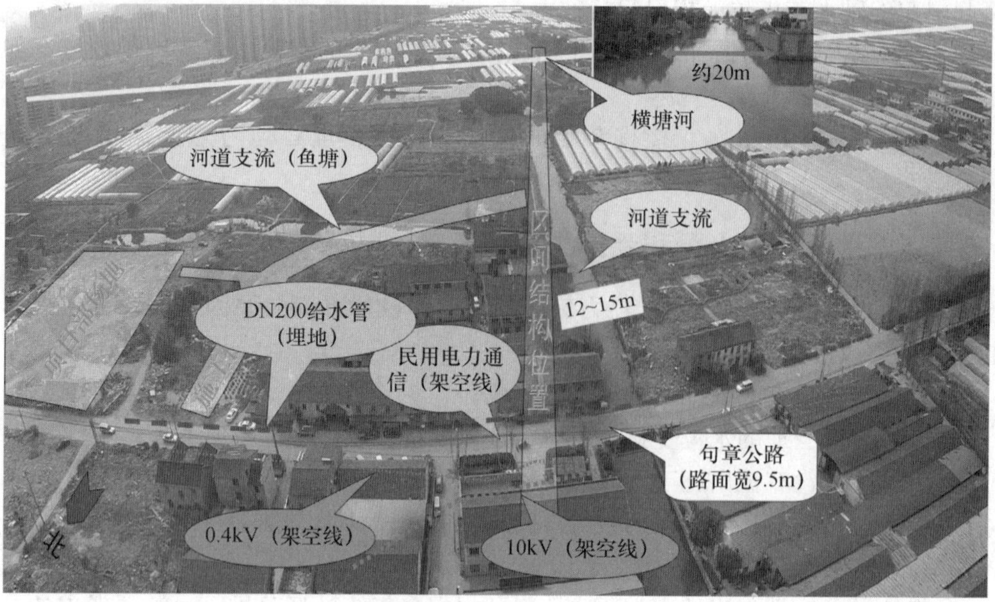

图 5-1　工程平面示意图

5.2.2　工程重难点分析（表 5-1）

表 5-1　工程重难点分析表

序号	工程重难点	采取措施
1	地质条件差，基坑变形控制尤为重要	（1）严格按照评审后的专项施工方案进行基坑的支护开挖。 （2）开挖过程中加强现场管理，加强施工监测。 （3）分段开挖后及时安装钢支撑，并按照设计要求施加轴力，并按照要求进行轴力的监测，发现轴力损失及时补力。 （4）基坑开挖完成后应及时浇筑垫层。 （5）投入必要的机械、材料、劳动力，一旦基坑开挖完成后，合理组织主体结构的施工，趁早完成主体，基坑进行回填，消除安全隐患
2	现状河道改迁影响大，进场后需完成河道改迁，老河道回填	进场后，先调配大量的资源，进行河道的改迁。原河道分段围堰进行抽水，同时新建河道平行进行施工，既能加快施工进度，又能使挖河填河的土方得到合理周转
3	句章路节点施工影响社会车辆通行，该节点位置处理难度较大，需重点进行考虑	编制详细的施工方案，施工前需与交警部门进行对接
4	土方回填量大，土方的周转需重点考虑	根据设计图纸及现在的地面标高计算出较为准确的土方量。根据施工总体安排，前期的土方可以进行外运，中后期随着主体结构的完成，具备回填条件，需考虑基坑挖除的土方进行回填，减少土方的周转
5	与相邻车站存在交叉施工，相邻标段的施工配合也尤为重要	根据施工总体安排，本工程先施工两端，两端的施工进度目标必须确定，并与相邻标段进行协商沟通，互相配合

5.2.3 风险界定

根据施工中可能遇到的风险，进行评估单元划分，再采用 WBS-RBS 方法对风险进行分级，如图 5-2 所示。

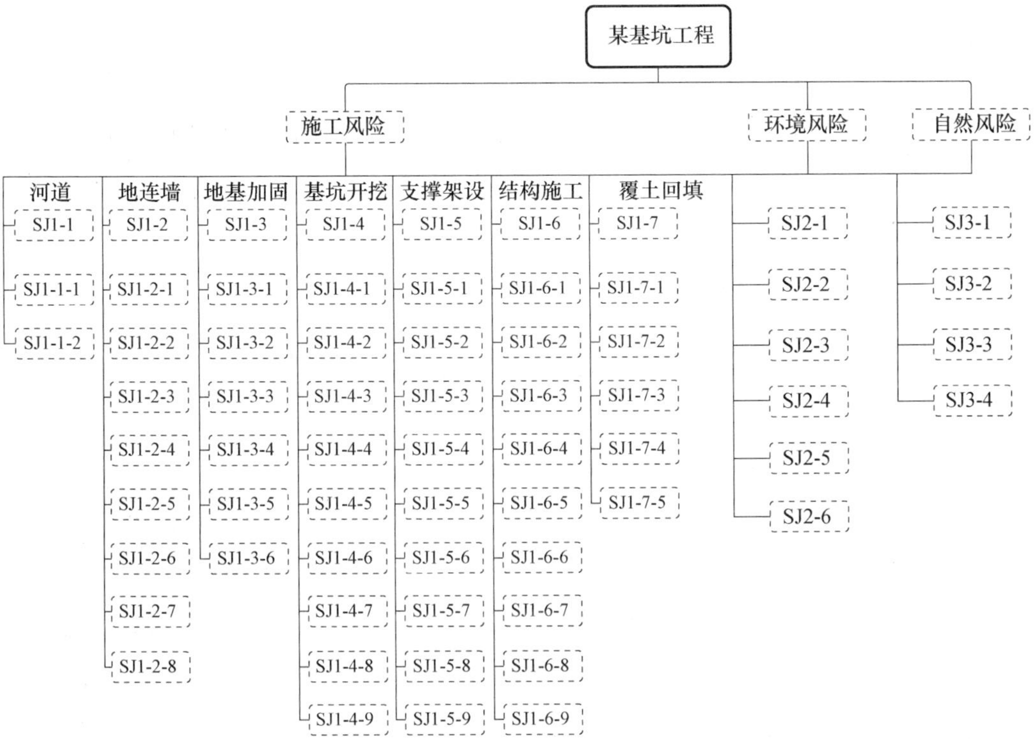

图 5-2 WBS-RBS 风险分级图

5.2.4 风险源辨识（表 5-2）

表 5-2 深基坑工程风险源辨识表

风险分类（SJ）	主要风险源			风险阐述及影响判断	风险事件原因分析
	风险单元	风险源编号	风险源名称		
施工风险（SJ1）	河道施工 SJ1-1	SJ1-1-1	钢便桥坍塌	钢便桥不堪土方车辆等重载压力，整体坍塌	a. 钢便桥设计不当； b. 桩基、贝雷梁施工质量问题； c. 车辆违规超载或会车
		SJ1-1-2	河道防汛	汛期河水位上涨，河水倒灌工地	a. 老河道过早回填； b. 河道局部堵塞不畅； c. 因台风、暴雨造成内涝
	地下连续墙 SJ1-2	SJ1-2-1	槽段偏斜、弯曲	地连墙槽段向一个方向偏斜，垂直度超过规定值，造成相邻幅开岔	a. 成槽段存在暗浜、古河道等软弱地层； b. 成槽中遇坚硬土层或地下不明障碍物； c. 导墙破坏或变形； d. 成槽机柔性悬吊装置偏心，抓斗未安置水平； e. 成槽施工顺序不当； f. 泥浆指标控制不当

续表

风险分类（SJ）	主要风险源			风险阐述及影响判断	风险事件原因分析
	风险单元	风险源编号	风险源名称		
施工风险（SJ1）	地下连续墙 SJ1-2	SJ1-2-2	槽壁坍塌	槽壁成槽、下钢筋笼和浇筑混凝土时，槽段内局部孔坍塌，进而造成连续墙鼓包或缩颈	a. 遇竖向层理发育的软弱土层或流砂土层； b. 河道处夹心饼干槽壁加固质量差； c. 单元槽段过长，或槽壁两侧地面附加荷载过大； d. 泥浆性能不达标，或液面标高控制不当； e. 钢筋笼就位或混凝土灌注时间太长； f. 泥浆配比不符合要求
		SJ1-2-3	错缝、夹泥	刷壁不彻底，地连墙槽壁和接头处错缝、夹泥，形成渗漏水、涌水通道	a. 混凝土灌注前，相邻槽段刷壁不彻底； b. 混凝土灌注前，清基不彻底，墙底沉渣过厚； c. 混凝土灌注时，导管进泥
		SJ1-2-4	钢筋笼、锁扣管无法下放	成槽后，钢筋笼或锁口管无法吊放到位	a. 槽壁垂直度不够，或存在塌孔、缩颈现象； b. 钢筋笼尺寸不准，纵向接头处产生弯曲； c. 钢筋笼刚度不够，吊放时产生变形，或定位块过于凸出； d. 异型幅槽段钢筋笼吊点布置不合理，钢筋笼偏斜
		SJ1-2-5	钢筋笼吊装事故	钢筋笼吊装入槽过程中发生散架或坠落，造成人员伤亡事故	a. 主副吊吨位选择不当； b. 钢筋笼整体刚度不足； c. 钢筋笼吊点设计不合理； d. 钢筋笼焊接质量不达标； e. 起重吊机违规操作
		SJ1-2-6	混凝土灌注事故	因导管插拔控制不当等原因造成导管内卡混凝土，或混凝土内发生泥夹层，甚至出现断桩	a. 混凝土配合比问题，或坍落度过小； b. 导管插拔深度或时机掌握不当，或隔水塞卡管； c. 混凝土未连续浇筑，间断或浇筑时间过长； d. 混凝土浇筑过程中混入泥渣，形成泥夹层
		SJ1-2-7	锁扣管拔不出	地连墙接头处锁头管，在混凝土浇筑后抽拔不出来	a. 接头管弯曲或安装不直，与顶升装置、土壁及混凝土产生较大摩擦力； b. 混凝土浇筑过程未经常抽拔锁口管，拔管时间未掌握好，混凝土已经终凝； c. 锁头管表面的耳槽盖漏盖

续表

风险分类（SJ）	主要风险源			风险阐述及影响判断	风险事件原因分析
	风险单元	风险源编号	风险源名称		
施工风险（SJ1）	地下连续墙 SJ1-2	SJ1-2-8	大型设备倾覆	大型设备行走路面不坚实，导致大型设备倾覆	a. 重载道路不坚实、不平整； b. 设备违章作业
	地基加固 SJ1-3	SJ1-3-1	搅拌桩槽壁加固侵界	河道回填区地连墙槽壁加固侵入地连墙成槽范围，造成成槽困难	a. 施工放样或桩机定位有误； b. 三轴搅拌桩喷射压力过大，造成泥浆扩散； c. 搅拌桩垂直度超标，侵入地连墙成槽范围
		SJ1-3-2	搅拌桩加固深度不足	搅拌桩加固深度低于设计要求，影响坑底稳定	a. 深度测量偏差； b. 设备稳定性差； c. 施工工艺不当
		SJ1-3-3	搅拌桩桩身强度不达标	成桩桩体强度低于设计要求，严重影响地基加固效果	a. 受地下动水影响，浆液扩散； b. 水泥配合比不当，或掺量过低； c. 施工工艺不当
		SJ1-3-4	搅拌桩弱加固质量差	基底以上水泥弱加固质量差，影响开挖土稳定	a. 项目部重视程度不够； b. 水泥配合比不当，或掺量过低
		SJ1-3-5	旋喷桩夹缝封闭效果差	地连墙与三轴加固夹缝间实施高压旋喷桩封闭加固效果不理想，影响基坑开挖被动土压力	a. 施工放样或桩机定位有误； b. 桩身垂直度差，下部跑偏； c. 施工工艺不当
		SJ1-3-6	桩机倾覆	桩机施工场地不坚实，导致桩基设备倾覆	a. 重载道路，场地不坚实、不平整； b. 设备违章作业
	基坑开挖 SJ1-4	SJ1-4-1	墙体变形过大	深基坑开挖受一系列因素影响，地连墙变形逐步加大，风险逐步累加，超过一定限度后将面临基坑坍塌风险，并造成结构侵限	a. 软土地质特性； b. 勘察设计缺陷； c. 堆边违规堆载和重车行进荷载； d. 一次开挖过长，分层分块要求执行不力； e. 超挖； f. 支护不及时，无支撑暴露时间过长； g. 支撑轴力过小，损失后未及时复加； h. 垫层及底板浇筑不及时
		SJ1-4-2	墙趾踢脚位移，坑底隆起	地连墙墙趾出现较大变形，呈现出“踢脚”形态，超过一定限度后围护结构将发生滑移，最终包饺子	a. 软土地质特性； b. 设计插入比过小； c. 地基加固效果差； d. 地连墙变形过大； e. 不重视监测数据

续表

风险分类（SJ）	主要风险源			风险阐述及影响判断	风险事件原因分析
	风险单元	风险源编号	风险源名称		
施工风险（SJ1）	基坑开挖SJ1-4	SJ1-4-3	承压水突涌	基底面自重压力小于下部承压水水头，造成承压水喷涌，造成土体严重泡水危及基坑安全	a. 设计有误； b. 坑底超挖； c. 基底暴露时间过长
		SJ1-4-4	墙缝渗漏、涌水涌砂	地下水从槽段接缝处渗漏出来，甚至发生水土喷涌，造成基坑局部塌方和周边地表严重沉降	a. 地连墙相邻幅开衩； b. 刷壁不彻底，存在错缝、夹泥； c. 未实施降水，坑外水头压力大
		SJ1-4-5	纵向滑坡	因纵向放坡过陡或暴雨冲刷引起开挖土层纵向滑坡，造成人员伤亡，并冲垮已架设的钢支撑，引起支撑失稳连锁反应	a. 纵向放坡或单块土开挖放坡过陡； b. 地基抽条加固质量不达标； c. 骤降暴雨冲刷坡表，造成土体 C/φ 值显著降低； d. 基坑内排水不畅，降低土体自稳性
		SJ1-4-6	坑内积水	坑内积水未及时抽排，降低被动土体强度	a. 坑内未设置排水沟和集水井； b. 项目部重视程度不够，积水抽排不及时； c. 骤降暴雨
		SJ1-4-7	基坑坍塌	基坑全面或局部坍塌	a. 地连墙变形过大或墙趾踢脚； b. 地连墙接缝渗漏； c. 支撑失稳； d. 不重视监测数据，措施未跟上
		SJ1-4-8	基坑受淹	基坑全面进水受淹，造成被动土丧失强度	a. 河岸绝堤，河水倒灌； b. 强降雨，来不及抽水
		SJ1-4-9	开挖不规范	未按时空效应，分层分块开挖，放坡不足	a. 基坑一次开挖过长； b. 未严格执行分层分块开挖制度； c. 开挖放坡不足
	支撑架设SJ1-5	SJ1-5-1	架撑不及时	支撑架设不及时，预应力施工不及时	a. 基坑一次开挖过长； b. 钢支撑储备不足； c. 油泵故障
		SJ1-5-2	支撑不合格	进场支撑质量不合格，支撑弯曲、壁厚不足，法兰盘不平	a. 验收草率，不合格材料未及时清退； b. 钢支撑重复使用次数过高
		SJ1-5-3	安装不合格	支撑活络头过长，支撑与地连墙不密贴，轴力与地连墙不垂直	a. 钢支撑计算、加工有误； b. 钢支撑安装未准备定位； c. 支撑安装验收不到位

续表

风险分类（SJ）	主要风险源			风险阐述及影响判断	风险事件原因分析
	风险单元	风险源编号	风险源名称		
施工风险（SJ1）	支撑架设 SJ1-5	SJ1-5-4	预加轴力损失	钢楔锁力不紧，轴力损失未及时复加	a. 钢楔未使用双面楔，接触面不紧； b. 加力时间选择不当，温度应力损失； c. 支撑监测数据未及时关注
		SJ1-5-5	支撑坠落 1	牛腿支座变形过大，支撑防坠落措施不到位	a. 牛腿支座设计不合理，焊接不牢； b. 牛腿偏心受力扭曲变形，未及时修复； c. 未按设计要求，采取支撑防坠落措施
		SJ1-5-6	支撑坠落 2	挖机、抓斗碰撞支撑或土体发生纵向滑坡事故	a. 支撑间距过小，上下不在一条直线上； b. 挖机、抓斗挖土无专人指挥或指挥不当； c. 因放坡或暴雨冲刷发生土体纵向滑坡
		SJ1-5-7	斜撑滑移，节点破坏	斜撑未按 45°要求安装架设，存在水平分力，斜撑未严格按照设计要求定位，节点剪应力过大	a. 斜撑设计不合理，造成节点剪应力过大； b. 斜撑计算，加工长度不精确； c. 地连墙鼓包处理不到位； d. 地连墙预埋钢板不准确
		SJ1-5-8	换撑不及时，拆撑过早	换撑安装、支撑拆除未严格按照设计规范要求时间施工	a. 换撑安装缓慢； b. 抢进度； c. 现场管理脱节
		SJ1-5-9	钢支撑储备不足	影响支撑架设及时性和应急抢险	a. 材料供应与现场管理脱节； b. 钢支撑堆放场地不足
	主体结构 SJ1-6	SJ1-6-1	主体结构侵界	围护结构变形过大，造成主体结构侵界	a. 地连墙位移变形过大且外放尺寸不足； b. 地连墙重直度控制差，墙身存在倾斜
		SJ1-6-2	结构渗漏水	结构自防水失效，防水层破坏失效，造成主体结构渗漏水	a. 混凝土配合比不当，施工振捣不密实； b. 防水卷材铺贴不平，或存在空鼓、破口； c. 止水带安装质量缺陷
		SJ1-6-3	高支模失稳	侧墙模板施工，支撑不力造成高支模失稳	a. 侧墙浇筑分段不合理； b. 模板设计计算错误； c. 模板支撑固定不牢，发生位移

续表

风险分类（SJ）	主要风险源			风险阐述及影响判断	风险事件原因分析
	风险单元	风险源编号	风险源名称		
施工风险（SJ1）	主体结构 SJ1-6	SJ1-6-4	支模架、脚手架坍塌	支模架、脚手架搭设过程或混凝土浇筑过程发生坍塌	a. 设计计算错误，方案未落实专家评审意见； b. 碗扣架材料质量缺陷，壁厚不足； c. 支模架、手脚架安装不规范，验收不到位； d. 支模架材料堆载超限，造成局部应力集中
		SJ1-6-5	结构整体沉降	区间在承压水或不良地质作用下出现整体上浮或沉降	a. 基底存在暗浜等不良地质； b. 承压水设计错误； c. 地基加固、抗拔/浮桩施工质量差
		SJ1-6-6	混凝土浇筑	混凝土浇筑不连续，振捣不密实，甚至出现冷缝	a. 混凝土配合比不当，初凝过快； b. 混凝土断供，中断浇筑时间过长； c. 混凝土振捣插拔不符合要求
		SJ1-6-7	防水层破坏失效	造成结构渗漏水，影响主体结构验收	a. 防水材料质量不合格； b. 未按设计图纸施工、验收； c. 后道工序的破坏
		SJ1-6-8	钢筋保护层不足	造成结构渗漏水，影响主体结构验收	a. 钢筋骨架过大； b. 未绑扎垫块
		SJ1-6-9	混凝土实体强度不足	影响混凝土实体质量，影响主体结构验收	a. 混凝土原材料质量不合格； b. 混凝土浇筑振捣不密实； c. 混凝土养护不到位
	结构回填土 SJ1-7	SJ1-7-1	结构整体上浮	本工程为负二层单层箱形结构，覆土深度大，顶板覆土不及时，易发生结构整体上浮	a. 设计缺陷； b. 顶板到达强度后未及时覆土； c. 坑底水位骤然抬升
		SJ1-7-2	封堵墙变形、位移失稳	顶板覆土时机掌握不当，斜撑拆除过早，造成封堵墙单侧受压变形，并可能发生位移失稳	a. 斜撑拆除先于覆土施工，未逐道拆除； b. 封堵墙后挖侧开挖，在另一侧覆土前进行
		SJ1-7-3	土体纵向滑坡	本工程顶板预留吊装孔、人孔，覆土必须留坡，易发生土体纵向滑坡	a. 覆土放坡过陡； b. 暴雨冲刷表土

续表

风险分类（SJ）	主要风险源			风险阐述及影响判断	风险事件原因分析
	风险单元	风险源编号	风险源名称		
施工风险（SJ1）	结构回填土 SJ1-7	SJ1-7-4	挡土墙破坏	吊装孔、人孔，孔位上方以挡土墙竖井保护，覆土过程中挡土墙存在破坏风险	a. 挡土墙设计强度不足； b. 挡土墙施工未能同顶板形成有效连接； c. 覆土发生纵向滑坡，推力巨大
		SJ1-7-5	填土质量和压实度	因回填料质量或压实度引起的回填质量缺陷	a. 回填料不符合设计、规范要求； b. 未按规范要求进行分层压实； c. 机械配置不能满足压实度要求
环境风险（SJ2）	周边构筑物 SJ2-1	SJ2-1-1	河堤护岸挡墙	河堤护岸挡墙发生变形沉降或坍塌，甚至出现整体滑移	a. 地连墙变形位移过大，河堤周围地表发生严重沉降； b. 地连墙渗漏、涌土涌砂，造成河堤周围地层脱空
		SJ2-1-2	句章公路	句章公路路基破坏，甚至出现整体滑移	a. 地连墙变形位移过大，造成句章公路下方土体不均匀沉降； b. 地连墙渗漏、涌土涌砂，造成句章公路基底脱空，甚至滑移； c. 重车通行，造成（改迁）句章公路路基、基层破坏
		SJ2-1-3	周边建筑	基坑周边建筑物沉降、开裂	a. 基坑周边地表沉降过大，造成建筑物下方地基土扰动； b. 地连墙渗漏、涌土涌砂，造成建筑物下方土体脱空； c. 重车通行，建筑物受震后出现错缝开裂
	周边管线 SJ2-2	SJ2-2-1	DN200 给水管线（埋地）	给水管线不均匀沉降、爆管	a. 基坑周边地表沉降过大，造成给水管不均匀沉降，管道爆裂； b. 地连墙渗漏、涌土涌砂，造成给水管下方土体脱空，管道爆裂； c. 给水管受到重车碾压，管道爆裂
		SJ2-2-2	高压电力管线（架空）	高压线杆线失稳、触电	a. 基坑周边地表沉降过大，造成电线杆失稳倒塌； b. 设备施工未保持安全距离，引发高压触电事故

续表

风险分类（SJ）	主要风险源			风险阐述及影响判断	风险事件原因分析
	风险单元	风险源编号	风险源名称		
环境风险（SJ2）		SJ2-2-3	环境污染	河道水体污染、农田污梁	a. 地连墙槽段坍塌，泥浆外流至河道、农田； b. 废弃泥浆违规排放，污染河水、农田； c. 暴雨侵袭，项目部未及时采取应急措施
自然风险（SJ3）	自然风险 SJ3-1	SJ3-1-1	暴雨	土方坍塌、基坑受淹	a. 未及时响应气象预警； b. 水泵等应急物资不到位； c. 坑内降排水措施不到位
		SJ3-1-2	台风	建构筑物、设备倒塌、人员伤亡，基坑受淹	a. 未及时响应气象预警； b. 水泵等应急物资不到位； c. 坑内降排水措施不到位
		SJ3-1-3	雷电	设备遭电击受损，人员遭电击身亡	a. 未及时响应气象预警； b. 安全培训及预防措施不到位
		SJ3-1-4	地震	工程毁灭性打击	a. 未及时响应地质预警； b. 应急培训及人员疏散不力

5.2.5 风险指数计算表

由专家打分法确定风险事件的 P（风险发生的概率）、C（风险发生产生的破坏程度）值，其中 P 的打分为风险发生概率等级为 1 级时打分为 5、风险发生概率等级为 2 级时打分为 4，依此类推，C 的打分为根据工程风险直接损失和间接损失情况，构建判断标准，综合取定，见表 5-3。

表 5-3　风险事件 *P* 值、*C* 值、*R* 值计算表

风险分类	风险单元		主要风险源		风险可能性估值	风险损失估值	风险指数
	编号	名称	风险源编号	风险源名称	P_i	C_i	R_i
施工风险	SJ1-1	河道施工	SJ1-1-1	钢便桥不堪车辆等重载压力，整体坍塌	2	3.5	7.0
			SJ1-1-2	汛期河水位上涨，河水倒灌工地	2	2.8	5.6
	SJ1-2	地下连续墙	SJ1-2-1	槽段偏斜、弯曲，造成相邻幅开岔，涌水涌土	3	3.2	9.6
			SJ1-2-2	局部孔坍塌，进而造成连续墙鼓包或缩颈	4	3.2	14.4
			SJ1-2-3	槽壁和接头处错缝、夹泥，造成内壁露筋，接缝处形成渗漏水通道	4	3.0	15.0

续表

风险分类	风险单元		主要风险源		风险可能性估值	风险损失估值	风险指数
	编号	名称	风险源编号	风险源名称	P_i	C_i	R_i
施工风险	SJ1-2	地下连续墙	SJ1-2-4	钢筋笼或锁口管无法吊放到位	4	2.2	8.8
			SJ1-2-5	钢筋笼在吊装入槽过程中发生散架或坠落	2	3.6	7.2
			SJ1-2-6	混凝土内发生泥夹层，甚至出现断桩	2	4.0	8.0
			SJ1-2-7	锁扣管拔不出	3	2.4	7.2
			SJ1-2-8	大型设备行走路面不坚实，导致大型设备倾覆	2	4.1	8.2
	SJ1-3	地基加固	SJ1-3-1	搅拌桩槽壁加固侵界	3	2.6	5.2
			SJ1-3-2	搅拌桩加固深度不足	3	2.5	7.5
			SJ1-3-3	搅拌桩桩体强度不达标	2	3.1	9.3
			SJ1-3-4	搅拌桩弱加固质量差	2	2.3	6.9
			SJ1-3-5	旋喷桩夹缝封闭效果差	2	2.0	6.0
			SJ1-3-6	大型设备行走路面不坚实，导致大型设备倾覆	2	4.1	8.2
	SJ1-4	基坑开挖	SJ1-4-1	墙体位移变形过大	5	4.0	20.0
			SJ1-4-2	墙趾踢脚位移，坑底隆起	3	4.5	13.5
			SJ1-4-3	承压水突涌	2	3.8	7.6
			SJ1-4-4	墙缝渗漏水、涌水涌砂	4	3.2	12.8
			SJ1-4-5	土体纵向滑坡	3	3.2	9.0
			SJ1-4-6	坑内积水，土体受浸泡强度降低	3	2.8	8.4
			SJ1-4-7	基坑坍塌	2	4.7	8.0
			SJ1-4-8	基坑灌水	2	3.6	7.2
			SJ1-4-9	未按时空效应，分层分块开挖，放坡不足	3	2.8	7.6
	SJ1-5	支撑架设	SJ1-5-1	钢支撑架设不及时	4	3.2	12.8
			SJ1-5-2	钢支撑进场质量不合格	2	2.5	5.0
			SJ1-5-3	钢支撑安装质量不合格	4	2.8	11.2
			SJ1-5-4	钢支撑预加轴力损失，未及时复加	4	2.7	8.1
			SJ1-5-5	牛腿支座扭曲破坏，造成支撑坠落	2	3.8	7.6
			SJ1-5-6	挖机碰撞或纵向滑坡，造成支撑坠落	3	3.8	11.4
			SJ1-5-7	斜撑安装存在水平分力，造成支撑滑移	2	4.2	8.4
			SJ1-5-8	换撑安装不及时，拆撑时间过早	3	2.6	7.8
			SJ1-5-9	钢支撑储备量不足	2	2.6	5.2
	SJ1-6	主体结构	SJ1-6-1	主体结构侵界	2	4.5	9.0
			SJ1-6-2	结构渗漏水	4	3.8	13.6
			SJ1-6-3	高支模失稳	3	3.3	9.9
			SJ1-6-4	支模架、脚手架坍塌	2	4.7	9.4
			SJ1-6-5	区间结构整体上浮或沉降	2	3.4	6.8

续表

风险分类	风险单元		主要风险源		风险可能性估值	风险损失估值	风险指数
	编号	名称	风险源编号	风险源名称	P_i	C_i	R_i
施工风险	SJ1-6	主体结构	SJ1-6-6	混凝土浇筑不连续，振捣不密实	3	1.9	5.7
			SJ1-6-7	防水层破坏失效	3	1.4	4.2
			SJ1-6-8	钢筋保护层不足	4	1.5	4.5
			SJ1-6-9	混凝土实体强度不足	3	2.5	7.5
	SJ1-7	结构回填土	SJ1-7-1	顶板覆土不及时，造成结构整体上浮	1	3.3	6.6
			SJ1-7-2	先拆撑后覆土，造成封堵墙单侧严重受压	3	3.4	10.2
			SJ1-7-3	土体纵向滑坡	3	3.0	9.0
			SJ1-7-4	人孔上方竖井挡土墙破坏	2	2.9	5.8
			SJ1-7-5	回填土质量差，压实度不合格	4	1.4	5.6
环境风险	SJ2-1	河堤护岸挡墙发生沉降、坍塌，或出现整体滑移			3	2.9	8.7
	SJ2-2	句章公路路基破坏，或出现路面裂缝			2	4.4	8.8
	SJ2-3	周边建构筑物沉降、开裂			3	2.5	7.5
	SJ2-4	给水管线发生不均匀沉降、爆管			2	3.7	7.4
	SJ2-5	高压电力杆件失稳、高压触电			2	4.3	8.6
	SJ2-6	河道水体污染、农田污染			2	3.4	6.8
自然风险	SJ3-1	暴雨			3	3.3	9.9
	SJ3-2	台风			3	3.7	11.1
	SJ3-3	雷电			2	4.0	8.0
	SJ3-4	地震			1	5.0	5.0

5.2.6 风险单元判断矩阵（表 5-4 ~ 表 5-13）

表 5-4 河道施工（SJ1-1）风险单元判断矩阵列表

河道施工主要风险源	风险源判断矩阵			$\widetilde{\omega}_i = \sqrt[n]{\prod_{j=1}^{n} a_{ij}}$	$\omega_i = \dfrac{\widetilde{\omega}_i}{\sum_{i=1}^{z} \widetilde{\omega}_i}$	风险系数	总风险系数
	风险事件	SJ1-1-1	SJ1-1-2				
钢便桥不堪土方车辆等重载压力，整体坍塌	SJ1-1-1	1	3	1.732050808	0.75	7	6.65
汛期河水位上涨，河水倒灌工地	SJ1-1-2	1/3	1	0.577350269	0.25	5.6	

表 5-5　地下连续墙施工（SJ1-2）风险单元判断矩阵列表

地下连续墙施工主要风险源	风险源判断矩阵								$\tilde{\omega}_i = \sqrt[n]{\prod_{j=1}^{n} a_{ij}}$	$\omega_i = \frac{\tilde{\omega}_i}{\sum_{i=1}^{z} \tilde{\omega}_i}$	风险系数	总风险系数
	风险事件	SJ1-2-1	SJ1-2-2	SJ1-2-3	SJ1-2-4	SJ1-2-5	SJ1-2-7	SJ1-2-8				
槽段偏斜、弯曲，造成相邻幅开岔，涌水涌土	SJ1-2-1	1	1/2	1	3	1	4	3	1. 646452553	0. 173050873	9. 6	10. 98
局部孔坍塌，进而造成连续墙鼓包或缩颈	SJ1-2-2	2	1	2	5	2	7	3	2. 837305901	0. 29821586	14. 4	
槽壁和接头处错缝、夹泥，形成渗漏水、涌水通道	SJ1-2-3	1	1/2	1	3	1/2	3	1	1. 269588476	0. 133440465	15	
钢筋笼或锁口管无法吊放到位	SJ1-2-4	1/3	1/5	1/3	1	1/5	2	1	0. 604275079	0. 063512508	8. 8	
钢筋笼在吊装入槽过程中发生散架或坠落	SJ1-2-5	1	1/2	2	1/3	1	5	2	1. 382347852	0. 145292072	7. 2	
混凝土内发生泥夹层，甚至出现断桩	SJ1-2-6	1/4	1/7	1/5	1/2	1/5	1	1/3	0. 384346197	0. 040396819	8	
锁扣管拔不出	SJ1-2-7	1/3	1/3	1	2	1	3	1	0. 950579825	0. 099910968	7. 2	
大型设备行走路面不坚实，导致大型设备倾覆	SJ1-2-8	1/3	1/5	1/3	1/2	1/4	1/2	1	0. 439373073	0. 046180434	8. 2	

表 5-6　地基加固施工（SJ1-3）风险单元判断矩阵列表

地基加固施工主要风险源	风险源判断矩阵							$\tilde{\omega}_i = \sqrt[n]{\prod_{j=1}^{n} a_{ij}}$	$\omega_i = \frac{\tilde{\omega}_i}{\sum_{i=1}^{z} \tilde{\omega}_i}$	风险系数	总风险系数
	风险事件	SJ1-3-1	SJ1-3-2	SJ1-3-3	SJ1-3-4	SJ1-3-5	SJ1-3-6				
搅拌桩槽壁加固侵界	SJ1-3-1	1	1/2	1/5	2	3	1/2	0. 818188823	0. 111736412	5. 2	7. 88
搅拌桩加固深度不足	SJ1-3-2	2	1	1/2	3	5	1	1. 570417802	0. 214464981	7. 5	
搅拌桩桩体强度不达标	SJ1-3-3	5	2	1	3	5	2	2. 587340237	0. 353341559	9. 3	
搅拌桩弱加固质量差	SJ1-3-4	1/2	1/3	1/3	1	3	1/2	0. 66090108	0. 090256323	6. 9	
旋喷桩夹缝封闭效果差	SJ1-3-5	1/3	1/5	1/5	1/3	1	1/3	0. 337636486	0. 046109515	6	
大型设备行走路面不坚实，导致大型设备倾覆	SJ1-3-6	2	1	1/2	2	3	1	1. 348006155	0. 184091211	8. 2	

表 5-7　基坑开挖施工（SJ1-4）风险单元判断矩阵列表

基坑开挖施工主要风险源	风险源判断矩阵										$\widetilde{\omega}_i=\sqrt[n]{\prod_{j=1}^{n}a_{ij}}$	$\omega_i=\frac{\widetilde{\omega}_i}{\sum_{i=1}^{z}\widetilde{\omega}_i}$	风险系数	总风险系数
	风险事件	SJ1-4-1	SJ1-4-2	SJ1-4-3	SJ1-4-4	SJ1-4-5	SJ1-4-6	SJ1-4-7	SJ1-4-8	SJ1-4-9				
墙体位移变形过大	SJ1-4-1	1	3	8	2	4	7	5	9	7	4. 218810131	0. 339314368	20	13. 93
墙趾踢脚位移，坑底隆起	SJ1-4-2	1/3	1	3	1/2	2	5	3	6	3	1. 862736949	0. 149817933	13. 5	
承压水突涌	SJ1-4-3	1/8	1/3	1	1/5	1/3	1	1	2	1/3	0. 497050704	0. 039977254	7. 6	
墙缝渗漏水、涌水涌砂	SJ1-4-4	1/2	2	5	1	3	5	3	5	4	2. 546317188	0. 204797557	12. 8	
土体纵向滑坡	SJ1-4-5	1/4	1/2	3	1/3	1	3	2	3	2	1. 181895742	0. 095058605	9	
坑内积水，土体受浸泡强度降低	SJ1-4-6	1/7	1/5	1	1/5	1/3	1	1/4	1/2	1/5	0. 330943162	0. 026617403	8. 4	
基坑坍塌	SJ1-4-7	1/5	1/3	1	1/3	1/2	4	1	3	3	0. 90320107	0. 072643492	8	
基坑受淹	SJ1-4-8	1/9	1/6	1/2	1/5	1/3	2	1/3	1	2	0. 454223189	0. 036532683	7. 2	
未按时空效应，分层分块开挖，放坡不足	SJ1-4-9	1/7	1/3	3	1/4	1/2	1/3	1/5	1/2	1	0. 43815957	0. 035240704	7. 6	

表 5-8　支撑架设施工（SJ1-5）风险单元判断矩阵列表

支撑架设施工主要风险源	风险源判断矩阵										$\widetilde{\omega}_i = \sqrt[n]{\prod_{j=1}^{n} a_{ij}}$	$\omega_i = \frac{\widetilde{\omega}_i}{\sum_{i=1}^{z} \widetilde{\omega}_i}$	风险系数	总风险系数
	风险事件	SJ1-5-1	SJ1-5-2	SJ1-5-3	SJ1-5-4	SJ1-5-5	SJ1-5-6	SJ1-5-7	SJ1-5-8	SJ1-5-9				
钢支撑架设不及时	SJ1-5-1	1	3	2	3	5	3	4	3	5	2. 935782589	0. 276044266	12. 8	9. 76
钢支撑进场质量不合格	SJ1-5-2	1/3	1	1/2	1	3	1	1	2	3	1. 129830964	0. 106235169	5	
钢支撑安装质量不合格	SJ1-5-3	1/2	2	1	2	3	2	1	3	4	1. 737072939	0. 163332607	11. 2	
钢支撑预加轴力损失，未及时复加	SJ1-5-4	1/3	1	1/2	1	2	1	1	3	3	1. 129830964	0. 106235169	8. 1	
牛腿支座扭曲破坏，造成支撑坠落	SJ1-5-5	1/5	1/3	1/3	1/2	1	1/2	1/3	1	1	0. 497050704	0. 04673643	7. 6	
挖机碰撞或纵向滑坡，造成支撑坠落	SJ1-5-6	1/3	1	1/2	1	2	1	1/2	3	2	1	0. 094027489	11. 4	
斜撑安装存在水平分力，造成支撑滑移坠落	SJ1-5-7	1/4	1/2	1	1	3	2	1	3	3	1. 236359766	0. 116251805	8. 4	
换撑安装不及时，拆撑时间过早	SJ1-5-8	1/3	1/2	1/3	1/3	1	1/3	1/3	1	2	0. 543166074	0. 051072542	7. 8	
钢支撑储备量不足	SJ1-5-9	1/5	1/3	1/4	1/3	1	1/2	1/3	1/2	1	0. 426093725	0. 040064523	5. 2	

表 5-9　主体结构施工（SJ1-6）风险单元判断矩阵列表

主体结构施工主要风险源	风险源判断矩阵										$\tilde{\omega}_i=\sqrt[n]{\prod_{j=1}^{n}a_{ij}}$	$\omega_i=\frac{\tilde{\omega}_i}{\sum_{i=1}^{z}\tilde{\omega}_i}$	风险系数	总风险系数
	风险事件	SJ1-6-1	SJ1-6-2	SJ1-6-3	SJ1-6-4	SJ1-6-3	SJ1-6-4	SJ1-6-4	SJ1-6-3	SJ1-6-4				
主体结构侵界	SJ1-6-1	1	3	2	1	7	9	5	7	4	3. 34847182	0. 265277704	9	9. 13
结构渗漏水	SJ1-6-2	1/3	1	1	1/2	4	5	3	4	1	1. 50663019	0. 119360538	13. 6	
高支模失稳	SJ1-6-3	1/2	1	1	1/2	4	5	4	5	2	1. 801648231	0. 142732904	9. 9	
支模架、脚手架坍塌	SJ1-6-4	1	2	2	1	5	8	5	7	4	3. 043412997	0. 241109872	9. 4	
区间结构整体上浮或沉降	SJ1-6-5	1/7	1/4	1/4	1/5	1	1	1	3	1/3	0. 49504625	0. 039219303	6. 8	
混凝土浇筑不连续，振捣不密实	SJ1-6-6	1/9	1/5	1/5	1/8	1	1	1/2	2	1/4	0. 372741287	0. 029529875	5. 7	
防水层破坏失效	SJ1-6-7	1/5	1/3	1/4	1/5	1	2	1	2	1/3	0. 547830726	0. 043401075	4. 2	
钢筋保护层不足	SJ1-6-8	1/7	1/4	1/5	1/7	1/3	1/2	1/2	1	1/5	0. 295167941	0. 023384242	4. 5	
混凝土实体强度不足	SJ1-6-9	1/4	1	1/2	1/4	3	4	3	5	1	1. 211565638	0. 095984487	7. 5	

表 5-10　结构回填土施工（SJ1-7）风险单元判断矩阵列表

结构回填土施工主要风险源	风险源判断矩阵						$\tilde{\omega}_i=\sqrt[n]{\prod_{j=1}^{n}a_{ij}}$	$\omega_i=\frac{\tilde{\omega}_i}{\sum_{i=1}^{z}\tilde{\omega}_i}$	风险系数	总风险系数
	风险事件	SJ1-7-1	SJ1-7-2	SJ1-7-3	SJ1-7-4	SJ1-7-5				
顶板覆土不及时，造成结构整体上浮	SJ1-7-1	1	1/2	1/3	1	1/2	0. 608364342	0. 112595508	6. 6	7. 92
先拆撑后覆土，造成封堵墙单侧严重受压	SJ1-7-2	2	1	1/2	1	2	1. 14869835	0. 212600027	10. 2	
土体纵向滑坡	SJ1-7-3	3	2	1	2	2	1. 888175023	0. 349461683	9	
人孔上方竖井挡土墙破坏	SJ1-7-4	1	1	1/2	1	2	1	0. 185079073	5. 8	
回填土质量差，压实度不合格	SJ1-7-5	2	1/2	1/2	1/2	1	0. 757858283	0. 140263709	5. 6	

表 5-11　施工风险（SJ1）判断矩阵列表

施工主要风险源	风险源判断矩阵								$\widetilde{\omega}_i=\sqrt[n]{\prod_{j=1}^{n}a_{ij}}$	$\omega_i=\frac{\widetilde{\omega}_i}{\sum_{i=1}^{z}\widetilde{\omega}_i}$	风险系数	总风险系数
	风险事件	SJ1-1	SJ1-2	SJ1-3	SJ1-4	SJ1-5	SJ1-6	SJ1-7				
河道施工	SJ1-1	1	1/7	1/4	1/9	1/7	1/5	1/3	0. 233454071	0. 024315495	6. 65	10. 94
地下连续墙	SJ1-2	7	1	5	1	2	3	4	2. 616701502	0. 272543512	10. 98	
地基加固	SJ1-3	4	1/5	1	1/5	1/3	1/3	2	0. 620850137	0. 064664875	7. 88	
基坑开挖	SJ1-4	9	1	5	1	2	3	5	2. 800209588	0. 291656864	13. 93	
支撑架设	SJ1-5	7	1/2	3	1/2	1	2	4	1. 705661143	0. 177653766	9. 76	
主体结构	SJ1-6	5	1/3	3	1/3	1/2	1	3	1. 139852281	0. 118721735	9. 13	
结构回填土	SJ1-7	3	1/4	1/2	1/5	1/4	1/3	1	0. 484312543	0. 050443752	7. 92	

表 5-12　环境风险（SJ2）判断矩阵列表

环境主要风险源	风险源判断矩阵							$\widetilde{\omega}_i=\sqrt[n]{\prod_{j=1}^{n}a_{ij}}$	$\omega_i=\frac{\widetilde{\omega}_i}{\sum_{i=1}^{z}\widetilde{\omega}_i}$	风险系数	总风险系数
	风险事件	SJ2-1	SJ2-2	SJ2-3	SJ2-4	SJ2-5	SJ2-6				
河堤护岸挡墙发生沉降、坍塌，或出现整体滑移	SJ2-1	1	1/2	2	2	5	5	1. 919383104	0. 238504377	8. 7	8. 33
句章公路路基破坏，或出现路面裂缝	SJ2-2	2	1	3	4	5	9	3. 203100948	0. 398020383	8. 8	
周边建（构）筑物沉降、开裂	SJ2-3	1/2	1/3	1	1/2	2	3	0. 890898718	0. 110703925	7. 5	
给水管线发生不均匀沉降、爆管	SJ2-4	1/2	1/4	2	1	3	5	1. 246441436	0. 154884003	7. 4	
高压电力杆件失稳、高压触电	SJ2-5	1/5	1/5	1/2	1/3	1	2	0. 486956076	0. 060509627	8. 6	
河道水体污染、农田污染	SJ2-6	1/5	1/9	1/3	1/5	1/2	1	0. 300799912	0. 037377684	6. 8	

表5-13　自然风险（SJ3）判断矩阵列表

自然主要风险源	风险源判断矩阵					$\widetilde{\omega}_i = \sqrt[n]{\prod_{j=1}^{n} a_{ij}}$	$\omega_i = \frac{\widetilde{\omega}_i}{\sum_{i=1}^{z} \widetilde{\omega}_i}$	风险系数	总风险系数
	风险事件	SJ3-1	SJ3-2	SJ3-3	SJ3-4				
暴雨	SJ3-1	1	1/3	3	5	1.495348781	0.245810762	9.9	10.20
台风	SJ3-2	3	1	7	9	3.707792751	0.609500186	11.1	
雷电	SJ3-3	1/3	1/7	1	2	0.555523807	0.091318983	8.0	
地震	SJ3-4	1/5	1/9	1/2	1	0.324667915	0.053370069	5.0	

5.2.7　四色分布图

下面以风险事件拼音缩写（结合表5-4）为横轴，风险指数为纵轴，绘制基坑施工四色分布图。

（1）河道施工风险四色分布图（图5-3）

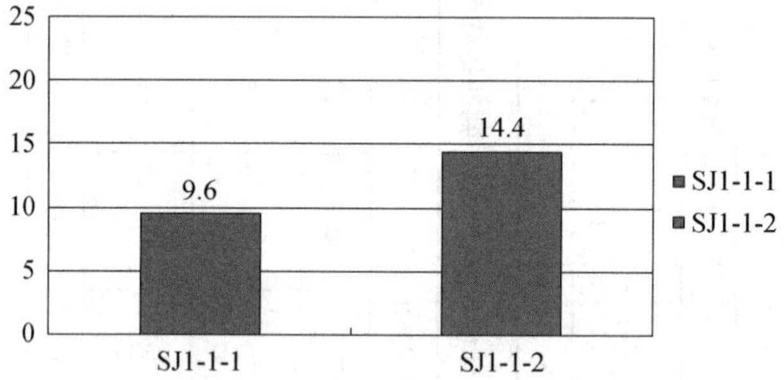

图5-3　河道施工风险四色分布图

（2）地下连续墙施工风险四色分布图（图5-4）

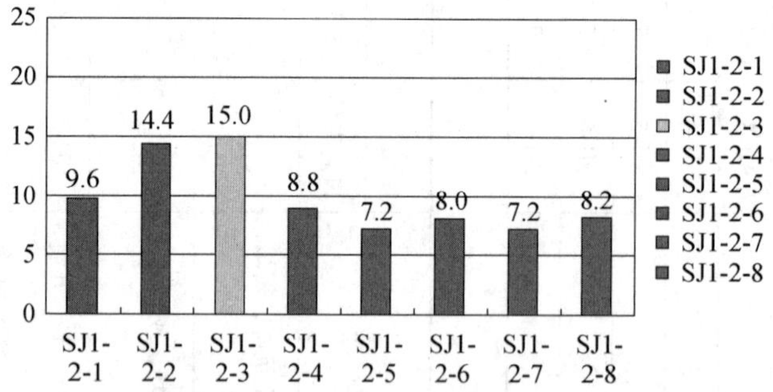

图5-4　地下连续墙施工风险四色分布图

（3）地基加固施工风险四色分布图（图 5-5）

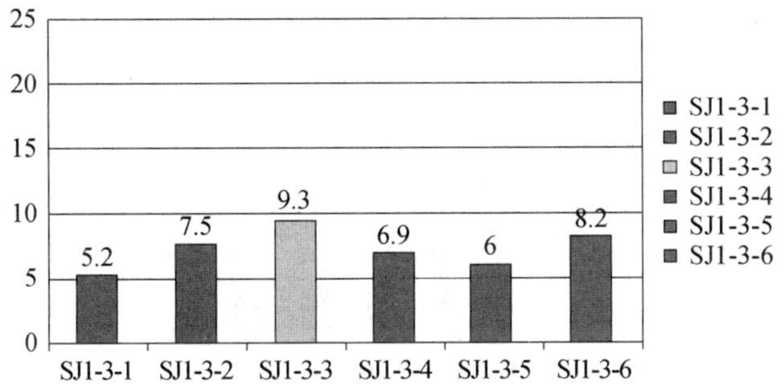

图 5-5　地基加固施工风险四色分布图

（4）基坑开挖施工风险四色分布图（图 5-6）

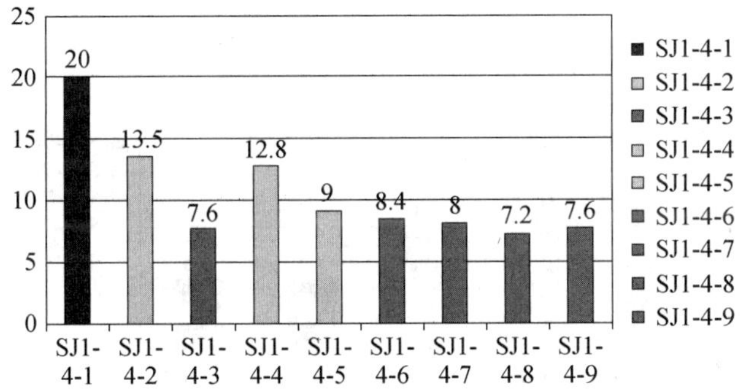

图 5-6　基坑开挖施工风险四色分布图

（5）支撑架设施工风险四色分布图（图 5-7）

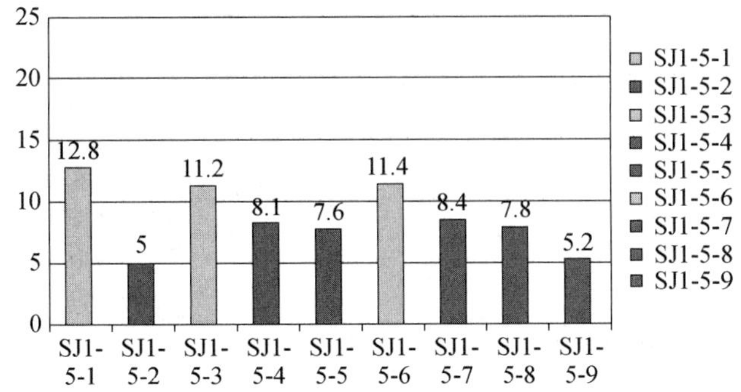

图 5-7　支撑架设施工风险四色分布图

（6）主体结构施工风险四色分布图（图5-8）

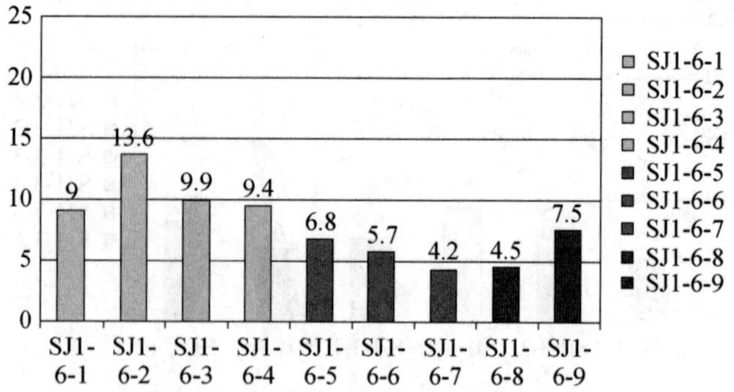

图5-8　主体结构施工风险四色分布图

（7）结构回填土施工风险四色分布图（图5-9）

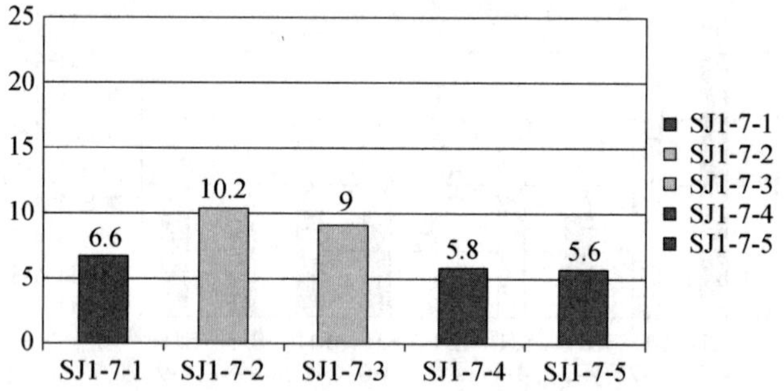

图5-9　结构回填土施工风险四色分布图

（8）施工风险四色分布图（图5-10）

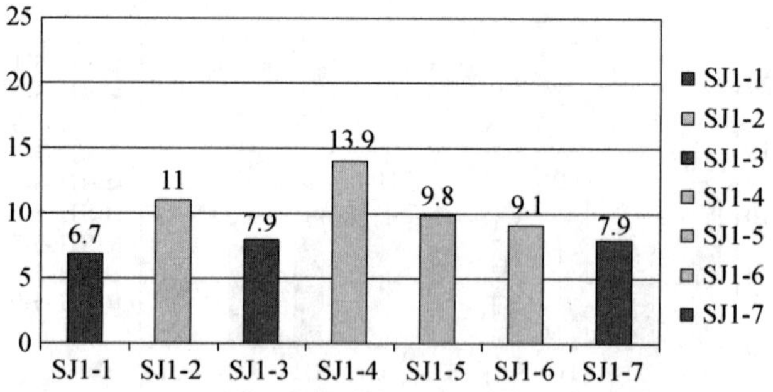

图5-10　施工风险四色分布图

（9）环境风险四色分布图（图 5-11）

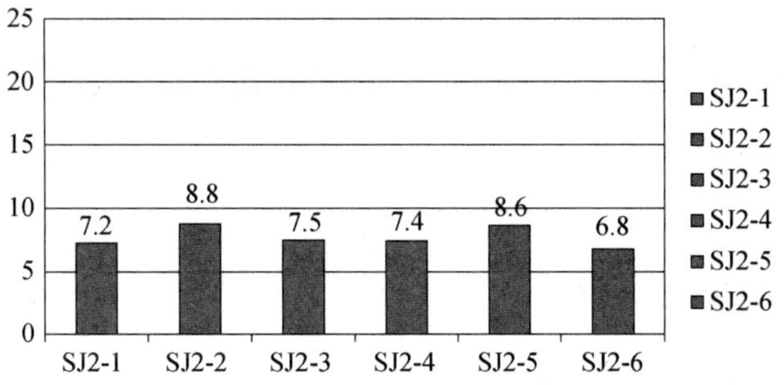

图 5-11　环境风险四色分布图

（10）自然风险四色分布图（图 5-12）

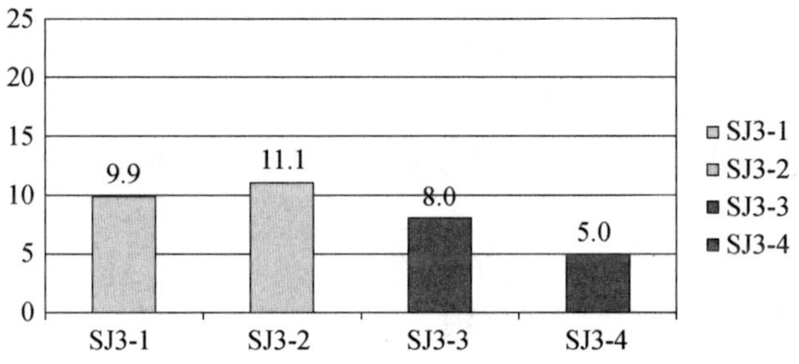

图 5-12　自然风险四色分布图

第6章　盾构工程风险分级管控

6.1　盾构工程风险概述

常见盾构施工风险分类描述如下：

（1）盾构拼装吊装和准备阶段的各种安全事故；

（2）盾构始发（出洞）和到达（进洞）时发生涌水、涌砂；

（3）盾构机掘进时栽头；

（4）泥水盾构的泥水排送管路堵塞（致舱内压力增大，地面冒浆）；

（5）盾构机始发姿态发生左右偏差；

（6）盾构施工引发运营地铁线路的安全；

（7）盾构掘进遇到岩层差异导致刀盘扭矩过大或机体偏转；

（8）盾构掘进中的突涌事故；

（9）盾构掘进中的隧道破坏、地面沉降；

（10）盾构隧道掘进中刀盘刀具磨损；

（11）盾构设备损坏；

（12）盾构区间隧道掘进中刀盘破裂解体；

（13）盾构施工过程中人员发生有毒气体中毒现象；

（14）盾构机外壳粘结水泥土块引发过大地层损失；

（15）泥水平衡盾构泥浆泵被击穿；

（16）土压平衡盾构机在上软下硬地层中掘进过程中地面塌方；

（17）土压平衡盾构机连锁现象；

（18）盾构隧道掘进过程中盾尾击穿，尾刷失效发生漏水、漏砂；

（19）盾构管片二次注浆时发生错台和涌水；

（20）盾构管片安装器油管爆裂，失去动力；

（21）盾构机舱内换刀或修理发生火灾和人员伤亡；

（22）盾构管片拼装时管片吊装头断裂；

（23）区间隧道联络通道施工过程中，集水井涌水并引发塌陷；

（24）冰冻法施工旁通道引发就近盾构管片过大隆沉和破坏；

（25）盾构施工引发地面建筑、道路、地下管线破坏事故；

（26）盾构施工过大轴线和高程偏差；

（27）成型隧道管片破裂渗漏、错台或破损严重；

（28）联络通道开挖过程中发生塌方引起地面坍塌；

（29）其他各种因素如人、物、周边环境和不可预见的各种安全风险。

6.2　盾构工程施工风险分级管控实例

6.2.1　工程简介

宁波市轨道交通某隧道区间工程情况：上、下行线隧道均为地下线路，隧道线间距为 12 ~ 32m，线路最小平面曲线半径为 600m，隧道最大纵坡为 28‰，最小纵坡为 2‰，隧道顶埋深 7.5 ~ 20.06m。主要途经宁波绕城高速（高架桥）、宁波第五汽车检测中心、杭深线甬台温段高铁及北环线铁路、新建启明南路桥、约 550m 下穿小洋江河道及村庄。

6.2.2　风险界定

风险评估首先进行评估单元的划分，在此基础上进行风险评估。单元划分根据轨道交通工程工点的特点、施工方法以及工程的施工阶段安排，按照 WBS-RBS 方法进行。单元划分根据工程实施时具体的施工筹划（图）进行。

（1）工作分解结构（WBS）

工作分解结构（WBS）是将整个工程项目进行系统分解（工程总体—单位工程—分部分项工程—工序），以分解后的“工序”层作为目标块，如图 6-1 所示。

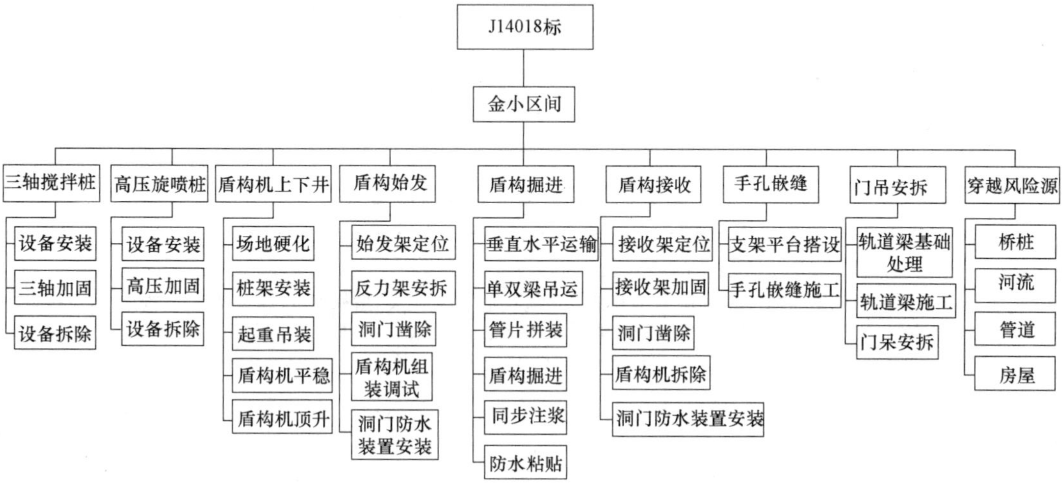

图 6-1　工作分解结构图

（2）风险分解结构（RBS）

按类别对风险源进行分解，如图 6-2 所示。

（3）建立 WBS-RBS 耦合矩阵

耦合矩阵的建立是以 WBS“工序”层为行向量，RBS“基本风险源”为列向量形成耦合矩阵，见表 6-1。其中，“0”表示耦合不产生风险因素，“1”表示两者耦合能够产生风险因素，且不同位置的“1”代表不同的风险事件或因素。

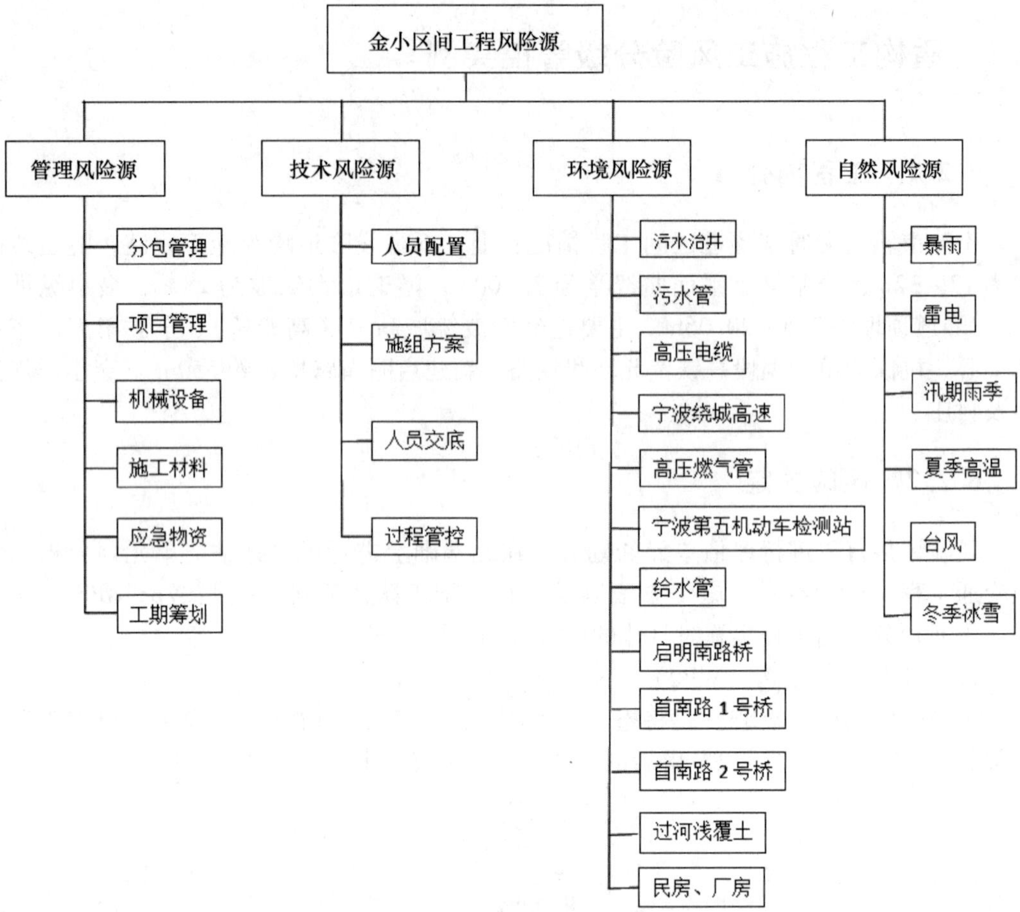

图 6-2　风险分解结构（RBS）图

表 6-1　WBS-RBS 耦合矩阵表

		某区间 W_1								
		门吊安拆 $W_{1\text{-}1}$	三轴搅拌桩 $W_{1\text{-}2}$	高压旋喷桩 $W_{1\text{-}3}$	盾构机上下井 $W_{1\text{-}4}$	盾构始发 $W_{1\text{-}5}$	盾构掘进 $W_{1\text{-}6}$	穿越风险源 $W_{1\text{-}7}$	盾构接收 $W_{1\text{-}8}$	手孔嵌缝 $W_{1\text{-}9}$
管理风险 R_1	项目管理 $R_{1\text{-}1}$	1	1	1	1	1	1	1	1	1
	分包管理 $R_{1\text{-}2}$	1	1	1	1	1	1	1	1	1
	机械设备 $R_{1\text{-}3}$	1	1	1	1	1	1	1	1	0
	施工材料 $R_{1\text{-}4}$	0	0	0	1	1	1	1	1	1
	应急物资 $R_{1\text{-}5}$	0	0	0	1	1	1	1	1	0
	工期筹划 $R_{1\text{-}6}$	1	1	1	1	1	1	1	1	0

续表

		某区间 W_1								
		门吊安拆 $W_{1\text{-}1}$	三轴搅拌桩 $W_{1\text{-}2}$	高压旋喷桩 $W_{1\text{-}3}$	盾构机上下井 $W_{1\text{-}4}$	盾构始发 $W_{1\text{-}5}$	盾构掘进 $W_{1\text{-}6}$	穿越风险源 $W_{1\text{-}7}$	盾构接收 $W_{1\text{-}8}$	手孔嵌缝 $W_{1\text{-}9}$
技术风险 R_2	技术人员配备 $R_{2\text{-}1}$	1	1	1	1	1	1	1	1	1
	施组方案 $R_{2\text{-}2}$	1	1	1	1	1	1	1	1	1
	人员交底 $R_{2\text{-}3}$	1	1	1	1	1	1	1	1	1
	过程控制 $R_{2\text{-}4}$	1	1	1	1	1	1	1	1	1
环境风险 R_3	污水沉井处理 $R_{3\text{-}1}$	0	0	0	0	0	1	1	0	0
	污水管道 $R_{3\text{-}2}$	0	0	0	0	0	1	1	0	0
	10kV 电力线 $R_{3\text{-}3}$	0	0	0	0	0	1	1	0	0
	宁波绕城高速 $R_{3\text{-}4}$	0	0	0	0	0	1	1	0	0
	高压燃气管 $R_{3\text{-}5}$	0	0	0	0	0	1	1	0	0
	动车检测站 $R_{3\text{-}6}$	0	0	0	0	0	1	1	0	0
	给水管 $R_{3\text{-}7}$	0	0	0	0	0	1	1	0	0
	启明南路桥 $R_{3\text{-}8}$	0	0	0	0	0	1	1	0	0
	首南路 1 号桥 $R_{3\text{-}9}$	0	0	0	0	0	1	1	0	0
	首南路 2 号桥 $R_{3\text{-}10}$	0	0	0	0	0	1	1	0	0
	厂房 $R_{3\text{-}11}$	0	0	0	0	0	1	1	0	0
	民房 $R_{3\text{-}12}$	0	0	0	0	0	1	1	0	0
	小洋江河道 $R_{3\text{-}13}$	0	0	0	0	0	1	1	0	0
	跨河浅覆土 $R_{3\text{-}14}$	0	0	0	0	0	1	1	0	0
自然风险 R_2	暴雨 $R_{4\text{-}1}$	1	1	1	1	1	0	0	1	0

续表

		某区间 W_1								
		门吊安拆 $W_{1\text{-}1}$	三轴搅拌桩 $W_{1\text{-}2}$	高压旋喷桩 $W_{1\text{-}3}$	盾构机上下井 $W_{1\text{-}4}$	盾构始发 $W_{1\text{-}5}$	盾构掘进 $W_{1\text{-}6}$	穿越风险源 $W_{1\text{-}7}$	盾构接收 $W_{1\text{-}8}$	手孔嵌缝 $W_{1\text{-}9}$
自然风险 R_2	雷电 $R_{4\text{-}2}$	1	1	1	1	1	1	0	1	0
	汛期雨季 $R_{4\text{-}3}$	1	1	1	1	1	0	0	0	0
	夏季高温 $R_{4\text{-}4}$	1	1	1	1	1	0	0	1	0
	冬季冰雪 $R_{4\text{-}5}$	1	1	1	1	1	0	0	1	0
	地震 $R_{4\text{-}6}$	1	1	1	1	1	1	1	1	1
	台风 $R_{4\text{-}7}$	1	1	1	1	1	1	1	1	0

6.2.3 风险源辨识

风险源辨识：使用 WBS-RBS 风险辨识方法，通过工作结构分解可得此风险工程的风险单元、安全风险事件、风险因素辨识结果。通过风险结构分解调查识别工程建设中潜在的风险类型、发生地点、时间及原因，两者结合进行筛选、分类，形成风险辨识清单（表 6-2）。

表 6-2 风险源辨识表

风险类别	分部分项工程	风险单元（风险源）	编号	安全风险事件	风险因素
施工风险	门吊安拆	轨道梁基础	GDLJC	轨道梁基础沉降	1. 设计不当或未按方案交底施工； 2. 地基处理不到位或有孔洞，承载力不足
		门吊安拆	MDAZ1	吊装倾覆	1. 吊车选型不当； 2. 违章违规作业； 3. 无证上岗
			MDAZ2	高空作业坠落	1. 现场管理不到位； 2. 无防护措施及佩戴安全带； 3. 违章违规作业
			MDAZ3	机械触电伤害	1. 人员操作不当机械伤害； 2. 临电触电伤害
	三轴搅拌桩	设备安拆	SBAC1	吊装倾覆	1. 吊车选型不当； 2. 违章违规作业； 3. 无证上岗
			SBAC2	机械伤害	1. 人员操作不当机械伤害； 2. 临电触电伤害

续表

风险类别	分部分项工程	风险单元（风险源）	编号	安全风险事件	风险因素
施工风险	三轴搅拌桩	三轴加固	SZJG1	注浆压力伤人	1. 浆管堵塞爆裂； 2. 压力过大管道爆裂； 3. 采用不符合标准的注浆管或管道老化
			SZJG2	设备平移倾覆	1. 基础承载力不足； 2. 人员操作不当
	高压旋喷桩	设备安拆	SBAC	机械伤害	人员操作不当机械伤害
		高压加固	GYJG1	注浆压力伤人	1. 浆管堵塞爆裂； 2. 压力过大管道爆裂； 3. 采用不符合标准的注浆管或管道老化
			GYJG2	设备平移倾覆	人员操作不当
	盾构机上下井	地基处理	DJCL	地基塌陷	1. 地基处理不到位，承载力不足； 2. 未按照技术标准要求进行钢筋混凝土硬化
		托架安装	TJAZ	托架变形散架	始发架设计强度不足
		起重吊装	QZDZ1	吊车倾覆	1. 地基承载力不足； 2. 吊装方案不满足其中要求或未按方案施工
			QZDZ2	高空坠落	1. 吊物未按要求进行吊装或违章操作； 2. 吊点或钢丝绳拉断
	盾构始发	始发定位	SFDW	盾构机倾覆	平移顶升失稳
		反力架安拆	FLJAZ1	吊装事故	1. 吊装安装区域有闲杂人员作业； 2. 无证指挥
			FLJAZ2	反力架变形	1. 反力架施工方案设计强度不足； 2. 加固不到位； 3. 盾构机反力过大，超反力架设计允许值
			FLJAZ3	高空坠落	吊物吊点或吊具拉断
		洞门凿出	DMZC1	高空坠落	人员防护不到位或未佩戴安全带
			DMZC2	混凝土渣飞溅伤人	人员未佩戴防护罩
			DMZC3	洞门坍塌突涌	1. 未按方案要求提前打设探孔观察； 2. 端头加固质量较差
		盾构机组装调试	DGJZZTS1	机械伤害	1. 非专业人员操作； 2. 现场监督管理不到位
			DGJZZTS2	触电伤害	非专业人员操作
		洞门防水设置	DMFSZZ	洞门突涌	1. 未按照设计要求加设防水装置； 2. 防水装置加固不牢固

续表

风险类别	分部分项工程	风险单元（风险源）	编号	安全风险事件	风险因素
施工风险	盾构掘进	水平垂直运输	SPZZYS1	吊物坠落	1. 吊具损伤未进行更换； 2. 超重吊装； 3. 单双梁运输吊头紧固不到位； 4. 机械故障
			SPZZYS2	机械伤害	1. 轨行区有人员行走或作业，交叉作业配合不到位； 2. 刹车系统失灵； 3. 未设置防撞系统； 4. 作业区有闲杂人员作业
		管片拼装	GPPZ1	管片掉落	吊头磨损严重未及时更换或紧固不到位
			GPPZ2	机械伤害	拼装旋转区域有人员作业
		盾构掘进	DGJJ1	管线爆裂停推	掘进控制不当造成管线变形过大
			DGJJ2	建筑物变形停推	掘进控制不当造成管线变形过大
			DGJJ3	轴线偏差过大停推	掘进控制不当
			DGJJ4	预障碍物停推	掘进轴线偏差过大或预不明障碍物
			DGJJ5	盾尾突涌	1. 盾尾刷失效或注浆压力过大； 2. 盾尾间隙偏差过大； 3. 盾尾杂物未清理干净
			DGJJ6	有毒有害气体	1. 不良地质； 2. 通风不足
			DGJJ7	地表隆沉过大	1. 掘进参数控制不当； 2. 同步注浆注入过量或过少
			DGJJ8	隧道上浮	不良地质、速度过快、注浆质量差、浅覆土
		防水粘贴	FSZT	隧道渗漏水	防水材料粘贴失效
	盾构接收	接收架定位加固	JSJDWJG	接收架垮塌	接收架定位偏差过大，加固强度不足
		洞门凿出	DMZC1	高空坠落	人员防护不到位或未佩戴安全带
			DMZC2	混凝土渣飞溅伤人	人员未佩戴防护罩
			DMZC3	洞门坍塌突涌	1. 未按方案要求提前打设探孔观察； 2. 端头加固质量较差
		防水装置安装	FSZZAZ	洞门突涌	1. 未按照设计要求加设防水装置； 2. 防水装置加固不牢固

续表

风险类别	分部分项工程	风险单元（风险源）	编号	安全风险事件	风险因素
施工风险	盾构接收	盾构机解体	DGJJT1	高空坠落	防护不到位或未佩戴安全带
			DGJJT2	机械伤害	操作不当或无人监管防护
	手孔嵌缝	移动平台搭设	YDPTDS	支架垮塌	未按照方案交底搭设或设计不当
		手孔嵌缝施作	SKQFSZ	高空坠落	高空作业防护不到位或未佩戴安全带
环境风险	穿越风险源	污水管道	WSGD	污水管道破裂	土压和同步注浆控制不当，管道变形过大
		10kV 电力线	DLX	电力线拉断	土压和同步注浆控制不当，电缆变形过大
		宁波绕城高架	NBRCGJ	高架桥停运	1. 土压和同步注浆控制不当，隆沉过大 2. 桥桩基或轴线偏差过大侵线
		高压燃气管	GYRQG	燃气管爆裂	土压和同步注浆控制不当，管道变形过大
		机动车检测站	JDCJCZ	检测站停运垮塌	土压和同步注浆控制不当，隆沉过大
		杭深高铁北环铁路	HSGTBHTL	轨道变形，列车翻车	土压和同步注浆控制不当，隆沉过大
		给水管	GSG	给水管爆裂	土压和同步注浆控制不当，管道变形过大
		在建桥桩基础	ZJQZJC	碰撞桩基础影响结构	桥桩基或轴线偏差过大侵线
		民房	MF	房屋变形垮塌	土压和同步注浆控制不当，隆沉过大
		小洋江河	XYJH1	河堤底隆沉冒浆	土压和同步注浆控制不当，隆沉过大
			XYJH2	盾构机、隧道上浮	覆土较浅
自然风险	自然条件	暴雨	BY	雨水倒灌	雨量较大未及时排水
		雷电	LD	雷电伤人	雷雨天气进行室外作业或未设置避雷电措施
		汛期雨季	XQYJ	雨水倒灌	雨量较大未及时排水
		夏季高温	XJGW	高温中暑	高温天气作业，未发放防暑用品
		冬季冰雪	DJBX	滑倒伤人	冰雪天气登高作业或冰雪未及时清理
		地震	DZ	房屋、隧道、设备倒塌	地震级别较高，未采取应急措施
		台风	TF	房屋、门吊等倒塌	未对房屋设备等进行防台加固，未启动应急预案

6.2.4 风险估计

由专家打分法确定风险事件的 P（风险发生的概率）、C（风险发生后产生的破坏程度）值，其中 P 的打分为风险发生概率等级为 1 级时打分为 5、风险发生概率等级为 2 级时打分为 4，依此类推，C 的打分为根据工程风险的直接损失和间接损失情况，构建判断标准，综合取定。

将直接及间接损失等级定为 5 大档，为 A 时风险估值 5，其他根据经济损失区间进行细分，为 B 时风险估值为 4.1～4.9，依此类推。P、C 两者的乘积为其风险指数 r，层次分析法可得到风险事件的权重，计算出各层次风险的风险系数，作为衡量风险因素风险水平的最终指标，在此基础之上，对各个风险进行集成，得到总体的风险指数 R。通过这种方法所得的 P、C 值以及权重主要来自施工单位的经验积累及对工程的了解程度。进而根据风险等级的评定标准来判断各风险因素的风险等级（表 6-3）。

表 6-3 风险指数计算表

风险类别	分部分项工程	风险单元（风险源）	安全风险事件	P	C	R
施工风险	门吊安拆	轨道梁基础	轨道梁基础沉降	2	1	2
施工风险	门吊安拆	门吊安拆	吊装倾覆	2	4	8
施工风险	门吊安拆	门吊安拆	高空作业坠落	2	3	6
施工风险	门吊安拆	门吊安拆	机械触电伤害	2	1	2
施工风险	三轴搅拌桩	设备安拆	吊装倾覆	2	2.5	5
施工风险	三轴搅拌桩	设备安拆	机械伤害	2	1	2
施工风险	三轴搅拌桩	三轴加固	注浆压力伤人	2	1	2
施工风险	三轴搅拌桩	三轴加固	设备平移倾覆	2	1.5	3
施工风险	高压旋喷桩	设备安拆	机械伤害	2	1	2
施工风险	高压旋喷桩	高压加固	注浆压力伤人	3	1	3
施工风险	高压旋喷桩	高压加固	设备平移倾覆	2	1	2
施工风险	盾构机上下井	地基处理	地基塌陷	2	1	2
施工风险	盾构机上下井	托架安装	托架变形散架	2	1	2
施工风险	盾构机上下井	起重吊装	吊车倾覆	2	4	8
施工风险	盾构机上下井	起重吊装	高空坠落	2	3	6
施工风险	盾构始发	始发定位	盾构机倾覆	2	4.3	8.6
施工风险	盾构始发	反力架安拆	吊装事故	3	2.5	7.5
施工风险	盾构始发	反力架安拆	反力架变形	3	2	6
施工风险	盾构始发	反力架安拆	高空坠落	3	1.5	4.5
施工风险	盾构始发	洞门凿出	高空坠落	2	1.5	3
施工风险	盾构始发	洞门凿出	混凝土渣飞溅伤人	4	1	4
施工风险	盾构始发	洞门凿出	洞门坍塌突涌	3	4.8	14.4
施工风险	盾构始发	盾构机组装调试	机械伤害	3	1	3
施工风险	盾构始发	盾构机组装调试	触电伤害	3	1	3

续表

风险类别	分部分项工程	风险单元（风险源）	安全风险事件	P	C	R
施工风险	盾构始发	洞门防水设置	洞门突涌	2	4.8	9.6
	盾构掘进	水平垂直运输	吊物坠落	2	2	4
			机械伤害	2	2.5	5
		管片拼装	管片掉落	2	2	4
			机械伤害	2	2.5	5
		盾构掘进	管线爆裂停推	2	4	8
			建筑物变形停推	3	2.8	8.4
			轴线偏差过大停推	3	1	3
			预障碍物停推	2	2.5	5
			盾尾突涌	2	4	8
			有毒有害气体	2	4	8
			地表隆沉过大	4	1	4
			隧道上浮	3	1	3
		防水粘贴	隧道渗漏水	4	1	4
	盾构接收	接收架定位加固	接收架垮塌	2	4.3	8.6
		洞门凿出	高空坠落	2	1.5	3
			混凝土渣飞溅伤人	4	1	4
			洞门坍塌突涌	3	4.8	14.4
		防水装置安装	洞门突涌	2	4.8	9.6
		盾构机解体	高空坠落	2	2	4
			机械伤害	2	1.5	3
	手孔嵌缝	移动平台搭设	支架垮塌	2	1	2
		手孔嵌缝施作	高空坠落	2	1	2
环境风险	穿越风险源	污水管道	污水管道破裂	2	2.5	5
		10kV 电力线	电力线拉断	2	2.5	5
		宁波绕城高架	高架桥停运	2	2.5	5
		高压燃气管	燃气管爆裂	3	3	9
		机动车检测站	检测站停运垮塌	3	2.5	7.5
		杭深高铁 北环铁路	轨道变形，列车翻车	3	5	15
		给水管	给水管爆裂	3	2.5	7.5
		在建桥桩基础	碰撞桩基础影响结构	2	1	2
		民房	房屋变形垮塌	3	2.5	7.5
		小洋江河	河堤底隆沉冒浆	4	1.5	6
			盾构机、隧道上浮	4	1.5	6

续表

风险类别	分部分项工程	风险单元（风险源）	安全风险事件	P	C	R
自然风险	自然条件	暴雨	雨水倒灌	2	3	6
		雷电	雷电伤人	2	3	6
		汛期雨季	雨水倒灌	1	1	1
		夏季高温	高温中暑	3	1	3
		冬季冰雪	滑倒伤人	3	1	3
		地震	房屋、隧道、设备倒塌	1	2	2
		台风	房屋、门吊等倒塌	4	2	8

6.2.5 风险单元判断矩阵

对风险进行分析和评价，对风险的危害性及其处置措施进行决策。

（1）风险分级计算过程（表6-4～表6-14）

表6-4 门吊安拆施工风险源判断矩阵

主要风险源	门吊安拆施工风险源判断矩阵					$\widetilde{\omega}_i = \sqrt[n]{\prod_{j=1}^{n} a_{ij}}$	$\omega_i = \frac{\widetilde{\omega}_i}{\sum_{i=1}^{n} \widetilde{\omega}_i}$	风险系数	总风险系数
	风险事件	GDLJC	MDAZ1	MDAZ2	MDAZ3				
轨道梁基础沉降	GDLJC	1	1/7	1/5	1	0.411134	6.85%	2	6.6
吊装倾覆	MDAZ1	7	1	3	7	3.482005	58.00%	8	
高空作业坠落	MDAZ2	5	1/3	1	5	1.699044	28.30%	6	
机械触电伤害	MDAZ3	1	1/7	1/5	1	0.411134	6.85%	2	

表6-5 三轴搅拌桩施工风险源判断矩阵

主要风险源	三轴搅拌桩施工风险源判断矩阵					$\widetilde{\omega}_i = \sqrt[n]{\prod_{j=1}^{n} a_{ij}}$	$\omega_i = \frac{\widetilde{\omega}_i}{\sum_{i=1}^{n} \widetilde{\omega}_i}$	风险系数	总风险系数
	风险事件	SBAC1	SBAC2	SZJG1	SZJG2				
吊装倾覆	SBAC1	1	5	5	3	2.942831	55.79%	5.0	3.9
机械伤害	SBAC2	1/5	1	1	1/3	0.508133	9.63%	2.0	
注浆压力伤人	SZJG1	1/5	1	1	1/3	0.508133	9.63%	2.0	
设备平移倾覆	SZJG2	1/3	3	3	1	1.316074	24.95%	3.0	

表6-6 高压旋喷桩施工风险源判断矩阵

主要风险源	高压旋喷桩施工风险源判断矩阵				$\widetilde{\omega}_i = \sqrt[n]{\prod_{j=1}^{n} a_{ij}}$	$\omega_i = \frac{\widetilde{\omega}_i}{\sum_{i=1}^{n} \widetilde{\omega}_i}$	风险系数	总风险系数
	风险事件	SBAC	GYJG1	GYJG2				
机械伤害	SBAC	1	1/3	1	0.693361	20.00%	2	2.6
注浆压力伤人	GYJG1	3	1	3	2.080084	60.00%	3	
设备平移倾覆	GYJG2	1	1/3	1	0.693361	20.00%	2	

表 6-7　盾构机上下井施工风险源判断矩阵

主要风险源	盾构机上下井施工风险源判断矩阵					$\widetilde{\omega}_i=\sqrt[n]{\prod_{j=1}^{n}a_{ij}}$	$\omega_i=\frac{\widetilde{\omega}_i}{\sum_{i=1}^{n}\widetilde{\omega}_i}$	风险系数	总风险系数
	风险事件	DJCL	TJAZ	QZDZ1	QZDZ2				
地基塌陉	DJCL	1	2	1/5	1/3	0.604275	11.46%	2	6.9
托架变形散架	TJAZ	1/2	1	1/7	1/5	0.345721	6.55%	2	
吊车倾覆	QZDZ1	5	7	1	3	3.201086	60.68%	8	
高空坠落	QZDZ2	3	5	1/3	1	1.495349	28.35%	6	

表 6-8　盾构始发施工风险源判断矩阵

主要风险源	盾构始发施工风险判断矩阵										$\widetilde{\omega}_i=\sqrt[n]{\prod_{j=1}^{n}a_{ij}}$	$\omega_i=\frac{\widetilde{\omega}_i}{\sum_{i=1}^{n}\widetilde{\omega}_i}$	风险系数	总风险系数
	风险事件	SFDW	FLJAZ1	FLJAZ2	FLJAZ3	DMZC1	DMZC2	DMZC3	DGJZZTS1	DGJZZTS2	DMFSZZ				
盾构机倾覆	SFDW	1	2	3	5	5	7	1/3	7	7	1/3	2.375277	15.00%	8.6	9.5
吊装事故	FLJAZ1	1/2	1	2	3	3	5	1/4	5	5	1/4	1.530042	9.66%	7.5	
反力架变形	FLJAZ2	1/3	1/2	1	2	2	3	1/6	3	3	1/6	0.933033	5.89%	6	
高空坠落	FLJAZ3	1/5	1/3	1/2	1	1	2	1/7	2	2	1/7	0.593714	3.75%	4.5	
高空坠落	DMZC1	1/5	1/3	1/2	1	1	2	1/7	2	2	1/7	0.593714	3.75%	3	
混凝土渣飞溅伤人	DMZC2	1/7	1/5	1/3	1/2	1/2	1	1/9	1	1	1/9	0.352230	2.22%	4	
洞门坍塌突涌	DMZC3	3	4	6	7	7	9	1	9	9	1	4.375479	27.63%	14.4	
机械伤害	DGJZZTS1	1/7	1/5	1/3	1/2	1/2	1	1/9	1	1	1/9	0.352230	2.22%	3	
触电伤害	DGJZZTS2	1/7	1/5	1/3	1/2	1/2	1	1/9	1	1	1/9	0.352230	2.22%	3	
洞门突涌	DMFSZZ	3	4	6	7	7	9	1	9	9	1	4.375479	27.63%	9.6	

表 6-9 盾构掘进施工风险源判断矩阵

主要风险源	盾构掘进施工风险源判断矩阵													$\widetilde{\omega}_i = \sqrt[n]{\prod_{j=1}^{n} a_{ij}}$	$\omega_i = \frac{\widetilde{\omega}_i}{\sum_{i=1}^{n} \widetilde{\omega}_i}$	风险系数	总风险系数
	风险事件	SPZZYS1	SPZZYS2	GPPZ1	GPPZ2	DGJJ1	DGJJ2	DGJJ3	DGJJ4	DGJJ5	DGJJ6	DGJJ7	DGJJ8	FZST				
吊物坠落	SPZZYS1	1	1/2	1	1/2	1/5	1/3	3	1/2	1/6	1/6	2	3	3	0. 713852	3. 84%	4	6. 9
机械伤害	SPZZYS2	2	1	2	1	1/4	1/3	4	1	1/5	1/5	2	3	3	0. 996865	5. 36%	5	
管片掉落	GPPZ1	1	1/2	1	1/2	1/4	1/3	3	1/2	1/5	1/5	2	3	3	0. 746870	4. 01%	4	
机械伤害	GPPZ2	2	1	2	1	1/4	1/3	4	1	1/5	1/5	2	3	3	0. 996865	5. 36%	5	
管线爆裂停推	DGJJ1	5	4	4	4	1	2	6	4	1/3	1/3	5	6	6	2. 643074	14. 21%	8	
建筑物变形停推	DGJJ2	3	3	3	3	1/2	1	5	2	1/4	1/4	3	5	5	1. 787246	9. 61%	8. 4	
轴线偏差过大停推	DGJJ3	1/3	1/4	1/3	1/4	1/6	1/5	1	1/4	1/7	1/7	1/2	1	1	0. 331790	1. 78%	3	
遇障碍物停推	DGJJ4	2	1	2	1	1/4	1/2	4	1	1/4	1/4	2	3	3	1. 064366	5. 72%	5	
盾尾突涌	DGJJ5	6	5	5	5	3	4	7	4	1	1	6	7	7	4. 030558	21. 66%	8	
有毒有害气体	DGJJ6	6	5	5	5	3	4	7	4	1	1	6	7	7	4. 030558	21. 66%	8	
地表隆沉过大	DGJJ7	1/2	1/2	1/2	1/2	1/5	1/3	2	1/2	1/6	1/6	1	2	2	0. 553992	2. 98%	4	
隧道上浮	DGJJ8	1/3	1/3	1/3	1/3	1/6	1/5	1	1/3	1/7	1/7	1/2	1	1	0. 354565	1. 91%	3	
隧道渗漏水	FSZT	1/3	1/3	1/3	1/3	1/6	1/5	1	1/3	1/7	1/7	1/2	1	1	0. 354565	1. 91%	4	

表 6-10　盾构接收施工风险源判断矩阵

主要风险源	盾构接收施工风险源判断矩阵								$\tilde{\omega}_i = \sqrt[n]{\prod_{j=1}^{n} a_{ij}}$	$\omega_i = \frac{\tilde{\omega}_i}{\sum_{i=1}^{n} \tilde{\omega}_i}$	风险系数	总风险系数
	风险事件	JSJDWJG	DMZC1	DMZC2	DMZC3	FSZZAZ	DGJJT1	DGJJT2				
接收架垮塌	JSJDWJG	1	1	3	1	1	3	1	1.368738	20.87%	8.6	9.2
高空坠落	DMZC1	1	1	1/3	1/3	1/3	1/3	1/3	0.456246	6.96%	3	
混凝土渣飞溅伤人	DMZC2	1/3	3	1	1/7	1/7	1	1/7	0.434325	6.62%	4	
洞门坍塌突涌	DMZC3	1	3	7	1	1	7	1	2.039937	31.10%	14.4	
洞门突涌	FSZZAZ	1	1	3	1	1	3	1	1.368738	20.87%	9.6	
高空坠落	DGJJT1	1	1	1/3	1/3	1/3	1/3	1/3	0.456246	6.96%	4	
机械伤害	DGJJT2	1/3	3	1	1/7	1/7	1	1/7	0.434325	6.62%	3	

表 6-11　手孔嵌缝施工风险源判断矩阵

主要风险源	手孔嵌缝施工风险源判断矩阵			$\tilde{\omega}_i = \sqrt[n]{\prod_{j=1}^{n} a_{ij}}$	$\omega_i = \frac{\tilde{\omega}_i}{\sum_{i=1}^{n} \tilde{\omega}_i}$	风险系数	总风险系数
	风险事件	YDPTDS	SKQFSZ				
支架垮塌	YDPTDS	1	1	1.000000	50.00%	2	2.0
高空坠落	SKQFSZ	1	1	1.000000	50.00%	2	

表 6-12　周边环境风险源判断矩阵

主要风险源	周边环境风险源判断矩阵											$\tilde{\omega}_i = \sqrt[n]{\prod_{j=1}^{n} a_{ij}}$	$\omega_i = \frac{\tilde{\omega}_i}{\sum_{i=1}^{n} \tilde{\omega}_i}$	风险系数	总风险系数
	风险事件	WSGD	DLX	NBRCGJ	GYRQG	JDCJCZ	HSGTBHTL	GSG	ZJQZJC	MF	XYJH1	XYJH2				
污水管道破裂	WSGD	1	1/2	1/3	1/4	1/3	1/7	1/3	3	1/2	2	2	0.604910	3.85%	5	9.6
电力线拉断	DLX	2	1	1/2	1/4	1/3	1/6	1/3	4	1/2	2	2	0.741099	4.72%	5	
高架桥停运	NBRCGJ	3	2	1	1/2	1	1/5	1	6	2	4	4	1.539589	9.08%	5	
燃气管爆裂	GYRQG	4	4	2	1	2	1/4	2	6	3	5	5	2.387992	15.19%	9	

续表

主要风险源	周边环境风险源判断矩阵											$\tilde{\omega}_i = \sqrt[n]{\prod_{j=1}^{n} a_{ij}}$	$\omega_i = \frac{\tilde{\omega}_i}{\sum_{i=1}^{n} \tilde{\omega}_i}$	风险系数	总风险系数
	风险事件	WSGD	DLX	NBRCGJ	GYRQG	JDCJCZ	HSGTBHTL	GSG	ZJQZJC	MF	XYJH1	XYJH2				
检测站停运垮塌	JDCJCZ	3	3	1	1/2	1	1/5	1	6	2	4	4	1.597398	10.16%	7.5	9.6
轨道变形，列车翻车	HSGTBHTL	7	6	5	4	5	1	5	9	6	8	8	5.183434	32.98%	15	
给水管爆裂	GSG	3	3	1	1/2	1	1/5	1	5	2	3	3	1.491072	9.49%	7.5	
碰撞桩基础影响结构	ZJQZJC	1/3	1/4	1/6	1/6	1/6	1/9	1/5	1	1/5	1/2	1/2	0.263695	1.68%	2	
房屋变形垮塌	MF	2	2	1/2	1/3	1/2	1/6	1/2	5	1	4	4	1.075291	6.84%	7.5	
河堤底隆沉冒浆	XYJH1	1/2	1/2	1/4	1/5	1/4	1/8	1/3	2	1/4	1	1	0.416212	2.65%	6	
盾构机、隧道上浮	XYJH2	1/2	1/2	1/4	1/5	1/4	1/8	1/3	2	1/4	1	1	0.416312	2.65%	6	

表 6-13　自然条件风险源判断矩阵

主要风险源	自然条件风险源判断矩阵								$\tilde{\omega}_i = \sqrt[n]{\prod_{j=1}^{n} a_{ij}}$	$\omega_i = \frac{\tilde{\omega}_i}{\sum_{i=1}^{n} \tilde{\omega}_i}$	风险系数	总风险系数
	风险事件	BY	LD	XQYJ	XJGW	DJBX	DZ	TF				
暴雨	BY	1	2	3	2	2	1/3	1/5	1.069449	11.52%	6	5.2
雷电	LD	1/2	1	2	1	1	1/3	1/5	0.679183	7.32%	6	
汛期雨季	XQYJ	1/3	1/2	1	1/2	1/2	1/5	1/7	0.382161	4.12%	1	
夏季高温	XJGW	1/2	1	2	1	1	1/3	1/5	0.679183	7.32%	3	
冬季冰雪	DJBX	1/2	1	2	1	1	1/3	1/5	0.679183	7.32%	3	
地震	DZ	3	3	5	3	3	1	1/2	2.135449	23.01%	2	
台风	TF	5	5	7	5	5	2	1	3.657160	39.40%	8	

表 6-14　施工风险源判断矩阵

主要风险源	施工风险源判断矩阵									$\tilde{\omega}_i = \sqrt[n]{\prod_{j=1}^{n} a_{ij}}$	$\omega_i = \frac{\tilde{\omega}_i}{\sum_{i=1}^{z} \tilde{\omega}_i}$	风险系数	总风险系数
	风险事件	MDC	SZJBZ	GYXPZ	DGJSXJ	DGSF	DGJJ	DGJS	SKQF				
门吊安拆	MDAC	1	1	1	1/2	1/3	1/4	1/3	2	0. 638943	6. 42%	6. 6	7. 2
三轴搅拌桩	SZJBZ	1	1	1	1/2	1/3	1/4	1/3	2	0. 638943	6. 42%	3. 9	
高压旋喷桩	GYXPZ	1	1	1	1/2	1/3	1/4	1/3	2	0. 638943	6. 42%	2. 6	
盾构机上下井	DGJSXJ	2	2	2	1	1/2	1/3	1/2	4	1. 130436	11. 35%	6. 9	
盾构始发	DGSF	3	3	3	2	1	1/2	1	5	1. 846255	18. 54%	9. 5	
盾构掘进	DGJJ	4	4	4	3	2	1	2	6	2. 870378	28. 83%	6. 9	
盾构接收	DGJS	3	3	3	2	1	1/2	1	5	1. 846255	18. 54%	9. 2	
手孔嵌缝	SKQF	1/2	1/2	1/2	1/4	1/5	1/6	1/5	1	0. 346613	3. 48%	2	

（2）总风险源判断矩阵（表 6-15）

表 6-15　总风险源判断矩阵

主要风险源	总风险源判断矩阵				$\tilde{\omega}_i = \sqrt[n]{\prod_{j=1}^{n} a_{ij}}$	$\omega_i = \frac{\tilde{\omega}_i}{\sum_{i=1}^{z} \tilde{\omega}_i}$	风险系数	总风险系数
	风险事件	SGFX	HJFX	ZRFX				
施工风险	SGFX	1	1	3	1. 442250	42. 86%	7. 2	7. 9
环境风险	HJFX	1	1	3	1. 442250	42. 86%	9. 6	
自然风险	ZRFX	1/3	1/3	1	0. 480750	14. 29%	5. 2	

（3）风险分级结果（表6-16）

表6-16　风险分级结果

<table>
<tr><th>风险类别</th><th>分部分项工程</th><th>风险单元（风险源）</th><th>安全风险事件</th><th>风险事件指数</th><th>风险事件等级</th><th>分项风险指数</th><th>分项风险等级</th><th>风险类别指数</th><th>风险类别等级</th><th>总风险指数</th><th>总风险等级</th></tr>
<tr><td rowspan="33">施工风险</td><td rowspan="4">门吊安拆</td><td>轨道梁基础</td><td>轨道基础沉降</td><td>8</td><td>Ⅲ</td><td rowspan="4">6.6</td><td rowspan="4">Ⅲ</td><td rowspan="33">7.2</td><td rowspan="33">Ⅲ</td><td rowspan="33">7.9</td><td rowspan="33">Ⅲ</td></tr>
<tr><td rowspan="3">门吊安拆</td><td>吊装倾覆</td><td>8</td><td>Ⅲ</td></tr>
<tr><td>高空作业坠落</td><td>6</td><td>Ⅲ</td></tr>
<tr><td>机械触电伤害</td><td>2</td><td>Ⅳ</td></tr>
<tr><td rowspan="4">三轴搅拌桩</td><td rowspan="2">设备安拆</td><td>吊装倾覆</td><td>5</td><td>Ⅲ</td><td rowspan="4">3.9</td><td rowspan="4">Ⅳ</td></tr>
<tr><td>机械伤害</td><td>2</td><td>Ⅳ</td></tr>
<tr><td rowspan="2">三轴加固</td><td>注浆压力伤人</td><td>2</td><td>Ⅳ</td></tr>
<tr><td>设备平移倾覆</td><td>3</td><td>Ⅳ</td></tr>
<tr><td rowspan="3">高压旋喷桩</td><td>设备安拆</td><td>机械伤害</td><td>2</td><td>Ⅳ</td><td rowspan="4">2.6</td><td rowspan="4">Ⅳ</td></tr>
<tr><td rowspan="2">高压加固</td><td>注浆压力伤人</td><td>3</td><td>Ⅳ</td></tr>
<tr><td>设备平移倾覆</td><td>2</td><td>Ⅳ</td></tr>
<tr><td rowspan="4">盾构机上下井</td><td>地基处理</td><td>地基塌陷</td><td>2</td><td>Ⅳ</td></tr>
<tr><td>托架安装</td><td>托架变形散架</td><td>2</td><td>Ⅳ</td><td rowspan="4">6.9</td><td rowspan="4">Ⅲ</td></tr>
<tr><td rowspan="2">起重吊装</td><td>吊车倾覆</td><td>8</td><td>Ⅲ</td></tr>
<tr><td>高空坠落</td><td>6</td><td>Ⅲ</td></tr>
<tr><td rowspan="10">盾构始发</td><td>始发定位</td><td>盾构机倾覆</td><td>8.6</td><td>Ⅲ</td></tr>
<tr><td rowspan="3">反力架安拆</td><td>吊装事故</td><td>7.5</td><td>Ⅲ</td><td rowspan="9">9.5</td><td rowspan="9">Ⅱ</td></tr>
<tr><td>反力架变形</td><td>6</td><td>Ⅲ</td></tr>
<tr><td>高空坠落</td><td>4.5</td><td>Ⅲ</td></tr>
<tr><td rowspan="3">洞门凿出</td><td>高空坠落</td><td>3</td><td>Ⅳ</td></tr>
<tr><td>混凝土渣飞溅伤人</td><td>4</td><td>Ⅲ</td></tr>
<tr><td>洞门坍塌突涌</td><td>14.4</td><td>Ⅱ</td></tr>
<tr><td rowspan="2">盾构机组装调试</td><td>机械伤害</td><td>3</td><td>Ⅳ</td></tr>
<tr><td>触电伤害</td><td>3</td><td>Ⅳ</td></tr>
<tr><td>洞门防水设置</td><td>洞门突涌</td><td>9.6</td><td>Ⅱ</td></tr>
<tr><td rowspan="8">盾构掘进</td><td rowspan="2">水平垂直运输</td><td>吊物坠落</td><td>4</td><td>Ⅲ</td><td rowspan="8">6.9</td><td rowspan="8">Ⅲ</td></tr>
<tr><td>机械伤害</td><td>5</td><td>Ⅲ</td></tr>
<tr><td rowspan="2">管片拼装</td><td>管片掉落</td><td>4</td><td>Ⅲ</td></tr>
<tr><td>机械伤害</td><td>5</td><td>Ⅲ</td></tr>
<tr><td rowspan="4">盾构掘进</td><td>管线爆裂停推</td><td>8</td><td>Ⅲ</td></tr>
<tr><td>建筑物变形停推</td><td>8.4</td><td>Ⅲ</td></tr>
<tr><td>轴线偏差过大停推</td><td>3</td><td>Ⅳ</td></tr>
<tr><td>预障碍物停推</td><td>5</td><td>Ⅲ</td></tr>
</table>

续表

风险类别	分部分项工程	风险单元（风险源）	安全风险事件	风险事件指数	风险事件等级	分项风险指数	分项风险等级	风险类别指数	风险类别等级	总风险指数	总风险等级
			盾尾突涌	8	Ⅲ						
		盾构掘进	有毒有害气体	8	Ⅲ						
	盾构掘进		地表隆沉过大	4	Ⅲ						
			隧道上浮	3	Ⅳ						
		防水粘贴	隧道渗漏水	4	Ⅲ						
		接收架定位加固	接收架垮塌	8.6	Ⅲ						
施工风险			高空坠落	3	Ⅳ						
		洞门凿出	混凝土渣飞溅伤人	4	Ⅲ						
	盾构接收		洞门坍塌突涌	14.4	Ⅱ	9.2	Ⅱ				
		防水装置安装	洞门突涌	9.6	Ⅱ						
		盾构机解体	高空坠落	4	Ⅲ						
			机械伤害	3	Ⅳ						
	手孔嵌缝	移动平台搭设	支架垮塌	2	Ⅳ	2	Ⅳ				
		手孔嵌缝施作	高空坠落	2	Ⅳ						
		污水管道	污水管道破裂	5	Ⅲ						
		10kV 电力线	电力线拉断	5	Ⅲ						
		宁波绕城高架	高架桥停运	5	Ⅲ						
		高压燃气管	燃气管爆裂	9	Ⅱ						
		机动车检测站	检测站停运垮塌	7.5	Ⅲ						
环境风险	穿越风险源	杭深高铁北环铁路	轨道变形，列车翻车	15	Ⅰ	9.6	Ⅱ	9.6	Ⅲ		
		给水管	给水管爆裂	7.5	Ⅲ						
		在建桥桩基础	碰撞桩基础影响结构	2	Ⅳ						
		民房	房屋变形垮塌	7.5	Ⅲ						
		小洋江河	河堤底隆沉冒浆	6	Ⅲ						
			盾构机、隧道上浮	6	Ⅲ						
		暴雨	雨水倒灌	6	Ⅲ						
		雷电	雷电伤人	6	Ⅲ						
		汛期雨季	雨水倒灌	1	Ⅳ						
自然风险	自然条件	夏季高温	高温中暑	3	Ⅳ	5.2	Ⅲ	5.2	Ⅲ		
		冬季冰雪	滑倒伤人	3	Ⅳ						
		地震	房屋、隧道、设备倒塌	2	Ⅳ						
		台风	房屋、门吊等倒塌	8	Ⅲ						

6.2.6　四色分布图

以风险事件拼音缩写（结合表6-17）为横轴，风险指数为纵轴，绘制盾构施工四色分布图。

表6-17　风险分级结果

风险类别	分部分项工程	风险单元（风险源）	安全风险事件	风险事件指数	风险事件等级	分项风险指数	分项风险等级	风险类别指数	风险类别等级	总风险指数	总风险等级
施工风险	门吊安拆	轨道梁基础	轨道梁基础沉降	2	Ⅳ	6.6	Ⅲ	7.2	Ⅲ	7.9	Ⅲ
		门吊安拆	吊装倾覆	8	Ⅲ						
			高空作业坠落	6	Ⅲ						
			机械触电伤害	2	Ⅳ						
	三轴搅拌桩	设备安拆	吊装倾覆	5	Ⅲ	3.9	Ⅳ				
			机械伤害	2	Ⅳ						
		三轴加固	注浆压力伤人	2	Ⅳ						
			设备平移倾覆	3	Ⅳ						
	高压旋喷桩	设备安拆	机械伤害	2	Ⅳ	2.6	Ⅳ				
		高压加固	注浆压力伤人	3	Ⅳ						
			设备平移倾覆	2	Ⅳ						
	盾构机上下井	地基处理	地基塌陷	2	Ⅳ						
		托架安装	托架变形散架	2	Ⅳ	6.9	Ⅲ				
		起重吊装	吊车倾覆	8	Ⅲ						
			高空坠落	6	Ⅲ						
	盾构始发	始发定位	盾构机倾覆	8.6	Ⅲ						
		反力架安拆	吊装事故	7.5	Ⅲ	9.5	Ⅱ				
			反力架变形	6	Ⅲ						
			高空坠落	4.5	Ⅲ						
		洞门凿出	高空坠落	3	Ⅳ						
			混凝土渣飞溅伤人	4	Ⅲ						
			洞门坍塌突涌	14.4	Ⅱ						
		盾构机组装调试	机械伤害	3	Ⅳ						
			触电伤害	3	Ⅳ						
		洞门防水设置	洞门突涌	9.6	Ⅱ						
	盾构掘进	水平垂直运输	吊物坠落	4	Ⅲ						
			机械伤害	5	Ⅲ						
		管片拼装	管片掉落	4	Ⅲ	6.9	Ⅲ				
			机械伤害	5	Ⅲ						
		盾构掘进	管线爆裂停推	8	Ⅲ						
			建筑物变形停推	8.4	Ⅲ						
			轴线偏差过大停推	3	Ⅳ						

续表

风险类别	分部分项工程	风险单元（风险源）	安全风险事件	风险事件指数	风险事件等级	分项风险指数	分项风险等级	风险类别指数	风险类别等级	总风险指数	总风险等级
施工风险	盾构掘进	盾构掘进	遇障碍物停推	5	Ⅲ						
			盾尾突涌	8	Ⅲ						
			有毒有害气体	8	Ⅲ						
			地表隆沉过大	4	Ⅲ						
			隧道上浮	3	Ⅳ						
		防水粘贴	隧道渗漏水	4	Ⅲ						
	盾构接收	接收架定位加固	接收架垮塌	8.6	Ⅲ						
		洞门凿出	高空坠落	3	Ⅳ						
			混凝土渣飞溅伤人	4	Ⅲ						
			洞门坍塌突涌	14.4	Ⅱ	9.2	Ⅱ				
		防水装置安装	洞门突涌	9.6	Ⅱ						
		盾构机解体	高空坠落	4	Ⅲ						
			机械伤害	3	Ⅳ						
	手孔嵌缝	移动平台搭设	支架垮塌	2	Ⅳ	2	Ⅳ				
		手孔嵌缝施作	高空坠落	2	Ⅳ						
环境风险	穿越风险源	污水管道	污水管道破裂	5	Ⅲ						
		10kV电力线	电力线拉断	5	Ⅲ						
		宁波绕城高架	高架桥停运	5	Ⅲ						
		高压燃气管	燃气管爆裂	9	Ⅱ						
		机动车检测站	检测站停运垮塌	7.5	Ⅲ						
		杭深高铁北环铁路	轨道变形，列车翻车	15	Ⅰ	9.6	Ⅱ	9.6	Ⅲ		
		给水管	给水管爆裂	7.5	Ⅲ						
		在建桥桩基础	碰撞桩基础影响结构	2	Ⅳ						
		民房	房屋变形垮塌	7.5	Ⅲ						
		小洋江河	河堤底隆沉冒浆	6	Ⅲ						
			盾构机、隧道上浮	6	Ⅲ						
自然风险	自然条件	暴雨	雨水倒灌	6	Ⅲ						
		雷电	雷电伤人	6	Ⅲ						
		汛期雨季	雨水倒灌	1	Ⅳ						
		夏季高温	高温中暑	3	Ⅳ	5.2	Ⅲ	5.2	Ⅲ		
		冬季冰雪	滑倒伤人	3	Ⅳ						
		地震	房屋、隧道、设备倒塌	2	Ⅳ						
		台风	房屋、门吊等倒塌	8	Ⅲ						

（1）门吊安拆施工四色分布图（图 6-3）

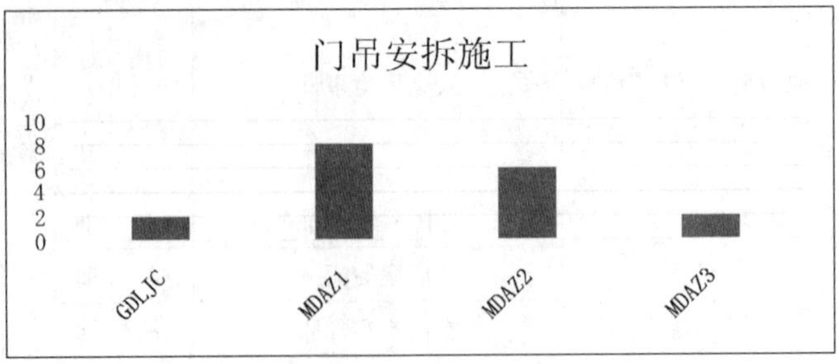

图 6-3　门吊安拆施工四色分布图

（2）三轴搅拌桩施工四色分布图（图 6-4）

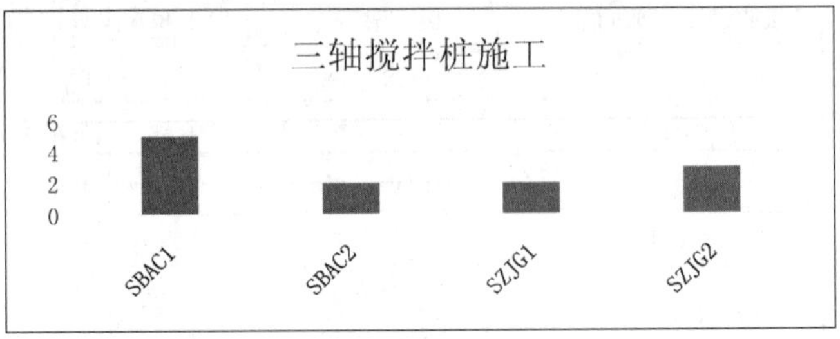

图 6-4　三轴搅拌桩施工四色分布图

（3）高压旋喷桩施工四色分布图（图 6-5）

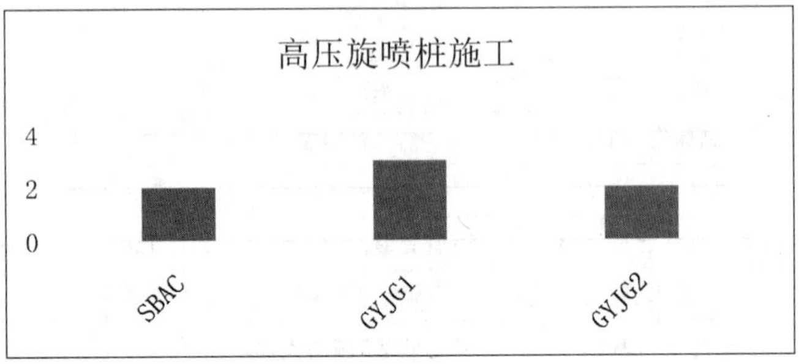

图 6-5　高压旋喷桩施工四色分布图

（4）盾构机上下井施工四色分布图（图 6-6）

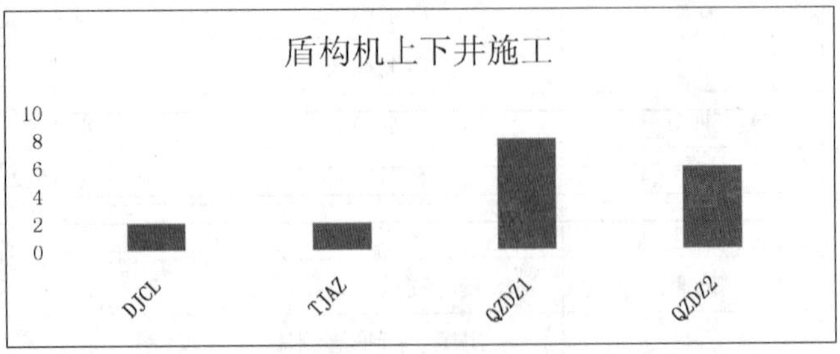

图 6-6　盾构机上下井施工四色分布图

（5）盾构始发施工四色分布图（图 6-7）

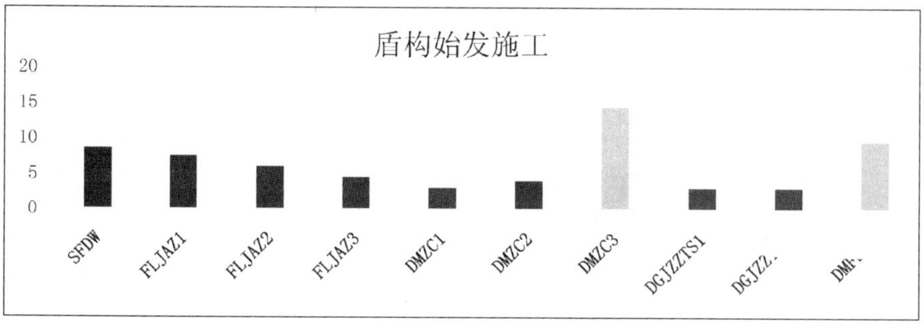

图 6-7　盾构始发施工四色分布图

（6）盾构掘进施工四色分布图（图 6-8）

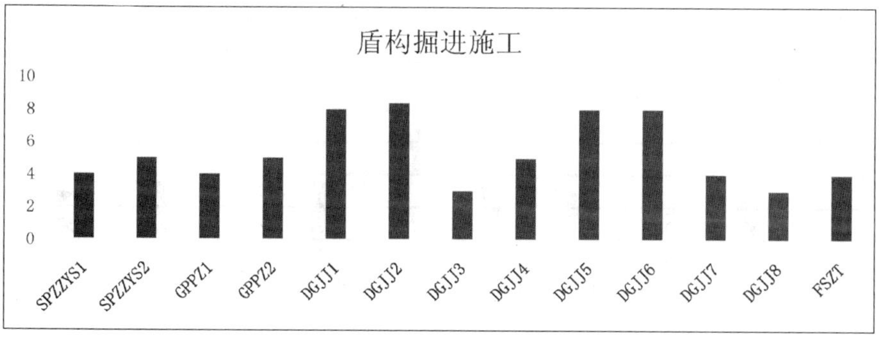

图 6-8　盾构掘进施工四色分布图

（7）盾构接收施工四色分布图（图 6-9）

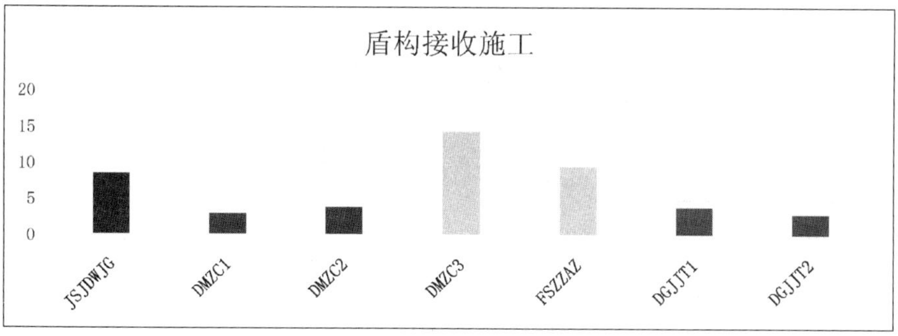

图 6-9　盾构接收施工四色分布图

（8）手孔嵌缝施工四色分布图（图 6-10）

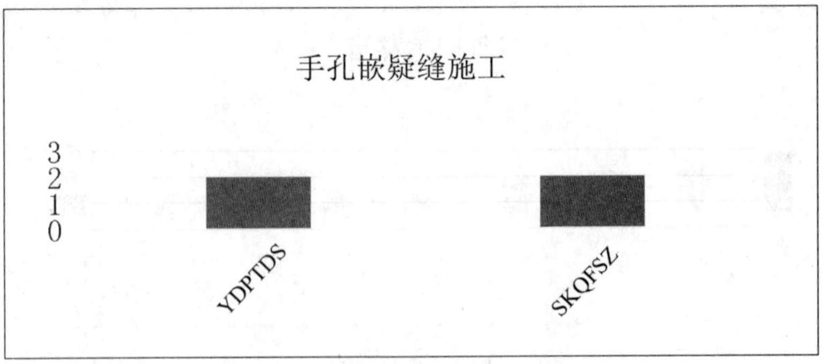

图 6-10　手孔嵌缝施工四色分布图

（9）周边环境四色分布图（图 6-11）

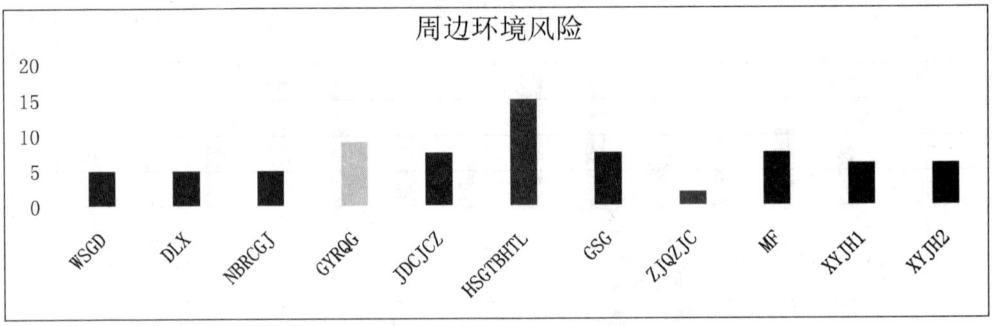

图 6-11　周边环境四色分布图

（10）自然条件四色分布图（图 6-12）

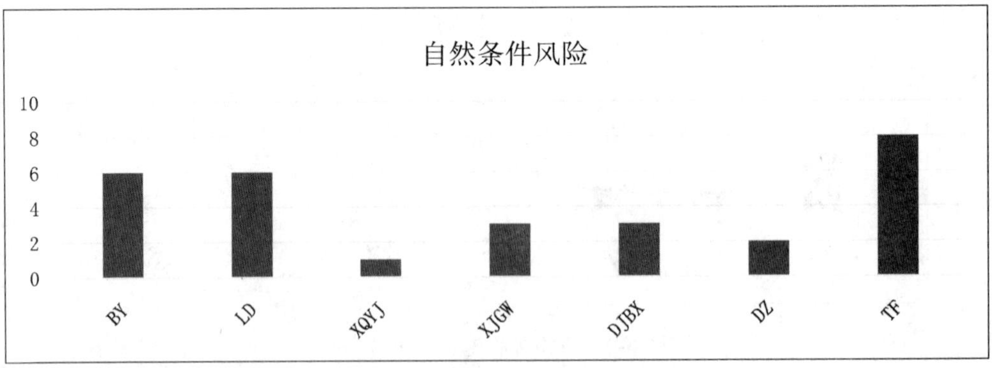

图 6-12　自然条件四色分布图

（11）施工风险四色分布图（图 6-13）

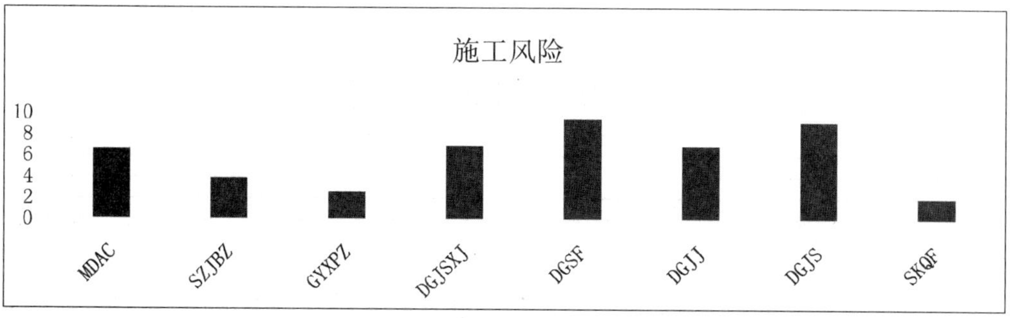

图 6-13　施工风险四色分布图

（12）总风险源判断矩阵（图 6-14）

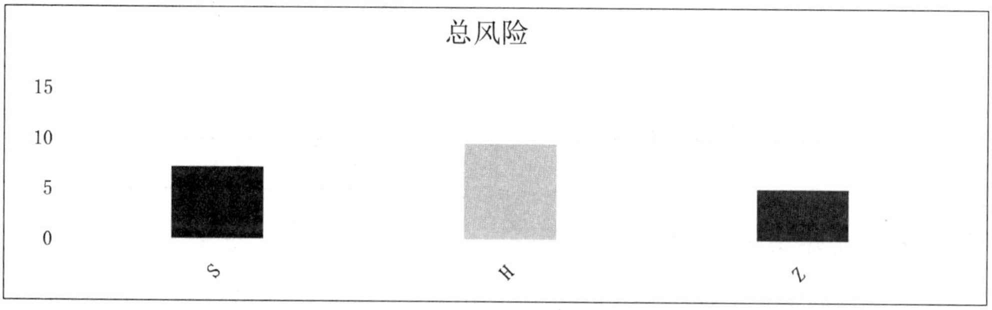

图 6-14　总风险源判断矩阵

第7章　高架工程风险分级管控

近年来，我国城市轨道交通工程建设事业迅速发展，相应的高架区间的桥梁建设工程日益增多，且建设条件和环境越来越呈现多样化、复杂化。技术含量高、施工难度大、运营管理复杂等多方面、多层次的桥梁建设、管理问题随之而来，桥梁建设面临的风险也越来越多，导致桥梁各个阶段的安全事故或风险屡有出现，造成了一定的经济损失、人员伤亡，并产生了非常负面的社会影响，引起了舆论的广泛关注。

由此可见，尽可能做好桥梁建设的安全风险评估，特别是通过对桥梁工程安全风险评估，提出利用风险评估改善规划设计、优化设计方案，从而从源头降低桥梁工程施工和运营阶段的风险，显得极为重要。

7.1　勘察设计阶段风险管理

7.1.1　设计安全质量风险分析

城市轨道交通工程设计为系统性工作，由于设计周期短、过程变化多，在设计文件形成过程中，存在一定的工作疏漏风险，由此可能会给工程带来质量和安全隐患。建设工程中的风险直接影响着建设各方的经济利益、社会影响及企业信誉。设计过程的风险控制是其他风险控制的源头和基础。制定切实有效的建筑工程安全保证措施及风险防范措施可以确保设计文件的质量，保证施工顺利、安全、高质量进行。这是加强工程设计的安全和质量管理，有效预防安全、质量风险的重要前提条件，也是建立良好信誉、促进企业再发展的基础。

7.1.2　设计安全质量风险识别

（1）设计人员专业技能达不到要求，设计文件反复、设计周期加长、延误工期。

（2）设计过程中没有严格执行质量控制程序，或质量程序不严密，导致设计文件质量低，出现差错、纰漏等问题，甚至出现大的设计方案不合理、增大工程的建设风险。

（3）基础设计资料不到位、资料准确性不到位或与现状不符，引起设计文件变更。

（4）各专业协调工作量不同步，设计接口管理不当或专业协调问题，引起的设计缺陷风险。

（5）设计对施工现场条件、技术能力及材料供货水平考虑不足，导致建设推进困难，甚至成为工程控制性节点。

（6）设计未能对工程进行全寿命、全周期考虑，尤其是桥梁结构的后期养护、运营管理条件，造成工程的用户体验降低或工程投资增大。

7.1.3 设计安全风险评估

对设计各阶段各环节的质量风险进行分类、分级评估见表 7-1。

表 7-1　设计安全风险评估表

基础资料	1. 基础资料如地形测绘、地质资料和工程周边环境资料等是否全面； 2. 采用经审查且勘察满足深度满足要求的勘察文件； 3. 地质灾害评价、环境评价、安全预评价、防洪评价、高架抗风评价等通过评审的专项报告； 4. 前一阶段设计审查意见、风险评估报告； 5. 对重要的工程周边环境资料进行现场核查
法律法规标准执行	1. 采用现行设计规范及相关规定，全面，规范、规程属有效版本； 2. 按照法律、法规、（规范性文件）工程建设强制性标准进行设计； 3. 按照规范性文件要求进行设计； 4. 设计文件符合国家、地方规定的设计深度要求； 5. 结构安全等级、结构重要性系数、结构使用年限及耐久性、抗震设防类别和抗震等级等要求符合设计规范规定； 6. 对涉及施工安全的重点部位和环节在设计文件中注明，提出保证工程安全质量的处理措施； 7. 采用新技术、新材料和新工艺时，在设计中要求按相关规定进行报批、认证等程序，提出预防安全事故的措施建议； 8. 设计文件标明采用的建筑材料、建筑构配件和设备的规格、性能等技术指标
结构计算	1. 计算工况全面按照相关规定进行结构强度、刚度、稳定性计算及裂缝宽度等的验算； 2. 结构计算考虑结构安全等级或安全等级选取合理； 3. 荷载分类、荷载组合、荷载取值及分项系数等合理、全面； 4. 计算方法、计算模型及计算简图等符合规范规定，能很好反映结构实际受力情况； 5. 结构进行抗震和变形等验算； 6. 计算书提供原始输入数据和资料，手算时提供计算公式和过程
不良地质和特殊性岩土	1. 对地层承载力不满足要求的部位采取地基加固改良等措施； 2. 对岩溶、瓦斯、湿陷性黄土、断层、流砂、易液化地层、易突涌地层、膨胀性地层以及其他不良地质和特殊性岩土采取有效的应对措施； 3. 对高风险不良地质要求采取详细勘察或超前探测措施
一般要求	1. 结构尺寸满足限界提资要求； 2. 采用线路资料准确； 3. 对复杂节点、结构变化等受力复杂部位进行详细设计； 4. 对施工过程中影响结构整体稳定性的重点环节采取合理、有效的结构处理措施； 5. 施工工法、施工步骤和工序转换合理； 6. 结构耐久性设计准确、完整； 7. 专业设计接口协调闭环； 8. 考虑施工现场条件、技术能力及材料供货水平； 9. 对工程进行全寿命、全周期考虑，尤其是桥梁结构的后期养护、运营管理条件
支架现浇法	1. 支架满足结构稳定性、强度、刚度等要求； 2. 考虑防止梁体出现非受力性裂缝等病害的措施
挂篮悬浇法	1. 体系转换考虑合理，措施得当； 2. 挂篮结构满足结构稳定性、强度、刚度等要求； 3. 计算模拟、施工工序、体系转换等与实际施工一致

续表

预制 吊装法	1. 施工状态计算模拟与预制吊装受力状态一致； 2. 施工节段划分合理，考虑运输调整和吊装能力
风险工程设计及 抗震专项 设计	1. 对工程风险源进行辨识和分级，并采取相应的技术措施； 2. 设计方案遵循合理规避风险的原则； 3. 对高风险工程进行专项设计； 4. 高风险工程及影响结构安全关键环节排查全面，相应专项设计内容全面； 5. 专项设计内容深度满足要求； 6. 要求对周边重要建构筑物进行现状评估，按照评估结果提出针对性措施； 7. 按照要求进行抗震专项设计
内部审核	1. 内部审核制度完善； 2. 内部各级复、审核卡齐全； 3. 内部评审、方案会审记录齐全； 4. 专业间互提资料单齐全； 5. 内部各级复、审核意见落实全面； 6. 文件的签署、专业会签完整； 7. 结构计算书签字全，满足相关要求
外部审查 确认	1. 对高风险工程专项设计方案进行专家论证； 2. 对高风险工程周边环境监测项目及其变形控制指标进行专家论证； 3. 按要求进行抗震专项设计论证； 4. 外部审查意见中影响设计方案的关键意见充分落实； 5. 施工图设计说明初步设计专家意见（包括其他评审意见）的执行情况
设计交底	1. 按照要求执行设计交底制度，设计文件交底形成文字记录，各方签字盖章； 2. 按照要求执行图纸会审制度，图纸会审意见回复，各方签字盖章； 3. 设计文件交底能重点说明设计文件中涉及工程安全质量的内容； 4. 设计文件交底说明主要施工注意事项
设计变更	1. 设计变更履行规定的程序，施工图设计发生重大变更，按有关规定重新报审； 2. 工程设计条件发生变化时变更设计合理、及时； 3. 设计变更按照要求进行审核程序和签章
施工配合	1. 严禁指定建筑材料、建筑构配件的生产厂、供应商； 2. 委派专业技术人员到施工现场解决与设计有关的问题，跟踪施工； 3. 委派到施工现场的专业技术人员能及时解决与设计有关的问题； 4. 施工配合留有相关记录

7.1.4 设计安全质量风险应对措施

设计质量风险的大小与各专业的综合协调能力、设计人员是否善于总结经验、工作人员是否按规范设计等因素相关。为了防范规避风险应从各阶段风险因素相应的特点出发，才能不断完善建设管理制度，提高设计水平和施工质量，达到消除、降低风险的目的。

（1）加强学习与培训，提高设计人员的专业素质。

（2）健全与完善质量控制程序，使之安全有效又简单易行。

（3）设计提前考虑修改的条件，并及时与现场沟通，减少废弃工作量。

（4）规范设计流程，加强设计过程管理、信息沟通及协调工作，做好技术接口管理工作。

（5）出图前应认真核查设计图纸是否完整，是否有加注说明规避风险的措施，能否保证施工顺利进行，以及与各部门沟通可能会给工程施工带来的质量和安全隐患的各个设计环节及处理措施。

（6）对风险高的、有重大技术问题的内容采取专项设计和措施。

（7）做好设计交底和施工配合。

7.2　高架工程风险分级管控实例

7.2.1　工程简介

某高架区间，线路全长 4.606km。工程内容包含 2 个车站 3 个高架区间，主要包含桩基 1137 根、承台 139 个、墩柱 161 个、现浇梁 112 跨。

7.2.2　风险判断矩阵（表 7-2 ~ 表 7-8）

表 7-2　桩基施工风险分析矩阵

序号	施工阶段风险	可能性（P）	损失（C）	风险值 $R=P\times C$	分险等级	综合等级
1	物体打击（桩机组装）	2	1	2	Ⅳ	$\sqrt[n]{\prod_{j=1}^{n} a_{ij}}=5.25$ 因此为Ⅲ级风险分项
2	起重伤害（桩机就位）	4	3	12	Ⅱ	
3	机械伤害（钢筋笼运输、钻孔）	3	2	6	Ⅲ	
4	设备倾覆（钻孔）	2	2	4	Ⅳ	
5	溺水（泥浆池、桩孔）	2	2	4	Ⅳ	
6	高处坠落（桩基检修）	2	2	4	Ⅳ	
7	火灾（焊割作业）	3	2	6	Ⅲ	
8	其他伤害	2	2	4	Ⅳ	

表 7-3　承台基坑施工风险分析矩阵

序号	施工阶段风险	可能性（P）	损失（C）	风险值 $R=P\times C$	分险等级	综合等级
1	设备倾覆（基坑开挖）	3	3	9	Ⅲ	$\sqrt[n]{\prod_{j=1}^{n} a_{ij}}=5.57$ 因此为Ⅲ级风险分项
2	触电、管线损坏（基坑开挖）	2	2	4	Ⅳ	
3	基坑坍塌（基坑支护）	3	4	12	Ⅱ	
4	高处坠落（承台施工）	3	3	9	Ⅲ	
5	机械伤害（基坑挖掘机作业）	2	2	4	Ⅳ	
6	物体打击（桩基检修）	3	2	6	Ⅲ	
7	起重伤害（钢筋模板作业）	2	2	4	Ⅳ	

表 7-4　墩柱施工风险分析矩阵

序号	施工阶段风险	可能性（P）	损失（C）	风险值 $R=P\times C$	分险等级	综合等级
1	支架坍塌（外排架搭设）	4	3	12	Ⅱ	$\sqrt[n]{\prod_{j=1}^{n} a_{ij}}$ =9.46 因此为Ⅱ级风险分项
2	高处作业（外排架搭设）	3	3	9	Ⅲ	
3	物体打击（外排架搭设）	3	3	9	Ⅲ	
4	支架坍塌（外排架搭设）	2	3	6	Ⅲ	
5	墩柱钢筋笼失稳（墩柱钢筋）	4	3	12	Ⅱ	
6	触电（电焊作业）	3	3	9	Ⅲ	
7	模板倾覆（模板施工）	3	4	12	Ⅱ	
8	高处坠落（模板施工）	4	3	12	Ⅱ	
9	起重伤害（模板施工）	4	3	12	Ⅱ	
10	模板倾覆（模板施工）	3	3	9	Ⅲ	
11	高处坠落（混凝土施工）	3	3	9	Ⅲ	
12	触电（混凝土施工）	3	2	6	Ⅲ	
13	坍塌（混凝土施工）	2	3	6	Ⅲ	

表 7-5　现浇梁施工风险分析矩阵

序号	施工阶段风险	可能性（P）	损失（C）	风险值 $R=P\times C$	分险等级	综合等级
1	高处坠落（满堂支架搭设，操作面）	5	3	15	Ⅰ	$\sqrt[n]{\prod_{j=1}^{n} a_{ij}}$ =9.15 因此为Ⅱ级风险分项
2	贝雷梁倾覆坍塌（满堂支架搭设）	4	4	16	Ⅰ	
3	支架坍塌（满堂支架搭设、地基荷载）	3	4	12	Ⅱ	
4	高处坠落（满堂支架搭设，防护措施）	4	3	12	Ⅱ	
5	支架坍塌（满堂支架搭设材料）	3	3	9	Ⅲ	
6	高处坠落（通道不规范）	2	2	4	Ⅳ	
7	支架坍塌（方案）	2	2	4	Ⅳ	
8	物体打击（支架、工具抛投）	3	3	9	Ⅲ	
9	模板倾覆（模板施工）	3	4	12	Ⅱ	
10	高处坠落（模板施工）	4	3	12	Ⅱ	
11	起重伤害（模板施工）	3	3	9	Ⅲ	
12	模板倾覆（模板拆除）	2	2	4	Ⅳ	
13	物体打击（模板拆除无警戒）	3	3	9	Ⅲ	
14	物体打击（钢筋散料）	3	2	6	Ⅲ	
15	触电（钢筋电焊）	2	2	4	Ⅳ	
16	钢筋倾覆（钢筋固定不牢固）	2	2	4	Ⅳ	
17	坍塌（混凝土浇筑）	2	4	8	Ⅲ	
18	触电（振捣器漏电）	2	2	4	Ⅳ	
19	物体打击（钢绞线伤人）	2	3	6	Ⅲ	
20	坍塌（张拉过早）	1	4	4	Ⅳ	
21	高处坠落（无操作平台）	3	3	9	Ⅲ	

表 7-6　挂篮悬浇梁施工风险分析矩阵

序号	施工阶段风险	可能性（P）	损失（C）	风险值 $R=P\times C$	分险等级	综合等级
1	高处坠落（柱墩 0 号块支架失稳）	4	3	12	Ⅱ	$\sqrt[n]{\prod_{j=1}^{n} a_{ij}}$ =11.35 因此为Ⅱ级风险分项
2	物体打击（柱墩 0 号块支架连接不牢固）	3	3	9	Ⅲ	
3	支架坍塌（柱墩 0 号块支架承载力不足）	4	4	16	Ⅰ	
4	起重伤害（柱墩 0 号支架吊装不牢固）	4	3	12	Ⅱ	
5	模板倾覆（0 号块模板链接不牢固）	4	4	16	Ⅰ	
6	高处坠落（0 号块模板人员违规）	4	3	12	Ⅱ	
7	物体打击（0 号模板安装）	3	3	9	Ⅲ	
8	起重伤害（0 号模板安装）	3	3	9	Ⅲ	
9	高处坠落（0 号钢筋绑扎）	3	3	9	Ⅲ	
10	触电（0 号钢筋焊接漏电失灵）	3	3	9	Ⅲ	
11	高处坠落（挂篮安装）	4	3	12	Ⅱ	
12	物体打击（挂篮安装）	3	3	9	Ⅲ	
13	挂篮倾覆（挂篮安装失稳）	4	4	16	Ⅰ	
14	起重伤害（挂篮杆件吊装）	3	3	9	Ⅲ	
15	高处坠落（挂篮行走人员违章）	3	3	9	Ⅲ	
16	挂篮倾覆（挂篮行走固定不牢固）	4	4	16	Ⅰ	
17	物体打击（挂篮行走时各构件不牢固）	3	3	9	Ⅲ	
18	高处坠落（梁面防护不严密）	3	3	9	Ⅲ	
19	坍塌（混凝土浇筑）	4	4	16	Ⅰ	
20	触电（电焊机无漏电保护）	3	3	9	Ⅳ	

表 7-7　桥面系附属施工风险分析矩阵

序号	施工阶段风险	可能性（P）	损失（C）	风险值 $R=P\times C$	分险等级	综合等级
1	高处坠落（遮板施工）	4	3	12	Ⅱ	$\sqrt[n]{\prod_{j=1}^{n} a_{ij}}$ =5.875 因此为Ⅲ级风险分项
2	物体打击（遮板模板安装不牢固）	3	3	9	Ⅲ	
3	火灾（遮板钢筋割接）	2	3	6	Ⅲ	
4	人员摔伤（桥面铺装材料混乱）	2	2	4	Ⅳ	
5	触电（桥面铺装配电箱不规范）	2	2	4	Ⅳ	
6	高处坠落（伸缩缝施工）	2	2	4	Ⅳ	
7	机械伤害（伸缩缝施工）	2	2	4	Ⅳ	
8	物体打击（伸缩缝施工）	2	2	4	Ⅳ	

表 7-8　车站主体施工风险分析矩阵

序号	施工阶段风险	可能性（P）	损失（C）	风险值 $R=P\times C$	分险等级	综合等级
1	基坑坍塌（基坑开挖）	4	4	16	Ⅰ	$\sqrt[n]{\prod_{j=1}^{n}a_{ij}}$ =9.815 因此为Ⅱ级风险分项
2	高处坠落（基坑临边防护不严密）	3	3	9	Ⅲ	
3	物体打击（基坑开挖）	3	3	9	Ⅲ	
4	支架坍塌（满堂支架搭设不稳）	3	4	12	Ⅱ	
5	高处坠落（支架临边防护不严密，个人防护）	4	3	12	Ⅱ	
6	物体打击（满堂支架搭设）	3	3	9	Ⅲ	
7	模板倾覆（模板工程）	2	4	8	Ⅲ	
8	火灾（木工加工处）	4	2	8	Ⅲ	
9	高处坠落（模板工程）	4	3	12	Ⅱ	
10	起重伤害（起重吊装）	3	3	9	Ⅲ	
11	物体打击（模板拆除）	3	3	9	Ⅲ	
12	触电（钢筋工程）	3	3	9	Ⅲ	
13	火灾（电焊作业）	3	3	9	Ⅲ	
14	物体打击（钢筋工程物料散放）	3	3	9	Ⅲ	
15	坍塌（混凝土工程）	2	4	8	Ⅲ	
16	触电（混凝土振捣漏电）	3	3	9	Ⅲ	

7.2.3　风险评估结果（表 7-9）

表 7-9　施工阶段风险评估成果表

序号	施工阶段	风险单元	风险单元指数 R_1	风险单元级别	分类指数	级别	施工总风险	级别
1	桩基基础	桩基施工	5.25	Ⅲ	5.25	Ⅲ	7.895	Ⅲ
2	下部结构	承台施工	5.57	Ⅲ	7.515	Ⅲ		
3		墩柱施工	9.46	Ⅱ				
4	上部结构	现浇梁施工	9.15	Ⅱ	9	Ⅱ		
5		挂篮施工	11.35	Ⅱ				
6		桥面及附属	5.875	Ⅲ				
7	土建车站	车站主体及附属	9.815	Ⅱ	9.815	Ⅱ		

7.2.4　风险分级

根据工程特点和工程建设风险类型，采用综合分析方法、风险评价矩阵法进行项目风险等级评价。从风险发生的可能性和损失等级具体辨识风险等级（表 7-10）。

表 7-10　风险分级表

部位风险名称风险等级	Ⅰ	Ⅱ	Ⅲ	Ⅳ
桩基	无	起重伤害（钻机就位、钢筋笼吊装）	1. 机械伤害（钢筋笼加工运输、钻孔）； 2. 火灾（焊割作业）	1. 物体打击（桩基组装）； 2. 设备倾覆（钻孔、钢筋笼吊装）； 3. 溺水伤害（泥浆池、桩孔防护）； 4. 高处坠落（桩基检修）
承台	无	基坑坍塌（基坑开挖及支护）	1. 设备倾覆（基坑开挖）； 2. 高处坠落（承台施工）； 3. 物体打击（基坑开挖、承台施工）	1. 触电及管线损坏（基坑开挖）； 2. 机械伤害（基坑施工）； 3. 起重伤害（钢模板吊装）
墩柱	无	1. 支架坍塌（外排架搭设）； 2. 立柱钢筋笼失稳（墩柱钢筋安装）； 3. 模板倾覆（模板施工）； 4. 高处坠落（模板施工）； 5. 起重伤害（模板施工）	1. 高处坠落（外排架搭设）； 2. 物体打击（外排架搭设）； 3. 支架坍塌（外排架搭设）； 4. 触电（墩柱钢筋安装）； 5. 模板倾覆（模板施工）； 6. 高处坠落（混凝土施工）； 7. 触电（混凝土施工）； 8. 坍塌（混凝土施工）	无
现浇梁	1. 高处坠落（满堂支架搭设）； 2. 贝雷梁倾覆坍塌（满堂支架搭设）	1. 支架坍塌（满堂支架搭设）； 2. 模板倾覆（模板工程）； 3. 高处坠落（模板工程）	1. 高处坠落（满堂支架搭设）； 2. 支架坍塌（满堂支架搭设）； 3. 物体打击（满堂支架搭设）； 4. 起重伤害（模板工程）； 5. 物体打击（模板工程）； 6. 物体打击（钢筋安装）； 7. 坍塌（混凝土浇筑）； 8. 物体打击（预应力施工）； 9. 高处坠落（预应力施工）	1. 高处坠落（满堂支架搭设）； 2. 支架坍塌（满堂支架搭设）； 3. 模板倾覆（模板工程）； 4. 触电（钢筋安装）； 5. 钢筋倾覆（钢筋安装）； 6. 触电（混凝土浇注）； 7. 坍塌（预应力施工）

续表

部位风险名称风险等级	Ⅰ	Ⅱ	Ⅲ	Ⅳ
挂篮施工	1. 支架坍塌（主墩0号块支架施工）； 2. 模板倾覆（0号块模板安装）； 3. 挂篮倾覆（挂篮安装）； 4. 挂篮倾覆（挂篮行走）； 5. 坍塌（悬浇梁混凝土浇注）	1. 高处坠落（主墩0号块支架施工）； 2. 起重伤害（主墩0号块支架施工）； 3. 高处坠落（0号块模板安装）； 4. 高处坠落（挂篮安装）	1. 物体打击（主墩0号块支架施工）； 2. 物体打击（0号块模板安装）； 3. 起重伤害（0号块模板安装）； 4. 高处坠落（0号块钢筋绑扎）； 5. 触电（0号块钢筋绑扎）； 6. 物体打击（挂篮安装）； 7. 起重伤害（挂篮安装）； 8. 高处坠落（挂篮行走）； 9. 物体打击（挂篮行走）； 10. 高处坠落（悬浇梁混凝土浇注）； 11. 触电（悬浇梁混凝土浇注）	无
桥面系附属		高处坠落（遮板施工）	1. 物体打击（遮板施工）； 2. 火灾（遮板施工）	1. 人员摔伤（桥面铺装）； 2. 触电（桥面铺装）； 3. 高处坠落（桥梁伸缩缝）； 4. 机械伤害（桥梁伸缩缝）； 5. 物体打击（桥梁伸缩缝）
车站主体	基坑坍塌（基坑开挖）	1. 支架坍塌（满堂架搭设）； 2. 高处坠落（满堂架搭设）； 3. 高处坠落（模板工程）	1. 高处坠落（基坑开挖）； 2. 物体打击（基坑开挖）； 3. 物体打击（满堂架搭设）； 4. 模板倾覆（模板工程）； 5. 火灾（模板工程）； 6. 起重伤害（模板工程）； 7. 物体打击（模板工程）； 8. 触电（钢筋工程）； 9. 火灾（钢筋工程）； 10. 物体打击（钢筋工程）； 11. 塌（混凝土工程）； 12. 触电（混凝土工程）	无
合计：	8	18	47	19
总计：				92

7.2.5　四色风险对比图

根据风险辨识，采用矩阵法对分部分项工程风险进行分析，并得出风险评估值，绘制分部分项风险柱形对比图，确定桩基施工控制重点为起重吊装作业；承台施工控制重点为基坑支护；墩柱施工控制重点为支架搭设、钢筋绑扎、模板安装及加固、高处作业、起重吊装作业；现浇梁施工控制重点为贝雷梁搭设、高处作业、支架搭设、模板安装及加固；悬浇梁施工控制重点为高处作业、支架搭设、模板安装及加固、挂篮安装及加固；桥面系及附属工程施工控制重点为高处作业；车站工程施工控制重点为基坑支护、支架搭设、高处作业等（图 7-1～图 7-7）。

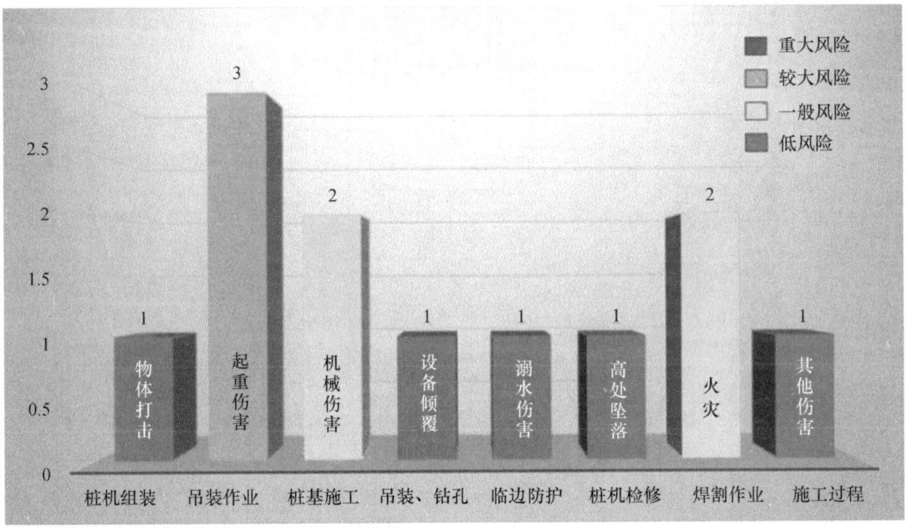

图 7-1　桩基工程四色风险对比图

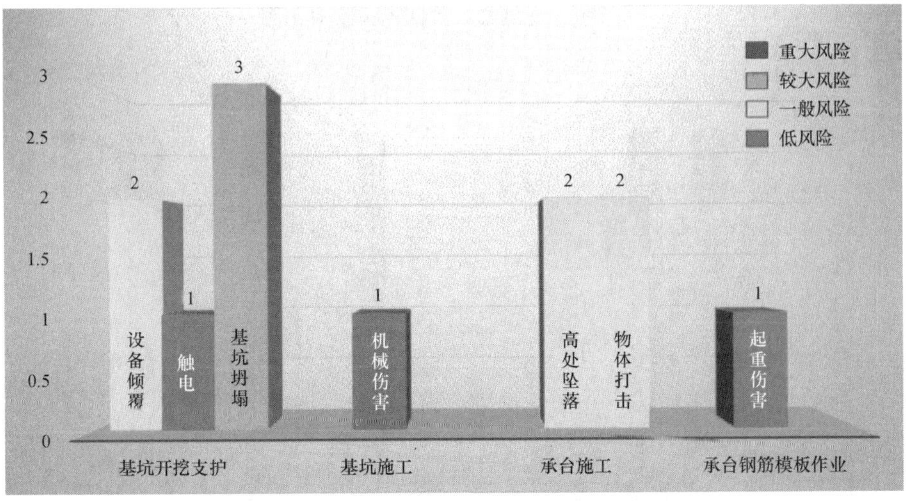

图 7-2　承台工程四色风险对比图

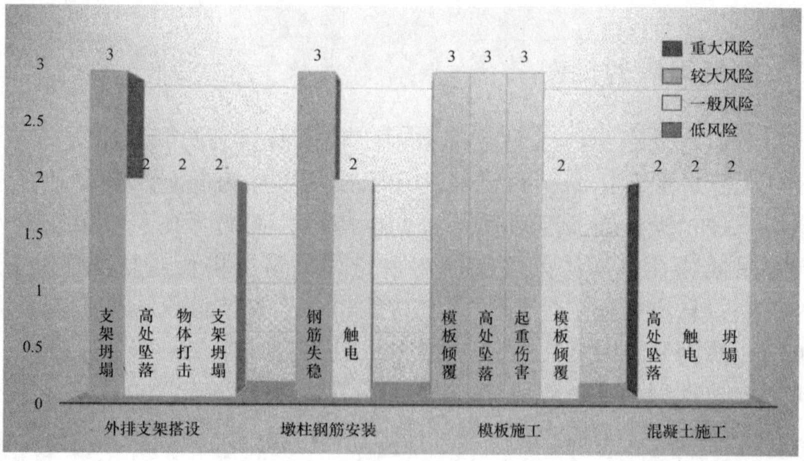

图 7-3　墩柱工程四色风险对比图

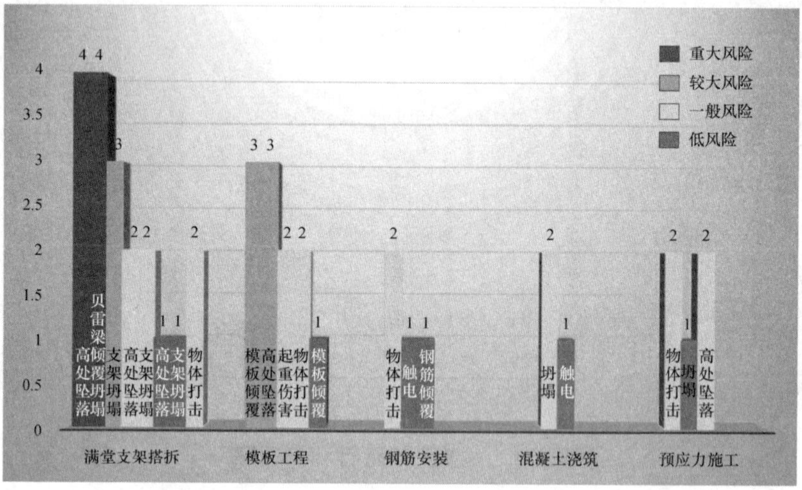

图 7-4　现浇梁工程四色风险对比图

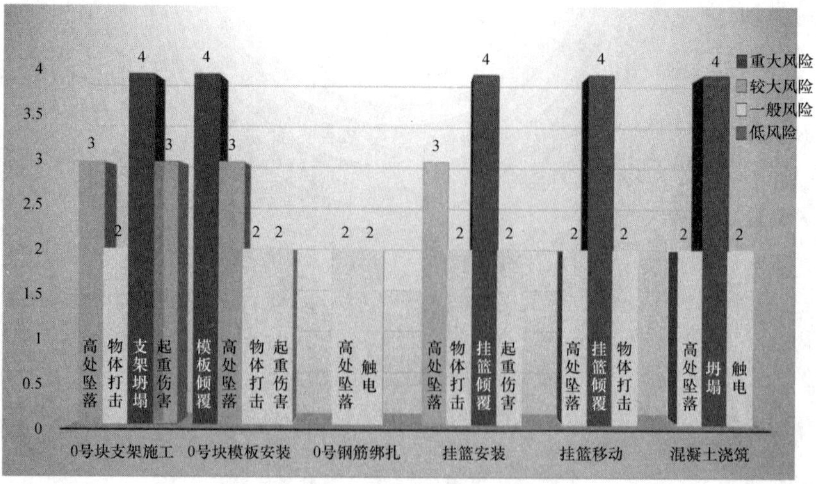

图 7-5　挂篮工程四色风险对比图

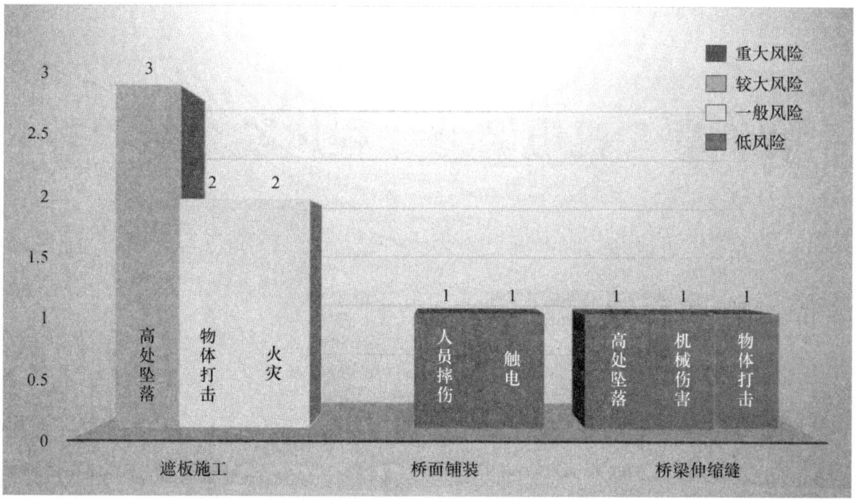

图 7-6　桥面系工程四色风险对比图

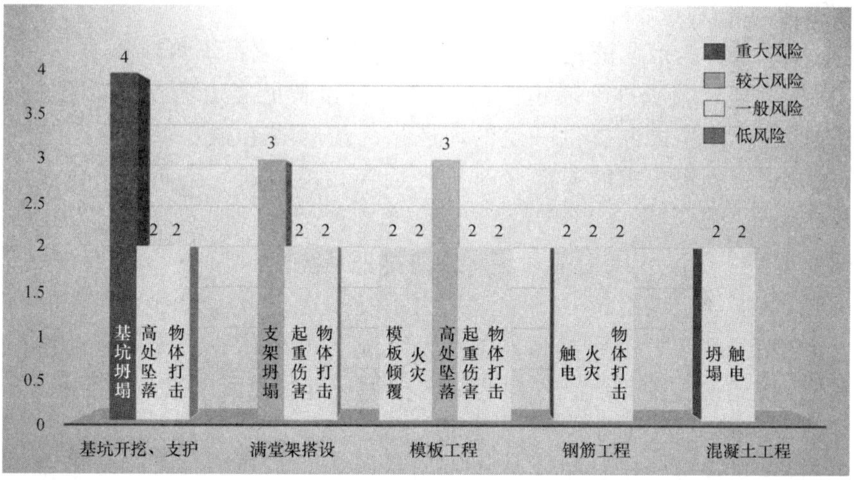

图 7-7　高架车站工程四色风险对比图

第8章　机电装修工程风险分级管控

8.1　勘察设计阶段风险管理

8.1.1　通风空调

通风与空调系统按远期预测客流量进行设计，满足地铁系统正常、阻塞、火灾运行等工况对通风与空调系统的功能要求，并兼顾环境保护和节能。

（1）通风空调系统主要功能

① 隧道通风系统（含防排烟系统）

隧道通风系统分为区间隧道通风系统和车站隧道通风系统两部分。

列车正常运营时应能排除隧道内的余热余湿和满足隧道内换气次数和温度要求；列车阻塞时应能向阻塞区间提供一定的通风量，控制隧道温度以满足列车空调器仍能正常运行的要求；列车火灾时应能及时排除烟气和控制烟气流向，诱导乘客安全撤离火灾区域。

② 地下车站公共区通风空调系统（含防排烟系统）

车站公共区通风空调系统（简称车站大系统）在正常运营时为乘客提供过渡性舒适环境；当车站公共区发生火灾时，车站大系统（可与其他系统协调动作，例如隧道通风系统）应能迅速排除烟气，同时为乘客提供一定的迎面风速，诱导乘客安全疏散。

③ 设备管理用房通风空调系统（含防排烟系统）

设备管理用房通风空调系统（简称车站小系统）正常运营时，应能为地铁工作人员提供舒适的工作环境及满足设备良好的运行环境条件；当车站管理、设备用房区发生火灾时，应能排除烟气或隔断火源、烟气，并保持局部区域的相对正压。

车站重要设备用房（通信设备及电源室、信号设备及电源室、综合监控设备室、屏蔽门控制室）应设置备用系统，满足空调季节24h不间断运行要求。

④ 空调水系统

空调水系统负责向车站大小系统提供进行空气处理所需要的符合温度和流量要求的冷冻水，并能根据负荷变化进行流量调节，实现节能运行。

（2）设计标准

地下车站及区间的环境控制式采用屏蔽门系统。

夏季公共区空调室外计算干球温度为32.5℃。车站内温、湿度满足规范要求。

区间隧道内夏季最热月日平均温度≤40℃。

区间隧道内事故排风风速≥2.0m/s。

区间排烟风机及烟气流经的辅助设备，应保证在250℃条件下连续工作1h；地下车站站厅、站台和设备及管理用房，排烟风机及烟气流经的辅助设备，应保证在 250℃ 条件下连续工作 1h。

（3）安全质量风险评估

通风空调的安全质量风险主要为机电设备安装风险及各设备系统等运营风险。轨道交通机电设备安装风险中最大的风险点就是预留孔洞和基础预埋件施工质量的风险。

轨道交通预留孔洞的位置准确性及设备基础预埋件施工质量在机电设备安装过程中起着非常重要的作用，是一个绝对不容忽视的问题。根据国内多条轨道交通车站预留孔洞及设备基础预埋件安装经验，机电设备安装风险主要有：漏留孔洞、孔洞位置不准确或者预留尺寸不对，设备基础预埋件标高不一致、安装相对位置不符合要求等。出现这些问题对施工质量、施工进度、后续工序等诸多方面带来的影响是很严重的。

1）机电设备安装风险识别

① 机电设备安装设计与土建设计、装修设计协调不通畅，造成机电图纸与土建图纸不相同，甚至相对尺寸差异很大。目前设计单位竞争激烈，设计周期相对较短，设计专业之间的协调不通畅、专业术语的含义不一致，导致施工中有些预留孔洞偏差比较大、两专业房间大小不一致，不能保证机电设备之间及设备对墙的安全距离。

② 土建单位、装修单位对预留、后砌墙工作重视不够，不按相关的设计要求、施工规范、技术规程及工艺标准的规定进行预留、砌墙，而是凭经验施工，这是导致工作失败的一个重要原因，土建、装修和安装专业对预留或预埋孔洞的精度有很大偏差。

③ 土建、装修施工单位与机电安装单位之间存在脱节，机电安装单位与土建、装修两家单位之间缺少必要的沟通、协调和制约。一般这三个单位不是同一家企业，预留工作由土建单位完成，安装单位是在土建施工完毕之后才介入，等发现问题为时已晚。基础预埋件安装时需装修单位给定标高和砌墙位置，浇筑地平通知机电安装单位配合，但现实施工中，单位之间配合很少，均是等发现问题之后才相互查找原因解决问题。机电安装在预埋件安装时，没有按要求找房间的最高点开始做，造成地面浇筑后地面高度不一致。

④ 设计交底与图纸会审会议“走过场”，用于设计“交底”和图纸“会审”的时间过短，从会议组织、移交设计说明和设计交底书、各专业分组审图到会议结束，一般为 2～3h，而且往往不能认真对待，导致本该在会审时解决的问题未能得以解决。

2）机电设备安装风险危害分析

城市轨道交通是一个人员高度集中的特殊建筑工程，工程实体的工程质量必须符合或超过国家相关标准、设计规范等要求，一旦出现质量问题，将会给轨道交通建设、运营带来严重的后果。

① 对工程主体结构的影响。地铁的主体或附属结构大部分是钢筋混凝土结构，一旦发现漏留孔洞、孔洞大小不对或位置出现偏差，将被迫采取钻孔、凿墙甚至拆墙、重做或植筋等方法加以弥补，直接造成对结构整体或局部的强度影响，势必造成原结构主体接口处存在质量隐患，甚至影响机电设备将来的正常运行。

② 对设备、人身存在安全隐患。由于装修砌墙造成房屋面积减小时，基础预埋件安装尺寸不能保证设备及对墙的安全距离，距离相差大的，只能选择重新砌墙，误差小的，为减小损失，只能控制在安全距离临时点，这对送电运行后人员及设备都是有安全

隐患的。

③ 影响整体美观。由于与装修单位协调不好，每个房屋会给出不一样的标高；而且由于在地平面未做之前，毛面不平，如果在预埋件安装时，没有注意选择房屋的最高点为基础安装预埋件，在根据预埋件露出地面高度浇筑地平时，会使每个房间有不同的高度，整体效果不美观，严重时，要重新破地平，重新安装预埋件。

④ 给车站的消防工作留下安全隐患。地铁工程的特殊性决定了水消防设施、气体灭火设施和防排烟等设施的重要性，按照《地下铁道设计规范》的要求，所有的预留孔洞等到所有的机电设备和管线施工完毕后，要进行严格的封堵，所有的设备房之间不能有丝毫窜烟现象。通过钻孔、凿墙或拆墙等方法得到的孔洞肯定会对周围结构产生一些细小裂纹，再加之孔洞的大小、形状不规则，势必给孔洞的封堵工作带来麻烦，为日后的消防工作埋下安全隐患。

⑤ 影响工期，浪费人力、物力和财力。在问题解决的过程中，既会影响工期，也会花费不必要的人力、物力来处理，从而使工程成本增高。如预留孔洞位置出现错误，需要用水钻将混凝土地面钻开，误差越大，造成的财产损失也越大。

3）机电设备安装风险控制措施

机电设备安装设计单位与土建设计单位、装修设计单位应加强沟通与协调，业主也应定期召开协调会议，确保各家单位设计的图纸预留孔洞及预埋件位置、尺寸一致，坚决杜绝图纸上的预留孔洞不一致。

此外在图纸一致的基础上，还要进行严格的现场质量控制，其内容包括以下几方面：

① 做好预留、预埋隐蔽工程检查验收工作。严格执行“三检”制度，通过自检、互检、专检对预留、预埋工程进行隐蔽验收；装修层内设备预埋件的位置及水平符合设计要求，按照图纸、规范及验评标准要求认真检查，详细记录隐蔽工程验收情况。

② 严格执行混凝土浇筑审批程序。在主体或附属结构的混凝土浇筑前，装修单位通知安装单位技术负责人进行配合；双方单位监理及总监应要求各专业监理工程师在“混凝土浇筑令”上签署意见，确保各专业安装工程按设计、规范要求施工。

③ 加强现场管理和技术措施管理。混凝土浇筑时应派专人负责，混凝土终凝前应再次校核孔洞位置，以保证预留孔洞不挪位；不得过早拆除模具，破坏孔洞周边的混凝土强度；浇筑好的预埋管道敞口处要临时封堵，以免杂物掉进管内或堵管。

④ 重点部位要进行旁站监理。对于车站站台层和站厅层的机电设备预留孔洞要重点监理，由于设备多、管线复杂，预留、预埋时很容易出现交叉、错埋、漏埋现象，因此，在这些部位要进行旁站监理，机电设备安装单位要及早介入，土建单位在预留孔洞前和移交前，要请机电监理或机电安装单位技术负责人进行核对。

（4）项目运营期潜在的主要安全质量风险

通风、排烟系统存在的主要危险有害因素有：中毒窒息、火灾、触电、机械伤害和高处坠落、高温、噪声。

1）中毒窒息

地铁发生火灾时造成的人员伤亡，绝大多数是被烟熏倒、中毒、窒息所致。地铁对外连通的口部相对来说比较少，一旦发生火灾，浓烟很难自然排出，并会迅速蔓延，充满隧道和车站，并给救援工作带来极大的困难，同时由于人员要在狭长的隧道中撤离，需要经过较长的路程才能到达口部，浓烟充满隧道会使可见度降低，人员不易行走，未到达口部就会被烟气薰倒。较好的办法就是使人、烟分向流动，用机械排烟设备使烟气在隧道内顺着一个方向流动并排除到地面，人员从另一个方向撤离，这样才易使人脱离危险。

2）火灾

通风、排烟系统使用大量电气设备和电线电缆，在线路短路、故障等情况下会发生电气火灾。通风、排烟系统在检修过程中安全措施不落实也会引发火灾事故。

3）触电

通风、排烟系统使用大量电气设备和电线电缆，系统接地线不符合要求或人员误接触带电部分容易发生触电事故。

4）机械伤害

通风、排烟系统使用设备存在大量的可动部件，特别是通风、排烟风机安装高速运转的扇页，如果安全防护措施不当或人员误接触，会产生机械伤害事故。

5）高处坠落

从业人员对通风、排烟系统的高处部件检修时，如果个体防护用品不合格或从业人员不正确使用个体防护用品，会发生高处坠落事故。

6）高温

地铁的地下空间属相对封闭的空间，地下车站和车辆内有大量的乘客。如果通风空调系统设计不合理，设备、人员产生的热量不能及时散发，会对人员产生高温伤害。

7）噪声

地铁的通风、排烟系统的噪声主要包括：通风空调设备传到站厅、站台公共区的噪声；通风空调设备传到设备、管理及办公用房的噪声；通风空调机房的噪声；通风空调设备传到地面风亭的噪声。如果噪声超标，会对相关人员产生噪声危害。

8）通风与空调系统风险应对措施

由于通风空调系统的风险源存在于工程土建方案选择、通风空调设计方案、通风空调施工及竣工验收阶段、通风空调运营期等不同阶段。因此可以针对不同阶段采取不同的风险应对措施，包括加强前期规划协调、优化设计方案而规避风险、完善设备招标技术要求、强化设备招标供货商资格审查、统筹工程建设工期、加强现场施工方与设计方协调，发现问题及时协调，设备投产前，设计、供货商和施工方应现场补充测量，加强整改管理，责任落实到位，建立施工方、监理、供货商、相关专业联动机制，竣工验收前现场检查，严格按照产品手册和运营操作规程进行周期性维护保养，逐步建立故障诊断专家系统，完善制冷系统的安全控制、安全检测与安全报警，制定极端气象条件下的应急预案，制定突发事件时的应急预案等措施。

8.1.2　给排水及消防

（1）轨道交通给排水及消防系统简介

1）生产、生活及消防给水系统

车站、区间的各项用水水源均采用城市自来水。各车站应从附近的城市自来水不同管网或环状管网中的不同管段引入两根进水管，保持常开。生产、生活给水系统在站内与消防给水系统相互独立。其中生产、生活给水系统在车站内布置成枝状或环状。消火栓系统在车站内形成环状供水管网。

区间水消防系统由相邻的两个车站供给。地下区间每条隧道分别从相邻地下车站的消火栓环状管网上各引入 1 根 DN150 消防给水干管，使地铁车站和区间形成环状消防供水管网。

2）排水系统

① 车站排水

排水种类主要有：卫生间污水、结构渗漏水、事故水、凝结水、冲洗及消防废水、车站露天出入口、敞开风亭及洞口的雨水等。

排水方式：室内采用分质分流制排水方式，室外则根据室外市政排水体制进行接驳。其中，卫生间污水、结构渗漏水、事故水、凝结水、冲洗及消防废水排入市政污水管网，车站露天出入口、敞开风亭及洞口的雨水就近排入市政雨水系统或河涌。

② 停车场排水

停车场各单体按雨、污、废水的分流体制设计室内排水系统，除库房等大型网架屋面雨水系统采用虹吸压力流系统外，其他为重力流排水系统。

停车场周边有市政污水管网时，其生产的废水（主要为含油污水）须经过沉淀、气浮处理，水质达标后，排入市政污水管网。而其生活污水为普通生活污水，只需经化粪池处理，便可排入市政污水系统。

③ 消防配套系统

本工程对车站、区间、段场等重要电气设备用房［如信号、通信设备室（含电源室）、公网机房、环控电控室、屏蔽门控制室、蓄电池室、自动售检票设备室、变电所设备房］采用以 IG541 气体为介质的自动灭火系统保护。

本工程对车站、区间、段场等设置灭火器系统，辅助水消防系统。灭火器配置场所的危险等级均按严重危险等级计算。

（2）给、排水及消防系统安全质量风险评估

给、排水系统存在的主要危险有害因素有：水灾、火灾、中毒窒息和机械伤害等。

1）水灾

宁波平原属甬江水系，市区地面高程一般为 2 ~ 4m，地面低于历年的最高水位，该地区汛期雨量充沛，每年 7 ~ 9 月为台风浸洗期，台风会带来大量降水，其特点为水量集中、历时短、强度大，雨水、洪水可能流入车站和区间，如果排水系统设计不合理，易造成洪涝灾害。

地铁在运行过程中产生生活污水、消防废水、冲洗废水及少量渗水。如果排水系统运行不畅，发生堵塞，造成水灾。

2）火灾蔓延

如果消防系统设计不合理，消防水量不能保证消防的要求，发生火灾时，不能及时消灭火灾，会造成火灾蔓延。

3）IG541 气体灭火

高达 15MPa（20MPa）的储存压力使系统对各产品部件的承压标准、密封效果、输送管道的施工质量及维护管理提出了较高的要求，存储不当容易发生爆瓶事故。

4）中毒窒息

排水系统设置不完善，污水乱排以及污水、垃圾排入地铁隧道等会产生有毒气体。从业人员进入地下泵房、涵洞进行检修、疏通时，有可能会出现缺氧窒息或有毒气体中毒。

5）机械伤害

给、排水及消防系统主要使用机泵类设备，存在运转部件，如果安全防护措施设计不当，人员接触会造成机械伤害。

6）给、排水及消防系统风险应对措施

为避免给水系统故障，设计采用生产、生活和消防用水分开的给水系统；设计和施工阶段要求设备及管材按照规范可靠性要求选用；制定操作手册，定期养护、检测、维修；加强施工监理。

为避免排水系统故障，排水泵设计时设置备用泵，设备及管材按照规范可靠性要求选用；制定定期测试检修计划；加强施工监理。

为避免消防给水系统故障，设计应符合《建筑设计防火规范》（GB 50016—2006）和《轨道交通设计规范》（GB 50157—2003）的要求；选用通过国家消防产品质量监督检测中心检测的合格产品；设计文件应通过消防部门的安全审查；加强施工监理；加强岗位操作人员的职业培训；制定紧急情况下的操作手册；制定定期测试检修计划，并定期进行演练。

（3）给排水及消防设计风险管控

1）一般原则

① 室内工程任何可能产生雨水或渗漏水积聚的部位必须与建筑设计密切配合，考虑有组织排水。

② 地铁消防应有完善可靠的消防给水系统，对重要电气设备用房采用自动灭火系统，并设手提式灭火器，以确保能迅速有效地扑灭各种火灾。

③ 所有配置的消防设施附近均不应有遮挡物遮挡。

④ 所有给排水管道不应穿过变电所、通信信号机房、控制室等电气设备用房，并尽量避免敷设在控制箱、配电箱等电气设备的上方。

⑤ 地下车站的给排水及消防管道，由车站通风道、出入口等处进出。穿过地下主体结构的给排水管应预埋柔性防水套管，同时在主体结构内侧设置可挠性橡胶软接头。

⑥ 所有管道穿越人防结构时，做人防密闭套管，在人防结构内侧设置工作压力不小于 1.0MPa 的防护闸阀以满足人防要求，其离结构内墙距离≤200mm，并按《人民防空地下室设计规范》（GB 50038—2005）执行。

⑦ 金属给、排水管道及相关设备，采取防止杂散电流腐蚀的措施。

⑧ 设在站厅公共区、站台公共区、出入口、设备区等的给水、排水管道均设防结露保温，其他部位的给水、排水管不设防结露保温。

2）生产、生活给水系统

① 给水进水总管、冷却塔补水管上设置倒流防止器，保证站内外水质的卫生标准，避免污染互相影响。

② 给水各配水点表压按不大于0.20MPa控制，超压点采用减压阀等节流设施，避免因用水点水压过高、操作困难等引起的安全隐患。

3）消防系统

① 车站消防采用两路不同给水管网上的市政水作为引入水源，以保证一路水源出故障时，另一路可满足车站消防用水；当无法满足两路供水时，考虑设置车站消防水池，保证车站消防供水系统的安全性。

② 在风亭、出入口可供消防车靠近的位置设置消防水泵接合器，其数量应满足发生火灾时供给消防系统全部流量。接合器引入管应引接至消火栓系统最上一层的环网之上，以保证室内消防水发生故障时，可利用室外消防车对室内消防管网及时补水。

③ 车站消火栓的布置保证每一个防火分区同层有两只水枪的充实水柱同时到达任何部位，且每股水柱流量为5L/s级别，水枪的充实水柱不应小于10m。

④ 消火栓口出水动压控制在0.25~0.5MPa之间，超过0.5MPa时，采用减压稳压型消火栓或减压阀，以降低发生火灾时消防人员灭火操作的困难程度。

⑤ 站厅层、站台层以及人行通道公共区、设备区走廊的消火栓箱、冲洗栓箱全部暗装处理，机房内消火栓箱及站台端部消防器材箱采用明装，以减弱发生火灾时对人员疏散的影响。

⑥ 在车站站台层端部即将进入区间的适当位置设置2套消防器材箱；当区间长度超过2km时，在每一个区间联络通道处均设消防器材箱，以保证区间着火时，可利用消防器材箱内卷管及时扑救。

⑦ 进消防管在车站与区间分界处设置绝缘接头，防止杂散电流对行车安全的影响。

⑧ 区间消防过轨管设置绝缘套管，同时适当缩小管径。在消除杂散电流的影响外，减弱对铺轨开挖的影响，降低运行风险。

⑨ 将消防水泵、消火栓等系统纳入火灾监控系统，发生火灾时，方便运营人员及时了解并处理火灾事故。

⑩ 车站站厅、站台等处设置灭火器系统。灭火器采用手提灭火器，保护距离不超过15m；站厅、站台灭火器设于消火栓箱内（内含MF/ABC5磷酸铵盐干粉灭火器4具或2具），在上述配置不足，出现灭火器覆盖盲区时，增设灭火器箱（内含MF/ABC5磷酸铵盐干粉灭火器2具）。每个灭火器箱附近配自救面具2套。

⑪ 重要电气设备用房增设灭火器保护，方便运营人员及时有效地处理临时事故。

⑫ 自动灭火系统同时具有自动控制、手动控制和应急操作三种控制方式，以便能及时有效地处理重要电气设备用房火灾事故，保证设备房的安全性。

⑬ 在火灾危险区内（重要电气设备用房），设置喷射报警、警告标志、疏散指示标志并配套呼吸器械等以确保人员能迅速撤离和防止人员进入有害气体的场所。

4）排水系统

将排水提升泵纳入监控系统，可以通过BAS系统对所有车站排水泵、区间废水泵、洞口雨水泵等排水设备实行监视，以方便运营人员及时了解、处理排水事故。

（4）给排水及消防施工风险管控

地铁工程的特殊性决定了水消防设施、气体灭火设施和防排烟等设施的重要性，按照《地下铁道设计规范》的要求，所有的预留孔洞等到所有的机电设备和管线施工完毕后，要进行严格的封堵，所有的设备房之间不能有丝毫窜烟现象。通过钻孔、凿墙或拆墙等方法得到的孔洞肯定会对周围结构产生一些细小裂纹，再加之孔洞的大小、形状不规则，势必给孔洞的封堵工作带来麻烦，为日后的消防工作埋下安全隐患。

机电设备安装设计单位与土建设计单位、装修设计单位应加强沟通与协调，业主也应定期召开协调会议，确保各家单位设计的图纸预留孔洞及预埋件位置、尺寸一致，坚决杜绝图纸上的预留不一致。

8.1.3　供电、电扶梯和站台门

（1）供电系统安全质量风险评估

供电系统由以下几部分组成：主变电所、中压供电网络、牵引变电所及降压变电所、牵引网系统、动力照明配电系统、电力监控系统及杂散电流防护新系统。供电系统存在的主要风险有：火灾、断电、列车事故、触电、中毒窒息、机械伤害、高处坠落。

1）油浸电力变压器火灾

① 油浸电力变压器内部的绝缘衬垫和支架大多用纸板、棉纱、布、木材等有机可燃物制成，油箱内充有大量的绝缘油。如果遇到高温、火花和电弧，容易引起火灾和爆炸，从而导致变压器发生火灾。

② 由于变压器产品制造质量不良，长期过负荷运行等，使内部线圈绝缘损坏，发生短路，电流剧增，从而使绝缘材料和变压器油过热。

③ 线圈内、线圈与分接头间、端部接线处等，由于连接不好，产生接触不良，从而造成局部接触电阻过大，导致局部高温。

④ 铁芯绝缘损坏后，涡流加大，温升增高。

⑤ 变压器油质劣化、操作过电压使油中产生电弧闪络；油箱漏油，也会影响油的热循环，从而使散热能力下降，导致过热。

⑥ 用电设备过负荷、故障短路、外力使瓷瓶损坏。在此情况发生时，如果变压器保护装置设置不当等，会引起变压器的过热。

2）电缆火灾

电缆火灾一般由本身故障和外界原因（来自外部的火源或火种）引起，常见的原因有：

① 电缆绝缘损坏。如运输、施工过程中造成机械损伤；过负荷运行、接触不良加速绝缘老化进程，或绝缘达到使用寿命期，以及短路故障都将使绝缘遭到损坏，甚至发生过电压等。

② 电缆头故障使绝缘物自燃。如施工质量差，电缆头不清洁降低了绝缘强度。

③ 堆积在电缆上的粉尘，自燃起火。

④ 电焊火花引燃易燃品。该事故与对电缆沟的管理不严格有关，当盖板不严密时，使沟内混入了油泥、木板等易燃物品，在地面进行电焊或气焊时，焊渣和火星落入沟内引起火灾。

⑤ 电缆遇高温起火并形成蔓延。

3）轨道交通牵引供电系统电气设备、电气线路发生火灾

轨道交通牵引供电系统电气设备、电气线路发生火灾除设备本身的缺陷、安装不当、设计施工缺陷等方面的原因外，在运行过程中，电流的热量、电火花和电弧是引起电气火灾的直接原因。可能导致电气火灾的危险有害因素有：

① 在运行中，电流的热量、电火花和电弧引燃可燃物；

② 未严格执行地下动火规定；

③ 安装检修电气装置时，未严格执行安装标准和验收标准。

④ 发现老化或过度磨损未及时报告予以更换、修复；

⑤ 由于误操作导致的短路事故；

⑥ 对电气装置的巡回检查不彻底，未及时处理渗、漏油缺陷；

4）断电

轨道交通供电系统是轨道交通牵引、动力、照明、通信、信号及各种自动化设备的重要动力能源，是轨道交通运营的前提和基础。轨道交通牵引供电直接关系到轨道交通机车的正常运行，通风空调断电、站厅照明断电均直接关系轨道交通车站的正常运营，因此轨道交通牵引供电中断、通风空调断电、站厅照明断电是直接影响运营的重大事故；另外恐怖分子针对轨道交通供电系统的恐怖袭击，也可能造成列车事故。

轨道交通牵引、通风空调、站厅照明系统供电的正常运行是由轨道交通供电系统变配电设备的良好状态、运行人员和维修试验人员的正确操作和及时检修、各种操作规程管理制度的认真落实来保证的。

5）触电

触电事故的主要原因有：

① 设备缺陷、设计不合理，如：a. 高压设备不能移动操作，现场设备本身防护性低；b. 低压没有 PE 极保护；c. 直流屏清扫要带电进行。

② 违章作业、违章操作，如：a. 线路或电气设备工作完毕，未办理工作票终结手续，就对停电设备恢复送电；b. 在带电设备附近进行作业，不符合安全距离或无监护措施；c. 跨越安全围栏或超越安全警戒线；d. 在带电设备附近使用钢卷尺、皮卷尺等进行测量或携带金属超高物体在带电设备下行走等。

③ 轨电位过高，如钢轨绝缘降低引起钢轨电位过高，轨电位限制装置不能正确动作，会造成乘客触电。

6）中毒窒息

中毒窒息事故的主要原因有：

① 电气火灾产生的烟气造成人员的中毒窒息。

② SF_6 断路器中的 SF_6 在电晕放电或电弧放电时分解产生的剧毒物质，易造中毒事故。

7）机械伤害

电气检修过程中使用各种机械设备、检修工具。若机械设备防护不良，工具使用方法不合理会产生机械伤害。

8）高处坠落

高处作业未使用符合要求的个体防护用品或个体防护用品使用方法不当，可造成从业人员的高处坠落。

9）杂散电流腐蚀

在以走行轨作负极回流导体的直流牵引供电网络中，由于钢轨与大地之间不是绝对绝缘，因此由钢轨回流牵引变电所的电流必有部分经大地流回牵引变电所。部分漏入大地的杂散电流对轨道交通道床、钢轨及其附件、结构钢筋、地下管线等产生严重的电腐蚀作用，危及建筑设施的安全，并会酿成灾难性的后果。香港曾发生因轨道交通杂散电流引起煤气管道腐蚀穿孔的事故。因此要有效地限制轨道交通杂散电流，降低与消除其不利影响。

（2）自动扶梯、站台门等系统安全质量风险评估

自动扶梯、站台门系统存在的主要危险有害因素有：踩踏、机械伤害、高处坠落、困人、影响行车、夹伤乘客、影响乘客疏散、火灾、触电。分析如下：

1）自动扶梯可能发生梯级下陷，驱动链断裂、梯级下滑，扶手带断裂、溜车等故障，对乘客造成机械伤害和高处坠落。

2）电梯故障可能将乘客困在轿厢内，意外坠落可能造成人员伤亡。

3）屏蔽门故障，可能影响列车正常发车、夹伤乘客，门不能正常打开将影响乘客的疏散。

4）防淹门防止区间下穿河流段隧道破裂造成车站受损，若故障，可能无法起到保护车站的作用；若意外关闭将直接影响列车运行安全。

5）电气部分发生线路短路、故障等情况下会发生电气火灾。电气部分接地不符合要求会引发人员触电事故。

6）系统检修过程中人员不遵守操作规程也会引发火灾、触电和机械伤害事故。

8.1.4　装饰装修

1）安全管理的体系与措施

土方坍塌、高空坠落、物体打击、机械伤害、触电等施工现场常见的安全事故，避免安全事故的发生是施工单位施工管理中的重中之重。在工程移交过程要加强施工调查，对存在可能发生危险的地段、部位，需要施工单位、设计单位、监理单位、业主对该地段、部位的具体情况进行分析，预测以及处理，保证施工的安全进行。对于施工中的安全隐患，严格按照本单位的有关规章制度执行，同时加强对单位职工，尤其是特殊工种的岗前培训。

对于运营过程中的事故要提前考虑，如铝板等金属板面干挂，其后部空间一般为离壁墙，分布着众多管线，存在着金属板易导电的情况，这就需要我们在设计时充分考虑金属板节点的设计，增加绝缘材料。

设计单位的项目部在进场后及时组织全体设计人员学习地方政府的法律、法规，并将合同中涉及个人行为的内容进行宣讲，在设计人员深入施工现场时有意外发生时，设计人员有较高的警觉性，能够及时地保护现场，同时项目部也将在第一时间，将情况通报监理及业主。

加强安全教育和检查，保障设计人员及设备安全，确保正常工作。

2）风险管理的体系与措施

① 可能发生的紧急情况及针对性预案

大风、连阴雨、暴雨、持续高温等天气将对施工进度、质量产生较大的影响，尤其是对钢筋焊接、对整体出入口、地面风亭、残疾人电梯和冷却塔的外部施工等质量产生比较大的影响。在气象正常的情况下，组织桥面露天作业，在出现大风、连阴雨、暴雨、持续高温等天气时，可转入受天气影响较小的地下施工，保证工期目标、质量目标的全面实现，同时加强对露天的已完工程的保护。

对于以上出现的情况，装修设计单位需要制定相关的应急预案，对于装修材料尤其是室外装修材料的选择需要进行深入研究，研究其材质、尺寸、安装系统等。

② 可能发生的风险及针对性预案

从进场到试运行结束的整个施工过程中，加强与业主、监理、设计单位的联系，提前进行风险分析和技术分析，对于业主及设计单位可能发生的风险，一旦发现，及时通知监理机构，避免风险的发生。对于可能发生的风险，制定针对性方案，加强对风险的预防。认真分析学习招标文件、设计文件以及施工合同，一旦签订合同，严格按照合同执行，避免因为对合同的认识不够深刻而造成对合同的执行不力。以诚信立足，加强管理，加强对员工的教育和管理，遵纪守法，避免违法行为、事件的发生。

③ 预防各种风险的相应措施

严格执行图纸的分级会审制度，避免因为设计不当造成对工期、质量的影响。加强对施工进度的管理和组织，保证关键工期和总工期目标的全面实现。

对于易对地下空间污染的材料或者易于损坏的材料，在设计过程中尽量避免使用。

加强对施工单位的设计交底和设计风险防范，确保工期目标、安全生产目标、质量目标、环境保护目标和文明施工目标的全面实现。

3）设计配合管理的体系与措施

① 设备安装与装修公共区标高控制流程

为规范现场设备安装施工、不侵入装修空间，保障车站公共区顶棚装修完成面净高与设计相符，应对设备安装与装修公共区标高进行有效监督和过程性控制，因此设备安装施工单位在车站公共区测量报验时必须标注装修饰面的标高位置，装修施工单位核对、确认后报监理、装饰设计、业主审核。

装修单位在进场后要及时组织设备安装监理、设备安装单位进行1m线及装修完成面的交底和复核工作并办理移交手续。装修单位应在站厅的墙面、柱子上标出正确的、明显的1m线及装修完成线，并用铁片、瓷砖等进行标识，避免被涂抹修改。若有不满足施工条件（如装修标高下设备安装尺寸不满足设计要求）由原施工单位进行整改。

② 装饰甲供材料深化设计流程

装饰甲供材深化设计由建设分公司设计技术部负责管理，调度计划部、项目建设部配合技术审查。甲供材料供货单位（承包商）根据招标、合同要求完成其标段内产品板面及龙骨的深化设计，作为装修排版图编制依据之一。深化设计文件应反映自身龙骨体系，与主体结构连接关系，板面结构、造型、尺寸、与其他相邻材料的界面关系等内容，应对结构体系进行计算，并提交完整、有效（具相应资质单位签字盖章）的结构计算书。深化设计按《装饰甲供材料深化设计报审表》提交设计单位、设计技术部、项目建设部审查。

③ 钢结构、幕墙工程二次深化设计流程

装修施工单位依据施工设计、深化设计要求、设计交底文件等，委托具备钢结构、幕墙专项设计资质的单位，编制本施工标段内钢结构、幕墙工程二次深化设计，二次深化设计由建设分公司项目建设部负责管理，设计技术部配合审查。

承包商编制的深化设计，包括但不限于地面附属工程（风亭、出入口、垂直电梯、便民服务设施等）钢结构、幕墙的深化设计，以及部分乙供材料的节点深化设计；深化设计还应反映钢结构体系与主体结构连接关系、与相关设备接口等内容，并提供完整、有效（具相应资质单位签字盖章）结构计算书。承包商应将设计成果、结构计算书、与招标文件差异性说明等，以《装饰工程深化设计报审表》提交监理、工点设计单位/装饰设计、设计总体单位审查。

④ 装饰工程排版图审查流程

排版图内容及深度要求：排版图主要涉及顶棚部分的龙骨顶棚、网板顶棚、铝平板顶棚等（包括要明确大面积漏空部位是否有管线）；墙面部分的室内室外装饰面，如彩釉玻璃、铝板、石材、人造石等；柱面部分的彩釉玻璃、不锈钢板等；地面部分的石材、楼梯踏步、盲道等；栏杆分割尺寸及无障碍电梯的装饰面分割尺寸；出入口、高矮风亭、冷却塔外装饰面分割尺寸等。排版图须有完整的签字会签栏，包括图名、编制单位（应盖章）、设计、复核、项目负责人签字、设备会签栏等。

排版图设备、设施接口：顶面须包含设备系统开孔和预留位置、灯具、导向标识、防火阀位置、垂直电梯外框以及其他所有终端设备及墙面须包含站名牌、导向标识、各类艺术品、各类广告灯箱（含 LED 屏）、自助设备预留插座、消防箱、配电箱、消防报警按钮、疏散指示灯、传感器、可视对讲、读卡器等；柱面须包含传感器、疏散指示灯、设备箱、插座、导向、站名牌等；地面包含站台绝缘地面处理界面，导向标识、楼梯栏杆扶手位置、盲道、排水箅子、票亭、垃圾桶和座椅等。

⑤ 安全质量控制措施

总包设计单位建立安全质量控制程序及措施，包括组织及职责体系及各阶段质量控制流程，通过有效的制度体系、合格的人员保障、快速反映的工作作风、先进的管理手段，对各装修设计单位进行指导、协调和重大技术把关，提供最优质服务，保证业主满意。建立对于单项设计单位成果的评价体系，质量控制贯彻整个设计的全过程。

各级质量控制职责：

建立总体工作网络，落实设计技术质量责任分级管理制度。总包设计单位作为一级技术质量责任人，各装修单位作为二级技术质量责任人，各装修设计负责人作为三级技术质量责任人，各级技术质量责任人按合同要求分别履行各自职责，分层协调管理。

各层技术质量管理职责分工如图 8-1 所示。

所有在单项设计中有遗漏或不明确的地方，由总包设计单位协调进行设计，保证

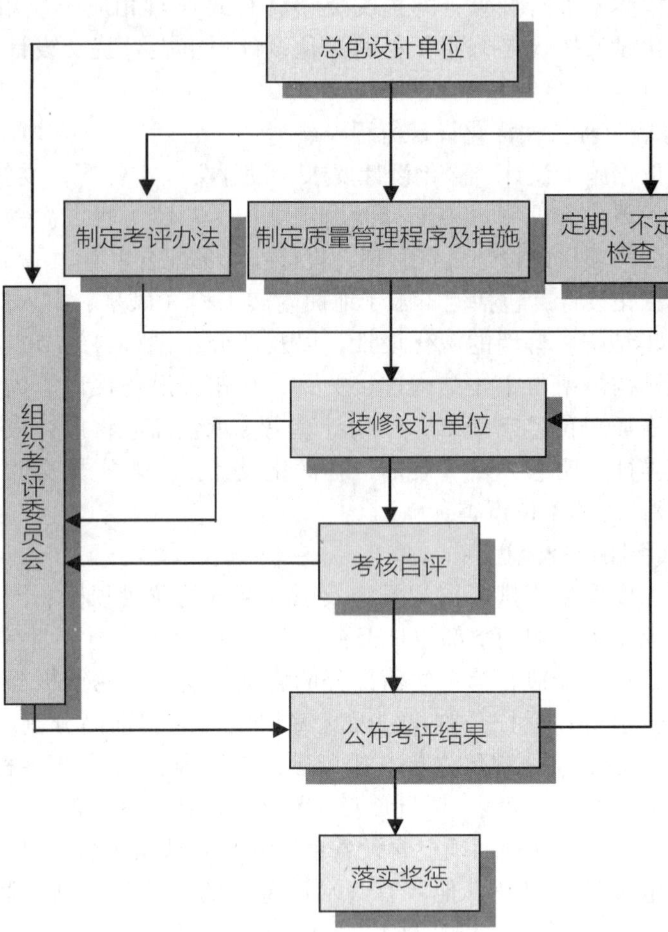

图 8-1　质量管理流程

设计的闭口。

8.1.5　信号系统

城市轨道交通信号系统应保障列车的安全运营、人员的生命及财产安全，将信号系统存在的风险降低到合理的、可接受的水平。

（1）信号系统安全等级及设计原则

信号系统中涉及安全的列车自动防护系统、计算机联锁系统、列车占用检测设备的安全完整性等级达到 SIL4 级。

信号系统硬软件的设计符合故障导向安全原则。

（2）信号系统安全性指标

信号系统所有安全系统（包括联锁、车载及轨旁 ATP 控制、出入段/场线及联络线的接口等）导致危险侧的故障率低于 10^{-9}h。

信号系统安全性的指标如下（表 8-1）：

表 8-1　信号系统安全性的指标表

ATC 子系统	故障导向危险侧的概率	SIL
ATP	$\leqslant 10^{-9}$	4
ATO	$\leqslant 10^{-7}$	2
联锁（含计轴）	$\leqslant 10^{-9}$	4
ATS	$\leqslant 10^{-7}$	2

1）ATS 子系统的计算机系统的单机系统或单个点对点通信通道：MTBF $\geqslant 2.5\times10^5$h。

2）ATP/ATO 子系统的计算机系统的单机系统或单个点对点通信通道：MTBF $\geqslant 2.5\times10^5$h。

3）ATP/ATO 子系统车载计算机系统的单机系统或单个点对点通信通道：MTBF $\geqslant 2.5\times10^5$h。

4）联锁子系统的单机系统或单个点对点通信通道：MTBF $\geqslant 2.5\times10^5$h。

5）系统间如果采用冗余网络进行传输，则网络中的任意两通信设备间点到点的 MTBF 值 $\geqslant 10^8$h，其中单台交换设备的 MTBF 值 $\geqslant 2\times10^5$h。

6）车地通信地面单套接入设备 MTBF $\geqslant 2.5\times10^5$h。

7）室外单个信标/应答器：MTBF $\geqslant 10^6$h。

8）单套车载通信处理器：MTBF $\geqslant 2.5\times10^5$h。

9）车载显示器：MTBF $\geqslant 2\times10^5$h。

10）计算机外围设备的 MTBF $\geqslant 5\times10^4$h。

11）不间断电源 UPS（不含蓄电池）的 MTBF $\geqslant 2.5\times10^5$h。

12）电源设备（不含 UPS）的 MTBF $\geqslant 10^5$h。

13）计轴设备的可靠性要求：

① 正确的计轴数平均 $\geqslant 1\times10^9$ 轴；

② 无故障工作时间 $\geqslant 1.75\times10^5$h。

（3）信号系统信息安全保证措施

为了消除信号系统的信息安全隐患，信号系统设置了信息安全系统，信号系统安全体系制定整套安全策略，包括：

1）物理安全策略：确定各种设备防盗、物理访问、保护等方面的规定和措施，也包括避免对乘客的伤害和避免设备的损毁；

2）访问控制策略：规定内网与外网（地铁公网、社会公网等）、内网各网段之间的访问规定和策略要求；

3）安全检测策略；

4）审计与监控策略；

5）网络反病毒策略；

6）备份与灾难恢复策略等；

7）建立用户终端、服务器和应用系统的保护机制，防止拒绝服务、数据未授权泄露和数据更改；

8）身份认证；

9）建立入侵检测体系；

10）建立病毒防范体系；

11）具备足够的防止内、外人员进行违规操作和攻击破坏的能力等。

信号系统在安全监测、审计与监控、网络反病毒和备份与灾难恢复等方面制定了相应的安全措施，同时系统具备足够的防止内、外人员进行违规操作和攻击破坏的能力等。

8.2 机电工程风险分级管控实例

8.2.1 工程简介

主要工程内容包括各车站及所辖区间的各类机电安装工程：

1）动力及照明设备的安装，设备安装基础的制作及安装、配电管线及桥架的安装（含智能照明系统总线）、单体设备调试、系统调试，以及系统联调的配合等工作。

2）给、排水及消防系统工程的施工范围包括本标段范围内的各车站及相邻半个区间的生产、生活给水系统（含冷却循环水系统、冷却塔、水处理设备等）、排水系统（含区间的泵站、车站卫生间等）、水消防系统（主要为车站和区间的消火栓给水）、手提灭火系统及全自动气体灭火系统工程的所有设备安装、清洗、调试、联调以及与市政给水、排水系统管道接驳的施工、保管、验收、竣工图编制、培训及质量保修期等工程内容。

3）通风空调系统包括通风空调系统设备、风管部件、阀门、管线的安装及系统调试。车站通风空调系统由隧道通风系统、车站公共区通风空调系统（简称车站大系统）、车站设备管理用房通风空调系统（简称车站小系统）和空调水系统组成。

4）综合监控系统、火灾自动报警系统（含区间）、环境与设备监控系统、门禁系统、自动售票系统等弱电系统包括本系统范围内系统设备（柜）的安装，设备基础的制作和安装，设备安装，线管、线槽、线缆的供货和敷放，线缆接头的制作及配挂线缆标识牌，并负责组织、配合本系统供货商进行车站级功能调试和中央级功能调试。

5）设备区装修工程：包括但不限于设备区顶棚、地板、墙面、扶手栏杆、不锈钢制品、设备区卫生间洁具、设备房门体及配套附件、设备房施工阶段临时门及配套附件等的采购、安装、建筑装修及管线孔洞防火防烟封堵。

8.2.2 风险辨识

（1）风险点确定

对风险点的划分，应遵循大小适中、便于分类、功能独立、易于管理、范围清晰的原则，可按照作业活动等进行划分。

对操作及作业活动等风险点的划分，应当涵盖生产经营全过程所有常规和非常规状态的作业活动。对于动火、受限空间等操作难度大、技术含量高、风险等级高、可能导致严重后果的作业活动应进行重点考虑。

（2）风险点排查

应组织对生产经营全过程进行风险点排查，形成包括风险点名称、区域位置、可能导致的事故类型等内容的基本信息，并建立《风险点登记台账》，为下一步进行风险分析做好准备。

风险点排查应按生产（工作）流程的阶段、场所、装置、设施、作业活动或上述几种方法的结合等进行。

风险辨识应全面、详细地分析整个施工生产的全过程，从有害因素存在的部位、存在的方式、事故发生的途径及发生规律等角度进行剖析。从作业任务、工艺流程、设备设施、作业环境、地理区域、自然条件等各方面进行辨识。辨识范围包括从项目临时设施搭建、材料进场、管线安装施工作业、设备安装、设备调试、系统调试、系统运行验收移交等全过程。

根据《企业职工伤亡事故分类》（GB 6441—1986）的分类方法将机电安装的危险因素划分为高处坠落、起重伤害、机械伤害、物体打击、触电、车辆伤害、火灾、容器爆炸以及其他伤害等十类。对每一类危险有害因素采用《生产过程危险和有害因素分类与代码》（GB/T 13861）的方法考虑分析施工生产过程的四个因素：

人的因素，如心理和生理性因素、行为性因素；

物的因素，如物理性、化学性、生物性因素；

环境因素，如室内作业环境、地下作业环境等因素；

管理因素，如安全管理机构、规章制度等。

危险源辨识的范围应覆盖施工生产的所有活动、人员、设备和场所，从地理区域上应覆盖到所有管辖地面和地下区域，包括系统承包商占用的场所和区域。

危险有害因素辨识可从不同的层面进行。

1）施工、调试、试运行等阶段。

2）常规和非常规活动：

a. 施工流程工艺过程的危害因素辨识；

b. 典型的施工过程（操作）的危害因素辨识；

c. 主要装置和设备的危害因素辨识；

d. 电气设备的危险因素辨识；

e. 特种设备的危害因素辨识；

f. 特殊作业的危险因素辨识；

g. 作业环境的危险因素辨识；

h. 与手工操作有关的危害因素辨识；

i. 储存过程的危害因素辨识；

j. 其他过程的危害因素辨识。

3）事故及潜在的紧急情况。

4）所有进入作业场所人员的活动。

5）原材料、产品的运输和使用过程。

6）作业场所设施、设备、车辆、安全防护用品。

7）丢弃、废弃、拆除与处置。

8）项目周边环境。

9）气候、地震及其他自然灾害等。

危险有害因素辨识主要通过询问、交流、现场观察、查阅资料、外部信息、相关方的意见、设备运行状态实施工作危害分析和安全检查。

8.2.3 危险有害因素辨识方法

（1）作业危险分析（JHA）

作业危害分析（JHA）是对作业活动的每一个步骤进行分析，从而辨识潜在的危害并做好安全措施。

作业危害分析的主要步骤是：

1）确定（或选择）待分析的作业；

2）将作业划分为一系列的步骤；

3）辨识每一步骤的潜在危害；

4）制定相应的预防措施。

辨识之前列出作业活动清单。

（2）安全检查表分析法（SCL）

安全检查表分析法是基于经验的方法，是分析人员对拟分析的对象列出一些项目。识别一般工艺设备和操作有关的已知类型的危害、设计缺陷以及事故隐患，查出各层次的不安全因素，然后决定检查项目，再以提问的方式把检查项目按系统的组成顺序编制成表，以便进行检查或评审。

安全检查分析表分析可用于对物质、工艺流程、作业场所、装置、设备或操作规程的分析辨识之前列出各种清单（如设备设施/作业场所清单）。

（3）危险辨识方法的选择（表8-2）

表8-2　危险辨识方法表

分析对象	方法	备注
作业活动	作业危害分析法（JHA）	
设备设施、作业场所	安全检查表法（SCL）	
周边环境、气候、地震及其他自然灾害	安全检查表法（SCL）	

8.2.4 危险有害因素辨识与评估

依据风险判定准则确定风险等级，风险等级判定应遵循从严从高的原则。风险按照从高到低分为4级：1、2、3、4级，分别对应采用红、橙、黄、蓝4种颜色表示。其中，1级为最高风险，4级为一般风险（表8-3）。

表8-3　机电安装风险识别表

序号	R风险	P概率（1～5）	C损失（1～5）	$R=P\times C$
1	高处坠落	3	5	15
2	机械伤害	3	4	12
3	起重伤害	2	5	10
4	触电	2	4	8

续表

序号	R 风险	P 概率（1 ~ 5）	C 损失（1 ~ 5）	$R = P \times C$
5	物体打击	2	3	6
6	特殊天气	2	3	6
7	车辆伤害	2	2	4
8	火灾	2	2	4
9	临边洞口	1	4	4
10	压力及爆炸	1	1	1

第9章　重大风险管控

根据轨道交通工程实际情况，概括各种类型工程的主要工程风险的管控措施见表9-1。

表9-1　重大风险源管控措施汇总表

风险类别	安全风险事件	风险因素	防治措施	备注
施工风险	吊装倾覆	1. 吊车选型不当； 2. 违章违规作业； 3. 无证上岗	1. 严格按照专项施工方案进吊车选型，对吊车做好进场验收； 2. 门吊司机、司索指挥必须持有效证件，且有多年的施工经验； 3. 上岗之前必须接受安质部的安全教育、工程部的安全技术交底； 4. 配备专职安全员进行每日巡视检查	
	吊装事故	1. 吊装安装区域有闲杂人员作业； 2. 无证指挥	1. 吊装区间设置警戒线，由安质人员进行旁站； 2. 司索指挥持证上岗	
	高空作业坠落	1. 现场管理不到位； 2. 无防护措施及佩戴安全带； 3. 违章违规作业； 4. 未使用密目安全网沿外架子内侧进行封闭，网之间连接不严密，未与架子固定； 5. 操作面未满铺脚手板，下层未兜设水平安全网，有探头板、飞跳板； 6. 操作面未设防护栏杆和挡脚板，或立挂安全网； 7. 安全带质量存在问题，或人员不佩戴安全带	1. 作业前必须进行专项安全技术交底，由安质人员对施工现场及登高设备进行检查验收； 2. 作业过程中必须有安质人员旁站； 3. 对于违规违章作业行为绝不姑息，严查严办； 4. 编制支架安全专项施工方案，并经专家论证通过和备案； 5. 加强施工现场检查，落实方案安全技术措施，严格工序报验程序； 6. 高空作业人员体检合格后方可上岗作业，加强人员安全教育培训，高处作业人员必须正确佩戴和使用安全防护用品； 7. 施工作业场所有坠落可能的物件，应一律先行撤除或加以固定；高处作业中所用的物料，均应堆放平稳；工具应随手放入工具袋；作业中的走道、通道板和登高用具，应随时清扫干净；传递物件禁止抛掷； 8. 雨天和雪天进行高处作业时，必须采取可靠的防滑、防寒和防冻措施，暴风雪及台风暴雨后，应对高处作业安全设施逐一加以检查，发现有松动、变形、损坏或脱落等现象，应立即修理完善	
	机械触电伤害	1. 人员操作不当机械伤害； 2. 临电触电伤害	1. 严格按照专项技术安全交底内容进行施工，由专职人员操作； 2. 临时用电由专业电工进行作业，防护用具配备到位	

续表

风险类别	安全风险事件	风险因素	防治措施	备注
施工风险	机械伤害	1. 人员操作不当机械伤害； 2. 临电触电伤害	1. 严格按照专项技术安全交底内容进行施工； 2. 临时用电由专业电工进行作业，防护用具配备到位	
	注浆压力伤人	1. 浆管堵塞爆裂； 2. 压力过大管道爆裂； 3. 采用不符合标准的注浆管或管道老化	1. 采用国标注浆管，并满足注浆压力要求； 2. 设置隔离区，禁止非操作人员靠近作业区； 3. 设置过滤网，严格按照要求配置浆液	
	设备平移倾覆	1. 基础承载力不足； 2. 人员操作不当	1. 盾构平移由专人操作，管理人员监督旁站； 2. 确保基础承载力满足要求	
	地基塌陷	1. 地基处理不到位，承载力不足； 2. 未按照技术标准要求进行钢筋混凝土硬化	1. 施工前做好承载力试验，确定达到设计要求； 2. 严格按照专项安全技术交底内容进行硬化施工	
	盾构始发接收托架垮塌	1. 接收架定位偏差过大； 2. 设计强度、加固强度不足	1. 对接收架进行验算，强度满足施工要求，加固完成后联合监理进行验收； 2. 接收架安装前由专业测量人员进行定位放样并由测量主管进行复测	
	轨道梁基础沉降	1. 设计不当或未按方案交底施工； 2. 地基处理不到位或有孔洞，承载力不足	1. 进行地基承载力试验，通过验算轨道梁基础达到要求； 2. 施工前进行专项技术安全交底； 3. 施工过程中安排技术员旁站，严格控制施工质量	
	盾构机倾覆	平移顶升失稳	1. 严格按照专项技术安全交底内容进行施工； 2. 施工过程中安排技术主管进行旁站	
	反力架变形	1. 反力架施工方案设计强度不足； 2. 加固不到位； 3. 盾构机反力过大，超反力架设计允许值	1. 反力架设计满足要求，通过验算； 2. 严格按照反力架加固专项安全技术交底施工，施工完成联合监理进行验收； 3. 始发期间注意控制推力，并安排专人观察反力架是否变形	常用于盾构工程
	洞门坍塌突涌	1. 未按方案要求提前打设探孔观察； 2. 端头加固质量较差	1. 严格按照专项施工方案内容进行施工； 2. 洞门探孔完成后联合监理进行验收； 3. 端头井加固施工严格按照设计、方案内容进行施工； 4. 加固完成后进行取芯测试加固强度，确保满足设计要求	
	机械伤害	1. 非专业人员操作； 2. 现场监督管理不到位	1. 严格按照专项安全技术交底内容进行施工； 2. 专业人员进行操作； 3. 设备组装调试期间由设备主管旁站监督指导	

续表

风险类别	安全风险事件	风险因素	防治措施	备注
施工风险	吊物坠落	1. 吊具损伤未进行更换； 2. 超重吊装； 3. 单双梁运输吊头紧固不到位； 4. 机械故障	1. 定期检查保养，损伤吊具及时更换； 2. 起重吊装作业严格按照专项安全技术交底内容进行施工； 3. 严格做到“十不吊”； 4. 安排安置人员进行巡检； 5. 定期对吊装头进行检查，及时更换有损伤的吊装头； 6. 单双梁只能进行单块管片进行吊装，严禁吊装其他超重物件； 7. 加强设备检查保养，及时处理设备故障，严禁机械设备带病作业； 8. 吊运过程中严禁其他人员靠近	
	机械伤害	1. 轨行区有人员行走或作业，交叉作业配合不到位； 2. 刹车系统失灵； 3. 未设置防撞系统； 4. 作业区有闲杂人员作业	1. 轨行区设置围栏，并悬挂警示标语； 2. 交叉作业时安排安置人员进行旁站； 3. 电瓶车机组运行严格按照专项安全技术交底内容执行； 4. 轨行区作业人员着装反光工作服，并设置一名观察人员，严禁单人在轨行区作业； 5. 轨行区设置围栏，并悬挂警示标语； 6. 电瓶车机组定期检查保养，及时处理设备故障，确保运行正常方可进行施工； 7. 在机头安装螳螂钩，轨道上设置防撞梁、铁鞋、防溜装置	
	管片掉落	吊头磨损严重未及时更换或紧固不到位	定期对吊装头进行检查，及时更换有损伤的吊装头	
	轴线偏差过大停推	掘进控制不当	每日管片姿态及时测量，每次人工换站复核盾构姿态，严格按照指挥部要求及时进行联系测量复测，确保轴线控制在规范范围内	
	盾尾突涌	1. 盾尾刷失效或注浆压力过大； 2. 盾尾间隙偏差过大； 3. 盾尾杂物未清理干净	1. 选用知名品牌的盾尾刷及盾尾油脂，且具有相关过江过河业绩，严格把控盾尾刷抗水压性能及盾尾油脂的抗水性能； 2. 始发前正确地涂抹油脂； 3. 保持盾尾同步注浆饱满，且压力控制在合理范围内； 4. 监控油脂注入参数，定期手动补注油脂确保盾尾油脂量在30kg/环； 5. 盾构掘进过程中盾构姿态坚持“勤纠缓纠”的原则，合理进行管片选型，严格控制盾尾间隙，上、下、左、右间隙应保持均匀； 6. 盾尾积水杂物及时清理干净后方可进行管片拼装	
	地表隆沉过大	1. 掘进参数控制不当； 2. 同步注浆注入过量或过少	1. 严格按照专项安全技术交底内容进行施工； 2. 掘进参数严格按照每班掘进指令要求进行掘进； 3. 盾构掘进参数及时汇总分析，结合地面监测数据进行盾构掘进参数的调整； 4. 安排专人进行地面巡视，确保地面无异常，第一时间发现异常情况采取有效措施； 5. 每日管片姿态及时测量，每次人工换站复核盾构姿态，严格按照指挥部要求及时进行联系测量复测，确保轴线控制在规范范围内	

续表

风险类别	安全风险事件	风险因素	防治措施	备注
施工风险	隧道上浮	不良地质、速度过快、注浆质量差、浅覆土	1. 盾构掘进速度控制在35～45mm/min； 2. 严格按照指挥部要求做好砂浆进场验收工作，确保砂浆质量满足施工要求	
	隧道渗漏水	防水材料粘贴失效	1. 防水材料及时按批次进行送检确保原材满足设计要求； 2. 对管片防水材料粘贴质量进行验收，合格后方可进行拼装	
	跨路贝雷梁坍塌	1. 跨路贝雷梁支架基础尺寸不符要求； 2. 钢管支撑和贝雷片质量缺陷（锈蚀、变形）； 3. 贝雷梁下无限宽限速限高标志牌，超高车辆刮碰	1. 制定贝雷梁施工专项方案和跨路施工专项安全方案； 2. 钢管支撑和贝雷梁片批次进场组织进行检查验收；安装后，报监理单位验收； 3. 跨路施工设置限高限宽标志，及限高架等； 4. 跨河、跨路混凝土浇筑时加强过程中监测测量工作	
	挂篮安装不牢固发生倾覆	1. 挂篮所用的承重构配件和连接件无质量合格证、材质证明； 2. 连续梁墩顶梁段采用挂篮进行悬浇施工时，未按设计规定设置墩梁临时固结装置； 3. 采用精轧螺纹钢筋作为吊杆时，未使用双螺帽锁紧； 4. 挂篮的行走装置、锚固装置未按方案设计规定的位置和方式进行设置； 5. 滑道或轨道未设置限位器或限位器设置不牢固； 6. 浇筑混凝土前未检查锚固系统、悬挂系统和模板系统； 7. 千斤顶、滑道、手拉葫芦、钢丝绳、保险绳、后锚固筋及连接器等未处于完好的状态； 8. 挂篮使用过程中未对挂篮各部位的变形进行监测，或未形成监测记录	1. 编制挂篮施工专项安全施工方案，并经专家论证通过； 2. 挂篮上使用的所有配件、器具，必须符合国家质量检验标准及受力要求； 3. 挂篮应进行使用前的调试组拼，调试组拼后，要进行检查各部件连接牢固情况，接头焊缝是否合格，杆件是否变形，并进行预压实验； 4. 混凝土浇注前必须对挂篮所有锚固及吊点进行检查，符合技术交底后，报监理验收合格后，方可进行混凝土浇筑施工； 5. 挂篮行走时，必须有一名经验丰富、体力充沛的人员，进行协调统一指挥	
	基坑开挖支护不牢固变形坍塌	1. 基坑支护方案未按规定对承受能力、支护结构变形、土体抗渗透、坑底突涌的稳定性进行验收； 2. 无基坑降水设计以及围护墙的抗渗设计； 3. 基坑未设排水沟、集水井； 4. 雨期开挖土方，工作面过大，未逐段分期完成； 5. 坑支护有变形或裂缝，未查明原因及时消除； 6. 在支护和支撑上行走堆物，基坑边堆土堆载超过规定要求	1. 编制深基坑专项安全施工方案，并通过专家论证； 2. 基坑支护设置完成后，组织相关部门和人员对基坑支护进行验收； 3. 基坑开挖作业技术交底内容包含降水系统及抗渗设计； 4. 基坑开挖完成，立即设置排水沟、集水井； 5. 雨期施工，避开暴雨天气，并分段施工； 6. 加强现场巡查，发现支护变形立即调整； 7. 基坑四周设立警示标语，对基坑边限载，加强巡查，支护结构不得走人堆物	

续表

风险类别	安全风险事件	风险因素	防治措施	备注
施工风险	支架失稳坍塌	1. 地基未处理或处理不合格，地基承载力不符合要求； 2. 未按规定设置剪刀撑或剪刀撑搭设不规范； 3. 一字形、开口型双排脚手架的两端未设置横向斜撑，或横向斜撑间距大于6跨； 4. 脚手架上堆载过大、堆载不平衡； 5. 支架预压荷载超过规定； 6. 支架拆除顺序不对	1. 编制现浇梁支模架安全专项施工方案，并通过专家评审； 2 地基处理完成阶段，对地基进行地基承载力试验，直到符合设计要求方可硬化； 3. 现场技术人员旁站指导，加强现场监督管理； 4. 现场技术人员旁站指导，严格按照支架搭设方案进行支架搭设； 5. 加强班前教育，不允许脚手架堆载过多； 6. 支架预压前，计算最大荷载，技术员现场管控	
	模板安装不牢固倾覆	1. 钢管立柱、顶托、横杆等原材料不合格； 2. 脚手架基础未经夯实不平整； 3. 模板支架立杆在安装时，未加设水平支撑； 4. 模板工程安装完毕浇筑混凝土前无验收手续； 5. 混凝土强度未达规定提前拆模，或未按规定要求支拆模板	1. 支架搭设前对现场材料进行检查，不合格的材料不可使用； 2. 对基础进行地基承载力试验，直到符合设计要求方可硬化； 3. 支架安装安排技术员现场管控； 4. 模板安装完毕，通知监理单位进行验收； 5. 拆模前进行混凝土强度试验，强度达到要求方可拆模	
环境风险	管线爆裂停推	掘进控制不当造成管线变形过大	1. 严格按照专项安全技术交底内容进行施工； 2. 掘进参数严格按照每班掘进指令要求进行掘进； 3. 盾构掘进参数及时汇总分析，结合地面监测数据进行盾构掘进参数的调整； 4. 安排专人进行地面巡视，确保地面无异常，第一时间发现异常情况采取有效措施	
	遇障碍物停推	掘进轴线偏差过大或遇不明障碍物	1. 严格按照专项安全技术交底内容进行施工； 2. 掘进参数严格按照每班掘进指令要求进行掘进； 3. 盾构掘进参数及时汇总分析，结合地面监测数据进行盾构掘进参数的调整； 4. 安排专人进行地面巡视，确保地面无异常，第一时间发现异常情况采取有效措施； 5. 每日管片姿态及时测量，每次人工换站复核盾构姿态，严格按照指挥部要求及时进行联系测量复测，确保轴线控制在规范范围内	
	河堤底隆沉冒浆	土压和同步注浆控制不当，隆沉过大	1. 严格按照专项安全技术交底内容进行施工； 2. 掘进参数严格按照每班掘进指令要求进行掘进； 3. 盾构掘进参数及时汇总分析，结合地面监测数据进行盾构掘进参数的调整； 4. 安排专人进行地面巡视，确保地面无异常，第一时间发现异常情况采取有效措施； 5. 严格按照专项安全技术交底内容进行施工； 6. 掘进参数严格按照每班掘进指令要求进行掘进； 7. 盾构掘进参数及时汇总分析，结合地面监测数据进行盾构掘进参数的调整； 8. 安排专人进行地面巡视，确保地面无异常，第一时间发现异常情况采取有效措施	

续表

风险类别	安全风险事件	风险因素	防治措施	备注
环境风险	雷电伤人	雷雨天气进行室外作业或未设置避雷电措施	1. 严格按照专项施工方案内容设置避雷电装置； 2. 恶劣雷雨天气停止室外作业	
	雨水倒灌	雨量较大未及时排水	1. 端头井设置 5.5kW 抽水泵两台，备用一台 7.5kW 抽水泵； 2. 定期检查保养，确保时刻正常运行	
	高温中暑	高温天气作业，未发放防暑用品	1. 高温天气调整作息时间避开高温时间段； 2. 及时发放防暑用品到个人	
	滑倒伤人	冰雪天气登高作业或冰雪未及时清理	1. 及时清理冰雪，避免结冰； 2. 作业前必须进行专项安全技术交底，由安质人员对施工现场及登高设备进行检查验收； 3. 作业过程中必须有安质人员旁站； 4. 对于违规违章作业行为绝不姑息，严查严办	
	房屋、隧道、设备倒塌	1. 地震级别较高，未采取应急措施； 2. 未对房屋设备等进行防台风加固，未启动应急预案	1. 编制应急预案，根据气象预报及时做好人员疏散工作，固定大型机具设备； 2. 严格按照专项施工方案内容进行布置； 3. 定期巡查，更换受损部件； 4. 根据气象预报及时做好人员疏散工作	

第10章　关键节点风险管控

10.1　关键节点安全风险管理概述

关键节点是指轨道交通工程开（复）工或施工过程中风险较大、风险集中或工序转换时容易发生事故和险情的关键工序和重要部位。其风险管控必须坚持全面识别、重点管控、各负其责、强化落实的原则，在施工前进行条件核查和验收。

在组织工作方面，建设单位负责制定管理办法和组织一、二级验收；监理单位主要审查施工单位人员、设备及各专业分包队伍、审核方案、组织和主持三级验收。

一级关键节点条件验收会议由建设单位安全质量部主持，二级关键节点条件验收会议由建设单位工程主管部门主持，三级关键节点条件验收由施工现场总监理工程师负责组织和主持验收会议。

一、二级验收时参加人员有：业主代表；总监、安全监理；项目经理、项目工、安全员、分包负责人；勘察、设计单位相关负责人；第三方监测；测量控制中心、盾构中心相关负责人。

三级关键节点条件验收时仅下列人员参加：业主代表；总监、安全专监；项目经理或项目技术负责人、安全负责人及相关人员，专业分包相关负责人。

10.2　工程项目关键控制节点的设立

（1）一级关键节点共7项

1）开挖深度 $H \geqslant 25$m，或周边环境非常复杂的深基坑开挖前节点施工条件验收。

2）不同地基基础或不同支架类型的现浇梁支架预压前节点施工条件验收（首跨）。

3）盾构穿越既有铁路、地铁隧道及宽度超过100m的河流等重大风险、复杂环境前节点施工条件验收。

4）高架跨越铁路或道路的预制梁架设施工前节点施工条件验收。

5）桩基托换施工前节点施工条件验收（首桩）。

6）盾构开仓前节点施工条件验收。

7）深度超过16m的人工挖孔桩施工前节点施工条件验收（首桩）。

（2）二级关键节点共14项

1）开挖深度 $8\text{m} \leqslant H < 25\text{m}$，或周边环境复杂的深基坑开挖前节点施工条件验收。

2）盾构始发前节点施工条件验收。

3）盾构穿越其他重大风险、复杂环境前及工程自身重大风险施工前节点施工条件验收及其他重大风险、复杂环境包括穿越高速公路、宽度超过50m但不超过100m的河流、密集建筑群、重要建筑物、文物、重要管线（中压及以上的燃气管道、高压输油管及断面面积超过$5m^2$的雨水箱涵、直径超过1.5m的污水管等）、有毒有害气体地层、高架桥等；工程自身重大风险指叠落隧道上洞施工、覆土厚度不大于盾构直径的浅覆土层地段、平行盾构隧道净间距小于盾构直径70%的小净距地段、大坡度（大于3%）等特殊地段施工。

4）机械法联络通道始发前节点施工条件验收。

5）加固法联络通道开挖前节点施工条件验收。

6）顶管始发及到达前节点施工条件验收。

7）高架工程每组挂篮悬臂1号块混凝土浇筑施工前节点施工条件验收。

8）钢管拱桥拱肋安装前施工条件验收（首次）。

9）超过一定规模的同类型模板支撑系统混凝土浇筑前节点施工条件验收（首次）。

超过一定规模是指模板搭设高度8m及以上，或搭设跨度18m及以上，或施工总荷载$15kN/m^2$及以上，或集中线荷载20kN/m及以上的混凝土浇筑。

10）采用非常规起重设备、方法且单件起吊重量约在10t及以上的起重吊装施工（含多台起重设备协同等吊装作业）前节点施工条件验收（首次）。

11）凿除既有运营车站主体结构（围护结构）施工前节点施工条件验收。

12）供电系统变电工程送电节点施工条件验收（首次）。

13）热滑节点施工条件验收（首次）。

14）动车调试节点施工条件验收（首次）。

（3）三级关键节点共8项

1）开挖深度$4m \leq H < 8m$或深度小于4m但面积超过$200m^2$的基坑开挖前节点施工条件验收。

2）盾构机吊装前节点施工条件验收。

3）首推100环节点施工条件验收（第100环脱出盾尾后应及时验收）。

4）盾构到达前节点施工条件验收。

5）高架架桥机安装、走行前节点施工条件验收（首次）。

6）龙门吊、塔吊等起重机械安装/拆卸（含起重量30t及以上的其他起重设备）前节点施工条件验收。

7）拆复桥工程旧桥拆除施工前节点条件验收。

8）铺轨（调试）行车前节点条件验收（首次）。

10.3　现场安全风险巡查

（1）现场巡检的目的

1）检查体系在运行过程中的运行及落实情况；

2）对已辨识的重大风险源进行现场跟踪；

3）通过对工程自身和周边环境安全状况的观察、记录、分析、判断等来对其安全性进行评价，并结合监测数据、测量成果、施工进度参数等相关信息，综合判断工程自身和周边环境的安全性，确保工程和周边环境的安全。

（2）现场巡检的内容

1）体系在运行过程中的运行及落实情况

① 人员、仪器设备、应急物资等资源到位情况；

② 施工规范情况；

③ 资料上传完整性、及时性、准确性；

④ 预警响应、处置及时性；

⑤ 施工组织设计及施工专项方案落实情况。

2）工程自身情况

① 盾构始发到达：洞门密封情况，端头加固效果，施工工序合理性，反力架结构稳定性等。

② 盾构掘进过程：现场施工参数控制情况；盾构姿态控制及轴线偏移情况；出土量控制情况；管片拼装及成型管片质量情况；盾构铰接密封情况；盾尾漏浆情况；螺旋输送机喷涌；浆液质量等。

③ 基坑围护结构施工：冠梁、围檩、支撑有无裂缝出现；支撑、立柱有无较大变形；止水帷幕有无开裂、渗漏；围护体后土体有无裂缝、沉陷及滑移；基坑有无涌土、流砂、管涌等。

④ 基坑开挖施工：基坑开挖是否与设计及方案一致，有无超长、超深开挖；土质情况与勘察报告有无差异；地表水、地下水排放是否正常，基坑降水等设施运转情况；基坑周边地面有无超载。

⑤ 主体结构施工：支架模板是否与方案一致；钢筋安装是否与设计图纸一致；临边防护是否安装到位，有无缺失；临时用电是否满足规范要求等。

⑥ 机电安装施工：人员有无在设备作业负荷等级范围内作业；起重设备工作状态，有无带病作业；作业周边是否有稳固的安全带悬挂点；使用特殊机械穿戴防护用品情况；有高空落物可能区域是否设置警示和围栏标识等。

3）周边环境（包括后期影响）

建（构）筑物：①建（构）筑物裂缝、剥落，包括裂缝宽度、深度、数量、走向、剥落体大小、发生位置、发展趋势等。②地下室渗水，包括渗漏水量、发生位置、发展趋势等。

桥梁：①墩台、挡墙或梁体开裂、剥落情况，包括裂缝宽度、深度、数量、走向、剥落体大小、发生位置、发展趋势等。②墩台周围地面沉陷。③伸缩缝变化情况等。

既有线：①结构开裂、剥落，包括裂缝宽度、深度、数量、走向、剥落体大小、发生位置、发展趋势。②结构渗水，包括渗漏水量、发生位置、发展趋势。③道床结构开裂，包括裂缝宽度、深度、数量、走向、发生位置、发展趋势。④变形缝开合及错台，包括变形缝的扩展和闭合大小、变形缝处结构有无错开、位置、发展趋势等。

道路、地面：①地面开裂，包括裂缝宽度、深度、数量、走向、发生位置、发展趋势。②地面沉陷、隆起，包括沉陷深度、隆起高度、面积、位置、距墩台的距离、距隧道的距离、发展趋势。③地面冒浆/泡沫，包括出现范围、冒浆/泡沫量、种类、发生位置、发展趋势等。

河流、湖泊：①水面漩涡、气泡，包括水面有无出现漩涡、水泡、出现范围、发生位置、发展趋势。②堤坡开裂，包括裂缝宽度、深度、数量、走向、位置、发展趋势等。

地下管线：①管体或接口破损、渗漏，包括位置、管线材质、尺寸、类型、破损程度、渗漏情况、发展趋势。②检查井等附属设施的开裂及进水，包括裂缝宽度、深度、数量、走向、位置、发展趋势、井内水量等。

周边临近施工情况：在施工程项目规模、结构、位置、进度、与轨道交通工程水平距离、垂直距离等。

（3）巡检的频率

施工期间，现场日常巡检由监理单位组织，频率为 1 次/天，施工单位和施工监测单位人员参加；联合巡检由咨询单位组织，频率为 1 次/周，监理单位、施工单位和施工监测单位人员参加。

（4）信息反馈

现场巡检过程中应做好文字、照片等记录，并填写巡检记录表，各参加单位签字，并上传盾构信息化管控平台。对巡检中发现的问题，督促施工、监理单位及时进行整改，并要求形成文字，配整改前后照片，上传信息化管控平台。

10.4　关键节点风险验收条件

（1）基坑开挖节点验收

1）已完成勘察、设计交底；

2）基坑围护设计及施工方案、专项施工方案以及应急预案，按规定论证、审批，并做好相关交底、安全技术措施落实及应急物资储备工作，留有相关记录；相应监理实施细则已编制、审批；

3）人员、机械、材料按要求均已到位；分包队伍资质、许可证等资料齐全，安全生产协议已签署，人员资格满足要求；

4）围护结构及圈梁已完成，满足设计强度要求；

5）地基处理已完成，经检测符合设计要求；

6）立柱桩已完成；

7）降水、降压已满足要求；

8）坑外排水措施已落实；

9）已调查基坑周边建（构）筑物、管线等状况，并制定切实可行的保护措施；对工程风险进行辨识和分析，完成工点风险评估报告及监测方案，按规定论证、审批；

10）已按监测方案布置监测控制点，且已测取初始值，并已上传至基坑监控系统；监测点的布设和初始值的测取已经通过监理和第三方监测验收，并有验收结论和相关记录；

11）围护结构质量缺陷已制定相应的方案或处理完成；

12）卸土点已落实，途径手续等已办妥；

13）已建立“开挖任务单”“挖土支撑记录表”等管理制度；

14）已编制完成有针对性、可操作性的应急预案，并已落实抢险设备、材料、人员、方案；抢险物资已经监理工程师验收确认并有记录；

15）相关质量保证资料齐全；

16）设计及规范规定的其他要求。

（2）现浇梁支架预压节点验收（首跨）

1）已完成勘察、设计交底；

2）已编制现浇梁支架搭设和预压专项方案以及应急预案，按规定论证、审批；并做好相关交底、安全技术措施落实及应急物资储备工作，留有相关记录；相应监理实施细则已编制、审批；

3）现浇梁支架基础满足承载力和沉降要求，支架搭设已完成，自验和复验合格；其基础范围内已采取防、排水措施；

4）贝雷梁必须提供质量合格证明；钢管和构配件满足方案要求，提供质量合格证明；

5）施工现场人行通道和临边防护等安全措施符合要求；

6）已按专项施工方案及有关技术规程布设支架变形监测点，并已测取初始值；

7）加载的材料已准备妥当，吊装设备已经按照规定进行了备案登记或审批；

8）已编制完成有针对性、可操作性的应急预案，并已落实抢险设备、材料、人员、方案；抢险物资已经监理工程师验收确认并有记录；

9）设计及规范规定的其他要求。

（3）盾构穿越重大风险、复杂环境及工程自身重大风险节点验收条件

1）已完成勘察、设计交底；

2）已编制相关重大风险专项施工方案及应急预案，按规定论证、审批，并做好相关交底、安全技术措施落实及应急物资储备工作，留有相关记录；相应监理实施细则已编制、审批；

3）已调查周边建（构）筑物、管线等状况，并制定切实可行的保护措施；对工程风险进行辨识和分析，完成工点风险评估报告及监测方案，按规定论证、审批；

4）已按监测方案布置监测控制点，且已测取初始值，并已上传至盾构信息化平台；监测点的布设和初始值的测取已经通过监理和盾构中心验收，并有验收结论和相关记录；

5）人员、机械、材料按要求均已到位；

6）盾构机及配套系统已全面检修，状态良好；

7）通信保障措施已落实到位（施工现场有线电话与地面及市域电话保持畅通）；

8）已编制完成有针对性、可操作性的应急预案，并已落实抢险设备、材料、人员、方案；抢险物资已经监理工程师验收确认并有记录；

9）相应质量保证资料齐全；

10）设计及规范规定的其他要求。

（4）高架预制梁架设节点验收

1）已完成勘察、设计交底；

2）已编制专项施工方案及应急预案，按规定论证、审批，已取得相关管理部门许

可，并做好相关交底、安全技术措施落实及应急物资储备工作，留有相关记录；相应监理实施细则已编制、审批；

3）人员、机械、材料按要求均已到位；

4）主桥桩基础、承台、墩身及支座已通过验收，架梁设备已到位；

5）上岗人员安全培训资料齐全，考核合格；特种作业人员类别和数量满足作业要求，操作证齐全；

6）制梁、存梁能力、运梁道路承载力等均符合要求；

7）施工现场人行通道和临边防护等安全措施符合要求；

8）警示标志、防护和安全引导及消防器材等设施已到位；通信保障措施已落实；

9）已编制完成有针对性、可操作性的应急预案，并已落实抢险设备、材料、人员、方案；抢险物资已经监理工程师验收确认并有记录；

10）设计及规范规定的其他要求。

（5）桩基托换节点验收

1）已完成勘察、设计交底；

2）已编制施工组织设计、专项施工方案及应急预案，按规定论证、审批，已经产权单位同意，并做好相关交底、安全技术措施落实及应急物资储备工作，留有相关记录；相应监理实施细则已编制、审批；

3）人员、机械、材料按要求均已到位；

4）已收集既有建（构）筑物地质勘察、施工、环境调查、沉降等资料，有现状调查报告；

5）已探明施工范围内的管线和设施，并已进行迁移和维护；

6）已调查周边建（构）筑物、管线等状况，并制定切实可行的保护措施；对工程风险进行辨识和分析，完成风险评估报告及监测方案，按规定论证、审批；

7）已按监测方案布置监测控制点，且已测取初始值，并已上传至基坑或盾构信息系统。监测点的布设和初始值的测取已经通过监理和第三方监测（盾构中心）验收，并有验收结论和相关记录；

8）托换桩及托换梁结构施工完成，混凝土强度已达到设计要求，千斤顶等设备安装验收已完成；

9）设备机具进场验收记录齐全有效，特种设备安全技术档案齐全，安装稳固，防护到位；

10）施工通风、供水、供电满足施工要求；

11）施工现场人行通道和临边防护等安全措施符合要求；

12）警示标志、防护和安全引导及消防器材等设施已到位；通信保障措施已落实；

13）已编制完成有针对性、可操作性的应急预案，并已落实抢险设备、材料、人员、方案。抢险物资已经监理工程师验收确认并有记录；

14）设计及规范规定的其他要求。

（6）盾构开仓前节点验收

1）已完成勘察、设计交底；

2）已编制盾构开仓专项施工方案及应急预案，按规定论证、审批，并做好相关交底、安全技术措施落实及应急物资储备工作，留有相关记录；相应监理实施细则已编制、审批；

3）人员、机械、材料按要求均已到位；

4）地面、洞内土体加固已完成并验收通过，对加固体有影响的注浆作业已停止；

5）开仓区域已定位，地面警示标识及隔离带已设置完成；

6）已调查周边建（构）筑物、管线等状况，并制定切实可行的保护措施；对工程风险进行辨识和分析，完成工点风险评估报告及监测方案，按规定论证、审批；

7）已按监测方案布置监测控制点，且已测取初始值，并已上传至盾构信息化平台；监测点的布设和初始值的测取已经通过监理和盾构中心验收，并有验收结论和相关记录；

8）带压作业人员有带压操作证并完成体检和技术培训；

9）有限空间作业施工准备完成，有害气体检测设备、常压开仓通风设备已报验合格；

10）通信保障措施已落实到位（施工现场有线电话与地面及市域电话保持畅通），已指定联络人并建立预警通报机制；

11）已编制完成有针对性、可操作性的应急预案，并已落实抢险设备、材料、人员、方案。抢险物资已经监理工程师验收确认并有记录；

12）相应质量保证资料齐全；

13）设计及规范规定的其他要求。

（7）超16m人工挖孔桩节点验收

1）已完成勘察、设计交底；

2）已编制相关专项施工方案及应急预案，按规定论证、审批，并做好相关交底、安全技术措施落实及应急物资储备工作，留有相关记录；相应监理实施细则已编制、审批；

3）人员、机械、材料按要求均已到位；

4）分包队伍资质、许可证等资料齐全，安全生产协议已签署，人员资格满足要求；

5）已调查周边建（构）筑物、管线等状况，并制定切实可行的保护措施；对工程风险进行辨识和分析，完成工点风险评估报告及监测方案，按规定论证、审批；

6）已按监测方案布置监测控制点，且已测取初始值，并已上传至基坑监控系统；监测点的布设和初始值的测取已经通过监理和第三方监测验收，并有验收结论和相关记录；

7）井下通风、抽水、排水、截水、回灌、孔内照明、通信、有害气体监测及防护等措施均已落实，施工和安全技术交底已完成；

8）警示标志、防护和安全引导等设施均已到位，通信畅通，消防器材等符合要求；

9）已编制完成有针对性、可操作性的应急预案，并已落实抢险设备、材料、人员、方案；抢险物资已经监理工程师验收确认并有记录；

10）设计及规范规定的其他要求。

（8）盾构始发前节点验收

1）已完成勘察、设计交底；

2）已编制相关专项施工方案及应急预案，按规定论证、审批，并做好相关交底、安全技术措施落实及应急物资储备工作，留有相关记录；相应监理实施细则已编制、审批；

3）人员、机械、材料按要求均已到位；

4）始发井已通过结构验收，洞门中心已复核且符合要求；

5）已调查周边建（构）筑物、管线等状况，并制定切实可行的保护措施；对工程风险进行辨识和分析，完成工点风险评估报告及监测方案，按规定论证、审批；

6）已按监测方案对周围环境布置监测控制点，且已测取初始值，并已上传至盾构信息化平台；监测点的布设和初始值的测取已经通过监理和盾构中心验收，并有验收结论和相关记录；

7）始发区域加固已完成，各项加固指标均满足设计要求；

8）洞门探孔未发现异常，密封止水装置已安装完成；

9）后座反力架强度和刚度满足要求；

10）井下控制点已布设且固定，盾构几何关系测量完成，并有相关测量报验资料；

11）盾构机井下验收已通过，并有验收记录；

12）原材料按要求做好相关的复试工作；管片预生产数量满足盾构推进施工进度要求；

13）起重吊装设备已按照规定完成备案登记或审批；

14）已编制完成有针对性、可操作性的应急预案并落实抢险设备、材料、人员、方案；抢险物资已经监理工程师验收确认并有记录；

15）设计及规范规定的其他要求。

（9）机械法联络通道始发节点验收

1）已完成勘察交底、设计交底；

2）已编制相关专项施工方案及应急预案，按规定论证、审批，并做好相关交底、安全技术措施落实及应急物资储备工作，留有相关记录；相应监理实施细则已编制、审批；

3）人员、机械、材料按要求均已到位；

4）控制点已布设且固定，上、下行线联络通道洞门中心里程、高差、管片自转角度已复核；

5）已调查周边建（构）筑物、管线等状况，并制定切实可行的保护措施；对工程风险进行辨识和分析，完成风险评估报告及监测方案，按规定论证、审批；

6）已按监测方案布置监测控制点，且已测取初始值，并已上传至盾构信息化平台；监测点的布设和初始值的测取已经通过监理和盾构中心验收，并有验收结论和相关记录；

7）始发台车的主隧道支撑体系已调试完成且满足功能要求；

8）掘进机已就位并调试完成，姿态满足方案要求；

9）通信保障措施已落实到位（施工现场有线电话与地面及市域电话保持畅通）；

10）已编制完成有针对性、可操作性的应急预案，并已落实抢险设备、材料、人员、方案；抢险物资已经监理工程师验收确认并有记录；

11）设计及规范规定的其他要求。

（10）加固法联络通道开挖节点验收

1）已完成勘察、设计交底；

2）已编制联络通道结构开挖专项施工方案（含冻融变形控制措施）及应急预案，按规定论证、审批，并做好相关交底、安全技术措施落实及应急物资储备工作，留有相关记录；相应监理实施细则已编制、审批；

3）人员、机械、材料按要求均已到位；

4）开挖加固已完成，采用水泥浆等化学加固法的应探测其加固均匀性；采用冰冻法加固的，其冻结壁厚度和交圈情况应满足设计要求；

5）探孔、卸压孔已完成，未发现异常情况，满足开挖条件；

6）防护门已安装并启闭灵活；

7）已调查周边建（构）筑物、管线等状况，并制定切实可行的保护措施；对工程风险进行辨识和分析，完成工点风险评估报告及监测方案，按规定论证、审批；

8）已按监测方案布置监测控制点，且已测取初始值，并已上传至盾构信息化平台；监测点的布设和初始值的测取已经通过监理和盾构中心验收，并有验收结论和相关记录；

9）通信保障措施已落实到位（施工现场有线电话与地面及市域电话保持畅通）；

10）已编制完成有针对性、可操作性的应急预案，并已落实抢险设备、材料、人员、方案；抢险物资已经监理工程师验收确认并有记录；

11）相应质量保证资料齐全；

12）设计及规范规定的其他要求。

（11）顶管始发及到达节点验收

1）已完成勘察、设计交底；

2）已编制相关专项施工方案及应急预案，按规定论证、审批，并做好相关交底、安全技术措施落实及应急物资储备工作，留有相关记录；相应监理实施细则已编制、审批；

3）人员、机械、材料按要求均已到位；

4）已调查周边建（构）筑物、管线等状况，并制定切实可行的保护措施；对工程风险进行辨识和分析，完成工点风险评估报告及监测方案，按规定论证、审批；

5）已按监测方案布置监测控制点，且已测取初始值，并已上传至盾构信息化平台；监测点的布设和初始值的测取已经通过监理和盾构中心验收，并有验收结论和相关记录；

6）始发接收井已通过结构验收，其标高、轴线、结构、强度等各项技术参数符合设计和规范要求，并能满足盾构施工各阶段受力要求（结构尺寸和洞门中心已复核且符合设计要求）；

7）始发（到达）地基加固已完成，各项加固指标达到设计要求；加固体探孔未发现异常情况；

8）后座反力架强度和刚度满足要求；

9）控制点已布设且固定，掘进机姿态测量完成，并有相关测量报验资料；

10）掘进机井下验收已通过，并有验收记录；

11）起重吊装设备已按照规定完成备案登记或审批；

12）已编制完成有针对性、可操作性的应急预案，并已落实抢险设备、材料、人员、方案；抢险物资已经监理工程师验收确认并有记录；

13）设计及规范规定的其他要求。

（12）高架挂篮悬臂及混凝土浇筑节点验收

1）完成勘察、设计交底；

2）已编制相关专项施工方案（含挂篮结构设计计算书）及应急预案，按规定论证、审批；并做好相关交底、安全技术措施落实及应急物资储备工作，留有相关记录；相应监理实施细则已编制、审批；

3）挂篮结构强度、变形试验测试结果均符合设计要求，预压结果符合要求；

4）已委托具备相应资质的施工监控单位对主梁线形等进行监测，线形监测元件、点位布置符合方案要求，初始值已采集并经复核确认；

5）特种作业人员类别和数量满足作业要求，操作证齐全；

6）侧模两侧防护设施、横向钢绞线等其他设施不得影响挂篮前行；

7）施工现场人行通道和临边防护等安全措施符合要求；

8）警示标志、防护和安全引导及消防器材等设施已到位；通信保障措施已落实；

9）已编制完成有针对性、可操作性的应急预案，并已落实抢险设备、材料、人员、方案；抢险物资已经监理工程师验收确认并有记录；

10）相关质量保证资料齐全；

11）设计及规范规定的其他要求。

（13）钢管拱肋安装节点验收

1）已完成勘察、设计交底；

2）已编制相关专项施工方案、拱肋承重支撑体系相关方案（含设计计算书）及应急预案，按规定论证、审批和有关部门备案，并做好相关交底、安全技术措施落实及应急物资储备工作，留有相关记录；相应监理实施细则已编制、审批；

3）人员、机械、材料按要求均已到位；

4）特种作业人员类别和数量满足作业要求，操作证齐全有效；

5）起重吊装设备已经按照规定进行了备案登记或审批；

6）吊车配置计算，吊点设置、钢丝绳强度、扁担、吊攀、卸扣、滑轮组等验算合格；

7）支撑体系已验收合格；施工现场人行通道和临边防护等安全措施符合要求；

8）警示标志、防护和安全引导及消防器材等设施已到位；通信保障措施已落实；

9）已编制完成有针对性、可操作性的应急预案，并已落实抢险设备、材料、人员、方案；抢险物资已经监理工程师验收确认并有记录；

10）设计及规范规定的其他要求。

（14）模板、支撑节点验收

1）已完成勘察、设计交底；

2）已编制相关专项施工方案及应急预案，按规定论证、审批，并做好相关交底（包括混凝土浇筑速度、振捣、养护等）、安全技术措施落实及应急物资储备工作，留有相关记录；相应监理实施细则已编制、审批；

3）人员、机械、材料按要求均已到位；

4）分包队伍资质、许可证等资料齐全，安全生产协议已签署，人员资格满足要求；特种作业人员类别和数量满足作业要求，操作证齐全有效；

5）需要处理或加固的地基已通过验收；

6）材料及构配件质量证明文件齐全，验收合格，设备机具进场验收记录齐全，防护到位；

7）模板、支撑体系已验收合格；施工现场人行通道和临边防护等安全措施符合要求；

8）警示标志、防护和安全引导及消防器材等设施已到位；通信保障措施已落实；

9）已编制完成有针对性、可操作性的应急预案，并已落实抢险设备、材料、人员、方案；抢险物资已经监理工程师验收确认并记录；

10）设计及规范规定的其他要求。

（15）大型吊装节点验收

1）已编制相关专项施工方案（含非常规起重设备设计计算书、安装方案、使用方案）及应急预案，按规定论证、审批，并做好相关交底、安全技术措施落实及应急物资储备工作，留有相关记录；相应监理实施细则已编制、审批；

2）特种作业人员类别和数量满足作业要求，操作证齐全；

3）设计计算书由具备相应资质的单位编制；

4）重载便道承载力、地基承载力满足起重机械负重行走和吊装的要求，应避开暗浜、河道回填等不良地基基础；

5）已建立操作和维护保养管理制度；

6）吊车配置计算，吊点设置、钢丝绳强度、扁担、吊攀、卸扣、滑轮组等验算合格；

7）辅助作业的起重吊装设备已经按照规定进行了备案登记或审批；

8）吊装影响范围内管线、重要设施等已调查清楚，有相应的防护措施，吊装区域内场地平整，吊装区域内无关人员及设备已清场；

9）已进行试吊无异常，并留有相关记录；

10）警示标志、防护和安全引导等设施均已到位，通信畅通，场地照明、消防器材等符合要求；

11）已编制完成有针对性、可操作性的应急预案，并已落实抢险设备、材料、人员、方案；抢险物资已经监理工程师验收确认并有记录；

12）设计及规范规定的其他要求。

（16）凿除运营结构节点验收

1）已编制相关专项施工方案及应急预案，按规定论证、审批，已按要求取得运营部门的同意；并做好相关交底、安全技术措施落实及应急物资储备工作，留有相关记录；相应监理实施细则已编制、审批；

2）人员、机械、材料按要求均已到位；

3）已按设计文件要求完成在建车站（含出入口）主体结构施工；

4）施工现场人行通道和临边防护等安全措施符合要求；

5）警示标志、防护和安全引导及消防器材等设施已到位；通信保障措施已落实；

6）防淹、防盗、防火、防尘相关措施已到位；

7）已编制完成有针对性、可操作性的应急预案，并已落实抢险设备、材料、人员、方案；抢险物资已经监理工程师验收确认并记录；

8）设计及规范规定的其他要求。

（17）变电工程送电节点验收

1）已完成设计交底；

2）已编制相关专项方案及应急预案，按规定论证、审批，并做好相关交底、安全技术措施落实及应急物资储备工作，留有相关记录；相应监理实施细则已编制、审批；

3）受电范围内的变电工程已全面施工完毕、变电所各项试验全部完成并出具了合格报告，分部工程经检查验收合格，相关文件能满足受电及维护的需要；

4）受电范围内的区间环网电缆已全面施工完毕、各项试验完成并经检查验收合格，具备受电条件；

5）变电所内相关的其他专业工程施工完成，变电所设备房间设施安装到位，具备基本使用条件；

6）主变电所 35kV 馈线开关柜具备向下级变电所送电条件；

7）各级受电指挥机构已建立，对受电工作人员的培训已完成；

8）临时电调中心已设置，与各变电所之间通信方式已确定，已具备通话条件；

9）设计院已下发正式保护整定值（含正线整定值及主变电所 35kV 开关柜馈线整定值），并按此已设置完成；

10）各种安全防护、警告牌、标志牌等设置齐全，沿线受电区段、车站的安全宣传、通知均已就绪；

11）受电所需的设备、仪器、工具、车辆、材料以及消防用品等已按要求设置；

12）已提供相关车站接地网的验收检查合格的文件与接地网接地电阻测试合格报告；

13）已编制完成有针对性、可操作性的应急预案，并已落实抢险设备、材料、人员、方案；抢险物资已经监理工程师验收确认并有记录；

14）已完成送电计划报审，相关申请、审批及执行程序参照《宁波市轨道交通工程送电管理办法》和《宁波市轨道交通工程施工期电力调度管理办法》；

15）设计及规范规定的其他要求。

（18）热滑节点验收

1）已完成设计交底；

2）已编制热滑方案及应急预案，按规定论证、审批，并做好相关交底、安全技术措施落实及应急物资储备工作，留有相关记录；相应监理实施细则已编制、审批；

3）轨道工程几何尺寸（轨道状态）验收，满足设计速度要求，提供轨道相关验收资料；

4）用于热滑的车辆测试工作完成，达到动车条件；

5）线路限界检查完毕，提供限界检查资料，供电系统、排水设施等运行良好；

6）屏蔽门安装和相关调试工作基本完成；

7）专用无线通信系统已启用，能实现列车与车站、控制中心之间的车地呼叫联系；

8）沿线车站站台、轨行区通风口、吊装口、联络通道等所有轨行区进出口已实现临时封闭，确保无人员进入轨行区；

9）已编制完成有针对性、可操作性的应急预案，并已落实抢险设备、材料、人员、方案；抢险物资已经监理工程师验收确认并有记录；

10）设计及规范规定的其他要求。

（19）动车调试节点验收

1）已完成设计交底；

2）已编制动车调试方案及应急预案，按规定论证、审批，并做好相关交底、安全技术措施落实及应急物资储备工作，留有相关记录；相应监理实施细则已编制、审批；

3）信号工程所包含的工程实体已全部完成，对应子系统静态测试已全部完成，联锁功能验证已完成，联锁试验资料齐全；

4）用于动车调试的车辆测试工作完成，达到动车条件，信号集中站设备房已接入正式电源；

5）信号设备房的土建、机电安装、装饰装修、屏蔽门等安装和相关调试工作基本完成，信号集中站设备房已接入正式电源；

6）线路上的土建、机电安装等工作已经基本完成，具备动车条件，人防门、防淹门安装完成且稳固；

7）调试区域轨道工程通过验收，满足设计速度要求，已提供轨道验收相关资料；

8）调试区域的线路限界检查完毕，已提供限界检查资料，供电系统、排水设施等运行良好；

9）专用无线通信系统已启用，能实现列车与车站、控制中心之间的车地呼叫联系；

10）沿线车站站台、轨行区通风口、吊装口、联络通道等所有可进入动车调试区域入口已实现临时封闭，确保动车调试区域内无人员进入；

11）已编制完成有针对性、可操作性的应急预案，并已落实抢险设备、材料、人员、方案；抢险物资已经监理工程师验收确认并有记录；

12）设计及规范规定的其他要求。

（20）盾构机吊装节点验收

1）已编制盾构机吊装专项方案及应急预案，按规定论证、审批，并做好相关交底、安全技术措施落实及应急物资储备工作，留有相关记录；相应监理实施细则已编制、审批；

2）地基承载力满足要求，并有相关检测报告；

3）吊耳位置、焊缝质量或螺栓紧固性必须满足要求，出具无损探伤检测报告；

4）吊装单位资质满足要求，特种人员具有相关资质证书；

5）起重吊装设备已经按照规定进行了备案登记或审批；

6）进场的吊索吊具的规格、型号、外观质量符合要求，有质量合格证明；

7）施工现场人行通道和临边防护等安全措施符合要求；

8）警示标志、防护和安全引导及消防器材等设施已到位；通信保障措施已落实；

9）已编制完成有针对性、可操作性的应急预案，并已落实抢险设备、材料、人员、方案；抢险物资已经监理工程师验收确认并有记录。

（21）首推 100 环节点验收

1）100 环推进轴线偏差（高程、平面）汇总及分析；

2）100 环拼装纵缝、环缝高差汇总；

3）100 环管片破损、渗漏情况汇总和修补方案；

4）100 环防迷流测试汇总；

5）100 环推进监测成果汇总（地表、管线、建筑物等）及分析；

6）盾构机的各项技术参数已经正常并且优化，提交整套技术参数资料；

7）相应质量保证资料齐全。

（22）盾构到达前节点验收

1）已完成勘察、设计交底；

2）已编制相关专项施工方案及应急预案，按规定论证、审批，并做好相关交底、安全技术措施落实及应急物资储备工作，留有相关记录；相应监理实施细则已编制、审批；

3）人员、机械、材料按要求均已到位；

4）接收井已通过结构验收，洞门中心已复核且符合要求；

5）接收区域加固已完成，各项加固指标均满足设计要求；

6）洞门探孔未发现异常，密封止水装置已安装完成；

7）井下控制点已布设且固定，盾构几何关系测量完成，并有相关测量报验资料；

8）盾构接收基座的制作与安装要具备足够的刚度，且安装时其轴线和高程已经监理工程师验收确认并有相关记录；

9）起重吊装设备已按照规定完成备案登记或审批；

10）已编制完成有针对性、可操作性的应急预案，并已落实抢险设备、材料、人员、方案；抢险物资已经监理工程师验收确认并有记录；

11）设计及规范规定的其他要求。

（23）架桥机施工节点验收

1）已完成勘察、设计交底；

2）已编制相关专项施工方案及应急预案，按规定论证、审批，并做好相关交底、安全技术措施落实及应急物资储备工作，留有相关记录；相应监理实施细则已编制、审批；

3）人员、机械、材料按要求均已到位；

4）架桥机应有制造单位特种设备制造许可证、产品合格证、备案证、安装前的告知手续、安装单位的资质证明、安装单位的安全生产许可证（且在有效期内）、安装拆卸合同、安装拆卸施工方案、安装人员特种工作操作证、安装使用说明书，并已完成特种设备的备案；

5）走行前架桥机设备已经具备相应资质的质量检测机构检测合格；

6）架桥机上应有保证人员安全、方便人员通向前支腿的通道；

7）主要受力构件不应有严重塑性变形、裂纹及严重锈蚀；

8）紧急断电开关配备齐全，且不能自动复位；

9）行车报警系统配备齐全；

10）施工现场人行通道和临边防护等安全措施符合要求；

11）警示标志、防护和安全引导及消防器材等设施已到位；通信保障措施已落实；

12）已编制完成有针对性、可操作性的应急预案，并已落实抢险设备、材料、人员、方案；抢险物资已经监理工程师验收确认并有记录；

13）相关质量保证资料齐全；

14）设计及规范规定的其他要求。

（24）起重机械安装/拆卸节点验收

1）已编制相关安装、拆卸专项方案及应急预案，按规定论证、审批；并做好相关交底、安全技术措施落实及应急物资储备工作，留有相关记录；相应监理实施细则已编制、审批；

2）起重机械的基础（隐蔽工程）已验收合格，并形成记录；

3）安装的起重设备应有制造单位特种设备制造许可证、产品合格证、备案证、安装（拆卸）前的告知手续、安装（拆卸）单位的资质证明、安装（拆卸）单位的安全生产许可证（且在有效期内）、安装（拆卸）合同、安装（拆卸）施工方案、安装（拆卸）人员特种工作操作证、安装使用说明书，并已完成特种设备的备案；

4）辅助作业的起重吊装设备已经按照规定进行了备案登记或审批；

5）操作、指挥人员的上岗资格满足要求；

6）已建立操作和维护保养管理制度；

7）安装拆卸影响范围内管线、重要设施等已调查清楚，有相应的防护措施，安装拆卸区域内场地平整，吊装区域内无关人员及设备已清场；

8）警示标志、防护和安全引导及消防器材等设施已到位；通信保障措施已落实；

9）已编制完成有针对性、可操作性的应急预案，并已落实抢险设备、材料、人员、方案；抢险物资已经监理工程师验收确认并有记录；

10）设计及规范规定的其他要求。

（25）旧桥拆除施工节点验收

1）已编制旧桥拆除相关专项方案及应急预案，按规定论证、审批；并做好相关交底、安全技术措施落实及应急物资储备工作，留有相关记录；相应监理实施细则已编制、审批；

2）重载便道承载力、地基承载力满足起重机械负重行走和吊装的要求；围堰施工已完成；

3）特种作业人员类别和数量满足作业要求，操作证齐全；

4）辅助作业的起重吊装设备已经按照规定进行了备案登记或审批；

5）吊装区域内场地平整，吊装区域内无关人员及设备已清场；

6）已调查周边建（构）筑物、管线等状况，并制定切实可行的保护措施；对工程风险进行辨识和分析，完成风险评估报告及监测方案，按规定论证、审批；

7）已按监测方案布置监测控制点，且已测取初始值，并已上传至基坑监控系统；监测点的布设和初始值的测取已经通过监理和第三方监测验收，并有验收结论和相关记录；

8）施工现场人行通道和临边防护等安全措施符合要求；

9）警示标志、防护和安全引导及消防器材等设施已到位；通信保障措施已落实；

10）已编制完成有针对性、可操作性的应急预案，并已落实抢险设备、材料、人员、方案；抢险物资已经监理工程师验收确认并有记录；

11）设计及规范规定的其他要求。

（26）铺轨（调试）行车前节点验收

1）已完成设计交底；

2）已编制铺轨（调试）行车相关专项方案及应急预案，按规定论证、审批；并做好相关交底、安全技术措施落实及应急物资储备工作，留有相关记录；相应监理实施细则已编制、审批；

3）轨行区管理办法已实施且成立调度室；

4）机车必须有合格证，机车制动等性能有效，并有验收记录；

5）轨机车司机应持证上岗；特种作业人员类别和数量满足作业要求，操作证齐全；

6）混凝土强度必须达到设计要求；

7）警示标志、防护和安全引导及消防器材等设施已到位；通信保障措施已落实，场地照明等符合要求；

8）已编制完成有针对性、可操作性的应急预案，并已落实抢险设备、材料、人员、方案；抢险物资已经监理工程师验收确认并有记录；

9）设计及规范规定的其他要求。

10.5　工程风险验收程序及实施

（1）验收申请

由施工单位提出申请，总监在收到申请后2d内出具审查意见，并报业主代表同意（三级除外）。

（2）验收会议通知

在组织一、二级关键节点条件验收前，由业主代表提前2d正式通知相关参会单位和部门。

（3）验收工作的实施

1）主持人（验收组组长）主持会议，确定并宣布验收组名单和专业小组名单及具体分工；

2）施工单位书面汇报该节点工程施工及条件自查情况；

3）监理单位书面汇报该节点条件监理评估情况；

4）由现场检查小组对工程实物进行相关项目测试、抽查；

5）由资料检查小组对内业资料进行检查，审查相关检查项目的指标；

6）各小组对该节点施工条件提出验收意见，并列出须整改的项目清单；

7）验收组组长根据各小组意见形成并宣布综合验收意见；

8）整改销项：施工单位根据验收组验收意见进行整改，自查符合要求后出具销项报告（监理工程师复查签字确认）。

第三篇　隐患排查治理

第 11 章　常见工程隐患分类

每一个地铁工程项目都应根据工程特点，编制静态风险评估报告，并在施工各阶段进行动态调整，根据企业同类项目经验和相关资料，建立各项目隐患排查治理的《隐患库》，按图索骥，进行定期隐患排查与及时治理。

根据事故发生的损失大小确定隐患分类等级，根据具体工程来确定分类标准，不同的工程所获得的分类结果是不一样的，即使是同类型工程的同一种隐患，隐患分类等级也不相同。

11.1　基坑工程隐患分类实例

某车站为地下两层单柱双跨、双柱三跨钢筋混凝土箱形结构。车站基坑宽度 19.9 ~24.0m，长约 269m，南、北端头井基坑深分别为 21.861m、21.275m；标准段基坑深约 19.96m。采用明挖顺作法施工，围护形式为 1000mm 厚地下连续墙。标准段沿基坑深度布置一道钢筋混凝土支撑及五道钢支撑。车站共设 3 个出入口和 2 组风亭。工程总造价 34460 万元。该站主体结构西侧沿宽度方向约 1/3 区域侵入柳西河，施工前需对部分柳西河进行清淤回填处理，再进行基坑开挖。横跨基坑上方有 110kV 高压线，设计采用原地保护，涉河、高压线保护是项目施工重点和难点。根据施工管理经验预设可能发生的隐患如下：

（1）一类隐患（表 11-1）

表 11-1　一类隐患排查治理分级表

安全防护	安全带	高处作业未按规定系统挂安全带	一类
	洞口防护	洞口（如：预留洞口、楼梯口、电梯井口、风井口、通道口等）防护不到位	一类
	临边防护	临边防护（如：工作面、上下通道、基坑、沟、槽、站台等部位）不到位	一类
	移动式操作平台	高处作业防护措施未形成全封闭或现场未有专人监护	一类
基坑支护安全	基坑支护与支撑拆除	基坑（含深度较大的沟、槽）未按设计要求采取支护措施	一类
	安装、拆卸与验收	未制定安装、拆卸专项方案或方案未按要求进行审批，或超过一定规模的专项方案未进行专家论证	一类
龙门吊管理	保险装置	无起升高度限位器、行走限位器、起重量限制器或限制（限位）器失效	一类
	吊钩与钢丝绳结构设施	钢丝磨损、断丝、锈蚀及畸形已达到报废要求或吊钩缺陷或危险断面磨损大于 5% 未更换	一类
		主要结构件的变形、开焊、裂纹、锈蚀超过规范要求未更换	一类

续表

机具设备管理	散装水泥存储设备	未制定安装、拆卸专项方案、方案未按要求进行审批；无验收手续，无责任人签字	一类
施工用电	外电防护	外电线路与在建工程及脚手架、起重机械、场内机动车道之间的距离小于安全距离又无防护设施	一类
脚手架	架体拆除	未办理架体拆除令	一类
模板支架工程	支拆模板	未办理模板、架体拆除令	一类
特殊天气	防风措施	当风力达到6级以上时未停止相关作业，或未采取相应的防范措施	一类
消防安全	临时设施防火管理	施工现场临时设施（金属夹芯板材）燃烧性能等级未达A级	一类

（2）二类隐患（表11-2）

表11-2　二类隐患排查治理分类表

安全防护	安全带	安全带不符合标准	二类
	安全网	安全网规格、材质不符合要求	二类
		安全网未取得安全标志	二类
	电气作业防护用品	电焊人员、设备调试人员未按要求穿戴安全防护用品（绝缘手套、绝缘鞋等）	二类
	洞口防护	防护措施、设施不符合要求，防护不严密	二类
	攀登作业	梯子的制作质量、材质不符合要求	二类
		无可靠立足点	二类
		移动式梯子的梯脚不牢固或垫高使用	二类
	移动式操作平台	操作平台的材质不符合方案要求、未经过验收	二类
		操作平台的面积或荷载超过规定值（平台面积不超过$10m^2$，荷载不宜超过$1.5kN/m^2$，脚手板厚50mm）	二类
		操作平台的组装不符合方案要求	二类
		操作平台四周未按规定设备防护栏杆、未设置登高扶梯	二类
		平台台面铺板不严密、不牢固	二类
		移动式操作平台，轮子与平台的连接不牢固可靠、无制动及防倾倒措施，立柱底端距离地而超过规定值	二类
基坑支护安全	安全防护	基坑内未设置供施工人员上下的专用梯道或梯道设置不符合规范要求或车站主体基坑专用通道少于两处	二类
	基坑监测	监测数据达到预警或报警值时未按预警分析会议落实的	二类
		未按规定对毗邻建筑物、重要管线和道路进行变形观测	二类
		未按设计编制基坑施工监测方案或必测项目有遗漏	二类

续表

基坑支护安全	基坑支护与支撑拆除	拆除支护结构不符合设计或方案要求（包括混凝土撑强度条件、拆撑顺序、预加力卸载程序等）	二类
		钢支撑架设与围护结构连接（包括斜支撑设置防滑移装置、连接的密实性等）、预加应力等违反设计或方案要求	二类
		钢支撑应力变化后达到预警值未及时采取措施	二类
		钢支撑支护体系的架设、连接、防滑移、防坠落、预防应力等违反设计或方案要求	二类
		基坑内支撑及基坑侧壁未及时支护	二类
		未按照设计要求控制基坑无支撑暴露时间	二类

（3）三类隐患（表 11-3）

表 11-3　三类隐患排查治理分类表

安全防护	安全带	作业人员安全带系挂不符合要求	三类
	安全帽	安全帽不符合标准	三类
		进入施工现场不戴安全帽	三类
		作业人员未正确佩戴安全帽	三类
	电气作业防护用品	电焊人员未按要求佩戴护目镜等	三类
		绝缘手套、绝缘鞋不符合标准，或绝缘失效	三类
	洞口防护	防护设施未形成定型化、工具化	三类
		未按照规范设置警示标识	三类
	临边防护	防护栏杆高度低于 120cm，抗外力冲击达不到 1000N	三类
		高于 2.0m 的爬梯无防护笼等措施	三类
		临边防护措施不符合标准化要求或不严密	三类
	移动式操作平台	未悬挂验收合格牌	三类
	职业危害防护	未配备护耳用品、防护口罩、急救箱等职业病防护用品	三类
		钻孔、注浆、喷混凝土、切割、打磨及其他扬尘作业不戴防尘口罩	三类
		作业现场未采取除尘、降噪、有害气体检测等防护措施	三类
基坑支护安全	安全防护	基坑无临边防护措施	三类
	基坑监测	监测点设置人工监测频率不符合监测方案	三类
		监测点无醒目标识和保护措施，测点破坏未及时恢复或处理	三类
	基坑支护与支撑拆除	自然放坡率不符合专项方案和规范要求	三类
	排水	基坑底四周未设排水沟和集水井或排除积水不及时	三类
		基坑周围地面未设排水沟或排水沟设置不符合要求	三类
	坑边荷载	机械设备施工与坑边距离不符合要求或未采取有效防滑措施	三类
		弃土、料具堆放距坑边距离或堆放高度不符合相关规定	三类
	基坑开挖	基坑开挖前未对围护结构进行检测或检测不合格	三类
		开挖过程中，开挖面上的临时边坡开挖面不符合安全要求	三类

11.2 盾构工程隐患分类实例

工程概况同 6.2 中的工程简介。

1. 隐患分级汇总表（一级，见表 11-4）

表 11-4 隐患分级汇总表（一级）

序号	隐患内容	隐患级别	备注
1	未按相关规定进行线路轴线偏差复核，或监测数据达到预警或报警值时未按规定程序有效处理	一级	盾构隧道施工安全
2	未编制重要部位/工序（始发、接收、解体、掉头、过站，端头加固，围护结构破除，负环及洞门管片拆除，穿越重要建筑物、管线、水体、既有轨道线路，盾构开仓换刀，联络通道等）的专项方案或未按规定组织专家论证	一级	
3	端头井、掌子面发生涌水、涌砂（土）且无有效处理措施	一级	
4	未按关键节点条件验收管理规定进行始发或接收前的条件验收	一级	
5	高处作业（高架桥上）未按规定系挂安全带（生命绳）	一级	安全防护
6	洞口（如：预留洞口、楼梯口、电梯井口、风井口、通道口等）防护不到位	一级	
7	临边防护（如：工作面、上下通道、基坑、沟、槽、竖井、高架桥、屋面、建筑阳台、楼板、站台等部位）不到位	一级	
8	高处作业防护措施未形成全封闭或现场未有专人监护	一级	
9	高处作业未编制、审批专项施工方案	一级	
10	外电线路与在建工程及脚手架、起重机械、场内机动车道之间的距离小于安全距离又无防护设施	一级	施工用电
11	未制定安装、拆卸专项方案或方案未按要求进行审批，或超过一定规模的专项方案未进行专家论证	一级	龙门吊
12	无起升高度限位器、行走限位器、起重量限制器或限制（限位）器失效	一级	
13	钢丝绳磨损、断丝、锈蚀及畸形已达到报废标准或吊钩缺陷或危险断面磨损大于 5% 未更换	一级	
14	主要结构件的变形、开焊、裂纹、锈蚀超过规范要求未更换	一级	
15	未按安全文明施工标准化管理手册落实一级管线保护方案	一级	管线保护
16	被责令停工整改仍然继续施工的	一级	安全管理
17	使用未经审查合格的施工图设计文件施工	一级	
18	危险性较大的分部分项工程未编制专项方案或未组织专家对超过一定规模的危险性较大的分部分项工程专项方案进行论证	一级	
19	当风力达到 6 级以上时未停止相关作业，或未采取相应的防范措施	一级	特殊气候
20	未编制特殊气候应急预案并按方案落实的	一级	
21	未制定安装、拆卸专项方案、方案未按要求进行审批；无验收手续，无责任人签字	一级	施工机具

续表

序号	隐患内容	隐患级别	备注
22	施工现场临时设施（金属夹芯板材）燃烧性能等级未达 A 级	一级	消防安全
23	未办理架体拆除令	一级	脚手架
24	架体搭设超过一定规模，专项方案未组织专家论证或未按专家论证意见组织实施	一级	
25	架体搭设未编制专项方案或未按规定审核、审批	一级	
26	设备报警后司机未及时采取措施或擅自关闭报警系统	一级	起重吊装
27	起重机作业地面承载能力不符合设计和起重吊装方案要求	一级	
28	危险性较大的起重吊装作业无专项方案或超过一定规模的起重吊装作业未按规定对专项方案进行论证	一级	

2. 隐患分级汇总表（二级，见表 11-5）

表 11-5　隐患分级汇总表（二级）

序号	隐患内容	隐患级别	备注
1	通道不畅通或通道防护措施设置不规范	二级	盾构隧道施工安全
2	未按规定进行机械通风或（风管破损、漏风，吊挂不平直）新鲜风量不足	二级	
3	未按规定设置警示、通信、排水、消防器材	二级	
4	无有害气体检测装置或未定期进行气体检测	二级	
5	压力软管耐压强度不满足设计要求，布置在作业区及人行道范围的压力软管未采取防脱、限位措施	二级	
6	有毒有害气体超限时，未采取有效处理措施	二级	
7	安装调试完成后未组织现场验收形成记录或未经指挥部验收通过	二级	
8	盾构机高压电缆施工完成后，未经有资质的单位现场电试或电试不合格	二级	
9	盾构机维修后主要系统（液压系统、集中润滑系统、电气系统、PLC 系统、人闸、密封、驱动系统、主轴承等）无测试或检测记录	二级	
10	洞门凿除后出现渗漏、掉渣等，未及时封闭，暴露时间过长	二级	
11	负环及洞门凿除未按方案施工	二级	
12	负环及洞门凿除现场未设立专人安全管理	二级	
13	管片堆放超高，未使用方木支垫或专门设计的管片底座，堆放间距不符合要求	二级	
14	管片翻转、吊运、拼装设备无定期保养记录，或带病作业	二级	
15	管片修补前未对碎裂情况进行评定、分级，并据此确定修补方法	二级	
16	长期停滞在地质软弱地层，未制定并采取防止沉降、坍塌、渗漏、喷涌等措施	二级	
17	掘进参数异常、姿态异常、地面沉降超限未采取有效措施	二级	
18	未按规定组织穿越既有重要建（构）筑物、既有轨道线路（含铁路）的条件验收	二级	

续表

序号	隐患内容	隐患级别	备注
19	未定期进行全员安全技术交底且交底记录不齐全	二级	盾构隧道施工安全
20	盾构气压作业人员无证作业	二级	
21	未进行气体检测且合格后进仓作业	二级	
22	开仓过程中未安排专人观察土仓内掌子面地质情况	二级	
23	气压作业区与常压作业区之间或隧道与外部无通信联络设施	二级	
24	气压作业用电未使用安全电压，或照明灯具无防爆措施	二级	
25	未按专项方案进行地层加固	二级	
26	未进行开仓条件验收且未进行安全评估，审批手续不全	二级	
27	未制定开仓操作规程，作业人员有违规操作现象	二级	
28	压气环境内有易燃易爆物品	二级	
29	压气作业人员未进行体检、未按规定配备劳动防护用品	二级	
30	压气作业未采取两种不同动力空压机保证不间断供气	二级	
31	盾构自动测量数据不真实，仍然进行掘进	二级	
32	未按规范要求进行联系测量、（地面、地下）控制测量、掘进施工测量和地面、建（构）筑物、管线测量	二级	
33	未按监测方案进行项目监测	二级	
34	未按设计及工程情况及时处理监测数据并反馈、指导施工	二级	
35	异常情况无记录及处理措施	二级	
36	未制定应急预案	二级	
37	洞门凿除前未对端头加固改良后进行土体抽芯检测	二级	
38	盾构到达段地层加固或降水不符合设计要求	二级	
39	发生渗漏且无有效处理措施	二级	
40	解体吊装过程未严格执行吊装方案和安全操作规程，特种作业人员未持特种作业证上岗，项目经理未现场带班	二级	
41	始发前未对反力架或托架受力进行验算，或未对反力架、托架进行安装质量及焊缝检测并确认合格	二级	
42	未按专项方案对始发与接收井端头进行加固	二级	
43	未对盾构机操作人员进行始发、到达掘进的技术交底	二级	
44	未对盾构机姿态进行复核	二级	
45	车辆超速行驶或隧道内无限速标识	二级	
46	车辆司机室、平板车有载人现象	二级	
47	车辆停驶时有无防溜车措施	二级	
48	轨道端头未设置车挡	二级	
49	提升设备不满足吊装、提升能力	二级	
50	改造盾构机未组织适用性验收	二级	
51	新造盾构机未组织选型论证	二级	

续表

序号	隐患内容	隐患级别	备注
52	安全带不符合标准，资料不齐全	二级	安全带
53	安全网规格、材质不符合要求	二级	安全网
54	安全网未取得安全标志，资料不齐全	二级	
55	在建工程外侧未采用密目式安全网封闭、网间不严密	二级	
56	电焊人员、设备调试人员未按要求穿戴安全防护用品（绝缘手套、绝缘鞋等）	二级	电气作业
57	防护措施、设施不符合要求、防护不严密	二级	洞口防护
58	站台公共区靠轨行区临边或轨行区入口处未按规定设置防护栏杆	二级	临边防护
59	杆上作业攀登脚扣质量不符合标准	二级	攀登作业
60	梯子的制作质量、材质不符合要求	二级	
61	无可靠立足点	二级	
62	移动式梯子的梯脚底不牢固或垫高使用，梯顶防护不到位	二级	
63	未搭设防护棚、防护不严密、不牢固	二级	通道口防护
64	材质不符合要求	二级	物料平台
65	平台台面铺板不严密或台面层下方未按要求设置安全平网	二级	
66	物料平台搭设不符合专项方案要求	二级	
67	物料平台堆物超载	二级	
68	物料平台未经设计计算、未编制专项施工方案	二级	
69	悬空作业处未设置防护栏杆或其他可靠的安全设施	二级	悬空作业
70	悬空作业所用的索具、吊具、料具等设备，未经过技术鉴定或验证、验收	二级	
71	操作平台的材质不符合方案要求，未经过验收	二级	移动式操作平台
72	操作平台的面积或荷载超过规定值（平台面积部超过 $10m^2$，荷载不宜超过 $1.5kN/m^2$，脚手板厚 50mm）	二级	
73	操作平台的组装不符合方案要求	二级	
74	操作平台四周未按规定设置防护栏杆、未设置登高扶梯	二级	
75	平台台面铺板不严密、不牢固	二级	
76	移动式操作平台，轮子与平台的连接不牢固可靠、无制动及防倾倒措施，立柱底端距离地面超过规定值	二级	
77	密闭/有限空间作业未配备防中毒/窒息等个体防护装备	二级	职业危害防护
78	幅度指示器不正常	二级	汽车吊安全装置
79	起升高度限位器的报警切断动力功能不正常	二级	
80	起重力矩限制器、起重量限制器不灵敏	二级	
81	未安装起重力矩限制器、起重量限制器	二级	
82	起重机吊臂与外电线路距离不符合规范要求	二级	安全作业
83	司机、司索、信号工未持特种作业证上岗	二级	
84	钢丝绳磨损已达到报废标准	二级	钢丝绳

续表

序号	隐患内容	隐患级别	备注
85	没有产品合格证	二级	进场验收
86	投入使用前未进行验收	二级	
87	未经具有相应资质的检验检测机构提供的检验、检测合格报告或报告不在有效期内	二级	
88	工作接地电阻大于4Ω，重复接地电阻大于10Ω的	二级	接地与接零保护系统
89	施工现场低压配电系统未采用TN～S接零保护系统	二级	
90	移动式发电机发电直接供电及中间未实行两级保护	二级	配电室与变配式装置
91	电缆沿地面明设、沿脚手架、树木等敷设，或其他敷设不符合规范要求	二级	配电线路
92	线路的设施、材料及相序排列、档距、与邻近线路或固定物的距离不符合规范要求	二级	
93	线路敷设的电缆线老化、破皮未包扎或破损严重未及时更换	二级	
94	线路及其接头不能保证机械强度和绝缘强度	二级	
95	电箱接线不规范（接线端子板无防护罩或接线桩裸露，电缆线导线未使用铜鼻子与电箱连接端子板连接，电箱下引出线混乱等）	二级	配电箱开关箱
96	配电系统未采用三级配电、三级保护系统	二级	
97	用电设备违反“一机、一闸、一漏、一箱”要求	二级	
98	防护设施与外电线路的安全距离及搭设不符合要求	二级	外电防护
99	未编制防护设施方案或未按规定流程编制、审批	二级	
100	在线路下方起重作业、搭设临时设施、堆放物资材料，未满足高度要求或未按方案采取防护措施	二级	
101	手持照明灯未使用规范要求的安全电压	二级	现场照明
102	照明变压器未使用双绕组型安全隔离变压器	二级	
103	未编制专项临时用电组织设计、外电防护专项方案，或方案缺乏针对性	二级	用电管理
104	总包单位与分包单位未订立临时用电管理协议	二级	
105	安装、拆卸单位未取得相应资质	二级	龙门吊安装、拆卸与验收
106	安装、拆卸人员未取得特种作业操作资格证	二级	
107	安装、拆卸作业前未向施工安全监督机构办理告知手续	二级	
108	安装后未组织验收或验收表未经责任人签字	二级	
109	龙门吊制造或租赁不符合有关规定或龙门吊质量证明材料不全	二级	
110	未按规定办理备案、登记手续	二级	
111	在其他防雷保护范围以外未设置避雷装置	二级	龙门吊电气安全
112	作业区域周边未设防护栏杆	二级	龙门吊防护与警示

续表

序号	隐患内容	隐患级别	备注
113	交叉作业红外装置等防碰撞措施不可靠	二级	龙门吊防撞措施
114	两台及以上龙门吊在同一轨道上作业无红外装置等防碰撞措施或行走作业区间存在交叉作业无防护	二级	
115	两台以上龙门吊在同一轨道交叉作业未编制专项方案	二级	
116	轨道基础不满足承载要求，已变形或破损	二级	龙门吊轨道
117	安装后投入使用前未按规定经检测或检测不合格	二级	龙门吊检查检测与维修保养
118	未制定起重设备检查制度，或未按要求定期对设备进行检查	二级	
119	未制定维修保养制度或未按制度进行定期维修保养	二级	
120	高强螺栓、销轴、紧固件等主要受力构件的紧固、连接不符合规范要求	二级	龙门吊结构设施
121	司机、司索、信号工未持特种作业证上岗	二级	司机与指挥
122	未按规定与受施工影响的管线的管理单位签订管线保护协议，或未制定地下管线安全保护方案和应急处置措施	二级	管线保护
123	未按照要求频率对施工影响范围内重要管线进行沉降观测，或出现警情、异常情况时未采取措施	二级	
124	未对地下管线和已迁移管线做地面安全警示标识，未标明管线的类型、管径、材质、埋深、走向或未张贴安全宣传标语	二级	
125	采用人工开挖探沟方式进行管线探测，深度未达到方案要求	二级	管线调查探测
126	施工前没有根据设计文件，结合现场实际，对施工范围内管线进行详细调查或未形成书面调查核实报告	二级	
127	施工前未进行管线探测或探测方法不符合现场实际情况	二级	
128	探测沟槽坍塌或未采取必要的放坡、支护措施	二级	
129	管线迁改后设置的管道堵头、沿线管线（管道）的安全可靠性未进行核实，或造成管线破裂、渗漏等安全隐患	二级	管线改迁
130	迁改过程中的顶管、现浇混凝土方涵、管件吊装等施工，安全措施落实不到位	二级	
131	顶管施工、市政管线深沟槽施工未按规定编制专项方案或未经施工单位技术负责人签字，未报监理、建分公司审批、签字	二级	管线施工专项方案
132	未按照规定建立以项目经理为第一负责人的前期管线安全生产管理机构或未建立各管线保护安全制度，层层落实安全责任	二级	
133	未按照市政管网综合布置图并结合现场施工实际情况，编制管线破损、损毁、堵塞等突发事件的现场处置应急预案	二级	
134	电工、电焊工等特种作业人员未持有效证件上岗，或未进行培训并考核合格	二级	管线现场管理
135	未向作业人员提供合格的安全防护用品	二级	安全防护用品
136	未建立安全检查制度、事故隐患排查治理制度	二级	安全检查

续表

序号	隐患内容	隐患级别	备注
137	未按规定开展进场、转序、重新上岗、事故责任人及班前的教育培训	二级	安全教育
138	存在违规作业或违章指挥现象	二级	安全验收
139	未按规定对工程重要部位或环节进行安全条件验收	二级	
140	未组织高大模板工程、脚手架工程、竖井提升架与建筑起重机械安装等重大风险工程的验收	二级	
141	关键岗位人员、特种作业人员未持有效证件上岗	二级	单位资质与人员资质
142	未按规定或合同约定配备项目安全管理人员，或专职安全管理人员数量不满足要求	二级	
143	未按规定使用安全文明施工措施费	二级	费用管理
144	分包单位未取得安全生产许可证或过期	二级	分包管理与协调管理
145	未与在同一场所作业的其他施工单位签订安全管理协议	二级	
146	现场作业人员劳动合同签订未达到100%，未报总包单位备案	二级	
147	对施工影响范围内的重要建（构）筑物未采取专项防护措施	二级	工程周边环境保护
148	施工前未核查工程周边环境现状，或核查结果与建设单位提供的资料不符时未反馈给建设单位	二级	
149	当地质条件和施工状况发生较大变化时未及时修改施工组织设计或编制专项方案	二级	施工组织设计与专项方案
150	使用国家明令淘汰或禁止使用的工艺、产品	二级	
151	未按规定进行审查审批，或未落实审批意见	二级	
152	未编制施工组织设计或施工组织设计无安全技术措施	二级	
153	未建立健全项目实名制管理工作制度、人工工资发放领用制度、人工工资应急支付保障等制度，或实名制管理职责不明确	二级	实名制管理
154	总包单位未按要求将民工工资单独列账，或未做到将工资款和工程款分别拨付	二级	
155	事故、险情未按规定报告，处置不及时、无效或调查、处理不认真	二级	事故报告处理
156	未建立事故报告与调查处理制度	二级	
157	未落实事故调查报告提出的处理意见和防范措施	二级	
158	事故、险情发生后未立即启动应急预案	二级	应急管理
159	未按规定编制、评审、发布、备案生产安全事故综合应急预案、专项应急预案和现场处置方案	二级	
160	未按计划组织预案演练或演练流于形式	二级	
161	未设置应急逃生通道或通道被堵塞	二级	
162	未建立安全生产责任制和安全生产奖惩制度	二级	责任制度与目标管理

续表

序号	隐患内容	隐患级别	备注
163	临近基坑废弃雨污水封堵未进行隐蔽工程验收	二级	暴雨及地质灾害
164	临时建筑、围墙和工程的基础结构或土体（如暗挖、明挖作业面、边坡）暴雨来临前未采取抗渗、抗冲刷、防浸泡等措施（注浆加固、混凝土封闭或彩条布覆盖）	二级	
165	施工现场或项目部地势低洼，且无有效防范措施	二级	
166	通往隧道的所有可能进水管（口）未进行可靠封堵	二级	
167	未对工程周边有压自来水管道、雨、污水管线进行排查或采取防护措施不力，通往基坑（隧道）的所有可能进水管（口）未进行可靠封堵	二级	
168	室外遭遇龙卷风时未及时组织人员按照龙卷风影响方向的反方向或侧方向移动躲避	二级	大风防范
169	未按大风预警要求对临时建（构）筑物、围挡或其他高大设施采取特殊加固措施或拆除，汽车吊、履带吊、钻机等高大设施未趴臂并加固到位，水泥罐未加固到位，机具设备未转移到地势高处	二级	
170	冰雹预警后未及时组织室外人员撤离到室内	二级	低温、冰雪、大雾天气防范
171	临时建筑、围墙和工程的基础结构、土体存在开裂并存在被积雪浸泡风险，未及时采取相应防护措施	二级	
172	临时建筑设施因冰雹荷载发生损坏，未采取相应措施	二级	
173	确因安全需要登高作业的，脚手架、梯道及临边洞口未进行清理或无防滑措施	二级	
174	未按特殊气候预警要求安排项目负责人值守、巡查	二级	方案及人员
175	未编制特殊气候施工方案、应急预案或未经过审批	二级	
176	无中暑事故应急预案	二级	高温天气
177	对在其他防雷保护范围以外的临时设施和突出机械未设置避雷装置	二级	雷电防范
178	未按要求停止高空（含脚手架）作业、起重吊装作业	二级	
179	未及时组织在空旷场所作业人员撤离	二级	
180	防特殊气候设备、物资不到位，水泵的数量、排水量不满足要求	二级	设备物资准备
181	未建立防灾应急抢险队伍	二级	应急管理
182	施工组织方案未明确特殊气候下施工应采取的相应安全措施	二级	预警
183	隧道掌子面未封闭加固，基坑支护不到位、高边坡加固不到位、周边堆土未清理	二级	
184	未按预警等级要求停止室外作业或其他危险性较大作业（如吊装作业），并撤离人员到安全地方	二级	
185	存在临时用电、机械设备、安全防护等隐患未消除，或未书面经监理单位批准擅自复工	二级	灾后复工
186	特殊气候结束后、复工前未进行专项安全检查	二级	
187	翻斗车制动装置不灵敏	二级	场内运输车
188	交流焊机未设置二次侧空载降压防触电保护器	二级	电焊机
189	未做保护接零、未设置漏电保护器	二级	

续表

序号	隐患内容	隐患级别	备注
190	传动部位未设置防护罩	二级	钢筋机械
191	机械安装后无验收合格手续	二级	
192	安全保护装置不全或失灵	二级	其他施工机具、设备
193	测量仪器、设备未定期标定或未进行现场校验复核	二级	
194	使用国家明令淘汰或超期服役的机具设备	二级	
195	未按规定进行维护保养	二级	
196	压力容器、管道的安全阀未按照要求进行检验标定	二级	
197	气瓶及其安全附件不合格，或气管老化、破损	二级	气瓶
198	气瓶未安装减压器	二级	
199	氧气瓶和乙炔瓶间距小于5m，距明火小于10m，无隔离措施	二级	
200	乙炔瓶无防回火装置	二级	
201	负荷线未使用专用防水橡皮电缆且线缆有接头	二级	潜水泵
202	机械进场或安装后未履行验收手续	二级	三轴搅拌机、拔桩机
203	机械与输电线路安全距离不符合规范要求	二级	
204	作业前未按规定编制专项施工方案或未按规定进行安全技术交底	二级	
205	除尘器、压力安全阀、高低料位计和卸料阀等配件不齐全、不灵敏	二级	散装水泥储存设备
206	Ⅰ类工具未采取保护接零或未设置漏电保护器	二级	手持电动工具
207	使用Ⅰ类手持电动工具未按规定穿戴绝缘用品	二级	
208	电锯安装后是未履行验收程序	二级	圆盘电锯
209	使用多功能木工机具	二级	
210	未设置锯盘护罩、分料器、防护挡板等安全装置，传动部位未设置防护罩	二级	
211	未做保护接零、未设置漏电保护器	二级	
212	动火（电气焊）区域有地下管线检查井（室）	二级	动火管理
213	动火作业未严格执行动火审批制度	二级	
214	防水板焊接、木模板上钢筋焊接无看火人	二级	
215	施工现场消防通道、消防水源、消防设施与器材的设置不符合防火规范要求	二级	临时设施防火管理
216	储存易燃物料时无防火安全措施	二级	易燃物品管理
217	违规储存爆炸物品	二级	
218	氧气瓶、乙炔瓶工作间距、两瓶与明火作业间距不符合标准规定	二级	
219	宿舍区消防疏散通道被占用或堵塞	二级	消防设施与器材
220	未定期检查和维护消防器材，保证消防器材、设施灵敏有效	二级	
221	未设置逃生通道或逃生通道不畅通	二级	应急措施

续表

序号	隐患内容	隐患级别	备注
222	施工区和办公区、生活区划分不明显，未设置分隔设施	二级	办公与住宿
223	施工现场使用的装配式活动房屋无产品合格证	二级	
224	宿舍净高、宽度、居住人数已超过规定要求	二级	
225	现场搭建宿舍等临时设施不符合结构安全要求	二级	
226	在施工区，伙房、库房、在建工程兼作住宿	二级	
227	无急救措施和急救器材	二级	保健急救
228	易燃易爆物品未分类储藏在专用库房，或库房安全距离不符合规范要求或未采取防火、防渗措施	二级	材料管理
229	施工现场进出口无大门或门垛，大门设置不符合要求	二级	封闭管理
230	夜间未经许可施工的	二级	和谐社区
231	在围墙外未设置防来车碰撞设施、限速标识、无交通警示灯	二级	交通疏导
232	食堂工作人员未按规定每年进行身体检或无健康证上岗	二级	生活设施
233	食堂与厕所、垃圾站、有毒有害场所距离不符合规范要求	二级	
234	排水无专门规划，无完善的排水系统，无排水设施或排水不畅	二级	施工场地
235	施工现场土方作业、裸露场地等无防止扬尘措施	二级	
236	未设置防止泥浆、污水、废水污染环境措施或堵塞下水（河）道措施	二级	
237	无文明施工专项方案	二级	施工方案
238	施工造成道路沉降、交通设施损坏未及时处理或处理不当造成损失的	二级	市政道路
239	场内紧邻围挡堆放物资，围挡材料破损、不坚固、不稳定、不整洁、不美观	二级	现场围挡
240	工地周围未按规定设置封闭围挡	二级	
241	围挡设置高度、基座、彩钢板、加固等不符合宁波轨道交通施工标准化管理手册的规定	二级	
242	碗扣式脚手架未按规范要求设置竖向专用斜杆或八字形斜撑	二级	脚手剪刀撑
243	剪刀撑搭接扣件数量不足	二级	杆件连接
244	可调托撑插入立杆内长度小于 15cm，伸出长度超过 30cm	二级	
245	扣件、锁件紧固力矩不符合规范要求	二级	
246	钢管、可调托撑、扣件未进行复试、无取样检测报告或无产品出厂合格证、出厂质量检验报告，技术性能不符合安全标准规定	二级	构配件材质
247	钢管弯曲、变形、锈蚀严重	二级	
248	钢管直径、壁厚、材质不符合方案及规范要求	二级	
249	泵送混凝土输送管、其他设施的缆风绳固定在架体上	二级	管理与维护
250	拆除主节点处的纵横向水平杆、纵横向扫地杆	二级	
251	在脚手架基础及临近处进行挖掘作业	二级	
252	架体拆除未编制拆除方案或拆除顺序不符合要求	二级	架体拆除
253	架体基础不平、不实、不符合方案设计及规范要求	二级	架体基础
254	架体搭设完毕未办理验收手续	二级	交底与验收

续表

序号	隐患内容	隐患级别	备注
255	架体外侧未设置密目式安全网封闭、网间连接不严密	二级	脚手板与防护
256	脚手板未满铺、铺设不牢固、不稳定、有飞跳板、有探头板	二级	
257	作业层脚手板下采用安全平网兜底，每隔10m采用安全平网封闭	二级	
258	吊装时无关人员进入警戒区	二级	安全警戒
259	作业时起重臂下有人停留或吊运物体从人的正上方通过	二级	
260	吊运重物起升和下降速度不平稳、均匀，进行突然制动	二级	操作控制
261	在满负荷或近满负荷时，降落臂杆同时进行两个动作	二级	
262	承载载荷、就位及指挥未按专项施工方案执行	二级	多机协作
263	单机升降、运行幅度过大或速率过快	二级	
264	多机协作中单机荷载超过额定荷载的80%	二级	
265	吊钩、卷筒、滑轮磨损达到报废标准	二级	钢丝绳与索具
266	吊钩、卷筒、滑轮未安装钢丝绳防脱装置	二级	
267	吊索规格与吊物重量不匹配或机械性能不符合设计要求	二级	
268	钢丝绳磨损、断丝、变形、锈蚀等达到报废标准	二级	
269	索具安全系数选用不符合规范要求	二级	
270	索具采用编结连接时，编结部分的长度不符合规范要求	二级	
271	索具采用绳卡连接时，绳卡的规格、数量及绳卡间距不符合规范要求	二级	
272	高处作业平台设置不符合规范要求或作业平台临边防护不符合规定要求	二级	高处作业
273	结构吊装时未设置防坠落措施或未按规定设置安全带悬挂点	二级	
274	未按规定设置高处作业平台，起重吊装人员作业没有可靠立足点	二级	
275	构件码放超过作业面承载能力	二级	构件堆放
276	被吊物体上方、下方有人或吊具载运人员	二级	过程控制
277	被吊物体上有浮置物	二级	
278	吊运气瓶、零杂小型物料时未使用专用吊篮，或采用专用吊篮时物料装放过满	二级	
279	吊装重量不明（包括埋在地下）的物体	二级	
280	工件紧固不牢、斜拉工件	二级	
281	有超载作业情况或起重机主钩、副钩同时作业	二级	
282	吊运体积较大或接近移动式起重设备额定载荷的构件时，配重设置不符合说明书要求	二级	起重吊装条件验收
283	起重机与架空线路、建构筑物安全距离不符合规范要求	二级	
284	移动式起重机械进场后未组织验收	二级	
285	司机、司索、信号工未持特种作业证上岗	二级	人员配备
286	未设置专职信号指挥或司索人员	二级	
287	作业人员（包括进场的租赁单位的人员）未经过专门教育和安全技术交底	二级	
288	方案未按规定审批或方案可操作性不强	二级	施工方案
289	占用市政道路从事起重吊装作业，未办理《临时道路占用、挖掘许可证》	二级	占道吊装

3. 隐患分级汇总表（三级，见表 11-6）

表 11-6　隐患分级汇总表（三级）

序号	隐患内容	隐患级别	备注
1	光线不足未设置足够照明	三级	盾构隧道施工安全
2	人行通道端部未采用阶梯顺接上下，且方向设置不当	三级	
3	人行通道设置不规范，角钢支撑、走道板、防护栏杆有缺失	三级	
4	未按应急抢险物资配备清单配备应急物资和设备	三级	
5	走道板长度与角钢支架间隔一致，走道板铺设后出现移动、探头板或错台	三级	
6	盾构或其配套设备无质量合格证明文件	三级	
7	新造或改造盾构机未进行出厂验收	三级	
8	洞门施工现场未准备应急物资	三级	
9	管片吊运过程中未使用吊带等专用设备	三级	
10	管片堆放场地的通道不通畅	三级	
11	管片堆放场地未按标准化规定进行硬化处理，无排水措施；或未配备可移动式防护棚	三级	
12	拼装机旋转范围有人或障碍物	三级	
13	未对管片、螺栓进行进场验收	三级	
14	穿越既有地铁线、建（构）筑物和特殊地段前未对设备和刀具进行检查，不能满足连续掘进要求	三级	
15	盾构掘进进尺达到 100m 后，未安装并启用向洞内通风设备	三级	
16	管片吊运影响范围内有人和障碍物，管片抓举头安装不牢固可靠	三级	
17	管片拼装记录不齐全	三级	
18	拼装机旋转时，旋转范围有人或障碍物	三级	
19	施工过程未详细记录掘进参数、注浆量、出土量等	三级	
20	同步注浆配比未按设计方案实施，注浆量不足、注浆不及时、注浆压力达不到要求	三级	
21	未定期对掘进过程及参数进行安全评估	三级	
22	未进行试掘进并根据结果优化掘进参数	三级	
23	未制定盾构机维护保养计划或维护保养记录不齐全	三级	
24	盾构气压作业前未对作业人员、控制室内气压或闸门管理员进行专门的培训、教育、安全技术交底	三级	
25	开仓作业全过程未做好记录	三级	
26	未对掌子面稳定性进行检测、巡视并留记录	三级	
27	无开仓审批、作业时间、刀具更换等记录	三级	
28	作业人员压气作业时间或加、减压时间不符合带压进仓作业规范规定	三级	
29	测点布设不及时、埋设位置或深度不符合相关规定要求，有破坏、遮挡，破坏点未及时修复	三级	
30	测量、监测点设置不符合设计和规范要求或涂改测量原始记录	三级	

续表

序号	隐患内容	隐患级别	备注
31	未按规定要求进行盾构机通过后地层空洞隐患探测	三级	盾构隧道施工安全
32	未按设计及工程情况及时处理、分析、反馈监测数据，确保数据真实、准确、完整	三级	
33	无监测记录及成果，缺少责任人签字且归档保存	三级	
34	未按设计编制、审批施工监测方案，或必测项目不符合规范规定	三级	
35	未对不予采纳的专家意见进行说明	三级	
36	专项方案、监测方案或应急预案的内容不全、针对性不强	三级	
37	盾构洞门未按设计要求制作洞圈（钢环）和密封装置	三级	
38	始发与接收未对管片采取限位、固定措施，或未按要求对管片螺栓进行复紧	三级	
39	未对盾构机主机、接收托架进行巡查	三级	
40	未在洞门掌子面钻孔探测地质和加固情况	三级	
41	车辆、轨道无日常检修保养记录	三级	
42	车辆安全、警示装置或动力、制动功能等存在故障，“带病”行驶	三级	
43	车辆连接不可靠或无保险链、超载、超限	三级	
44	电瓶车司机未持有效证件上岗	三级	
45	电瓶车未安装动态摄像头监控系统	三级	
46	水平、垂直运输设备及轨道未及时维修保养并留存记录	三级	
47	隧道内存在杂物未清理、积泥水影响车辆通行	三级	
48	未采取人车分行措施，或行车区域内施工作业未采取有效安全防护措施	三级	
49	无联络信号或联络信号不合理、不准确	三级	
50	无联络信号或联络信号不准确	三级	
51	不按规定设置安全绳	三级	安全带
52	作业人员安全带系挂不符合要求	三级	
53	安全帽不符合标准、资料不齐全	三级	安全帽
54	进入施工现场不戴安全帽	三级	
55	作业人员未正确佩戴安全帽	三级	
56	电焊人员未按要求佩戴护目镜等	三级	电气作业防护用品
57	绝缘手套、绝缘鞋不符合标准，或绝缘失效	三级	
58	防护设施未形成定型化、工具化	三级	洞口防护
59	未按照规范设置警示标识	三级	
60	防护栏杆高度低于120cm，抗外力冲击达不到1000N	三级	临边防护
61	高于2.0m的爬梯无防护笼等措施	三级	
62	临边防护措施不符合标准化要求或不严密	三级	
63	防护棚长度不符合要求	三级	通道口防护
64	防护棚的材质不符合要求	三级	
65	防护棚宽度不大于通道口宽度	三级	
66	防护棚两侧未进行防护	三级	

续表

序号	隐患内容	隐患级别	备注
67	物料平台未在明显处设置限定荷载标牌	三级	物料平台
68	物料平台支撑架未与工程结构连接或连接不符合要求	三级	
69	未悬挂验收合格牌	三级	移动式操作平台
70	未建立职业危害防护用品管理档案	三级	职业危害防护
71	未建立职业危害防护用品管理制度	三级	
72	未配备护耳用品、防护口罩、急救箱等职业病防护用品	三级	
73	钻孔、注浆、喷混凝土、切割、打磨及其他扬尘作业不戴防尘口罩	三级	
74	作业现场未采取除尘、降噪、有害气体检测等防护措施	三级	
75	吊钩防脱装置破损、缺失	三级	移动式起重机安全装置
76	吊钩及滑轮有裂纹，危险断面磨损大于相关规定的要求	三级	
77	起重机距基坑边缘距离不符合规范要求	三级	安全作业
78	起重机支设不牢固、不稳定	三级	
79	钢丝绳断丝、锈蚀、缺油润滑	三级	钢丝绳
80	钢丝绳选用型号不符合规范要求	三级	
81	出租和承租双方未签订租赁合同及安全管理协议	三级	进场验收
82	设备无进场报检验收资料或验收人员签字不全	三级	
83	车灯不齐、灯光不正常	三级	外观情况
84	传动轴螺丝不紧固、缺少螺丝现象	三级	
85	方向机横竖拉杆松动	三级	
86	轮胎（履带）螺丝不紧固、缺少螺丝	三级	
87	全车有的部位存在变形现象	三级	
88	仪表设置不齐全或不正常	三级	
89	有漏气、漏水、漏油部位	三级	
90	变幅油缸有下滑现象	三级	液压传动
91	液压泵压力不正常	三级	
92	液压油温有异常	三级	
93	支腿不能正常伸缩、存在下滑拖滞现象	三级	
94	主臂回转不正常	三级	
95	主臂伸缩油缸不正常存在下滑现象	三级	
96	大功率、高热量照明灯具与可易燃材料未有足够安全间距	三级	电气消防安全
97	电缆（线）截面不满足用电设备荷载要求	三级	
98	电气设备、线路老化、残破、线路发热未及时更换处理或接头处理不当	三级	
99	电气设备未设置过载、短路保护	三级	
100	电气线路或设备与可易燃材料无足够安全间距，又无安全措施	三级	
101	发电机用油桶直接供油	三级	
102	未配置适用于电气火灾的灭火器材	二级	
103	易燃物资储存、使用或可易燃气体，有爆炸和火灾危险的场所，按危险场所等级选用防爆型电气设备	三级	
104	与消防有关的设备未使用阻燃电缆供电	三级	

续表

序号	隐患内容	隐患级别	备注
105	电器具安全距离、爬电距离不符合要求	三级	电器装置
106	电器装置损坏未及时更换或未停止使用	三级	
107	配电装置中的仪表、电器组件设置不符合规范要求	三级	
108	使用国家已淘汰产品	三级	
109	闸具、熔断器参数与设备容量不匹配或安装不符合要求	三级	
110	闸具不具备过载、短路功能或漏电保护器额定动作电流、动作时间不符合规范要求	三级	
111	保护零线材质、规格及颜色标记不符合规范	三级	接地与接零保护系统
112	保护零线上装设开关、熔断器或与工作零线混接	三级	
113	保护零线引出位置不符合规范	三级	
114	电气设备未接保护零线或接零保护不符合要求	三级	
115	工作接地与重复接地（设置、安装、材料）不符合要求	三级	
116	配电系统未采用同一保护方式	三级	
117	突出设施防雷措施不符合规范（或设计）要求	三级	
118	地面未铺绝缘垫	三级	配电室与变配电装置
119	发电机组电源未与外电线路电源实行连锁	三级	
120	发电机组未独立设置接地装置、未实行 TN ~ S 接零保护系统	三级	
121	发电机组未配置双掷开关	三级	
122	配电室建筑、室内电气设备布设不符合要求	三级	
123	配电室门开启方向不符合规范要求	三级	
124	配电室未采取防雨雪和小动物侵入的措施	三级	
125	配电装置中的仪表、电气元件设置不符合规范要求或仪表、电气元件损坏	三级	
126	未设警示标志、消防设施或消防设施布置图、工地供电平面图和系统图	三级	
127	存在乱拉乱接或架空缆线上吊挂物品现象	三级	配电线路
128	使用民用插线板、卷线盘或多孔插座	三级	
129	室内明敷主干线距离地面高度小于 2.5m	三级	
130	未使用五芯电缆	三级	
131	线路截面不能满足负荷电流	三级	
132	电箱内未按要求设置隔离开关或隔离开关无可视断点	三级	配电箱开关箱
133	电箱无门、无锁、无防雨措施	三级	
134	分配电箱与开关箱的距离、开关箱与用电设备的距离不符合规范	三级	
135	开关箱（末级）无漏电保护装置或漏电保护装置失灵	三级	
136	漏电保护器参数不匹配或检测不灵敏	三级	
137	配电箱、开关电箱进出线混乱或未配置固定线卡、绝缘护套	三级	
138	配电箱的电器安装板上未正确设置 N 线端子或 PE 线端子板	三级	
139	配电箱与开关箱安装位置不当、周围杂物多不便于操作	三级	

续表

序号	隐患内容	隐患级别	备注
140	配电箱与开关箱结构设计、电器设置不符合规范	三级	配电箱 开关箱
141	配电箱与开关箱内未绘制系统接线图和分路标记	三级	
142	未使用标准电箱或电箱内电气元件不符合规范要求	三级	
143	箱体安装位置、高度及周边通道不符合规范要求	三级	
144	箱体及箱门未做接零保护	三级	
145	箱体结构、材料、箱内电器元件设置不满足规范要求	三级	
146	闸具损坏、闸具、垫板材质不符合要求	三级	
147	架设防护设施时，未经有关部门批准，未采用线路暂时停电或其他可靠的安全技术措施，无电气工程技术人员和专职安全人员监护	三级	外电防护
148	未经建设单位或其他施工单位同意，擅自从车站或隧道供电线路接线	三级	
149	灯具金属外壳未做接零保护	三级	现场照明
150	地下暗挖、潮湿等特殊场所未按规定使用 24V 及以下安全电压	三级	
151	未按照要求在阴暗作业场所、通道口设置照明或应急疏散照明	三级	
152	照明未采用专用回路或照明专用回路未设漏电保护，照明用电与动力用电混用	三级	
153	照明线路接线混乱或安全电压线路架设不符合规范要求	三级	
154	电工未持证上岗或操作证未在有效期内	三级	用电管理
155	临时用电组织设计及变更不符合“编制、审核、批准”工作要求	三级	
156	未按规定进行接地电阻、绝缘电阻测试和漏电保护器检测，或记录未如实填写	三级	
157	未进行安全技术交底、临时用电系统投入使用前未按要求进行验收或记录填写不真实	三级	
158	未有电工巡视维修记录、填写不真实	三级	
159	安装、拆卸现场地锚、缆风绳等重要保护措施不符合方案	三级	龙门吊安装、 拆卸与验收
160	安装、拆卸作业现场未安排专人监护或未设置警戒区域	三级	
161	未签订安装合同、合同中未明确安全管理责任	三级	
162	项目经理未在安装、拆卸期间现场带班	三级	
163	吊钩无保险装置	三级	保险装置
164	上人爬梯无护笼、无安全门或护笼、安全门不符合要求	三级	
165	未设置紧急断电开关或安装位置不当或开关失效	三级	
166	电缆盘同步损坏、工作电缆拖地、泡水，无保护措施	三级	电气安全
167	钢轨两端未做环形连接，每 30m 未做重复接地	三级	
168	接地电阻大于规范要求	三级	
169	龙门吊开关箱未设置保护接零	三级	
170	未设置金属结构接地装置或轨道的接头处未做电气连接	三级	
171	未设置专用开关箱、开关箱内电器组件不符合要求	三级	
172	钢丝绳卡不符合规定	三级	吊钩和 钢丝绳
173	钢丝绳选用型号不符合规范要求	三级	

续表

序号	隐患内容	隐患级别	备注
174	轨行区内堆码物料及障碍物	三级	防护及警示
175	危险部位未设置安全标识	三级	
176	未安装警示灯或警示灯失效	三级	
177	轨道钉、紧固螺栓、挡块、压板、弹条等扣件松脱	三级	轨道
178	轨道接头处高低偏差、左右错位偏差不符合要求	三级	
179	轨道接头处间隙过大	三级	
180	轨道跨距偏差不符合要求	三级	
181	轨道两侧无缓冲器和端部止挡	三级	
182	轨道扭度过大	三级	
183	轨道上堆积物料或存有影响安全运行的其他障碍物	三级	
184	轨道弯曲偏差不符合要求	三级	
185	轨道与基础间固定方式不符合要求	三级	
186	轨顶面或侧面磨损量过大	三级	
187	未按要求设置夹轨钳、铁鞋等锚定装置	三级	
188	维修保养记录不真实	三级	检查检测与维修保养
189	维修保养委外的无合同或合同已过期、被委托单位无相应资质	三级	
190	平台、走道、梯子、栏杆等不符合规范要求	三级	结构设施
191	司机及指挥人员没有教育培训记录和交底记录	三级	司机与指挥
192	信号传递未使用旗语或对讲机或地面、地下未设两级指挥	三级	
193	地下管线未设置管线提示标牌、名称和路径标记，管线探坑未采取可移动护栏进行围闭防护	三级	管线保护
194	盾构施工注浆加固、洞内跟踪注浆等作业未制定有针对性的保护方案，未明确钻孔位置、钻孔深度、注浆参数等或损毁地下管线影响后期正常使用	三级	
195	管线核查、保护中未与管线产权单位对接	三级	
196	未及时建立健全管线保护现场巡查制度，未定期对施工区域内管线进行巡查、监控	三级	
197	现场裸露的管线未采取设置隔离墩等措施进行防护	三级	
198	现场未在七牌二图旁边设置详细的管线平面布置图，重要管线未注明保护措施	三级	
199	对放坡开挖等部位，没有提前测量放线，标识出影响范围，或未及时进行管线探测	三级	管线调查勘测
200	盾构施工区域周边、盾构区间上方管线及相关设施等未提前进行详细调查，制定有针对性的保护方案	三级	
201	施工影响范围内相关管线的类型、规格、数量及所属产权单位等信息搜集不全或制定的保护措施无针对性	三级	

续表

序号	隐患内容	隐患级别	备注
202	管线迁改施工筹划、施工先后顺序不合理或现场实施不到位造成相互干扰、引起安全事件	三级	管线改迁
203	开挖作业前未再次核实相关管线的类型、规格、数量及所属产权单位等，且未编制《管线迁改及保护管理手册》	三级	
204	施工区域地下管线采取的保护形式（原位保护、悬吊保护、破管悬吊保护、临时迁改保护）不符合现场实际	三级	
205	顶管施工专项方案中未说明施工方法、施工流程、设备选型、建筑物及周边环境监测、安全质量保证措施	三级	管线施工专项方案
206	市政管线深沟槽施工专项方案未说明测量放样、沟槽开挖、沟槽检验、管道基础施工方法、管道运输、管道铺设、沟槽回填、建筑物及周边环境监测、安全质量保证措施	三级	
207	未安排安全副经理或安全总监、管线工程师全面负责标段内管线保护工作	三级	
208	安全技术交底未履行双方签字手续，存在签字弄虚作假现象	三级	管线改迁交底与验收
209	交底不全面无针对性，未就有关施工安全要求对施工班组、作业人员交底	三级	
210	未定期组织各级人员进行培训、教育及安全技术交底	三级	
211	未填报《管线类施工作业审批表》或未组织管线施工条件验收	三级	
212	未制定各工种安全技术操作规程	三级	
213	未按规范要求使用和管理施工用电	三级	管线改迁现场管理
214	未按施工现场安全文明施工标准要求进行施工和管理或未能主动配合并接受地盘管理单位的管理	三级	
215	未办理动火证，擅自动火作业，未在规定位置放置灭火器材	三级	
216	未落实安全防护及交叉作业防护措施	三级	
217	未按部位和现场设施的变化调整安全标识设置	三级	安全标识
218	未绘制现场安全标识布置图	三级	
219	未建立安全防护用品管理档案	三级	安全防护用品管理
220	未建立安全防护用品管理制度	三级	
221	安全技术交底不全面、无针对性	三级	安全技术交底
222	未制定安全技术交底制度	三级	
223	未制定各工种安全技术操作规程或操作规程未挂设在作业场所显著位置	三级	
224	无书面安全技术交底或未履行双方签字手续	三级	
225	项目技术人员（专项方案编制人员）未就有关施工安全要求对现场管理人员、施工班组、作业人员交底	三级	
226	对发现的安全质量隐患未按“五到位”（责任、时限、措施、资金、预案到位）原则落实整改	三级	安全检查
227	企业负责人或项目经理未按规定带班检查（生产）	三级	
228	未按规定开展安全管理标准化自评	三级	
229	未建立健全安全检查档案（事故隐患排查治理台账）	三级	
230	未有效开展日常、定期、季节性安全检查（隐患排查）或安全专项整治	三级	

续表

序号	隐患内容	隐患级别	备注
231	进行高处作业、有限空间作业、设备检修调试等危险作业时，未设明显标识、正确显示工作状态	三级	安全教育和班前活动记录
232	未按要求组织开展班前安全活动或无记录	三级	
233	未对作业人员普及触电、高处坠落或有限空间中毒（窒息）等事故应急救援知识	三级	
234	未建立安全生产教育制度或安全教育档案不齐全	三级	
235	未建立班前安全活动记录	三级	
236	未进行年度安全教育或教育培训学时达不到要求	三级	
237	未进行重大危险源辨识、登记、公示	三级	
238	有较大危险因素的设施、设备、场所未设置明显标识、警戒围栏或安全引导语等安全警示标志	三级	
239	在隐患没能及时整改的场所未设置隐患告知牌	三级	
240	工程（临时）停工前未进行风险评估并落实相应措施，或复工前未进行安全检查	三级	安全验收
241	危险性较大分部分项工程施工时无专职安全管理人员现场监督	三级	
242	未按要求进行现场安全防护、消防设施验收	三级	
243	未建立工程重要部位、环节施工前条件验收制度（包括进入有限空间、压力/高压设备调试区域的安全许可）	三级	
244	安全管理制度不完善	三级	单位资质与人员资格
245	盾构机司机上岗前未经（施工单位）实际操作考核合格	三级	
246	监测人员的配备不能满足工程需要	三级	
247	违反规定调换项目经理或项目经理同时在其他工程项目兼任	三级	
248	项目部未建立安全管理体系，体系文件未经监理备案或批复	三级	
249	项目经理等“三类人员”无安全生产考核合格证或未持安全生产考核合格证上岗	三级	
250	项目主要管理人员未按规定到岗履职或未在现场带班	三级	
251	主要人员不熟悉项目重大风险源、控制措施及管理规定	三级	
252	未编制安全资金使用计划或未按计划实施	三级	费用管理
253	未建立安全文明施工措施费用管理制度	三级	
254	分包单位的“三类”人员资格不符合要求，人员发生变化时未及时进行核查	三级	分包管理与协调管理
255	分包单位管理人员未到岗履职	三级	
256	分包单位未按规定建立安全管理机构、配备安全员	三级	
257	分包合同未按规定向建设行政主管部门备案	三级	
258	施工总包单位与分包单位的安全责任不明确	三级	
259	与机械设备、施工机具及配件的出租单位未签订合同或合同未规定产品技术性能与质量安全要求	三级	
260	专业分包合同未按规定向建设单位备案	三级	
261	总包单位未按要求对分包队伍开展安全教育、安全检查，或未对劳务作业进行安全管理	三级	

续表

序号	隐患内容	隐患级别	备注
262	对拟采用的无现行工程建设强制性标准的新技术、新工艺、新材料，未进行技术论证	三级	施工组织设计与专项方案
263	施工组织设计的安全措施不全面或针对性不强	三级	
264	未与施工组织设计同步编制标准化实施方案	三级	
265	实名制管理的“三本台账”记录不真实、未经负责人员签认，或未能根据现场动态及时更新	三级	实名制管理
266	未按要求对现场作业人员计工（考勤）表、工资发放表进行公示	三级	
267	未留存现场人工工资发放影像、银行转账凭据等资料或留存不完整	三级	
268	未设置项目分包管理动态信息图、施工现场劳务用工信息和维权信息公示栏	三级	
269	未建立事故管理档案	三级	事故报告处理
270	未对隐患排查与治理的落实情况进行核查	三级	隐患排查治理
271	未按要求配备应急救援物资、设备、器材等资源，或未及时更换（置换）已失效的应急资源	三级	应急管理
272	未对预案进行定期评估，或出现规定情形时未对预案进行修订	三级	
273	未建立项目应急救援组织机构和队伍	三级	
274	预案、方案不全面、针对性不强	三级	
275	考核制度未有效落实，对责任人没有处理	三级	责任制度与目标管理
276	未进行安全责任目标分解或量化	三级	
277	未制定安全管理目标及其考核制度	三级	
278	未逐级签订安全生产责任书	三级	
279	场地排水系统排水能力不足（截面不足、坡度不足、淤积、堵塞等）	三级	暴雨及地质灾害防范
280	抽排水设施管（孔）口未有防水倒灌措施	三级	
281	非应急需要的露天电气设备在暴雨来临前未及时切断电源	三级	
282	基坑（竖井、斜井）、车站出入口等敞口工程周边挡水墙高度不满足要求	三级	
283	基坑及低洼处未布置有足够数量的水泵	三级	
284	基坑周边及低洼汇水处未按照要求设置防水墙或沙袋，防雨水倒灌	三级	
285	管理人员或作业人员未经特殊气候安全教育	三级	特殊气候方案与人员
286	未给相关人员配齐安全防护必需品	三级	
287	未建立防特殊气候组织机构	三级	
288	未建立预防特殊气候责任制，未设立领导小组或分工不明确	三级	
289	未按要求安排作息时间	三级	高温天气
290	未开展防暑降温安全教育	三级	
291	未配备发放防暑降温药品	三级	
292	避雷装置不符合规范要求	三级	雷电防范
293	防特殊气候设备、物资不满足现场需要，质量不符合要求，未建立台账或台账与现场不相符	三级	设备物资准备
294	现场防特殊气候措施落实不彻底，水泵未试水运行，水泵所需的配套设施（水管、配电箱、电线等）不齐全有效	三级	

续表

序号	隐患内容	隐患级别	备注
295	未制定防灾演练计划，或未按计划组织演练	三级	应急管理
296	未组织防灾预案培训，或培训不到位	三级	
297	预案未明确不同种类、不同程度的恶劣气候下施工禁止行为	三级	
298	安全检查发现的隐患未及时整改	三级	预警
299	台风、汛期等特殊气候到来前未组织安全大检查	三级	
300	未及时按照预案规定程序向有关人员传达特殊气候预警信息	三级	
301	应急发电机不满足要求或未准备就绪	三级	
302	基坑内积水未抽排干净，或未消除滑坡风险	三级	灾后复工
303	进入隧道、竖井前未进行有害气体检测	三级	
304	未对基坑、竖井、隧道、高边坡和周边环境等开展监测工作，未与停工前的关键数据进行比对，存在工程安全风险	三级	
305	固定式、移动式混凝土输送泵车未安装在平坦坚实的地坪上	三级	泵送机械
306	机械产生的噪声超过《建筑施工场界噪声限值》要求	三级	
307	机械周围排水不通畅	三级	
308	使用前未对泵送管、卡箍进行检查	三级	
309	场内照明不足	三级	场内运输车
310	车辆无后视镜	三级	
311	翻斗车灯光、警示标识不完整	三级	
312	司机未持证驾车	三级	
313	行车速度超过相关规范、方案的要求	三级	
314	行车载人或违章行车	三级	
315	电焊机安装后无验收合格手续	三级	电焊机
316	电焊机使用钢筋、脚手架（模板支架）或钢结构等金属构件代替二次接地线	三级	
317	电焊机未设置防雨罩（棚）或接线柱未设置防护罩	三级	
318	二次线长度超过规定或未采用防水橡皮护套铜芯软电缆	三级	
319	焊把线接头超过 3 处或绝缘层老化	三级	
320	一次线长度超过规定，过道无穿管保护	三级	
321	钢筋对焊作业区未采取防止火花飞溅措施或冷拉作业区未设置防护栏板	三级	钢筋机械
322	钢筋加工区未按标准化要求设置防护棚	三级	
323	未做保护接零，未设置漏电保护器	三级	
324	未在明显位置悬挂张贴机具、设备安全技术规程	三级	其他施工机具、设备
325	现场进场或安装后未履行验收手续	三级	
326	搬运气瓶气瓶未使用带遮阳罩和灭火器的推车	三级	气瓶
327	各种气瓶未标明标准色标	三级	
328	气瓶被油污染	三级	
329	气瓶未分类存放	三级	
330	气瓶无防晒措施	三级	
331	气瓶无防振圈、防护帽	三级	
332	乙炔瓶使用或存放时平放	三级	

续表

序号	隐患内容	隐患级别	备注
333	带电移动潜水泵	三级	潜水泵
334	未做保护接零，未设置漏电保护器	三级	
335	悬挂装置未采用绝缘装置或使用绝缘材料	三级	
336	出现卡钻、停钻或管路堵塞时，未停机查明原因	三级	三轴搅拌机、拔桩机
337	机械仪表、油泵、管路等设备有异响故障未排除	三级	
338	搅拌机未挂设备编号、操作规程及负责人等内容的标牌	三级	
339	平台、走道、梯子、栏杆等不符合规范要求	三级	散装水泥存储设备
340	使用后变形、螺栓连接不牢固、开焊开裂锈腐、连接件强度不符合安全要求	三级	
341	未制定维修保养制度，未按制度进行定期维修保养或维修保养记录不真实	三级	
342	使用手持电动工具随意接长电源线、更换插头	三级	手持电动工具
343	使用倒顺开关	三级	圆盘电锯
344	无人操作时未切断电源	三级	
345	操作人员未穿戴绝缘防护用品	三级	振捣器
346	电缆线长度超过 30m	三级	
347	未使用移动式配电箱	三级	
348	电焊等明火作业与各类可、易燃物的安全间距不足时无隔离措施	三级	动火管理
349	电焊机二次侧接线端子无防护罩	三级	
350	动火作业点无灭火器材且未采取控制火花飞溅措施	三级	
351	焊割用气管、表头老化、破损	三级	
352	气瓶无减压阀、回火截止阀或储存运输不符合防火要求	三级	
353	施工现场未设置防火指示、禁止、警告标识	三级	防火标识、消防资料
354	未按规定设置消防管理牌、防火标识牌	三级	
355	未建立消防档案或消防资料不齐全	三级	
356	没有对员工进行消防安全培训和防火技术交底	三级	防火责任
357	未根据装饰装修施工特点制定安全防火检查制度	三级	
358	未落实每月消防安全检查制度或没有保留记录	三级	
359	未明确宿舍、班组兼职消防安全员	三级	
360	未制定用火和使用易燃易爆材料等各项消防安全管理制度和操作规程	三级	
361	厨房、化学品储仓等易燃爆场所未独立设置	三级	临时设施防火管理
362	临建房屋配电线路布线未穿专用线管、未使用阻燃材料保护的现象	三级	
363	临时设施未经消防验收	三级	
364	施工现场未制定消防安全管理制度	三级	
365	宿舍私拉乱接电源，使用电热毯、电炉、热得快等大功率电器	三级	
366	储存、使用可燃物的区域无灭火器，与火（热）源（含电气设备）安全间距不符合要求	三级	施工现场易燃物品管理
367	机械设备跑冒滴漏油料或积油未及时清理	三级	
368	弃置的可燃垃圾杂物、包装材料未做到日产日清	三级	
369	未按照仓库防火安全管理规则存放、保管施工材料	三级	
370	在临建房屋内调配油漆稀料现象	三级	

续表

序号	隐患内容	隐患级别	备注
371	灭火器配置种类、数量与环境条件不相符	三级	消防设施与器材
372	施工现场和办公、生活区未按规定设置消防平面图	三级	
373	未按规定配备消防器材	三级	
374	未按规定设置应急照明及出口指示灯	三级	应急措施
375	未进行消防应急培训、交底、演练	三级	
376	未制定消防应急预案，预案内容不全面	三级	
377	宿舍、办公室私拉乱接电源，使用电炉、热得快等大功率电热器具、高热灯具	三级	文明施工（办公与住宿）
378	宿舍未采取保暖、消暑、防煤气中毒、防蚊虫叮咬、防疫措施	三级	
379	宿舍未设置床铺或未设置生活用品专柜，生活用品放置不整齐	三级	
380	宿舍未设置可开启窗户，通风、采光差，不整洁	三级	
381	宿舍周围环境不卫生、不安全	三级	
382	未明确卫生责任人并设置标牌	三级	
383	项目部未设置民工业余学校	三级	
384	未开展职业病及卫生防病宣传教育	三级	保健急救
385	无保健医药箱	三级	
386	无经培训的急救人员	三级	
387	建筑垃圾未及时清理、无序堆放，未做到工完场清	三级	材料管理
388	料堆未挂名称、品种、规格、合格、待检等标牌、堆放不整齐或无苫盖措施的	三级	
389	施工现场未按规定使用预拌混凝土或预拌砂浆	三级	
390	水泥和其他易飞扬的细颗粒建筑材料未密闭存放或未采取覆盖等措施	三级	
391	进入施工现场的施工人员未持工作卡或其他有效证件	三级	封闭管理
392	进入施工现场的移动式起重机无备案或进场验收	三级	
393	施工现场大门处未设置警卫室，外来人员出入无登记	三级	
394	在没有人员、材料、机械设备进出时工地大门敞开	三级	
395	工程竣工后未在规定时间内拆除临时设施或恢复道路	三级	和谐社区
396	未按设计措施进行古树名木或文物保护	三级	
397	未建立其他施工不扰民措施	三级	
398	现场焚烧有毒、有害、恶臭的物质或其他废弃物	三级	
399	暴雨、大风、大雾等特殊天气未按橙色、红色预警信号减少、停止户外作业	三级	环境保护
400	场地有明显积土、积水且未采取措施	三级	
401	三级沉淀池、洗车槽未有效使用	三级	
402	施工用水未经处理直接排入市政管网	三级	
403	未制定及实施防粉尘、防噪声、防废气排放、防光污染等措施	三级	
404	污水处置不符合要求，用有害废弃物回填，卫生管理不达标	三级	
405	基坑便桥未设置限载、限速和禁止超车、停车等标志	三级	交通疏导
406	路面有破损、污染、乱堆垃圾	三级	
407	水马不干净整洁、破损、摆放不整齐	三级	
408	占用、挖掘道路未按规定设置交通疏解告示、行人绕行提示、文明施工用语等施工标识	三级	

续表

序号	隐患内容	隐患级别	备注
409	不能保证供应卫生饮水且饮水安全管理不到位	三级	生活设施
410	厕所未设置水冲设备、无专人打扫，有污垢、臭味严重	三级	
411	生活垃圾未装容器、未及时清理	三级	
412	食堂的炊具、餐具或公用饮水器清洗消毒不及时	三级	
413	食堂燃气瓶（罐）未单独设置存放间或存放间通风条件不好，或未加装燃气报警装置	三级	
414	食堂生熟食未分开，未配备防蝇、蚊、鼠、蟑螂等设施	三级	
415	食堂食物留样不足 48 小时或未做好留样记录	三级	
416	食堂四周、地面未贴瓷砖或无排烟、隔油设施	三级	
417	食堂未办理餐饮服务许可证或卫生许可证	三级	
418	食堂未设专人管理、未制定管理制度或食堂管理制度未上墙	三级	
419	未设置淋浴室、地板未铺贴防滑地砖、未安装通风窗或淋浴室不能满足现场人员需求	三级	
420	工地未设置吸烟处或随意吸烟	三级	施工场地
421	施工现场未按规定安装视频监控装置及门禁系统	三级	
422	未按要求建立门禁考勤系统，或未将作业人员信息及时、真实、完整录入	三级	
423	现场道路不畅通，出入口和主要道路未按方案进行硬化处理	三级	
424	现场未设置车辆冲洗装置或车辆未经冲洗带泥上路，或运料未按当地规定遮盖	三级	
425	现场未设置大小便设施，有随地大小便现象	三级	
426	在噪声敏感区内未采取降噪措施将噪声控制在限值以下	三级	
427	生产、生活用水未采用节水型生活用水器具	三级	施工方案
428	未建立可回收再利用物质清单	三级	
429	未实行用水计量或用电计量管理	三级	
430	文明施工管理目标或措施不明确	三级	
431	文明施工专项方案基本内容（节地、节能、节水、节材、环保、水土保持和场地封闭、临时设施、公共安全与职业健康卫生等）有缺项	三级	
432	现场未定期检查文明施工实施情况	三级	
433	工地周边、出入口及道路路面、隔离栏杆等未及时清洁	三级	市政道路、道路设施
434	井盖、雨水箅子等缺失或不符合规定的	三级	
435	污水检查井或污水管道因施工造成堵塞	三级	
436	施工现场出入口未标有企业名称、标识	三级	现场标志
437	施工现场无安全标语	三级	
438	无绿色施工警示标识或职业卫生、安全警示标志	三级	
439	无宣传栏、读报栏等	三级	
440	现场未设置“七牌两图”或设置不全	三级	
441	围挡未沿工地四周连续设置，或转角通透围挡、交通警示灯设置不符合要求	三级	现场围挡

续表

序号	隐患内容	隐患级别	备注
442	现场未建立治安保卫制度或责任分解不到人	三级	综合治理
443	治安防范措施不力	三级	
444	按规定设置纵向剪刀撑与横向斜撑或支撑架斜杆	三级	钢管脚手架（杆件间距及剪刀撑）
445	剪刀撑未沿脚手架高度连续设置、角度不符合要求	三级	
446	剪刀撑斜杆的接长、剪刀撑斜杆与架体杆件固定不符合要求	三级	
447	立杆、纵向水平杆、横向水平杆间距不符合规范及设计要求	三级	
448	杆件对接扣件的布设不符合规范要求	三级	杆件连接
449	可调托撑安装不垂直居中，顶托与分配梁未全面接触	三级	
450	立杆接长除顶层顶步外其余采用搭接连接的	三级	
451	未在立杆与纵向水平杆交点处设置横向水平杆	三级	
452	纵向水平杆搭接长度小于1m、固定不符合要求	三级	
453	脚手板规格、材质不符合要求	三级	构配件材质
454	无接地防雷措施	三级	管理与维护
455	未划定拆除区域并设置警戒线和警戒标志，无专人看管	三级	架体拆除
456	向下抛掷脚手架构配件，拆下的构配件未及时分类堆码整齐	三级	
457	立杆底部缺少底座、垫板（混凝土基础除外）或立杆底部底座、垫板的规格不符合规范要求	三级	架体基础
458	未按规范要求设置纵、横向扫地杆	三级	
459	未设置排水措施或基础积水	三级	
460	架体底层第一步纵向水平杆处未按规定设置连墙件，或未采用其他可靠措施固定	三级	架体稳定
461	架体与建筑结构拉结方式或间距不符合规范要求	三级	
462	未按规定设置扫地杆或固定不符合规范要求	三级	
463	大雨后、停工一段时间复工后未重新组织验收	三级	交底与验收
464	架体搭设前未进行交底、交底未留有记录	三级	
465	未记录量化的验收内容或未经负责人签字确认	三级	
466	作业层端部脚手板探头长度和固定应符合规范要求	三级	脚手板与防护
467	作业层未按规定设置防护栏杆	三级	
468	作业层未设置高度符合规范要求的挡脚板	三级	
469	检修库外架安全通道上钢管等杂物清理不及时	三级	通道与卸料平台
470	通道入口无安全警示标志，工后未关门锁紧	三级	
471	通道设置（如：尺寸、坡度、走道宽度、材料、防护、安装等）不符合要求	三级	
472	未设置人员上下专用通道	三级	
473	卸料平台搭设不符合设计要求	三级	
474	卸料平台没有限定荷载标牌	三级	
475	卸料平台支撑系统与脚手架联结	三级	
476	荷载超过额定值	三级	

续表

序号	隐患内容	隐患级别	备注
477	未设专人警戒或未设警戒标识	三级	安全警戒
478	起重机吊运构件（设备）前未进行试吊	三级	操作控制
479	起重机主钩、副钩同时作业	三级	
480	未使用联络信号或信号方式不合理、不准确	三级	
481	转向操作不当，一侧回转未停稳时进行反向动作	三级	
482	左右加转不平衡，当回转未停稳时进行反向动作	三级	
483	吊索系挂点不符合专项施工方案要求	三级	多机协作
484	钢丝绳规格不符合起重机产品说明书要求	三级	钢丝绳与索具
485	未按规定设置爬梯或爬梯的强度、构造不符合规定	三级	高处作业
486	大型构件堆放未采取稳定措施	三级	构件堆放
487	物料堆放高度不符合规定	三级	
488	不使用旗语或对讲机传递指挥信号或存在乱指挥的现象	三级	过程控制
489	吊装时棱刃物与钢丝绳直接接触，未采取防护措施	三级	
490	起重机、吊索具使用不合理、与吊物重量不匹配	三级	
491	遇恶劣天气未停止吊装作业	三级	
492	作业结束、司机离开现场前未对起重机械采取锁紧、固定及其他防移动、防倾覆等措施	三级	
493	作业现场照明不充足	三级	
494	地面铺垫措施未达到要求	三级	起重吊装条件验收
495	移动式起重机械使用前未进行就位检查	三级	
496	支腿未伸展到位或支垫不牢固	三级	
497	大型吊装时未安排专人监护	三级	人员配备
498	对没有采纳专家意见未进行说明	三级	施工方案
499	路面上作业人员未佩戴反光衣	三级	占道吊装
500	未在作业地点来车方向安全距离处设置安全警示标识（夜间警示灯）或警示标识不准确	三级	

11.3　高架工程隐患分类实例

桥梁由于承台基坑开挖等项目，所以涵盖基坑工程的全部隐患分类项目，由于桩基工程和上部结构的复杂性，又因其线路长、社会干扰因素多，其隐患更为多见。根据施工阶段、施工工法及施工工艺，将本项目安全质量隐患 2 个大类，19 小类，其中 2 个大类分别为土建工程施工安全及土建工程施工质量，土建工程施工安全包括 15 个小类，土建工程施工质量包括 4 个小类。

土建工程施工安全隐患包括：安全管理隐患、文明施工隐患、施工用电隐患、安全防护隐患、起重吊装隐患、管线改迁保护施工安全隐患、模架工程隐患、挂篮安全隐患、钢管脚手架安全隐患、移动式起重机隐患、龙门吊隐患、施工机具隐患、基坑支护安全隐患、特殊气候施工安全隐患及消防安全隐患 15 个小类（表 11-7 ~ 表 11-21）。

表 11-7　安全管理隐患排查表

序号	排查项目	排查内容	隐患分类	整改时限（d）
1	单位资质与人员资格	1. 项目经理等“三类人员”无安全生产考核合格证或未持安全生产考核合格证上岗	三	3
		2. 未按规定或合同约定配备项目安全管理人员，或专职安全管理人员数量不满足要求	二	4
		3. 关键岗位人员、特种作业人员未持有效证件上岗	二	4
		4. 主要人员不熟悉项目重大风险源、控制措施及管理规定	三	3
2	责任制度与目标管理	1. 未建立安全生产责任制和安全生产奖惩制度	二	2
		2. 未制定安全管理目标及其考核制度	三	2
		3. 未进行安全责任目标分解或量化	三	2
		4. 未逐级签订安全生产责任书	三	2
		5. 施工组织设计的安全措施不全面或针对性不强	三	3
		6. 危险性较大的分部分项工程未编制专项方案或未组织专家对超过一定规模的危险性较大的分部分项工程专项方案进行论证	一	5
		7. 未与施工组织设计同步编制标准化实施方案	三	3
		8. 对拟采用的无现行工程建设强制性标准的新技术、新工艺、新材料，未进行技术论证	三	3
3	安全技术交底	1. 未制定安全技术交底制度及未履行双方签字手续	三	2
		2. 未制定各工种安全技术操作规程或操作规程未挂设在作业场所显著位置	三	2
		3. 安全技术交底不全面、无针对性	三	2
4	安全教育和班前安全活动	1. 未按规定开展进场、转序、重新上岗、事故责任人及班前的教育培训	二	1
		2. 未按要求组织开展班前安全活动或无记录	三	1
		3. 未建立安全生产教育制度或安全教育档案不齐全	三	2
		4. 未对作业人员普及触电、高处坠落或有限空间中毒（窒息）等事故应急救援知识	三	2
		5. 未进行重大危险源辨识、登记、公示	三	2
		6. 有较大危险因素的设施、设备、场所未设置明显标识、警戒围栏或安全引导语等安全警示标志	三	2

续表

序号	排查项目	排查内容	隐患分类	整改时限（d）
5	安全检查	1. 未有效开展日常、定期、季节性安全检查（隐患排查）或安全专项整治	三	1
		2. 未建立安全检查制度、事故隐患排查治理制度	二	1
		3. 项目经理未按规定带班检查（生产）	三	2
		4. 对发现的安全质量隐患未按“五到位”（责任、时限、措施、资金、预案到位）原则落实整改	三	2
		5. 未建立健全安全检查档案（事故隐患排查治理台账）	三	1
6	安全验收	1. 未建立工程重要部位、环节施工前条件验收制度（包括进入有限空间、压力/高压设备调试区域的安全许可）	三	3
		2. 未按规定对工程重要部位或环节进行安全条件验收	二	3
		3. 未组织高大模板工程、脚手架工程、竖井提升架与建筑起重机械安装等重大风险工程的验收	二	3
		4. 工程（临时）停工前未进行风险评估并落实相应措施，或复工前未进行安全检查	三	3
		5. 未按要求进行现场安全防护、消防设施验收	三	3
		6. 危险性较大分部分项工程施工时无专职安全管理人员现场监督	三	1
7	工程周边环境保护	1. 施工前未核查工程周边环境现状，或核查结果与建设单位提供的资料不符时未反馈给建设单位	二	2
		2. 对施工影响范围内的重要建（构）筑物未采取专项防护措施	二	2
8	安全防护用品管理	1. 未向作业人员提供合格的安全防护用品	二	1
		2. 未建立安全防护用品管理制度	三	1
		3. 未建立安全防护用品管理档案	三	1
9	分包管理与协调管理	1. 施工总包单位与分包单位的安全责任不明确	三	2
		2. 与机械设备、施工机具及配件的出租单位未签订合同或合同未规定产品技术性能与质量安全要求	三	2
		3. 分包单位管理人员未到岗履职	三	2
		4. 专业分包合同未按规定向建设单位备案	三	3
		5. 分包合同未按规定向建设行政主管部门备案	三	4
		6. 分包单位未按规定建立安全管理机构、配备安全员	三	2
		7. 总包单位未按要求对分包队伍开展安全教育、安全检查，或未对劳务作业进行安全管理	三	2
		8. 未与在同一场所作业的其他施工单位签订安全管理协议	二	2

续表

序号	排查项目	排查内容	隐患分类	整改时限（d）
9	分包管理与协调管理	9. 分包单位未取得安全生产许可证或过期	二	3
		10. 分包单位的“三类”人员资格不符合要求，人员发生变化时未及时进行核查	三	3
		11. 现场作业人员劳动合同签订未达到100%，未报总包单位备案	二	2
10	费用管理	1. 未建立安全文明施工措施费用管理制度	三	2
		2. 未编制安全资金使用计划或未按计划实施	三	2
		3. 未按规定使用安全文明施工措施费	二	2
11	实名制管理	1. 未建立健全项目实名制管理工作制度、人工工资发放领用制度、人工工资应急支付保障等制度，或实名制管理职责不明确	二	2
		2. 实名制管理的“三本台账”记录不真实、未经负责人员签认，或未能根据现场动态及时更新	三	2
		3. 未按要求对现场作业人员计工（考勤）表、工资发放表进行公示	三	1
		4. 未留存现场人工工资发放影像、银行转账凭据等资料或留存不完整	三	2
		5. 未设置项目分包管理动态信息图、施工现场劳务用工信息和维权信息公示栏	三	1
		6. 总包单位未按要求将民工工资单独列账，或未做到将工资款和工程款分别拨付	二	3
12	应急管理	1. 未按规定编制、评审、发布、备案生产安全事故综合应急预案、专项应急预案和现场处置方案	二	3
		2. 未按要求配备应急救援物资、设备、器材等资源，或未及时更换（置换）已失效的应急资源	三	3
		3. 未按计划组织预案演练或演练流于形式	二	7
		4. 未建立项目应急救援组织机构和队伍	三	3
		5. 未设置应急逃生通道或通道被堵塞	二	2
13	安全标识	1. 未绘制现场安全标识布置图	三	1
		2. 未按部位和现场设施的变化调整安全标识设置	三	1
14	事故报告处理	1. 未建立事故报告与调查处理制度	二	2
		2. 事故、险情未按规定报告，处置不及时、无效或调查、处理不认真	二	2
		3. 未落实事故调查报告提出的处理意见和防范措施	二	2
		4. 未建立事故管理档案	三	1
15	隐患排查治理	未对隐患排查与治理的落实情况进行核查	三	1
隐患类别项统计		一类隐患：1；二类隐患：22；三类隐患：46		

表 11-8　文明施工隐患排查表

序号	排查项目	排查内容	隐患级别	整改时限（d）
1	施工方案	1. 无文明施工专项方案	二	5
		2. 文明施工管理目标或措施不明确	三	2
		3. 文明施工专项方案基本内容（节地、节能、节水、节材、环保、水土保持和场地封闭、临时设施、公共安全与职业健康卫生等）有缺项	三	2
		4. 未实行用水计量或用电计量管理	三	2
		5. 现场未定期检查文明施工实施情况	三	2
2	现场围挡	1. 工地周围未按规定设置封闭围挡	二	3
		2. 围挡设置高度、基座、彩钢板、加固等不符合宁波轨道交通施工标准化管理手册的规定	二	3
		3. 场内紧邻围挡堆放物资、破损、围挡材料不坚固、不稳定、不整洁、不美观	二	2
		4. 围挡未沿工地四周连续设置，或转角通透围挡、交通警示灯设置不符合要求	三	2
3	封闭管理	1. 施工现场进出口无大门或门垛、大门设置不符合要求	二	5
		2. 施工现场大门处未设置警卫室，外来人员出入无登记	三	3
		3. 进入施工现场的施工人员未持工作卡或其他有效证件	三	1
		4. 在没有人员、材料、机械设备进出时工地大门敞开	三	2
4	交通疏导	1. 占用、挖掘道路未按规定设置交通疏解告示、行人绕行提示、文明施工用语等施工标识	三	1
		2. 在围墙外未设置防来车碰撞设施、限速标识、无交通警示灯	二	1
		3. 基坑便桥未设置限载、限速和禁止超车、停车等标志	三	2
		4. 路面有破损、污染、乱堆垃圾	三	2
		5. 告示牌不干净、破损、摆放不整齐	三	2
5	施工场地	1. 排水无专门规划，无完善的排水系统、无排水设施或排水不畅	二	1
		2. 施工现场未按规定安装视频监控装置及门禁系统	三	3
		3. 未按要求建立门禁考勤系统，或未将作业人员信息及时、真实、完整录入	三	1
		4. 现场道路不畅通，出入口和主要道路未按方案进行硬化处理	三	2
		5. 施工现场土方作业、裸露场地等无防止扬尘措施	二	1
		6. 现场未设置大小便设施，有随地大小便现象	三	1
		7. 未设置防止泥浆、污水、废水污染环境措施或堵塞下水（河）道措施	二	3
		8. 现场未设置车辆冲洗装置或车辆未经冲洗带泥上路，或运料未按当地规定遮盖	三	3
		9. 在噪声敏感区内未采取降噪措施将噪声控制在限值以下	三	2
		10. 工地未设置吸烟处或随意吸烟	三	1

续表

序号	排查项目	排查内容	隐患级别	整改时限（d）
6	材料管理	1. 建筑垃圾未及时清理、无序堆放，未做到工完场清	三	1
		2. 料堆未挂名称、品种、规格、合格、待检等标牌、堆放不整齐或无苫盖措施的	三	1
		3. 易燃易爆物品未分类储藏在专用库房，或库房安全距离不符合规范要求或未采取防火、防渗措施	二	1
		4. 水泥和其他易飞扬的细颗粒建筑材料未密闭存放或未采取覆盖等措施	三	2
		5. 施工现场未按规定使用预拌混凝土或预拌砂浆	三	2
7	综合治理	1. 现场未建立治安保卫制度或责任分解不到人	三	1
		2. 治安防范措施不力	三	3
8	现场标志	1. 现场未设置“七牌两图”或设置不全	三	2
		2. 施工现场出入口未标有企业名称、标识	三	3
		3. 施工现场无安全标语	三	2
		4. 无宣传栏、读报栏等	三	2
9	办公与住宿	1. 现场搭建宿舍等临时设施不符合结构安全要求	二	2
		2. 施工现场使用的装配式活动房屋无产品合格证	二	2
		3. 在施工区，伙房、库房、在建工程兼作住宿	二	1
		4. 项目部未设置民工业余学校	三	2
		5. 宿舍未采取保暖、消暑、防煤气中毒、防蚊虫叮咬、防疫措施	三	1
		6. 宿舍未设置可开启窗户，通风、采光差，不整洁	三	1
		7. 宿舍未设置床铺或未设置生活用品专柜，生活用品放置不整齐	三	1
		8. 施工区和办公区、生活区划分不明显，未设置分隔设施	二	4
		9. 宿舍净高、宽度、居住人数已超过规定要求	二	4
		10. 宿舍、办公室私拉乱接电源，使用电炉、热得快等大功率电热器具、高热灯具	三	1
		11. 宿舍周围环境不卫生、不安全	三	4
		12. 未明确卫生责任人并设置标牌	三	1
10	环境保护	1. 未制定及实施防粉尘、防噪声、防废气排放、防光污染等措施	三	1
		2. 施工用水未经处理直接排入市政管网	三	5
		3. 暴雨、大风、大雾等特殊天气未按橙色、红色预警信号减少、停止户外作业	三	1
		4. 污水处置不符合要求，用有害废弃物回填，卫生管理不达标	三	3
		5. 三级沉淀池、洗车槽未有效使用	三	2
		6. 场地有明显积土、积水且未采取措施	三	2

续表

序号	排查项目	排查内容	隐患级别	整改时限（d）
11	市政道路、交通设施	1. 井盖、雨水箅子等缺失或不符合规定的	三	2
		2. 污水检查井或污水管道因施工造成堵塞	三	2
		3. 工地周边、出入口及道路路面、隔离栏杆等未及时清洁	三	1
		4. 施工造成道路沉降、交通设施损坏未及时处理或处理不当造成损失的	二	2
12	生活设施	1. 食堂未办理餐饮服务许可证或卫生许可证	三	5
		2. 食堂与厕所、垃圾站、有毒有害场所距离不符合规范要求	二	2
		3. 食堂工作人员未按规定每年进行身体检或无健康证上岗	二	5
		4. 食堂未设专人管理、未制定管理制度或食堂管理制度未上墙	三	1
		5. 食堂燃气瓶（罐）未单独设置存放间或存放间通风条件不好，或未加装燃气报警装置	三	2
		6. 不能保证供应卫生饮水且饮水安全管理不到位	三	2
		7. 未设置淋浴室、地板未铺贴防滑地砖、未安装通风窗或淋浴室不能满足现场人员需求	三	2
		8. 生活垃圾未装容器、未及时清理	三	1
13	保健急救	1. 无保健医药箱	三	1
		2. 无急救措施和急救器材	二	1
		3. 无经培训的急救人员	三	1
		4. 未开展职业病及卫生防病宣传教育	三	1
14	和谐社区	1. 夜间未经许可施工的	二	2
		2. 现场焚烧有毒、有害、恶臭的物质或其他废弃物	三	2
		3. 未建立其他施工不扰民措施	三	2
		4. 工程竣工后未在规定时间内拆除临时设施或恢复道路	三	2
类别统计		一类隐患：0；二类隐患：20；三类隐患：57		

表 11-9　施工用电隐患排查表

序号	排查项目	排查内容	隐患级别	整改时限（d）
1	外电防护	1. 外电线路与在建工程及脚手架、起重机械、场内机动车道之间的距离小于安全距离又无防护设施	一	2
		2. 防护设施与外电线路的安全距离及搭设不符合要求	二	1
		3. 未编制防护设施方案或未按规定流程编制、审批	二	3
		4. 架设防护设施时，未经有关部门批准，未采用线路暂时停电或其他可靠的安全技术措施，无电气工程技术人员和专职安全人员监护	三	1
		5. 在线路下方起重作业、搭设临时设施、堆放物资材料，未满足高度要求或未按方案采取防护措施	二	1

续表

序号	排查项目	排查内容	隐患级别	整改时限（d）
2	接地与接零保护系统	1. 施工现场低压配电系统未采用TN～S接零保护系统	二	2
		2. 电气设备未接保护零线或接零保护不符合要求	三	1
		3. 保护零线上装设开关、熔断器或与工作零线混接	三	2
		4. 工作接地与重复接地（设置、安装、材料）不符合要求	三	1
		5. 配电系统未采用同一保护方式	三	1
		6. 突出设施防雷措施不符合规范（或设计）要求	三	2
3	配电线路	1. 线路及其接头不能保证机械强度和绝缘强度	二	1
		2. 未使用五芯电缆	三	1
		3. 线路敷设的电缆线老化、破皮未包扎或破损严重未及时更换	二	1
		4. 室内明敷主干线距离地面高度小于2.5m	三	1
		5. 电缆沿地面明设、沿脚手架、树木等敷设，或其他敷设不符合规范要求	二	2
		6. 线路截面不能满足负荷电流	三	1
		7. 线路的设施、材料及相序排列、档距、与邻近线路或固定物的距离不符合规范要求	二	1
		8. 存在乱拉乱接或架空缆线上吊挂物品现象	三	1
		9. 使用民用插线板、卷线盘或多孔插座	三	1
4	配电箱开关箱	1. 未使用标准电箱或电箱内电气元件不符合规范要求	三	1
		2. 配电系统未采用三级配电、三级保护系统	二	1
		3. 电箱内未按要求设置隔离开关或隔离开关无可视断点	三	1
		4. 开关箱（末级）无漏电保护装置或漏电保护装置失灵	三	1
		5. 用电设备违反“一机、一闸、一漏、一箱”要求	二	1
		6. 漏电保护器参数不匹配或检测不灵敏	三	1
		7. 配电箱与开关箱安装位置不当、周围杂物多不便于操作	三	1
		8. 配电箱、开关电箱进出线混乱或未配置固定线卡、绝缘护套	三	1
		9. 配电箱与开关箱内未绘制系统接线图和分路标记	三	1
		10. 分配电箱与开关箱的距离、开关箱与用电设备的距离不符合规范	三	1
		11. 闸具损坏、闸具、垫板材质不符合要求	三	1
		12. 配电箱与开关箱结构设计、电器设置不符合规范	三	1
		13. 配电箱的电器安装板上未正确设置N线端子或PE线端子板	三	1
		14. 箱体及箱门未做接零保护	三	2
		15. 箱体安装位置、高度及周边通道不符合规范要求	三	2
		16. 电箱无门、无锁、无防雨措施	三	2
		17. 箱体结构、材料、箱内电器元件设置不满足规范要求	三	2
		18. 电箱接线不规范（接线端子板无防护罩或接线桩裸露，电缆线导线未使用铜鼻子与电箱连接端子板连接，电箱下引出线混乱等）	二	1

续表

序号	排查项目	排查内容	隐患级别	整改时限（d）
5	现场照明	1. 手持照明灯未使用规范要求的安全电压	二	1
		2. 照明未采用专用回路或照明专用回路未设漏电保护，照明用电与动力用电混用	三	1
		3. 照明变压器未使用双绕组型安全隔离变压器	二	1
		4. 照明线路接线混乱或安全电压线路架设不符合规范要求	三	1
		5. 未按照要求在阴暗作业场所、通道口设置照明或应急疏散照明	三	1
6	电器装置	1. 闸具、熔断器参数与设备容量不匹配或安装不符合要求	三	1
		2. 闸具不具备过载、短路功能或漏电保护器额定动作电流、动作时间不符合规范要求	三	2
		3. 配电装置中的仪表、电器组件设置不符合规范要求	三	1
		4. 电器装置损坏未及时更换或未停止使用	三	1
		5. 电器具安全距离、爬电距离不符合要求	三	2
7	配电室与变配电装置	1. 移动式发电机发电直接供电及中间未实行两级保护	二	1
		2. 配电室建筑、室内电气设备布设不符合要求	三	1
		3. 配电室门开启方向不符合规范要求	三	2
		4. 配电室未采取防雨雪和小动物侵入的措施	三	1
		5. 配电装置中的仪表、电气元件设置不符合规范要求或仪表、电气元件损坏	三	1
		6. 未设警示标志、消防设施或消防设施布置图、工地供电平面图和系统图	三	2
8	电气消防安全	1. 大功率、高热量照明灯具与可易燃材料未有足够安全间距	三	1
		2. 电气设备、线路老化、残破、线路发热未及时更换处理或接头处理不当	三	1
		3. 与消防有关的设备未使用阻燃电缆供电	三	3
		4. 电气设备未设置过载、短路保护	三	1
		5. 电缆（线）截面不满足用电设备荷载要求	三	2
		6. 未配置适用于电气火灾的灭火器材	三	2
		7. 电气线路或设备与可易燃材料无足够安全间距，又无安全措施	三	2
9	用电管理	1. 电工未持证上岗或操作证未在有效期内	三	1
		2. 未编制专项临时用电组织设计、外电防护专项方案，或方案缺乏针对性	二	5
		3. 临时用电组织设计及变更不符合“编制、审核、批准”工作要求	三	4
		4. 总包单位与分包单位未订立临时用电管理协议	二	3
		5. 未进行安全技术交底、临时用电系统投入使用前未按要求进行验收或记录填写不真实	三	2
		6. 未按规定进行接地电阻、绝缘电阻测试和漏电保护器检测，或记录未如实填写	三	1
		7. 未有电工巡视维修记录、填写不真实	三	1
隐患类别项统计		一类隐患：1；二类隐患：16；三类隐患：53		

表 11-10　安全防护隐患排查表

序号	排查项目	排查内容	隐患级别	整改时限（d）
1	安全帽	1. 作业人员未正确佩戴安全帽	三	1
		2. 进入施工现场不戴安全帽	三	1
		3. 安全帽不符合标准、资料不齐全	三	1
2	安全网	1. 在建工程外侧未采用密目式安全网封闭、网间不严密	二	1
		2. 安全网规格、材质不符合要求	二	1
		3. 安全网未取得安全标志，资料不齐全	二	2
		4. 高架桥面边等临边未使用密目式安全网	三	2
3	安全带	1. 高处作业（高架桥上）未按规定系挂安全带（生命绳）	一	1
		2. 作业人员安全带系挂不符合要求	三	1
		3. 安全带不符合标准，资料不齐全	二	1
		4. 不按规定设置安全绳	三	2
4	电气作业防护用品	1. 电焊人员、设备调试人员未按要求穿戴安全防护用品（绝缘手套、绝缘鞋等）	二	1
		2. 电焊人员未按要求佩戴护目镜等	三	1
		3. 绝缘手套、绝缘鞋不符合标准，或绝缘失效	三	2
5	职业危害防护	1. 钻孔、注浆、喷混凝土、切割、打磨及其他扬尘作业不戴防尘口罩	三	2
		3. 作业现场未采取除尘、降噪、有害气体检测等防护措施	三	2
		4. 未配备护耳用品、防护口罩、急救箱等职业病防护用品	三	2
		5. 未建立职业危害防护用品管理制度	三	2
		6. 未建立职业危害防护用品管理档案	三	2
6	临边防护	1. 临边防护（如：工作面、上下通道、基坑、沟、槽、竖井、高架桥、屋面、建筑阳台、楼板、站台等部位）不到位	一	3
		2. 高于 2.0m 的爬梯无防护笼等措施	三	2
		3. 临边防护措施不符合标准化要求或不严密	三	2
		4. 站台公共区靠轨行区临边或轨行区入口处未按规定设置防护栏杆	二	1
		5. 防护栏杆高度低于 120cm，抗外力冲击达不到 1000N	三	1
7	洞口防护	1. 洞口（如：预留洞口、楼梯口、电梯井口、风井口、通道口等）防护不到位	一	3
		2. 未按照规范设置警示标识	三	1
		3. 防护措施、设施不符合要求、防护不严密	二	1
		4. 防护设施未形成定型化、工具化	三	2
		5. 电梯井内每层未按规定设置硬隔离	三	1
8	通道口防护	1. 未搭设防护棚、防护不严密、不牢固	二	1
		2. 防护棚两侧未进行防护	三	1
		3. 防护棚宽度不大于通道口宽度	三	1
		4. 防护棚长度不符合要求	三	1
		5. 建筑物高度超过 24m，防护棚顶未采用双层防护	三	2
		6. 防护棚的材质不符合要求	三	2

续表

序号	排查项目	排查内容	隐患级别	整改时限（d）
9	攀登作业	1. 移动式梯子的梯脚底不牢固或垫高使用，梯顶防护不到位	二	1
		2. 杆上作业攀登脚扣质量不符合标准	二	2
		3. 无可靠立足点	二	2
		4. 梯子的制作质量，材质不符合要求	二	2
10	悬空作业	1. 悬空作业处未设置防护栏杆或其他可靠的安全设施	二	2
		2. 悬空作业所用的索具、吊具、料具等设备，未经过技术鉴定或验证、验收	二	3
11	移动式操作平台	1. 操作平台的面积或荷载超过规定值（平台面积部超过 $10m^2$，荷载不宜超过 $1.5kN/m^2$，脚手板厚 50mm）	二	2
		2. 高处作业未编制、审批专项施工方案	一	3
		3. 移动式操作平台，轮子与平台的连接不牢固可靠、无制动及防倾倒措施，立柱底端距离地面超过规定值	二	2
		4. 操作平台的组装不符合方案要求	二	1
		5. 平台台面铺板不严密、不牢固	二	1
		6. 操作平台四周未按规定设置防护栏杆、未设置登高扶梯	二	1
		7. 高处作业防护措施未形成全封闭或现场未有专人监护	一	1
		8. 操作平台的材质不符合方案要求，未经过验收	二	3
		9. 未悬挂验收合格牌	三	2
12	物料平台	1. 物料平台支撑架未与工程结构连接或连接不符合要求	三	2
		2. 平台台面铺板不严密或台面层下方未按要求设置安全平网	二	2
		3. 物料平台未在明显处设置限定荷载标牌	三	1
		4. 物料平台未经设计计算、未编制专项施工方案	二	4
		5. 物料平台搭设不符合专项方案要求	二	2
		6. 物料平台堆物超载	二	2
隐患类别项统计		一类隐患：5；二类隐患：24；三类隐患：27		

表 11-11　起重吊装隐患排查表

序号	排查项目	排查内容	隐患级别	整改时限（d）
1	施工方案	1. 危险性较大的起重吊装作业无专项方案或超过一定规模的起重吊装作业未按规定对专项方案进行论证	一	5
		2. 方案未按规定审批或方案可操作性不强	二	3
		3. 对没有采纳专家意见未进行说明	三	2
2	人员配备	1. 司机、司索、信号工未持特种作业证上岗	二	2
		2. 未设置专职信号指挥或司索人员	二	2
		3. 大型吊装时未安排专人监护	三	2
		4. 作业人员（包括进场的租赁单位的人员）未经过专门教育和安全技术交底	二	2

续表

序号	排查项目	排查内容	隐患级别	整改时限（d）
3	起重吊装条件件验收	1. 移动式起重机械进场后未组织验收	二	3
		2. 移动式起重机械使用前未进行就位检查	三	1
		3. 地面铺垫措施未达到要求	三	1
		4. 起重机作业地面承载能力不符合设计和起重吊装方案要求	一	2
		5. 支腿未伸展到位或支垫不牢固	三	1
4	钢丝绳与索具	1. 钢丝绳规格不符合起重机产品说明书要求	三	1
		2. 吊钩、卷筒、滑轮磨损达到报废标准	二	1
		3. 吊钩、卷筒、滑轮未安装钢丝绳防脱装置	二	1
		4. 索具采用编结连接时，编结部分的长度不符合规范要求	二	1
		5. 索具采用绳卡连接时，绳卡的规格、数量及绳卡间距不符合规范要求	二	1
		6. 索具安全系数选用不符合规范要求	二	1
		7. 吊索规格与吊物重量不匹配或机械性能不符合设计要求	二	1
5	操作控制	1. 吊运重物起升和下降速度不平稳、均匀，进行突然制动	二	1
		2. 左右加转不平衡，当回转未停稳时进行反向动作	三	1
		3. 在满负荷或近满负荷时，降落臂杆同时进行两个动作	二	1
		4. 设备报警后司机未及时采取措施，或擅自关闭报警系统	一	1
		5. 未使用联络信号或信号方式不合理、不准确	三	1
		6. 起重机吊运构件（设备）前未进行试吊	三	2
		7. 起重机主钩、副钩同时作业	三	2
6	过程控制	1. 吊装重量不明（包括埋在地下）的物体	二	1
		2. 有超载作业情况或起重机主钩、副钩同时作业	二	1
		3. 被吊物体上方、下方有人或吊具载运人员	二	1
		4. 被吊物体上有浮置物	二	1
		5. 不使用旗语或对讲机传递指挥信号或存在乱指挥的现象	三	1
		6. 吊运气瓶、零杂小型物料时未使用专用吊篮，或采用专用吊篮时物料装放过满	二	1
		7. 起重机、吊索具使用不合理、与吊物重量不匹配	三	1
		8. 遇恶劣天气未停止吊装作业	三	1
		9. 作业现场照明不充足	三	1
7	高处作业	结构吊装时未设置防坠落措施或未按规定设置安全带悬挂点	二	1
8	构件堆放	1. 物料堆放高度不符合规定	三	1
		2. 大型构件堆放未采取稳定措施	三	1
		3. 构件码放超过作业面承载能力	二	1
9	占道吊装	1. 未在作业地点来车方向安全距离处设置安全警示标识（夜间警示灯）或警示标识不准确	三	2
		2. 路面上作业人员未穿着反光衣	三	2

续表

序号	排查项目	排查内容	隐患级别	整改时限（d）
10	安全警戒	1. 未设专人警戒或未设警戒标识	三	1
		2. 吊装时无关人员进入警戒区	二	1
		3. 作业时起重臂下有人停留或吊运物体从人的正上方通过	二	1
隐患类别项统计		一类隐患：3；二类隐患：22；三类隐患：19		

表 11-12　管线改迁保护施工安全隐患排查表

序号	排查项目	排查内容	隐患级别	整改时限（d）
1	管线调查探测	1. 施工前没有根据设计文件，结合现场实际，对施工范围内管线进行详细调查或未形成书面调查核实报告	二	2
		2. 对放坡开挖等部位，没有提前测量放线，标识出影响范围，或未及时进行管线探测	三	1
		3. 采用人工开挖探沟方式进行管线探测，深度未达到方案要求	二	2
		4. 探测沟槽坍塌或未采取必要的放坡、支护措施	二	1
		5. 施工影响范围内相关管线的类型、规格、数量及所属产权单位等信息搜集不全或制定的保护措施无针对性	三	2
2	管线改迁	1. 施工区域地下管线采取的保护形式（原位保护、悬吊保护、破管悬吊保护、临时迁改保护）不符合现场实际	三	2
		2. 管线迁改后设置的管道堵头、沿线管线（管道）的安全可靠性未进行核实，或造成管线破裂、渗漏等安全隐患	二	2
		3. 管线迁改施工筹划、施工先后顺序不合理或现场实施不到位造成相互干扰、引起安全事件	三	3
		4. 开挖作业前未再次核实相关管线的类型、规格、数量及所属产权单位等，且未编制《管线迁改及保护管理手册》	三	3
3	管线保护	1. 未对地下管线和已迁移管线做地面安全警示标识，未标明管线的类型、管径、材质、埋深、走向或未张贴安全宣传标语	二	1
		2. 现场裸露的管线未采取设置隔离墩等措施进行防护	三	1
		3. 地下管线未设置管线提示标牌、名称和路径标记，管线探坑未采取可移动护栏进行围闭防护	三	2
		4. 未及时建立健全管线保护现场巡查制度，未定期对施工区域内管线进行巡查、监控	三	1
		5. 未按规定与受施工影响的管线的管理单位签订管线保护协议，或未制定地下管线安全保护方案和应急处置措施	二	5
		6. 管线核查、保护中未与管线产权单位对接	三	2

续表

序号	排查项目	排查内容	隐患级别	整改时限（d）
4	现场管理	1. 未按施工现场安全文明施工标准要求进行施工和管理或未能主动配合并接受地盘管理单位的管理	三	1
		2. 未按规范要求使用和管理施工用电	三	1
		3. 未办理动火证，擅自动火作业，未在规定位置放置灭火器材	三	1
		4. 未落实安全防护及交叉作业防护措施	三	2
		5. 电工、电焊工等特种作业人员未持有效证件上岗，或未进行培训并考核合格	二	3
5	交底与验收	1. 未定期组织各级人员进行培训、教育及安全技术交底	三	2
		2. 安全技术交底未履行双方签字手续、存在签字弄虚作假现象	三	1
		3. 交底不全面无针对性，未就有关施工安全要求对施工班组、作业人员交底	三	1
		4. 未制定各工种安全技术操作规程	三	2
隐患类别统计		一类隐患：0；二类隐患：7；三类隐患：17		

表 11-13　模架工程隐患排查表

序号	排查项目	排查内容	隐患级别	整改时限（d）
1	施工方案	1. 危险性较大的模架工程无专项方案或超过一定规模的危险性较大的模架专项方案未按规定组织专家论证	一	7
		2. 对没有采纳专家意见未说明理由	三	2
		3. 专项方案无支架体系结构设计计算书	三	5
		4. 专项施工方案未明确混凝土浇筑方式或未根据混凝土施工工艺制定针对性安全措施	三	2
2	交底与验收	支架、模板安装后未验收即使用	二	1
3	地面基础	未设置排水措施，或基础积水	三	1
4	支撑系统或桥墩立模	1. 主（次）楞间距、对拉螺栓间距等与方案不符	三	2
		2. 不按规定高度作整体加固具备连墙或抱柱条件的而未落实	三	2
		3. 梁、板下立杆未采用横杆连接成整体	二	2
		4. 未按说明书规定组装，有漏装杆件和锁件	三	2
		5. 脚手架组装不牢、连接件紧固不合要求	三	2
		6. 支架与外架、防护架、作业平台连接	二	2
		7. 立模钢模板、连接螺栓型号与方案不符	二	2
		8. 钢模板连接、钢模板与基础连接的螺栓数量不足	三	2
5	支拆模板	1. 高处作业（2m 以上）无可靠立足点	三	2
		2. 未办理模板、架体拆除令	一	1
		3. 支架、模板、挂篮拆除顺序不当	三	2
		4. 留有未拆除的悬空模板	三	2
		5. 受力构件的模板拆除前无同条件试件强度报告	二	3
		6. 混凝土强度未达规定值提前拆模	二	2
		7. 多层结构施工中，板、梁作为上层结构支架基础时，上层结构混凝土未达到规定强度，板、梁的支撑提前拆除	二	2
		8. 模板拆除未采取有效防护措施	三	2

续表

序号	排查项目	排查内容	隐患级别	整改时限（d）
6	施工荷载	1. 施工荷载超过设计规定	二	1
		2. 模板上堆料不均匀	三	1
		3. 高架桥模板工程浇筑混凝土前未按方案要求进行预压	二	5
		4. 加压和卸压未按方案进行	三	2
		5. 混凝土浇筑速度超过施工方案限值	三	2
7	脚手板与防护	1. 存在用多层板代替脚手板现象	三	1
		2. 作业层端部脚手板探头长度和固定应符合规范要求	三	1
		3. 采用挂扣式钢脚手板时挂钩不挂扣在水平杆上、挂钩不处于锁住状态	三	3
		4. 作业层脚手板下未采用安全平网兜底，每隔 10m 未采用安全平网封闭	三	1
		5. 在市政道路搭设模板支架无防撞措施	二	1
8	模板存放	1. 大模板存放无防倾倒措施	三	1
		2. 模板存放不整齐、过高等不符合安全要求	三	1
		3. 木模、方木等存放无防火措施	三	1
9	材质	1. 模板、钢管、主（次）楞、对拉螺栓的材质、型号与方案不符	三	5
		2. 钢管直径、壁厚、材质不符合方案及规范要求	二	2
		3. 脚手板规格或材质不符合要求	三	1
隐患类别项统计		一类隐患：2；二类隐患：11；三类隐患：25		

表 11-14　挂篮安全隐患排查表

序号	排查项目	排查内容	隐患级别	整改时限（d）
1	施工方案	1. 挂篮施工专项方案未按规定进行编制、审批	一	5
		2. 专项方案无挂篮体系结构设计计算书	二	3
2	挂篮安全装置	1. 移动模架或挂篮安装前未对重点部位焊缝进行无损探伤检测，或对明显缺陷未采取处理措施	二	3
		2. 未委托第三方检测机构对移动模架和挂篮进行检测，或检测不合格未采取有效处理措施	二	3
		3. 未定期对挂篮后锚、保险绳等安全装置进行检查	二	2
		4. 挂篮移动过程中监控系统平衡状态、底模标高调整未设专人监控指挥	三	1
		5. 混凝土浇筑前未对挂篮锚固、吊带等全面检查	三	2
		6. 挂篮拼装未对称进行，构件未及时稳固连为一体	三	2
		7. 挂篮移动前未检验梁体及孔道压浆体强度，或未检查走行、吊挂、模板系统，或未对称移位	二	2
		8. 挂篮移动到位后未及时锚固，或前吊杆、后锚杆的锚固力未调试均匀，或吊杆、锚杆变形，前端限位装置未设置牢固	二	2
		9. 没有在挂篮的尾端设置倒链反拉、在挂篮走行轨道的前端设置限位装置	二	1
		10. 混凝土灌注前，未对挂篮限位装置进行检查	三	1

续表

序号	排查项目	排查内容	隐患级别	整改时限（d）
3	挂篮模板安装	1. 挂篮进场后，未对照设计资料仔细核对每一个构件，并进行试拼	三	2
		2. 未对挂篮重要的受力部件，如前后下横梁、前上横梁及主桁下弦杆、斜撑杆、斜拉杆、吊带、吊耳、销轴等进行超声波探伤检查，探伤检验等级未达到B级	二	2
		3. 预压危险源、安全防护及应急援救措施未落实	三	1
		4. 预压前未对挂蓝构件联接紧固、机构装配精确、金属结构变形情况及各焊缝要求进行检查	二	1
		5. 预压观测原始数据未在现场登记入册	三	1
		6. 模板连接的可靠，刚度、强度及稳定性不符合规定	二	2
		7. 模板的标高没有根据设计的预拱度和挂篮预压后产生的挠度来确定	三	1
4	上下通道	1. 上下模板之间未设置钢爬梯	二	1
		2. 爬梯（专用扶梯）、人行通道设置不符合要求	三	1
5	挂篮防护	1. 外模板操作平台下设安全网，平台四周设护栏	三	1
		2. 在墩上进行零号块施工的的工作平台边缘处，未安装防护设施；墩身两侧与平台之间搭设的人行道板，连接不牢固	二	1
6	材质	1. 模板、钢管、构件、对拉螺栓的材质、型号与方案不符	三	3
		2. 吊带、保险绳等不符合要求	二	2
		3. 杆件、锚件有弯曲、变形、锈蚀等缺陷	二	2
7	交底与验收	1. 挂篮安装前未进行交底、交底未留有记录	三	1
		2. 挂篮安装后未组织施工质量和安全条件验收	一	2
		3. 挂篮、模板拆除前未办理审批手续	二	1
		4. 验收单无量化的验收内容	三	1
隐患类别项统计		一类隐患：2；二类隐患：15；三类隐患：13		

表 11-15　钢管脚手架安全隐患排查表

（含扣件式、碗扣式、承插型盘扣式、满堂式钢管脚手架）

序号	排查项目	排查内容	隐患级别	整改时限（d）
1	施工方案	1. 架体搭设未编制专项方案或未按规定审核、审批	一	5
		2. 架体搭设超过一定规模，专项方案未组织专家论证或未按专家论证意见组织实施	一	5
		3. 架体结构设计未进行设计计算	二	3
2	交底与验收	1. 架体搭设前未进行交底、交底未留有记录	三	1
		2. 架体分段搭设、分段使用未办理分段验收	二	1
		3. 架体搭设完毕未办理验收手续	二	1
		4. 未记录量化的验收内容或未经负责人签字确认	三	1
		5. 大雨后、停工一段时间复工后未重新组织验收	三	1

续表

序号	排查项目	排查内容	隐患级别	整改时限（d）
3	架体基础	1. 架体基础不平、不实、不符合方案设计及规范要求	二	1
		2. 立杆底部缺少底座、垫板（混凝土基础除外）或立杆底部底座、垫板的规格不符合规范要求	三	1
		3. 未按规范要求设置纵、横向扫地杆	三	1
		4. 未设置排水措施或基础积水	三	1
4	架体稳定	1. 未按规定设置扫地杆或固定不符合规范要求	三	1
		2. 架体与建筑结构拉结方式或间距不符合规范要求	三	1
		3. 架体底层第一步纵向水平杆处未按规定设置连墙件，或未采用其他可靠措施固定	三	1
		4. 搭设高度超过 24m 的双排脚手架，未采用刚性连墙件与建筑结构可靠连接	二	1
5	杆件间距与剪刀撑	1. 立杆、纵向水平杆、横向水平杆间距不符合规范及设计要求	三	1
		2. 按规定设置纵向剪刀撑与横向斜撑或支撑架斜杆	三	1
		3. 剪刀撑未沿脚手架高度连续设置、角度不符合要求	三	1
		4. 剪刀撑斜杆的接长、剪刀撑斜杆与架体杆件固定不符合要求	三	1
		5. 碗扣式脚手架未按规范要求设置竖向专用斜杆或八字形斜撑	二	1
6	脚手板与防护	1. 脚手板未满铺、铺设不牢固、不稳定、有飞跳板、有探头板	二	1
		2. 作业层端部脚手板探头长度和固定应符合规范要求	三	1
		3. 架体外侧未设置密目式安全网封闭、网间连接不严密	二	1
		4. 作业层未按规定设置防护栏杆	三	1
		5. 作业层未设置高度符合规范要求的挡脚板	三	1
		6. 作业层脚手板下采用安全平网兜底，每隔 10m 采用安全平网封闭	二	1
7	杆件连接	1. 未在立杆与纵向水平杆交点处设置横向水平杆	三	1
		2. 纵向水平杆搭接长度小于 1m，固定不符合要求	三	1
		3. 扣件、锁件紧固力矩不符合规范要求	二	1
		4. 立杆接长除顶层顶步外，其余采用搭接连接的	三	1
		5. 杆件对接扣件的布设不符合规范要求	三	1
		6. 可调托撑插入立杆内长度小于 15cm，伸出长度超过 30cm	二	1
		7. 可调托撑安装不垂直居中，顶托与分配梁未全面接触	三	1
		8. 剪刀撑搭接扣件数量不足	二	1
8	通道与卸料平台	1. 未设置人员上下专用通道	三	3
		2. 通道设置（如：尺寸、坡度、走道宽度、材料、防护、安装等）不符合要求	三	1
		3. 通道入口无安全警示标志，工后未关门锁紧	三	1
		4. 卸料平台未经设计计算	二	3
		5. 卸料平台搭设不符合设计要求	三	3
		6. 卸料平台支撑系统与脚手架联结	三	1
		7. 卸料平台没有限定荷载标牌	三	1
		8. 载荷超过额定值	三	1

续表

序号	排查项目	排查内容	隐患级别	整改时限（d）
9	构配件材质	1. 钢管直径、壁厚、材质不符合方案及规范要求	二	2
		2. 钢管弯曲、变形、锈蚀严重	二	2
		3. 钢管、可调托撑、扣件未进行复试、无取样检测报告或无产品出厂合格证、出厂质量检验报告，技术性能不符合安全标准规定	二	5
		4. 脚手板规格、材质不符合要求	三	2
10	管理与维护	1. 泵送混凝土输送管、其他设施的缆风绳固定在架体上	二	1
		2. 拆除主节点处的纵横向水平杆、纵横向扫地杆	二	1
		3. 在脚手架基础及临近处进行挖掘作业	二	1
		4. 无接地防雷措施	三	1
11	架体拆除	1. 架体拆除未编制拆除方案或拆除顺序不符合要求	二	1
		2. 未办理架体拆除令	一	1
		3. 未划定拆除区域并设置警戒线和警戒标志，无专人看管	三	1
		4. 向下抛掷脚手架构配件，拆下的构配件未及时分类堆码整齐	三	1
隐患类别项统计		一类隐患：3；二类隐患：20；三类隐患：32		

表 11-16　移动式起重机隐患排查表

序号	排查项目	排查内容	隐患级别	整改时限（d）
1	安全装置	1. 未安装起重力矩限制器、起重量限制器	二	3
		2. 起重力矩限制器、起重量限制器不灵敏	二	1
		3. 幅度指示器不正常	二	1
		4. 吊钩防脱装置破损、缺失	三	1
		5. 吊钩及滑轮有裂纹，危险断面磨损大于相关规定的要求	三	1
2	安全作业	1. 司机、司索、信号工未持特种作业证上岗	二	1
		2. 起重机支设不牢固、不稳定	三	1
		3. 起重机距基坑边缘距离不符合规范要求	三	1
		4. 起重机吊臂与外电线路距离不符合规范要求	二	1
3	液压传动	1. 液压泵压力不正常	三	1
		2. 支腿不能正常伸缩，存在下滑拖滞现象	三	1
		3. 变幅油缸有下滑现象	三	1
		4. 主臂伸缩油缸不正常存在下滑现象	三	1
		5. 主臂回转不正常	三	1
		6. 液压油温有异常	三	1

续表

序号	排查项目	排查内容	隐患级别	整改时限（d）
4	外观状况	1. 车灯不齐、灯光不正常	三	1
		2. 仪表设置不齐全或不正常	三	1
		3. 轮胎（履带）螺丝不紧固，缺少螺丝	三	1
		4. 传动轴螺丝不紧固，缺少螺丝现象	三	1
		5. 方向机横竖拉杆松动	三	1
		6. 有漏气、漏水、漏油部位	三	1
		7. 全车有的部位存在变形现象	三	1
5	进场验收	1. 投入使用前未进行验收	二	1
		2. 没有产品合格证	二	2
		3. 未经具有相应资质的检验检测机构提供的检验、检测合格报告或报告不在有效期内	二	4
		4. 出租和承租双方未签订租赁合同及安全管理协议	三	2
		5. 设备无进场报检验收资料或验收人员签字不全	三	2
隐患类别项统计		一类隐患：0；二类隐患：8；三类隐患：19		

表 11-17　龙门吊隐患排查表

序号	排查项目	排查内容	隐患级别	整改时限（d）
1	安装拆卸与验收	1. 未制定安装、拆卸专项方案或方案未按要求进行审批，或超过一定规模的专项方案未进行专家论证	一	5
		2. 龙门吊制造或租赁不符合有关规定或龙门吊质量证明材料不全	二	3
		3. 安装、拆卸作业前未向施工安全监督机构办理告知手续	二	3
		4. 安装、拆卸现场地锚、缆风绳等重要保护措施不符合方案	三	2
		5. 安装、拆卸单位未取得相应资质	二	3
		6. 未签订安装合同、合同中未明确安全管理责任	三	2
		7. 安装、拆卸人员未取得特种作业操作资格证	二	2
		8. 安装后未组织验收或验收表未经责任人签字	二	3
		9. 未按规定办理备案、登记手续	二	3
2	保险装置	1. 无起升高度限位器、行走限位器、起重量限制器或限制（限位）器失效	一	3
		2. 未设置紧急断电开关或安装位置不当或开关失效	三	2
		3. 吊钩无保险装置	三	1
		4. 上人爬梯无护笼、无安全门或护笼、安全门不符合要求	三	2
3	轨道	1. 轨道两侧无缓冲器和端部止挡	三	2
		2. 未按要求设置夹轨钳、铁鞋等锚定装置	三	1
		3. 轨道基础不满足承载要求已变形或破损	二	2
		4. 轨道跨距偏差不符合要求	三	1
		5. 轨道弯曲偏差不符合要求	三	1
		6. 轨道接头处高低偏差、左右错位偏差不符合要求	三	1

续表

序号	排查项目	排查内容	隐患级别	整改时限（d）
4	电气安全	1. 未设置金属结构接地装置或轨道的接头处未做电气连接	三	1
		2. 未设置专用开关箱、开关箱内电器组件不符合要求	三	1
		3. 接地电阻大于规范要求	三	1
		4. 电缆盘同步损坏，工作电缆拖地、泡水，无保护措施	三	1
		5. 龙门吊开关箱未设置保护接零	三	1
		6. 钢轨两端未做环形连接，每30m未做重复接地	三	1
		7. 在其他防雷保护范围以外未设置避雷装置	二	2
6	结构设施	1. 高强螺栓、销轴、紧固件等主要受力构件的紧固、连接不符合规范要求	二	2
		2. 主要结构件的变形、开焊、裂纹、锈蚀超过规范要求未更换	一	2
		3. 平台、走道、梯子、栏杆等不符合规范要求	三	2
7	司机及指挥	1. 司机、司索、信号工未持特种作业证上岗	二	1
		2. 信号传递未使用旗语或对讲机或地面、地下未设两级指挥	三	1
		3. 司机及指挥人员没有教育培训记录和交底记录	三	2
8	防撞措施	1. 两台及以上龙门吊在同一轨道上作业无红外装置等防碰撞措施或行走作业区间存在交叉作业无防护	二	1
		2. 交叉作业红外装置等防碰撞措施不可靠	二	1
		3. 两台以上龙门吊在同一轨道交叉作业未编制专项方案	二	5
9	防护及警示	1. 作业区域周边未设防护栏杆	二	1
		2. 轨行区内堆码物料及障碍物	三	1
		3. 未安装警示灯或警示灯失效	三	1
		4. 危险部位未设置安全标识	三	1
隐患类别项统计		一类隐患：3；二类隐患：14；三类隐患：22		

表 11-18　施工机具隐患排查表

序号	排查项目	排查内容	隐患级级	整改时限（d）
1	圆盘电锯	1. 未设置锯盘护罩、分料器、防护挡板等安全装置，传动部位未设置防护罩	二	1
		2. 未做保护接零，未设置漏电保护器	二	1
		3. 无人操作时未切断电源	三	1
		4. 电锯安装后是未履行验收程序	二	1
		5. 使用倒顺开关	三	1
		6. 使用多功能木工机具	二	2
2	手持电动工具	1. Ⅰ类工具未采取保护接零或未设置漏电保护器	二	1
		2. 使用Ⅰ类手持电动工具未按规定穿戴绝缘用品	二	1
		3. 使用手持电动工具随意接长电源线、更换插头	三	1

续表

序号	排查项目	排查内容	隐患级级	整改时限（d）
3	钢筋机械	1. 未做保护接零，未设置漏电保护器	三	1
		2. 传动部位未设置防护罩	二	1
		3. 钢筋加工区未按标准化要求设置防护棚	三	1
		4. 钢筋对焊作业区未采取防止火花飞溅措施或冷拉作业区未设置防护栏板	三	1
		5. 机械安装后无验收合格手续	二	1
4	电焊机	1. 未做保护接零，未设置漏电保护器	二	1
		2. 交流焊机未设置二次侧空载降压防触电保护器	二	1
		3. 一次线长度超过规定、过道无穿管保护	三	1
		4. 二次线长度超过规定或未采用防水橡皮护套铜芯软电缆	三	1
		5. 焊把线接头超过 3 处或绝缘层老化	三	1
		6. 电焊机未设置防雨罩（棚）或接线柱未设置防护罩	三	1
		7. 电焊机安装后无验收合格手续	三	1
		8. 电焊机使用钢筋、脚手架（模板支架）或钢结构等金属构件代替二次接地线	三	1
5	气瓶	1. 氧气瓶和乙炔瓶间距小于 5m，距明火小于 10m，无隔离措施	二	1
		2. 乙炔瓶使用或存放时平放	三	1
		3. 乙炔瓶无防回火装置	二	1
		4. 气瓶未安装减压器	二	1
		5. 各种气瓶未标明标准色标	三	1
		6. 气瓶未分类存放	三	1
		7. 气瓶被油污染	三	2
		8. 气瓶无防震圈、防护帽	三	1
		9. 气瓶及其安全附件不合格，或气管老化、破损	二	2
		10. 气瓶无防晒措施	三	2
		11. 搬运气瓶气瓶未使用带遮阳罩和灭火器的推车	三	1
6	场内运输车	1. 行车载人或违章行车	三	1
		2. 翻斗车制动装置不灵敏	二	1
		3. 车辆无后视镜	三	1
		4. 行车速度超过相关规范、方案的要求	三	1
		5. 司机未持证驾车	三	1
		6. 翻斗车灯光、警示标识不完整	三	1
		7. 场内照明不足	三	2
7	潜水泵	1. 未做保护接零，未设置漏电保护器	三	1
		2. 悬挂装置未采用绝缘装置或使用绝缘材料	三	1
		3. 负荷线未使用专用防水橡皮电缆且线缆有接头	二	1
		4. 带电移动潜水泵	三	1

续表

序号	排查项目	排查内容	隐患级级	整改时限（d）
8	振捣器	1. 未做保护接零，未设置漏电保护器	二	1
		2. 未使用移动式配电箱	三	1
		3. 电缆线长度超过30m	三	1
		4. 操作人员未穿戴绝缘防护用品	三	1
9	桩工机械（含成槽机）	1. 桩工机械未设置安全保护装置	三	2
		2. 打桩作业操作违反操作规程或无降噪措施	三	1
		3. 机械安装后未履行验收程序	二	2
		4. 机械作业区域地面承载力不符合规定要求或未采取有效硬化措施	三	2
		5. 打桩（成槽）机未挂设包含桩机（成槽）编号、负责人等内容的标牌	三	2
		6. 机械与输电线路安全距离不符合规范要求	二	3
		7. 打桩机行走路线地耐力不符合说明书要求	三	1
		8. 作业前未按规定编制专项施工方案或未按规定进行安全技术交底	二	5
10	预应力张拉机械	1. 预应力张拉机械设备未定期标定校验	二	3
		2. 施工作业人员未配戴安全防护用具，未使用防护挡板	三	1
		3. 张拉作业中顺梁方向梁端外有人员站立	二	1
		4. 张拉结束后、钢绞线处于稳定前进行外露钢绞线切割作业	三	1
		5. 切割后钢绞线外露锚具小于3cm	三	1
		6. 钢绞线切割使用电焊操作，未使用砂轮机切割	三	2
11	泵送机械	1. 固定式、移动式混凝土输送泵车未安装在平坦坚实的地坪上	三	1
		2. 机械周围排水不通畅	三	1
		3. 机械产生的噪声超过《建筑施工场界噪声限值》要求	三	1
		4. 使用前未对泵送管、卡箍进行检查	三	1
12	其他施工机具、设备	1. 现场进场或安装后未履行验收手续	三	2
		2. 使用国家明令淘汰或超期服役的机具设备	二	2
		3. 安全保护装置不全或失灵	二	2
		4. 未按规定进行维护保养	二	2
		5. 未在明显位置悬挂张贴机具、设备安全技术规程	三	2
		6. 测量仪器、设备未定期标定或未进行现场校验复核	二	3
		7. 压力容器、管道的安全阀未按照要求进行检验标定	二	3
隐患类别项统计		一类隐患：0；二类隐患：27；三类隐患：48		

表 11-19　基坑支护安全隐患排查表

序号	排查项目	排查内容	隐患级别	整改时限（d）
1	施工方案	1. 危险性较大的基坑未编制相应的专项方案或超过一定规模的危险性较大的基坑未组织专家论证	一	5
		2. 专项方案签字、盖章不符合规定且未履行内部审核程序	二	5
		3. 应经专家论证的专项方案未组织专家论证	二	5
		4. 论证专家的数量、专业、经验不符合要求	三	3
		5. 对没有采纳专家论证意见未进行说明	三	2
		6. 基坑周边环境或施工条件发生变化时，专项方案未重新进行审核、论证、审批	二	3
		7. 专项方案未遵循“开槽支撑、先撑后挖、分层分段、严禁超挖”基本原则，或者针对性差不能指导施工的	二	3
		8. 未组织关键节点条件验收或验收未通过即开挖	一	2
2	围护结构	1. 出现断桩、连续 3 根及以上围护桩侵限	二	5
		2. 基坑围护结构渗漏水	二	5
		3. 围护结构产生较严重渗漏未采取有效措施	一	1
3	基坑支护与支撑拆除	1. 基坑（含深度较大的沟、槽）未按设计要求采取支护措施	一	2
		2. 自然放坡率不符合专项方案和规范要求	三	2
		3. 钢支撑未经过检测或检测结果不合格	二	2
		4. 基坑内支撑及基坑侧壁未及时支护	二	2
		5. 未按照设计要求控制基坑无支撑暴露时间	二	2
		6. 钢支撑支护体系的架设、连接、防滑移、防坠落、预加应力等违反设计或方案要求	二	1
		7. 围檩未做等强连接，或托架安装不符合设计要求，支撑轴线与围檩中线未在同一水平面	三	1
		8. 支护结构水平位移达到设计报警值未采取有效控制措施	二	1
		9. 同一断面两道（含）以上钢支撑架设滞后	二	1
		10. 钢支撑和腰梁架设（包括支撑连结、支撑与腰梁连接）与围护结构连接（包括斜支撑设置防滑移装置、连接的密实性等）、预加应力等违反设计或方案要求	二	1
		11. 钢支撑应力变化后达到预警值未及时采取措施	二	1
		12. 拆除支护结构或换撑不符合设计或方案要求（包括混凝土撑强度条件、拆撑换撑顺序、预加力卸载程序等）	二	1
		13. 机械拆除作业时，施工载荷大丁支撑结构承载能力	一	2
		14. 人工拆除作业未按规定设置防护设施	三	2
		15. 采用非常规拆除方式时不符有关规范标准	二	2

续表

序号	排查项目	排查内容	隐患级别	整改时限(d)
4	降排水	1. 基坑开挖深度范围内有地下水未采取有效的降排水措施	三	1
		2. 降水效果未满足安全作业或工程周边环境保护的要求	三	2
		3. 深基坑降水引发临近建（构）筑物等工程周边环境过量变形，未及时采取措施	二	3
		4. 降水井施作不符合设计或施工方案要求	二	2
		5. 降水井损坏后影响降水效果未及时修复或增补	二	2
		6. 放坡开挖未对坡顶、坡面、坡脚采取降排水措施	三	2
		7. 基坑周围地面未设排水沟或排水沟设置不符合要求	三	3
		8. 基坑底四周未设排水沟和集水井或排除积水不及时	三	3
		9. 需要降水时未进行降水试验、编制降水专项方案或方案未按规定进行专家论证	三	7
		10. 深基坑降水时无临近建（构）筑物等工程周边环境沉降的保护措施	二	3
		11. 基坑底积水浸泡未采取有效措施	三	2
		12. 基坑底出现隆起、突涌且未采取有效措施	一	1
5	坑边荷载	1. 基坑周边静、动荷载超过设计允许值	二	1
		2. 弃土、料具堆放距坑边距离或堆放高度不符合相关规定	三	2
		3. 机械设备施工与坑边距离不符合要求或未采取有效防滑落措施	三	1
6	土方开挖	1. 基坑开挖前未对围护结构进行检测或检测不合格	三	3
		2. 未按设计和施工方案的要求分层、分段开挖或开挖不均衡、超挖	二	1
		3. 开挖时钢支撑、混凝土支撑强度未达到设计要求	二	3
		4. 挖土机作业位置不牢、不安全	三	1
		5. 施工机械碰撞、损伤支护结构、工程桩，影响结构安全	二	2
		6. 采用垂直（挖）出土方式的，不符合相关安全要求	三	2
		7. 桩间土出现超挖时，未及时采取有效措施进行封堵	二	1
		8. 施工机械进场未按规定进行验收	三	1
		9. 挖土机作业时，作业半径范围内无警示或人员监护等防止其他人员进入的措施	三	1
		10. 开挖过程中开挖面上的临时边坡开挖面不符合安全要求	三	1
		11. 挖土机械和施工人员在同一工作面作业	三	1
7	安全防护	1. 基坑无临边防护措施	三	1
		2. 基坑内未设置供施工人员上下的专用梯道或梯道设置不符合规范要求或车站主体基坑专用通道少于2处	二	1
		3. 降水井口未设置防护盖板或围挡	三	1

续表

序号	排查项目	排查内容	隐患级别	整改时限（d）
8	作业环境	1. 上下垂直作业无有效防护措施	三	2
		2. 基坑周边、坑壁或支撑体系上存在坠物隐患	三	1
		3. 基坑内土方机械、施工人员的安全距离不符合规范要求	三	2
		4. 人员在无临边防护的支撑上行走，或支撑上堆放物料	二	2
		5. 明挖基坑上方需原位保护管线未采用保护措施	二	2
9	基坑监测	1. 未按规定对毗邻建筑物、重要管线和道路进行变形观测	二	3
		2. 未按设计及工程情况及时处理（综合分析）监测数据或结论不明确，未反馈、指导施工	三	1
		3. 未按设计编制基坑施工监测方案或必测项目有遗漏	二	5
		4. 监测方案未按规定审批	三	3
		5. 当基坑工程设计或施工有重大变更时，未及时调整监测方案	三	2
		6. 未按监测方案对进行项目监测	二	1
		7. 未按设计及工程情况及时处理监测数据并反馈、指导施工	三	2
		8. 监测设备、人员不满足方案要求	二	1
		9. 监测点未经过验收，初始值采集未经过监理见证或同步测量	二	1
		10. 监测数据达到预警或报警值时未按预警分析会议落实的	二	2
		11. 监测点设置或监测频率不符合监测方案	三	2
		12. 监测点无醒目标识和保护措施，测点破坏未及时恢复或处理	三	2
		13. 测量未执行复核制度	三	2
		14. 毗邻建构筑物地基变形过大发生危害，未及时对房屋进行安全检测并采取补救加固措施	二	5
10	应急预案	未做好应急组织、机具设备及物资准备	三	3
隐患类别项统计		一类隐患：6；二类隐患：35；三类隐患：34		

表 11-20　特殊气候施工安全隐患排查表

序号	排查项目	排查内容	隐患级别	整改时限（d）
1	方案及人员	1. 未编制特殊气候施工方案、应急预案或未经过审批	二	5
		2. 未按特殊气候预警要求安排项目负责人值守、巡查	二	1
		3. 未建立防特殊气候组织机构	三	2
		4. 未建立预防特殊气候责任制，未设立领导小组或分工不明确	三	2
		5. 未给相关人员配齐安全防护必需品	三	3
		6. 管理人员或作业人员未经特殊气候安全教育	三	2
2	预警	1. 施工组织方案未明确特殊气候下施工应采取的相应安全措施	二	2
		2. 未及时按照预案规定程序向有关人员传达特殊气候预警信息	三	2
		3. 应急发电机不满足要求或未准备就绪	三	2
		4. 台风、汛期等特殊气候到来前未组织安全大检查	三	2
		5. 安全检查发现的隐患未及时整改	三	2
		6. 未按预警等级要求停止室外作业或其他危险性较大作业（如吊装作业），并撤离人员到安全地方	二	2

续表

序号	排查项目	排查内容	隐患级别	整改时限(d)
3	暴雨及地质灾害防范	1. 场地排水系统排水能力不足（截面不足、坡度不足、淤积、堵塞等）	三	2
		2. 基坑周边及低洼汇水处未按照要求设置防水墙或沙袋，防雨水倒灌	三	2
		3. 通往隧道的所有可能进水管（口）未进行可靠封堵	二	3
		4. 基坑及低洼处未布置有足够数量的水泵	三	2
		5. 抽排水设施管（孔）口未有防水倒灌措施	三	2
		6. 临时建筑、围墙和工程的基础结构或土体（如暗挖、明挖作业面、边坡）暴雨来临前未采取抗渗、抗冲刷、防浸泡等措施（注浆加固、混凝土封闭或彩条布覆盖）	二	3
		7. 非应急需要的露天电器、设备在暴雨来临前未及时切断电源	三	1
		8. 施工现场或项目部地势低洼，且无有效防范措施	二	3
4	大风（台风）防范	1. 当风力达到6级以上时未停止相关作业，或未采取相应的防范措施	一	2
		2. 未按大风预警要求对临时建（构）筑物、围挡或其他高大设施采取特殊加固措施或拆除，汽车吊、履带吊、钻机等高大设施未趴臂并加固到位，水泥罐未加固到位，机具设备未转移到地势高处	二	2
		3. 室外遭遇龙卷风时未及时组织人员按照龙卷风影响方向的反方向或侧方向移动躲避	二	2
		4. 未根据风力大小，重新对脚手架体设置进行验算，根据计算结果补充连墙件	三	2
5	雷电防范	1. 对在其他防雷保护范围以外的临时设施和突出机械未设置避雷装置	二	3
		2. 避雷装置不符合规范要求	三	3
		3. 未按要求停止高空（含脚手架）作业、起重吊装作业	二	2
		4. 未及时组织在空旷场所作业人员撤离	二	2
6	低温、冰雪（雹）、大雾防范	1. 临时建筑、围墙和工程的基础结构、土体存在开裂并存在被积雪浸泡风险，未及时采取相应防护措施	二	2
		2. 临时建筑设施因冰雹荷载发生损坏，未采取相应措施	二	2
		3. 确因安全需要登高作业的，脚手架、梯道及临边洞口未进行清理或无防滑措施	二	1
		4. 冰雹预警后未及时组织室外人员撤离到室内	二	1
		5. 未按大雾橙色、红色预警信号减少、停止室外作业	三	1
		6. 非应急需要的露天电气设备在暴雪来临前未及时切断电源	三	1
7	高温天气	1. 未开展防暑降温安全教育	三	2
		2. 未配备发放防暑降温药品	三	2
		3. 未按要求安排作息时间	三	2
		4. 无中暑事故应急预案	二	3

续表

序号	排查项目	排查内容	隐患级别	整改时限（d）
8	设备物资准备	1. 防特殊气候设备、物资不到位，水泵的数量、排水量不满足要求	二	2
		2. 现场防特殊气候措施落实不彻底，水泵未试水运行，水泵所需的配套设施（水管、配电箱、电线等）不齐全、有效	三	2
		3. 防特殊气候设备、物资不满足现场需要，质量不符合要求，未建立台账或台账与现场不相符	三	1
9	应急管理	1. 未编制特殊气候应急预案并按方案落实的	一	5
		2. 预案未明确不同种类、不同程度的恶劣气候下施工禁止行为	三	3
		3. 未建立防灾应急抢险队伍	二	3
		4. 未组织防灾预案培训，或培训不到位	三	2
		5. 未制定防灾演练计划，或未按计划组织演练	三	3
10	灾后复工	1. 特殊气候结束后、复工前未进行专项安全检查	二	2
		2. 存在临时用电、机械设备、安全防护等隐患未消除，或未书面经监理单位批准擅自复工	二	2
		3. 基坑内积水未抽排干净，或未消除滑坡风险	三	2
隐患类别项统计		一类隐患：2；二类隐患：21；三类隐患：26		

表 11-21　消防安全隐患排查表

序号	排查项目	排查内容	隐患级别	整改时限（d）
1	消防设施与器材	1. 未按规定配备消防器材	三	1
		2. 灭火器配置种类、数量与环境条件不相符	三	1
		3. 未定期检查和维护消防器材，保证消防器材、设施灵敏有效	二	2
		4. 宿舍区消防疏散通道被占用或堵塞	二	1
		5. 施工现场和办公、生活区未按规定设置消防平面图	三	2
2	施工现场易燃物品管理	1. 违规储存爆炸物品	二	1
		2. 储存易燃物料时无防火安全措施	二	1
		3. 储存、使用可燃物的区域无灭火器，与火（热）源（含电气设备）安全间距不符合要求	三	1
		4. 弃置的可燃垃圾杂物、包装材料未做到日产日清	三	1
		5. 机械设备跑冒滴漏油料或积油未及时清理	三	1
		6. 在临建房屋内调配油漆稀料现象	三	1
		7. 氧气瓶、乙炔瓶工作间距、两瓶与明火作业间距不符合标准规定	二	1
		8. 未按照仓库防火安全管理规则存放、保管施工材料	三	1

续表

序号	排查项目	排查内容	隐患级别	整改时限（d）
3	动火管理	1. 电焊等明火作业与各类可、易燃物的安全间距不足时无隔离措施	三	1
		2. 电焊机二次侧接线端子无防护罩	三	2
		3. 焊割用气管、表头老化、破损	三	2
		4. 气瓶无减压阀、回火截止阀或储存运输不符合防火要求	三	2
		5. 动火作业未严格执行动火审批制度	二	2
		6. 动火作业点无灭火器材且未采取控制火花飞溅措施	三	2
		7. 防水板焊接、木模板上钢筋焊接无看火人	二	1
		8. 动火（电气焊）区域有地下管线检查井（室）	二	1
4	应急措施	1. 未设置逃生通道或逃生通道不畅通	二	2
		2. 未按规定设置应急照明及出口指示灯	三	1
		3. 未制定消防应急预案，预案内容不全面	三	7
		4. 未组建应急抢险队伍	三	4
		5. 未进行消防应急培训、交底、演练	三	2
5	临时设施防火管理	1. 宿舍私拉乱接电源，使用电热毯、电炉、热得快等大功率电器	三	1
		2. 临时设施未经消防验收	三	7
		3. 厨房、化学品储仓等易燃爆场所未独立设置	三	1
		4. 施工现场临时设施（金属夹芯板材）燃烧性能等级未达 A 级	一	7
		5. 临建房屋配电线路布线未穿专用线管、未使用阻燃材料保护的现象	三	2
		6. 施工现场未制定消防安全管理制度	三	2
		7. 施工现场消防通道、消防水源、消防设施与器材的设置不符合防火规范要求	二	2
6	防火责任	1. 未明确宿舍、班组兼职消防安全员	三	1
		2. 没有对员工进行消防安全培训和防火技术交底	三	1
		3. 未制定用火和使用易燃易爆材料等各项消防安全管理制度和操作规程	三	1
		4. 未落实每月消防安全检查制度或没有保留记录	三	2
		5. 未根据装饰装修施工特点制定安全防火检查制度	三	2
7	消防资料	1. 未按规定设置消防管理牌、防火标识牌	三	1
		2. 施工现场未设置防火指示、禁止、警告标识	三	1
		3. 未建立消防档案或消防资料不齐全	三	1
隐患类别项统计		一类隐患：1；二类隐患：10；三类隐患：30		

11.4　机电安装工程隐患分类实例

工程概况同第 8 章 8.2 中工程简介的内容。

（1）机电安装工程隐患分类汇总表（一类，表 11-22）

表 11-22　安全管理一级隐患排查表

序号	排查项目	排查内容	隐患级别	整改时限（d）	落实整改人员	职务	备注
1	施工组织设计与专项方案	使用未经审查合格的施工图设计文件施工	一	3	×××	技术负责人	管理隐患
		危险性较大的分部分项工程未编制专项方案或未组织专家对超过一定规模的危险性较大的分部分项工程专项方案进行论证	一	5	×××	技术负责人	
2	安全检查	被责令停工整改仍然继续施工的	一	1	×××	安质部长	
3	安全带	高处作业未按规定系挂安全带（生命绳）	一	1	×××	安全员	安全防护隐患
4	临边防护	临边防护（如：工作面、上下通道、基坑、沟、槽、竖井、高架桥、屋面、建筑阳台、楼板、站台等部位）不到位	一	3	×××	项目经理	
5	洞口防护	洞口（如：预留洞口、楼梯口、电梯井口、风井口、通道口等）防护不到位	一	3	×××	项目经理	
6	移动式操作平台	高处作业未编制、审批专项施工方案	一	3	×××	安全员	
		高处作业防护措施未形成全封闭或现场未有专人监护	一	1	×××	安全员	
7	施工方案	危险性较大的起重吊装作业无专项方案或超过一定规模的起重吊装作业未按规定对专项方案进行论证	一	5	×××	安质部长	起重吊装
8	起重吊装条件验收	起重机作业地面承载能力不符合设计和起重吊装方案要求	一	2	×××	安全员	
9	操作控制	设备报警后司机未及时采取措施，或擅自关闭报警系统	一	1	×××	司机	
10	安装与拆卸	未制定安装、拆卸专项方案或方案未按要求进行审批或选用的起重设备生产厂家不具备相应资质，特种设备产品无技术鉴定文件或相关的安全测试报告	一	7	×××		电动葫芦

续表

序号	排查项目	排查内容	隐患级别	整改时限(d)	落实整改人员	职务	备注
11	大风（台风）防范	当风力达到6级以上时，未停止相关作业，或未采取相应的防范措施	一	2	×××	安质部长	特殊气候
12	应急管理	未编制特殊气候应急预案或编制了方案未按方案落实的	一	5	×××	安质部长	
13	施工清点	未清点、未经许可，人员进入轨行区或物体侵入轨行区，作业完毕销点后仍有人滞留轨行区	一	1	×××	站长	轨行区
14	临时设施防火管理	施工现场临时设施（金属夹芯板材）燃烧性能等级未达A级	一	7	×××	项目经理	临时消防
15	风阀、风机安装	冷水机组、冷却塔、风机等大型设备的运输及吊装方案未经申报批准	一	3	×××	专业工程师	机电安装
16	支吊架、卡件制安	支、吊、托架的预埋件或膨胀螺栓不牢固，未做拉拔试验和试验不合格，水管与支架接触部位未采取固定措施	一	3	×××	专业工程师	
17	消防水	消火栓系统在使用前未做耐压强度试验	一	5	×××	专业工程师	
18	动照安装专项安全	低压动照设备停送电方案未经审查及批准	一	2	×××	安全员	

（2）机电安装工程隐患分类汇总表（二类，表11-23～表11-32）

表11-23　安全管理二级安全隐患排查

序号	排查项目	排查内容	隐患级别	整改时限(d)	落实整改人员	职务
1	单位资质与人员资格	未按规定或合同约定配备项目安全管理人员，或专职安全管理人员数量不满足要求	二	4	×××	项目经理
		关键岗位人员、特种作业人员未持有效证件上岗	二	4	×××	安全员
2	责任制度与目标管理	未建立安全生产责任制和安全生产奖惩制度	二	2	×××	生产经理
3	施工组织设计与专项方案	使用国家明令淘汰或禁止使用的工艺、产品	二	2	×××	技术负责人
		未编制施工组织设计或施工组织设计无安全技术措施	二	3	×××	技术负责人
		未按规定进行审查审批，或未落实审批意见	二	5	×××	技术负责人

续表

序号	排查项目	排查内容	隐患级别	整改时限（d）	落实整改人员	职务
4	安全教育和班前安全活动	未按规定开展进场、转序、重新上岗、事故责任人及班前的教育培训	二	1	×××	安全员
5	安全检查	未建立安全检查制度、事故隐患排查治理制度	二	1	×××	安质部长
6	安全验收	未按规定对工程重要部位或环节进行安全条件验收	二	3	×××	安质部长
		存在违规作业或违章指挥现象	二	1	×××	安全员
7	安全防护用品管理	未向作业人员提供合格的安全防护用品	二	1	×××	安全员
8	分包管理与协调管理	未与在同一场所作业的其他施工单位签订安全管理协议	二	2	×××	项目经理
		现场作业人员劳动合同签订未达到100%，未报总包单位备案	二	2	×××	项目经理
9	费用管理	未按规定使用安全文明施工措施费	二	2	×××	安质部长
10	应急管理	未按规定编制、评审、发布、备案生产安全事故综合应急预案、专项应急预案和现场处置方案	二	3	×××	安质部长
		未按计划组织预案演练或演练流于形式	二	7	×××	安质部长
		未设置应急逃生通道或通道被堵塞	二	2	×××	安质部长
		事故、险情发生后未立即启动应急预案	二	2	×××	安质部长
11	事故报告处理	未建立事故报告与调查处理制度	二	2	×××	安质部长
		事故、险情未按规定报告，处置不及时、无效或调查、处理不认真	二	2	×××	安质部长
		未落实事故调查报告提出的处理意见和防范措施	二	2	×××	安质部长

表 11-24　文明施工二级安全隐患排查表

序号	排查项目	排查内容	隐患等级	整改时限（d）	落实整改人员	职务
1	施工方案	无文明施工专项方案	二	5	×××	生产经理
2	现场围挡	工地周围未按规定设置封闭围挡	二	3	×××	安质部长
		围挡设置高度、基座、彩钢板、加固等不符合宁波轨道交通施工标准化管理手册的规定	二	3	×××	安质部长
		场内紧邻围挡堆放物资、破损、围挡材料不坚固、不稳定、不整洁、不美观	二	2	×××	安质部长

续表

序号	排查项目	排查内容	隐患等级	整改时限(d)	落实整改人员	职务
3	封闭管理	施工现场进出口无大门或门垛、大门设置不符合要求	二	5	×××	安质部长
4	办公与住宿	现场搭建宿舍等临时设施不符合结构安全要求	二	2	×××	安质部长
		施工现场使用的装配式活动房屋无产品合格证	二	2	×××	安质部长
		在施工区，伙房、库房、在建工程兼作住宿	二	1	×××	安质部长
		施工区和办公区、生活区划分不明显，未设置分隔设施	二	4	×××	安质部长
					×××	安质部长
		宿舍净高、宽度、居住人数已超过规定要求	二	4	×××	安质部长
5	生活设施	食堂与厕所、垃圾站、有毒有害场所距离不符合规范要求	二	2	×××	安质部长
		食堂工作人员未按规定每年进行身体检或无健康证上岗	二	5	×××	安质部长
6	保健急救	无急救措施和急救器材	二	1	×××	安质部长

表 11-25　施工用电二级安全隐患排查表

序号	排查项目	排查内容	隐患等级	整改时限(d)	落实整改人员	职务
1	接地与接零保护系统	施工现场低压配电系统未采用 TN ~ S 接零保护系统	二	2	×××	安全员
		工作接地电阻大于 4Ω，重复接地电阻大于 10Ω 的	二	2	×××	安全员
2	配电线路	线路及其接头不能保证机械强度和绝缘强度	二	1	×××	安全员
		线路敷设的电缆线老化、破皮未包扎或破损严重未及时更换	二	1	×××	安全员
		电缆沿地面明设、沿脚手架、树木等敷设，或其他敷设不符合规范要求	二	2	×××	安全员
		线路的设施、材料及相序排列、档距、与邻近线路或固定物的距离不符合规范要求	二	1	×××	安全员
3	配电箱开关箱	配电系统未采用三级配电、三级保护系统	二	1	×××	安全员
		用电设备违反“一机、一闸、一漏、一箱”要求	二	1	×××	安全员
		电箱接线不规范（接线端子板无防护罩或接线桩裸露，电缆线导线未使用铜鼻子与电箱连接端子板连接，电箱下引出线混乱等）	二	1	×××	安全员

续表

序号	排查项目	排查内容	隐患等级	整改时限（d）	落实整改人员	职务
4	现场照明	手持照明灯未使用规范要求的安全电压	二	1	×××	安全员
5	用电管理	未编制专项临时用电组织设计、外电防护专项方案，或方案缺乏针对性	二	5	×××	安全员
		总包单位与分包单位未订立临时用电管理协议	二	3	×××	安全员

表 11-26　安全防护二级安全隐患排查表

序号	排查项目	排查内容	隐患等级	整改时限（d）	落实整改人员	职务
1	安全网	在建工程外侧未采用密目式安全网封闭、网间不严密	二	1	×××	安全员
		安全网规格、材质不符合要求	二	1	×××	采购部长
		安全网未取得安全标志，资料不齐全	二	2	×××	采购部长
2	安全带	安全带不符合标准，资料不齐全	二	1	×××	采购部长
3	电气作业防护用品	电焊人员、设备调试人员未按要求穿戴安全防护用品（绝缘手套、绝缘鞋等）	二	1	×××	安全员
4	临边防护	站台公共区靠轨行区临边或轨行区入口处未按规定设置防护栏杆	二	1	×××	安全员
5	洞口防护	防护措施、设施不符合要求，防护不严密	二	1	×××	安全员
6	移动式操作平台	操作平台的面积或荷载超过规定值（平台面积部超过 $10m^2$，荷载不宜超过 $1.5kN/m^2$，脚手板厚 50mm）	二	2	×××	安全员
		移动式操作平台，轮子与平台的连接不牢固可靠、无制动及防倾倒措施，立柱底端距离地面超过规定值	二	2	×××	安全员
		操作平台的组装不符合方案要求	二	1	×××	安全员
		平台台面铺板不严密、不牢固	二	1	×××	安全员
		操作平台四周未按规定设置防护栏杆，未设置登高扶梯	二	1	×××	安全员
		操作平台的材质不符合方案要求，未经过验收	二	3	×××	安全员

表 11-27　起重吊装二级安全隐患排查表

序号	排查项目	排查内容	隐患级别	整改时限（d）	落实整改人员	职务
1	施工方案	方案未按规定审批或方案可操作性不强	二	3	×××	安质部长
2	人员配备	司机、司索、信号工未持特种作业证上岗	二	2	×××	安全员
		未设置专职信号指挥或司索人员	二	2	×××	安全员
		作业人员（包括进场的租赁单位的人员）未经过专门教育和安全技术交底	二	2	×××	安全员
3	起重吊装条件验收	移动式起重机械进场后未组织验收	二	3	×××	安全员
		起重机与架空线路、建构筑物安全距离不符合规范要求	二	1	×××	安全员
		吊运体积较大或接近移动式起重设备额定载荷的构件时，配重设置不符合说明书要求	二	2	×××	安全员
4	钢丝绳与索具	钢丝绳磨损、断丝、变形、锈蚀等达到报废标准	二	1	×××	安全员
		吊钩、卷筒、滑轮磨损达到报废标准	二	1	×××	安全员
		吊钩、卷筒、滑轮未安装钢丝绳防脱装置	二	1	×××	安全员
		索具采用编结连接时，编结部分的长度不符合规范要求	二	1	×××	安全员
		索具采用绳卡连接时，绳卡的规格、数量及绳卡间距不符合规范要求	二	1	×××	安全员
		索具安全系数选用不符合规范要求	二	1	×××	安全员
		吊索规格与吊物重量不匹配或机械性能不符合设计要求	二	1	×××	安全员
5	操作控制	吊运重物起升和下降速度不平稳、均匀，进行突然制动	二	1	×××	司机
		在满负荷或近满负荷时，降落臂杆同时进行两个动作	二	1	×××	司机
6	过程控制	吊装重量不明（包括埋在地下）的物体	二	1	×××	司索工
		有超载作业情况或起重机主钩、副钩同时作业	二	1	×××	司索工
		被吊物体上方、下方有人或吊具载运人员	二	1	×××	司索工
		被吊物体上有浮置物	二	1	×××	司索工
		工件紧固不牢、斜拉工件	二	1	×××	司索工
		吊运气瓶、零杂小型物料时未使用专用吊篮，或采用专用吊篮时物料装放过满	二	1	×××	司索工

续表

序号	排查项目	排查内容	隐患级别	整改时限(d)	落实整改人员	职务
7	占道吊装	占用市政道路从事起重吊装作业，未办理《临时道路占用、挖掘许可证》	二	2	×××	安全员
8	安全警戒	吊装时无关人员进入警戒区	二	1	×××	安全员
		作业时起重臂下有人停留或吊运物体从人的正上方通过	二	1	×××	安全员

表 11-28　电动葫芦二级隐患排查表

序号	排查项目	排查内容	隐患级别	整改时限(d)	落实整改人员	职务
1	安全装置	无超高限位装置	二	1	×××	安全员
		上限位开关不灵敏、安全行程不符合规范要求	二	1	×××	安全员
		大、小车行程限位不齐全、不灵敏	二	1	×××	安全员
		起重量限制器不灵敏	二	1	×××	安全员
2	安装与拆卸	安装、拆卸单位未取得相应资质	二	2	×××	安全员
		安装、拆卸人员未取得特种作业操作资格证	二	1	×××	安全员
3	验收	安装后投入使用前未经具有相应资质的检验检测机构提供的检验检测合格报告或验收不合格	二	4	×××	安全员

表 11-29　施工机具二级安全隐患排查表

序号	排查项目	排查内容	隐患等级	整改时限(d)	落实整改人员	职务
1	平刨	平刨安装后未履行验收程序	二	2	×××	安全员
		未设置护手安全装置	二	2	×××	安全员
		传动部位未设置防护罩	二	2	×××	安全员
		未作保护接零或未设置漏电保护器	二	2	×××	安全员
		使用平刨和圆盘锯合用一台电机的多功能木工机具	二	2	×××	安全员
2	圆盘电锯	未设置锯盘护罩、分料器、防护挡板等安全装置，传动部位未设置防护罩	二	1	×××	安全员
		未做保护接零，未设置漏电保护器	二	1	×××	安全员
		电锯安装后是未履行验收程序	二	1	×××	安全员
		使用多功能木工机具	二	2	×××	安全员

续表

序号	排查项目	排查内容	隐患等级	整改时限（d）	落实整改人员	职务
3	手持电动工具	Ⅰ类工具未采取保护接零或未设置漏电保护器	二	1	×××	安全员
		使用Ⅰ类手持电动工具未按规定穿戴绝缘用品	二	1	×××	安全员
4	钢筋机械	传动部位未设置防护罩	二	1	×××	安全员
		机械安装后无验收合格手续	二	1	×××	安全员
5	电焊机	未做保护接零，未设置漏电保护器	二	1	×××	安全员
		交流焊机未设置二次侧空载降压防触电保护器	二	1	×××	安全员
6	搅拌机	传动部位无防护罩	二	1	×××	安全员
7	气瓶	氧气瓶和乙炔瓶间距小于5m，距明火小于10m，无隔离措施	二	1	×××	安全员
		乙炔瓶无防回火装置	二	1	×××	安全员
		气瓶未安装减压器	二	1	×××	安全员
		气瓶及其安全附件不合格，或气管老化、破损	二	2	×××	安全员
8	场内运输车	翻斗车制动装置不灵敏	二	1	×××	安全员
9	潜水泵	负荷线未使用专用防水橡皮电缆且线缆有接头	二	1	×××	安全员
10	振捣器	未做保护接零，未设置漏电保护器	二	1	×××	安全员
11	其他施工机具、设备	使用国家明令淘汰或超期服役的机具设备	二	2	×××	安全员
		安全保护装置不全或失灵	二	2	×××	安全员
		未按规定进行维护保养	二	2	×××	安全员
		测量仪器、设备未定期标定或未进行现场校验复核压力容器、管道的安全阀未按照要求进行检验标定	二	3	×××	安全员

表11-30　特殊气候施工二级安全隐患排查表

序号	排查项目	排查内容	隐患等级	整改时限（d）	落实整改人员	职务
1	方案及人员	未编制特殊气候施工方案、应急预案或未经过审批	二	5	×××	技术负责人
		未按特殊气候预警要求安排项目负责人值守、巡查	二	1	×××	安质部长
2	预警	施工组织方案未明确特殊气候下施工应采取的相应安全措施	二	2	×××	技术负责人
		未按预警等级要求停止室外作业或其他危险性较大作业（如吊装作业），并撤离人员到安全地方	二	2	×××	安质部长

续表

序号	排查项目	排查内容	隐患等级	整改时限(d)	落实整改人员	职务
3	大风（台风）防范	未按大风预警要求对临时建（构）筑物、围挡或其他高大设施采取特殊加固措施或拆除，汽车吊、履带吊、钻机等高大设施未趴臂并加固到位，水泥罐未加固到位，机具设备未转移到地势高处	二	2	×××	安质部长
		室外遭遇龙卷风时未及时组织人员按照龙卷风影响方向的反方向或侧方向移动躲避	二	2	×××	安质部长
4	雷电防范	对在其他防雷保护范围以外的临时设施和突出机械未设置避雷装置	二	3	×××	安质部长
		未按要求停止高空（含脚手架）作业、起重吊装作业	二	2	×××	安质部长
		未及时组织在空旷场所作业人员撤离	二	2	×××	安质部长
5	高温天气	无中暑事故应急预案	二	3	×××	安质部长
6	设备物资准备	防特殊气候设备、物资不到位，水泵的数量、排水量不满足要求	二	2	×××	安质部长
7	应急管理	未建立防灾应急抢险队伍	二	3	×××	安质部长
8	灾后复工	特殊气候结束后、复工前未进行专项安全检查	二	2	×××	安质部长
		存在临时用电、机械设备、安全防护等隐患未消除，或未书面经监理单位批准擅自复工	二	2	×××	安质部长

表 11-31　消防安全二级隐患排查表

序号	排查项目	排查内容	隐患级别	整改时限(d)	落实整改人员	职务
1	消防设施与器材	未定期检查和维护消防器材，保证消防器材、设施灵敏有效	二	2	×××	安全员
		宿舍区消防疏散通道被占用或堵塞	二	1	×××	安全员
2	施工现场易燃物品管理	违规储存爆炸物品	二	1	×××	安全员
		储存易燃物料时无防火安全措施	二	1	×××	安全员
		氧气瓶、乙炔瓶工作间距、两瓶与明火作业间距不符合标准规定	二	1	×××	安全员
3	动火管理	动火作业未严格执行动火审批制度	二	2	×××	安全员
		防水板焊接、木模板上钢筋焊接无看火人	二	1	×××	安全员
		动火（电气焊）区域有地下管线检查井（室）	二	1	×××	安全员
4	应急措施	未设置逃生通道或逃生通道不畅通	二	2	×××	安全员
5	临时设施防火管理	施工现场消防通道、消防水源、消防设施与器材的设置不符合防火规范要求	二	2	×××	安全员

表 11-32　机电安装各专业二级安全隐患排查表

序号	排查项目	排查内容	隐患级别	整改时限(d)	落实整改人员	职务
1	施工方案与安全技术交底	未编制通风空调工程专项施工方案，或内容不全面、无针对性、未经审批	二	5	×××	技术负责人
		项目技术人员未就有关施工安全要求对现场管理人员、施工班组、作业人员交底	二	2	×××	安质部长
2	单位和人员的资质	分包单位资质不符合国家规定，不满足施工要求	二	3	×××	项目经理
		电工、电焊工等特种作业人员未持有效证件上岗	二	3	×××	安质部长
3	通风空调安装专项安全	未办理动火证，擅自动火作业，未在规定位置放置灭火器材	二	1	×××	安全员
		未执行轨行区施工管理办法及送电、施工期调度、信号动调等管理办法	二	1	×××	安全员
4	给排水专项安全	未办理动火证，擅自动火作业，未在规定位置放置灭火器材	二	1	×××	安全员
		未执行轨行区施工管理办法及送电、施工期调度、信号动调等管理办法	二	1	×××	安全员
5	动照安装专项安全	未办理动火证，擅自动火作业，未在规定位置放置灭火器	二	1	×××	安全员
		未执行轨行区施工管理办法及送电、施工期调度、信号动调等管理办法	二	1	×××	安全员
6	设备监控专项安全	未办理动火证，擅自动火作业，未在规定位置放置灭火器材	二	1	×××	安全员
		未执行轨行区施工管理办法及送电、施工期调度、信号动调等管理办法	二	1	×××	安全员
7	火灾报警专项安全	未办理动火证，擅自动火作业，未在规定位置放置灭火器材	二	1	×××	安全员
		未执行轨行区施工管理办法及送电、施工期调度、信号动调等管理办法	二	1	×××	安全员

（3）机电安装工程隐患分类汇总表（三类，表 11-33 ~ 表 11-43）

表 11-33　安全管理隐患排查表

序号	排查项目	排查内容	隐患级别	整改时限(d)	落实整改人员	职务
1	单位资质与人员资格	1. 项目经理等“三类人员”无安全生产考核合格证或未持安全生产考核合格证上岗	三	3	×××	董事长
		2. 违反规定调换项目经理或项目经理同时在其他工程项目兼任	三	2	×××	董事长
		3. 项目主要管理人员未按规定到岗履职或未在现场带班	三	1	×××	项目经理
		4. 项目部未建立安全管理体系，体系文件未经监理备案或批复	三	3	×××	安质部长
		5. 安全管理制度不完善	三	5	×××	安质部长

续表

序号	排查项目	排查内容	隐患级别	整改时限（d）	落实整改人员	职务
2	责任制度与目标管理	1. 未制定安全管理目标及其考核制度	三	2	×××	生产经理
		2. 未进行安全责任目标分解或量化	三	2	×××	生产经理
		3. 考核制度未有效落实，对责任人没有处理	三	2	×××	生产经理
		4. 未逐级签订安全生产责任书	三	2	×××	生产经理
3	施工组织设计与专项方案	1. 施工组织设计的安全措施不全面或针对性不强	三	3	×××	技术负责人
		2. 未与施工组织设计同步编制标准化实施方案	三	3	×××	技术负责人
		3. 对拟采用的无现行工程建设强制性标准的新技术、新工艺、新材料，未进行技术论证	三	3	×××	技术负责人
4	安全技术交底	1. 未制定安全技术交底制度	三	2	×××	安质部长
		2. 未制定各工种安全技术操作规程或操作规程未挂设在作业场所显著位置	三	2	×××	安质部长
		3. 项目技术人员（专项方案编制人员）未就有关施工安全要求对现场管理人员、施工班组、作业人员交底	三	2	×××	安质部长
		4. 无书面安全技术交底或未履行双方签字手续	三	2	×××	安质部长
		5. 安全技术交底不全面、无针对性	三	2	×××	安质部长
5	安全教育和班前安全活动	1. 未按要求组织开展班前安全活动或无记录	三	1	×××	安全员
		2. 未建立班前安全活动记录	三	1	×××	安全员
		3. 未建立安全生产教育制度或安全教育档案不齐全	三	2	×××	安全员
		4. 未进行年度安全教育或教育培训学时达不到要求	三	2	×××	安全员
		5. 未对作业人员普及触电、高处坠落或有限空间中毒（窒息）等事故应急救援知识	三	2	×××	安全员
		6. 未进行重大危险源辨识、登记、公示	三	2	×××	安全员
		7. 有较大危险因素的设施、设备、场所未设置明显标识、警戒围栏或安全引导语等安全警示标志	三	2	×××	安全员
		8. 进行高处作业、有限空间作业、设备检修调试等危险作业时，未设明显标识、正确显示工作状态	三	2	×××	安全员
		9. 在隐患没能及时整改的场所未设置隐患告知牌	三	1	×××	安全员

续表

序号	排查项目	排查内容	隐患级别	整改时限（d）	落实整改人员	职务
6	安全检查	1. 未有效开展日常、定期、季节性安全检查（隐患排查）或安全专项整治	三	1	×××	安质部长
		2. 企业负责人或项目经理未按规定带班检查（生产）	三	2	×××	安质部长
		3. 对发现的安全质量隐患未按“五到位”（责任、时限、措施、资金、预案到位）原则落实整改	三	2	×××	安质部长
		4. 未按规定开展安全管理标准化自评	三	3	×××	安质部长
		5. 未建立健全安全检查档案（事故隐患排查治理台账）	三	1	×××	安质部长
7	安全验收	1. 未建立工程重要部位、环节施工前条件验收制度（包括进入有限空间、压力/高压设备调试区域的安全许可）	三	3	×××	安质部长
		2. 未按要求进行现场安全防护、消防设施验收	三	3	×××	项目经理
8	安全防护用品管理	1. 未建立安全防护用品管理制度	三	1	×××	安全员
		2. 未建立安全防护用品管理档案	三	1	×××	安全员
9	分包管理与协调管理	1. 施工总包单位与分包单位的安全责任不明确	三	2	×××	项目经理
		2. 与机械设备、施工机具及配件的出租单位未签订合同或合同未规定产品技术性能与质量安全要求	三	2	×××	项目经理
		3. 专业分包合同未按规定向建设单位备案	三	3	×××	项目经理
		4. 分包单位未按规定建立安全管理机构、配备安全员	三	2	×××	项目经理
		5. 总包单位未按要求对分包队伍开展安全教育、安全检查，或未对劳务作业进行安全管理	三	2	×××	项目经理
10	费用管理	1. 未建立安全文明施工措施费用管理制度	三	2	×××	安质部长
		2. 未编制安全资金使用计划或未按计划实施	三	2	×××	安质部长

续表

序号	排查项目	排查内容	隐患级别	整改时限（d）	落实整改人员	职务
11	应急管理	1. 未按要求配备应急救援物资、设备、器材等资源，或未及时更换（置换）已失效的应急资源	三	3	×××	安质部长
		2. 未按计划组织预案演练或演练流于形式	二	7	×××	安质部长
		3. 预案、方案不全面、针对性不强	三	2	×××	安质部长
		4. 未对预案进行定期评估，或出现规定情形时未对预案进行修订	三	2	×××	安质部长
		5. 未建立项目应急救援组织机构和队伍	三	3	×××	安质部长
12	安全标识	1. 未绘制现场安全标识布置图	三	1	×××	安质部长
		2. 未按部位和现场设施的变化调整安全标识设置	三	1	×××	安质部长
13	事故报告处理	未建立事故管理档案	三	1	×××	安质部长
14	隐患排查治理	未对隐患排查与治理的落实情况进行核查	三	1	×××	安质部长

表 11-34　文明施工隐患排查表

序号	排查项目	排查内容	隐患等级	整改时限（d）	落实整改人员	职务
1	施工方案	1. 文明施工管理目标或措施不明确	三	2	×××	生产经理
		2. 文明施工专项方案基本内容（节地、节能、节水、节材、环保、水土保持和场地封闭、临时设施、公共安全与职业健康卫生等）有缺项	三	2	×××	生产经理
		3. 未实行用水计量或用电计量管理	三	2	×××	生产经理
		4. 现场未定期检查文明施工实施情况	三	2	×××	生产经理
2	现场围挡	围挡未沿工地四周连续设置，或转角通透围挡、交通警示灯设置不符合要求	三	2	×××	安质部长
3	封闭管理	1. 施工现场大门处未设置警卫室，外来人员出入无登记	三	3	×××	安质部长
		2. 进入施工现场的施工人员未持工作卡或其他有效证件	三	1	×××	安质部长
		3. 进入施工现场的移动式起重机无备案或进场验收	三	2	×××	安质部长

续表

序号	排查项目	排查内容	隐患等级	整改时限(d)	落实整改人员	职务
4	材料管理	1. 建筑垃圾未及时清理、无序堆放，未做到工完场清	三	1	×××	站长
		2. 料堆未挂名称、品种、规格、合格、待检等标牌、堆放不整齐或无苫盖措施的	三	1	×××	站长
5	综合治理	1. 现场未建立治安保卫制度或责任分解不到人	三	1	×××	安质部长
		2. 治安防范措施不力	三	3	×××	安质部长
6	现场标识	1. 现场未设置“七牌两图”或设置不全	三	2	×××	安质部长
		2. 施工现场出入口未标有企业名称、标识	三	3	×××	安质部长
		3. 施工现场无安全标语	三	2	×××	安质部长
		4. 无绿色施工警示标识或职业卫生、安全警示标志	三	2	×××	安质部长
		5. 无宣传栏、读报栏等	三	2	×××	安质部长
7	办公与住宿	1. 现场搭建宿舍等临时设施不符合结构安全要求	二	2	×××	安质部长
		2. 施工现场使用的装配式活动房屋无产品合格证	二	2	×××	安质部长
		3. 在施工区，伙房、库房、在建工程兼作住宿	二	1	×××	安质部长
		4. 项目部未设置民工业余学校	三	2	×××	安质部长
		5. 宿舍未采取保暖、消暑、防煤气中毒、防蚊虫叮咬、防疫措施	三	1	×××	安质部长
		6. 宿舍未设置可开启窗户，通风、采光差，不整洁	三	1	×××	安质部长
		7. 宿舍未设置床铺、未设置生活用品专柜，生活用品放置不整齐	三	1	×××	安质部长
		8. 宿舍、办公室私拉乱接电源，使用电炉、热得快等大功率电热器具、高热灯具	三	1	×××	安质部长
		9. 宿舍周围环境不卫生、不安全	三	4	×××	安质部长
		10. 未明确卫生责任人并设置标牌	三	1	×××	安质部长
8	环境保护	1. 施工用水未经处理直接排入市政管网	三	5	×××	站长
		2. 暴雨、大风、大雾等特殊天气未按橙色、红色预警信号减少、停止户外作业	三	1	×××	安质部长
		3. 场地有明显积土、积水且未采取措施	三	2	×××	站长

续表

序号	排查项目	排查内容	隐患等级	整改时限（d）	落实整改人员	职务
9	生活设施	1. 食堂未办理餐饮服务许可证或卫生许可证	三	5	×××	安质部长
		2. 食堂未设专人管理、未制定管理制度、食堂管理制度未上墙	三	1	×××	安质部长
		3. 食堂燃气瓶（罐）未单独设置存放间或存放间通风条件不好，或未加装燃气报警装置	三	2	×××	安质部长
		4. 食堂四周、地面未贴瓷砖或无排烟、隔油设施	三	2	×××	安质部长
		5. 食堂生熟食未分开，未配备防蝇、蚊、鼠、蟑螂等设施	三	1	×××	安质部长
		6. 食堂食物留样不足 48 小时或未做好留样记录	三	2	×××	安质部长
		7. 不能保证供应卫生饮水且饮水安全管理不到位	三	2	×××	安质部长
		8. 厕所未设置水冲设备，无专人打扫，有污垢、臭味严重	三	1	×××	安质部长
		9. 未设置淋浴室、地板未铺贴防滑地砖，未安装通风窗或淋浴室不能满足现场人员需求	三	2	×××	安质部长
		10. 食堂的炊具、餐具或公用饮水器清洗消毒不及时	三	1	×××	安质部长
		11. 生活垃圾未装容器、未及时清理	三	1	×××	安质部长
10	保健急救	1. 无保健医药箱	三	1	×××	安质部长
		2. 无经培训的急救人员	三	1	×××	安质部长
		3. 未开展职业病及卫生防病宣传教育	三	1	×××	安质部长

表 11-35　施工用电隐患排查表

序号	排查项目	排查内容	隐患等级	整改时限（d）	落实整改人员	职务
1	接地与接零保护系统	1. 电气设备未接保护零线或接零保护不符合要求	三	1	×××	安全员
		2. 保护零线上装设开关、熔断器或与工作零线混接	三	2	×××	安全员
		3. 工作接地与重复接地（设置、安装、材料）不符合要求	三	1	×××	安全员
		4. 配电系统未采用同一保护方式	三	1	×××	安全员
		5. 保护零线引出位置不符合规范	三	1	×××	安全员
		6. 保护零线材质、规格及颜色标记不符合规范	三	1	×××	安全员
		7. 突出设施防雷措施不符合规范（或设计）要求	三	2	×××	安全员

续表

序号	排查项目	排查内容	隐患等级	整改时限(d)	落实整改人员	职务
2	配电线路	1. 未使用五芯电缆	三	1	×××	安全员
		2. 室内明敷主干线距离地面高度小于2.5m	三	1	×××	安全员
		3. 线路截面不能满足负荷电流	三	1	×××	安全员
		4. 存在乱拉乱接或架空缆线上吊挂物品现象	三	1	×××	安全员
		5. 使用民用插线板、卷线盘或多孔插座	三	1	×××	安全员
3	配电箱开关箱	1. 未使用标准电箱或电箱内电气元件不符合规范要求	三	1	×××	安全员
		2. 电箱内未按要求设置隔离开关或隔离开关无可视断点	三	1	×××	安全员
		3. 开关箱（末级）无漏电保护装置或漏电保护装置失灵	三	1	×××	安全员
		4. 漏电保护器参数不匹配或检测不灵敏	三	1	×××	安全员
		5. 配电箱与开关箱安装位置不当、周围杂物多不便于操作	三	1	×××	安全员
		6. 配电箱、开关电箱进出线混乱或未配置固定线卡、绝缘护套	三	1	×××	安全员
		7. 配电箱与开关箱内未绘制系统接线图和分路标记	三	1	×××	安全员
		8. 分配电箱与开关箱的距离、开关箱与用电设备的距离不符合规范	三	1	×××	安全员
		9. 闸具损坏、闸具、垫板材质不符合要求	三	1	×××	安全员
		10. 配电箱与开关箱结构设计、电器设置不符合规范	三	1	×××	安全员
		11. 配电箱的电器安装板上未正确设置N线端子或PE线端子板	三	1	×××	安全员
		12. 箱体及箱门未做接零保护	三	2	×××	安全员
		13. 箱体安装位置、高度及周边通道不符合规范要求	三	2	×××	安全员
		14. 电箱无门、无锁、无防雨措施	三	2	×××	安全员
		15. 箱体结构、材料、箱内电器元件设置不满足规范要求	三	2	×××	安全员

续表

序号	排查项目	排查内容	隐患等级	整改时限（d）	落实整改人员	职务
4	现场照明	1. 灯具金属外壳未做接零保护	三	1	×××	安全员
		2. 照明未采用专用回路或照明专用回路未设漏电保护，照明用电与动力用电混用	三	1	×××	安全员
		3. 未按照要求在阴暗作业场所、通道口设置照明或应急疏散照明	三	1	×××	安全员
5	用电管理	1. 电工未持证上岗或操作证未在有效期内	三	1	×××	安全员
		2. 临时用电组织设计及变更不符合“编制、审核、批准”工作要求	三	4	×××	安全员
		3. 未进行安全技术交底，临时用电系统投入使用前未按要求进行验收或记录填写不真实	三	2	×××	安全员
		4. 未按规定进行接地电阻、绝缘电阻测试和漏电保护器检测，或记录未如实填写	三	1	×××	安全员
		5. 未有电工巡视维修记录、填写不真实	三	1	×××	安全员

表 11-36　安全防护隐患排查表

序号	排查项目	排查内容	隐患等级	整改时限（d）	落实整改人员	职务
1	安全帽	1. 作业人员未正确佩戴安全帽	三	1	×××	安全员
		2. 进入施工现场不戴安全帽	三	1	×××	安全员
		3. 安全帽不符合标准、资料不齐全	三	1	×××	采购部长
2	安全网	4. 高架桥面边等临边未使用密目式安全网	三	2	×××	安全员
3	安全带	1. 作业人员安全带系挂不符合要求	三	1	×××	安全员
		2. 不按规定设置安全绳	三	2	×××	安全员
4	电气作业防护用品	1. 电焊人员未按要求佩戴护目镜等	三	1	×××	安全员
		2. 绝缘手套、绝缘鞋不符合标准，或绝缘失效	三	2	×××	采购部长
5	临边防护	1. 高于 2.0m 的爬梯无防护笼等措施	三	2	×××	安全员
		2. 临边防护措施不符合标准化要求或不严密	三	2	×××	安全员
6	洞口防护	1. 未按照规范设置警示标识	三	1	×××	安全员
		2. 防护设施未形成定型化、工具化	三	2	×××	安全员
7	移动式操作平台	未悬挂验收合格牌	三	2	×××	安全员

表 11-37 起重吊装隐患排查表

序号	排查项目	排查内容	隐患级别	整改时限（d）	落实整改人员	职务
1	施工方案	对没有采纳专家意见未进行说明	三	2	×××	安质部长
2	人员配备	大型吊装时未安排专人监护	三	2	×××	安全员
3	起重吊装条件验收	1. 移动式起重机械使用前未进行就位检查	三	1	×××	安全员
		2. 地面铺垫措施未达到要求	三	1	×××	安全员
		3. 支腿未伸展到位或支垫不牢固	三	1	×××	安全员
4	钢丝绳与索具	钢丝绳规格不符合起重机产品说明书要求	三	1	×××	安全员
5	操作控制	1. 左右加转不平衡，当回转未停稳时进行反向动作	三	1	×××	司机
		2. 未使用联络信号或信号方式不合理、不准确	三	1	×××	司机
		3. 起重机吊运构件（设备）前未进行试吊	三	2	×××	司机
		4. 转向操作不当，一侧回转未停稳时进行反向动作	三	2	×××	司机
		5. 起重机主钩、副钩同时作业	三	2	×××	司机
6	过程控制	1. 不使用旗语或对讲机传递指挥信号或存在乱指挥的现象	三	1	×××	司索工
		2. 吊装时棱刃物与钢丝绳直接接触，未采取防护措施	三	1	×××	司索工
		3. 起重机、吊索具使用不合理、与吊物重量不匹配	三	1	×××	司索工
		4. 遇恶劣天气未停止吊装作业	三	1	×××	司索工
		5. 作业现场照明不充足	三	1	×××	安全员
		6. 作业结束、司机离开现场前未对起重机械采取锁紧、固定及其他防移动、防倾覆等措施	三	2	×××	司索工
7	占道吊装	1. 未在作业地点来车方向安全距离处设置安全警示标识（夜间警示灯）或警示标识不准确	三	2	×××	安全员
		2. 路面上作业人员未穿着反光衣	三	2	×××	安全员
8	安全警戒	未设专人警戒或未设警戒标识	三	1	×××	安全员

表 11-38　电动葫芦隐患排查表

序号	排查项目	排查内容	隐患级别	整改时限（d）	落实整改人员	职务
1	安装与拆卸	1. 未签订安装合同，合同中未明确安全管理责任	三	1	×××	安全员
		2. 安装、拆卸作业现场无专职技术、安全负责人	三	1	×××	安全员
2	电气安全	1. 未设置金属结构的接地装置	三	1	×××	安全员
		2. 未设置专用开关箱、开关箱内电器组件不符合要求	三	1	×××	安全员
		3. 接地电阻大于规范要求	三	1	×××	安全员
		4. 未按规定使用五芯电缆线	三	1	×××	安全员
		5. 防雷保护范围以外无避雷装置	三	2	×××	安全员
3	验收	1. 无验收手续，无责任人签字	三	1	×××	安全员
		2. 验收表填写不符合规范要求、无量化验收内容	三	1	×××	安全员
4	日常检查及维修保养	1. 未制定维修保养制度，未按制度进行定期维修保养	三	2	×××	安全员
		2. 维修保养记录不真实	三	1	×××	安全员

表 11-39　施工机具隐患排查表

序号	排查项目	排查内容	隐患等级	整改时限（d）	落实整改人员	职务
1	平刨	1. 无安全防护棚	三	2	×××	安全员
		2. 无人操作时未切断电源	三	1	×××	安全员
2	圆盘电锯	1. 无人操作时未切断电源	三	1	×××	安全员
		2. 使用倒顺开关	三	1	×××	安全员
3	手持电动工具	使用手持电动工具随意接长电源线、更换插头	三	1	×××	安全员
4	钢筋机械	1. 未做保护接零，未设置漏电保护器	三	1	×××	安全员
		2. 钢筋加工区未按标准化要求设置防护棚	三	1	×××	安全员
		3. 钢筋对焊作业区未采取防止火花飞溅措施或冷拉作业区未设置防护栏板	三	1	×××	安全员
5	电焊机	1. 一次线长度超过规定、过道无穿管保护	三	1	×××	安全员
		2. 二次线长度超过规定或未采用防水橡皮护套铜芯软电缆	三	1	×××	安全员
		3. 焊把线接头超过 3 处或绝缘层老化	三	1	×××	安全员
		4. 电焊机未设置防雨罩（棚）或接线柱未设置防护罩	三	1	×××	安全员
		5. 电焊机安装后无验收合格手续	三	1	×××	安全员
		6. 电焊机使用钢筋、脚手架（模板支架）或钢结构等金属构件代替二次接地线	三	1	×××	安全员

续表

序号	排查项目	排查内容	隐患级别	整改时限（d）	落实整改人员	职务
6	搅拌机	1. 未做保护接零，未设置漏电保护器	三	1	×××	安全员
		2. 操作手柄未设置保险装置	三	1	×××	安全员
		3. 搅拌机未设置安全作业棚、作业不安全	三	1	×××	安全员
		4. 料斗未设置保险挂钩或挂钩不使用	三	1	×××	安全员
		5. 离合器、制动器、钢丝绳达不到规定要求	三	1	×××	安全员
		6. 作业平台不平稳	三	2	×××	安全员
		7. 搅拌机安装后无验收合格手续	三	1	×××	安全员
7	气瓶	1. 乙炔瓶使用或存放时平放	三	1	×××	安全员
		2. 各种气瓶未标明标准色标	三	1	×××	安全员
		3. 气瓶未分类存放	三	1	×××	安全员
		4. 气瓶被油污染	三	2	×××	安全员
		5. 气瓶无防振圈、防护帽	三	1	×××	安全员
		6. 气瓶无防晒措施	三	2	×××	安全员
		7. 搬运气瓶气瓶未使用带遮阳罩和灭火器的推车	三	1	×××	安全员
8	场内运输车	1. 行车载人或违章行车	三	1	×××	安全员
		2. 车辆无后视镜	三	1	×××	安全员
		3. 行车速度超过相关规范、方案的要求	三	1	×××	安全员
		4. 司机未持证驾车	三	1	×××	安全员
		5. 翻斗车灯光、警示标识不完整	三	1	×××	安全员
		6. 场内照明不足	三	2	×××	安全员
9	潜水泵	1. 未做保护接零，未设置漏电保护器	三	1	×××	安全员
		2. 悬挂装置未采用绝缘装置或使用绝缘材料	三	1	×××	安全员
		3. 带电移动潜水泵	三	1	×××	安全员
10	振捣器	1. 未使用移动式配电箱	三	1	×××	安全员
		2. 电缆线长度超过30m	三	1	×××	安全员
		3. 操作人员未穿戴绝缘防护用品	三	1	×××	安全员
11	其他施工机具、设备	1. 现场进场或安装后未履行验收手续	三	2	×××	安全员
		2. 未在明显位置悬挂张贴机具、设备安全技术规程	三	2	×××	安全员

表 11-40　特殊气候施工安全隐患排查表

序号	排查项目	排查内容	隐患等级	整改时限（d）	落实整改人员	职务
1	方案及人员	1. 未建立防特殊气候组织机构	三	2	×××	项目经理
		2. 未建立预防特殊气候责任制，未设立领导小组或分工不明确	三	2	×××	项目经理
		3. 未给相关人员配齐安全防护必需品	三	3	×××	安质部长
		4. 管理人员或作业人员未经特殊气候安全教育	三	2	×××	安质部长
2	预警	1. 未及时按照预案规定程序向有关人员传达特殊气候预警信息	三	2	×××	安质部长
		2. 应急发电机不满足要求或未准备就绪	三	2	×××	安质部长
		3. 台风、汛期等特殊气候到来前未组织安全大检查	三	2	×××	安质部长
		4. 安全检查发现的隐患未及时整改	三	2	×××	安质部长
4	雷电防范	避雷装置不符合规范要求	三	3	×××	安质部长
5	高温天气	1. 未开展防暑降温安全教育	三	2	×××	安质部长
		2. 未配备发放防暑降温药品	三	2	×××	安质部长
		3. 未按要求安排作息时间	三	2	×××	安质部长
6	设备物资准备	1. 防特殊气候设备、物资不到位，水泵的数量、排水量不满足要求	二	2	×××	安质部长
		2. 现场防特殊气候措施落实不彻底，水泵未试水运行，水泵所需的配套设施（水管、配电箱、电线等）不齐全有效	三	2	×××	安质部长
		3. 防特殊气候设备、物资不满足现场需要，质量不符合要求，未建立台账或台账与现场不相符	三	1	×××	安质部长
7	应急管理	1. 预案未明确不同种类、不同程度的恶劣气候下施工禁止行为	三	3	×××	安质部长
		2. 未组织防灾预案培训，或培训不到位	三	2	×××	安质部长
		3. 未制定防灾演练计划，或未按计划组织演练	三	3	×××	安质部长
8	灾后复工	1. 未对基坑、竖井、隧道、高边坡和周边环境等开展监测工作，未与停工前的关键数据进行比对，存在工程安全风险	三	2	×××	安质部长
		2. 基坑内积水未抽排干净，或未消除滑坡风险	三	2	×××	安质部长
		3. 进入隧道、竖井前未进行有害气体检测	三	2	×××	安质部长

表 11-41 轨道工程轨行区安全隐患排查表

序号	排查项目	排查内容	隐患等级	整改时限(d)	落实整改人员	职务
1	轨行区施工安全	1. 未做成品保护，损伤道床、钢轨及扣件	三	2	×××	安全员
		2. 使用钢轨、水管作为电焊电流回路	三	1	×××	安全员
		3. 向轨行区乱扔建筑垃圾	三	1	×××	安全员
		4. 搭设脚手架、堆放的材料或机具，存在侵入行车界限隐患	三	1	×××	安全员
		5. 未经允许登乘工程车、轨道车，攀爬运行中车辆的现象	三	1	×××	安全员
		6. 安装的管线、电缆（含预留端）不牢固，存在侵入行车界限隐患	三	1	×××	安全员
		7. 隧道内没有足够的照明	三	2	×××	安全员
		8. 在轨行区内吸烟、酗酒、追逐打闹的情况	三	1	×××	安全员
		9. 未经许可，在轨行区使用易燃易爆品或有毒物品	三	2	×××	安全员
		10. 手推车在轨行区溜车	三	1	×××	安全员
		11. 轨行区作业人员未戴安全帽或未穿荧光衣	三	1	×××	安全员
		12. 施工区域两端未设置红闪灯等警示装置	三	1	×××	安全员
		13. 在车辆间、车辆与车挡间工作和穿行	三	1	×××	安全员
		14. 躺在道床上休息	三	2	×××	安全员
		15. 不履行属地管理职责，导致没有工地出入证的人员进入轨行区	三	1	×××	安全员
		16. 轨行区未实行全封闭管理，出入轨行区未办理相关手续	三	1	×××	安全员
		17. 作业完毕未销点或延时销点，未清场或清场不彻底，在轨行区遗留物料工具	三	2	×××	安全员
		18. 进入轨行区施工人员未配备红旗和黄旗、红灯和黄灯闪光灯、对讲机、反光效果的防护服等劳保用品和防护用品	三	1	×××	安全员
2	施工清点	1. 超出施工作业令批准的区域施工	三	2	×××	站长
		2. 作业完毕未销点或延时销点	三	2	×××	站长
		3. 撤离前未清场或清场不彻底，轨行区遗留物料工具	三	2	×××	站长
		4. 作业完毕后未对轨行区人员清点	三	2	×××	站长

表 11-42　消防安全隐患排查表

序号	排查项目	排查内容	隐患级别	整改时限（d）	落实整改人员	职务
1	消防设施与器材	1. 未按规定配备消防器材	三	1	×××	安全员
		2. 灭火器配置种类、数量与环境条件不相符	三	1	×××	安全员
		3. 施工现场和办公、生活区未按规定设置消防平面图	三	2	×××	安全员
2	施工现场易燃物品管理	1. 储存、使用可燃物的区域无灭火器，与火（热）源（含电气设备）安全间距不符合要求	三	1	×××	安全员
		2. 弃置的可燃垃圾杂物、包装材料未做到日产日清	三	1	×××	安全员
		3. 机械设备跑冒滴漏油料或积油未及时清理	三	1	×××	安全员
		4. 在临建房屋内调配油漆稀料现象	三	1	×××	安全员
		5. 未按照仓库防火安全管理规则存放、保管施工材料	三	1	×××	安全员
3	动火管理	1. 电焊等明火作业与各类可、易燃物的安全间距不足时无隔离措施	三	1	×××	安全员
		2. 电焊机二次侧接线端子无防护罩	三	2	×××	安全员
		3. 焊割用气管、表头老化、破损	三	2	×××	安全员
		4. 气瓶无减压阀、回火截止阀或储存运输不符合防火要求	三	2	×××	安全员
		5. 动火作业点无灭火器材且未采取控制火花飞溅措施	三	2	×××	安全员
4	应急措施	1. 未按规定设置应急照明及出口指示灯	三	1	×××	安全员
		2. 未制定消防应急预案，预案内容不全面	三	7	×××	安全员
		3. 未组建应急抢险队伍	三	4	×××	安全员
		4. 未进行消防应急培训、交底、演练	三	2	×××	安全员
5	临时设施防火管理	1. 宿舍私拉乱接电源，使用电热毯、电炉、热得快等大功率电器	三	1	×××	安全员
		2. 临时设施未经消防验收	三	7	×××	安全员
		3. 厨房、化学品储仓等易燃爆场所未独立设置	三	1		
		4. 临建房屋配电线路布线未穿专用线管、未使用阻燃材料保护的现象	三	2	×××	安全员
		5. 施工现场未制定消防安全管理制度	三	2	×××	安全员

续表

序号	排查项目	排查内容	隐患级别	整改时限(d)	落实整改人员	职务
6	防火责任	1. 未明确宿舍、班组兼职消防安全员	三	1	×××	安全员
		2. 没有对员工进行消防安全培训和防火技术交底	三	1	×××	安全员
		3. 未制定用火和使用易燃易爆材料等各项消防安全管理制度和操作规程	三	1	×××	安全员
		4. 未落实每月消防安全检查制度或没有保留记录	三	2	×××	安全员
		5. 未根据装饰装修施工特点制定安全防火检查制度	三	2	×××	安全员
7	防火标识、消防资料	1. 未按规定设置消防管理牌、防火标识牌	三	1	×××	安全员
		2. 施工现场未设置防火指示、禁止、警告标识	三	1	×××	安全员
		3. 未建立消防档案或消防资料不齐全	三	1	×××	安全员

表 11-43　机电专业工程施工安全隐患排查表

序号	排查项目	排查内容	隐患等级	整改时限(d)	落实整改人员	职务
1	施工方案与安全技术交底	1. 未按规定对施工危险源进行辨识、登记、管理并制定应急预案	三	2	×××	安质部长
		2. 未制定安全技术交底制度	三	2	×××	安质部长
		3. 无书面安全技术交底或交底双方未签字	三	1	×××	安质部长
2	专项安全	1. 无移动式操作平台，台面铺板不牢固	三	1	×××	安全员
		2. 移动式操作平台未经过挂牌验收或轮子与平台的连接不牢固可靠、无制动及防倾倒措施	三	1	×××	安全员
		3. 移动式操作平台四周未按规定设置防护栏杆	三	1	×××	安全员
		4. 未落实交叉作业防护措施	三	1	×××	安全员
		5. 未按规范要求使用和管理施工用电	三	1	×××	安全员
		6. 施工中存在上下抛递材料、工具的伤及行人的现象	三	1	×××	安全员
		7. 施工高处作业时未设专人监护	三	1	×××	安全员

第12章　重大隐患治理预案

12.1　地下结构渗漏及地表沉降过大处置方案

盾构施工地表沉降过大或者基坑开挖围护结构出现渗漏、管线沉降报警、地面下陷。

12.1.1　地下连续墙渗漏应急处置

（1）事故假设：假设通途路站二期主体基坑在施工过程中，南端头井开挖至 -13m 标高，进入③1层砂性土层，西侧地连墙出现渗漏，如图12-1、图12-2所示。

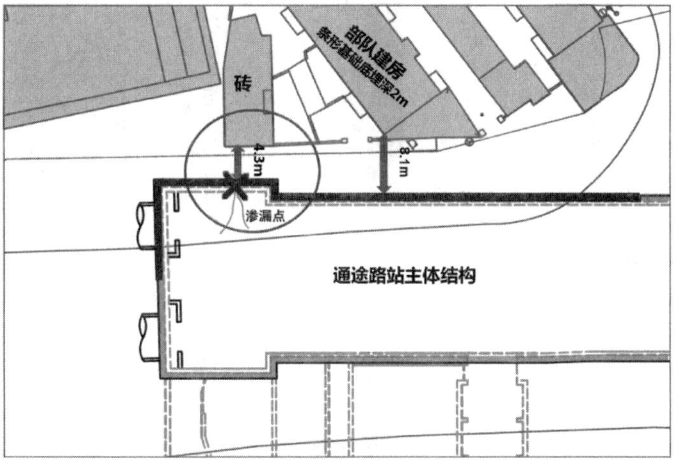

图12-1　事故工程平面示意图

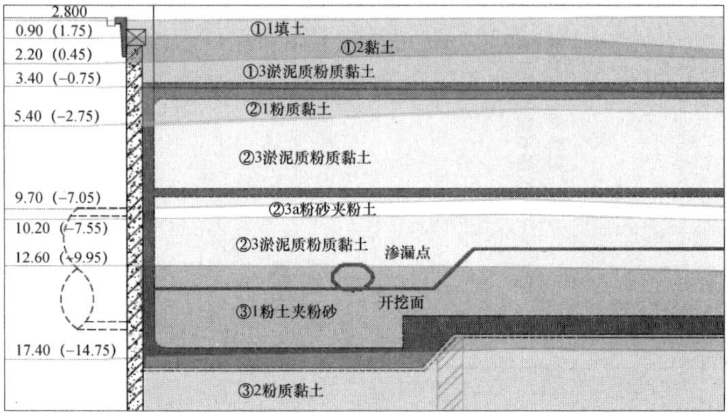

图12-2　事故模拟剖面图

（2）事故处置（表 12-1）

表 12-1　事故处置措施表

序号	险情种类	事故特征	原因分析	事故处理措施	资源配备（人、材、机）
1	围护结构渗漏	较多部位有渗漏，渗漏水顺墙壁下流	（1）地墙接缝不密实，夹有少量泥，导致渗漏。 （2）预埋接驳器处混凝土不密实，或有少量夹泥导致渗漏。 （3）此种渗漏起初征兆不严重，如不及时封堵，有可能发展成严重的漏水漏砂，导致围护结构不稳定	①冲击钻在漏水点钻孔，②安装注浆针头，③注浆机压入油溶性聚氨酯封堵 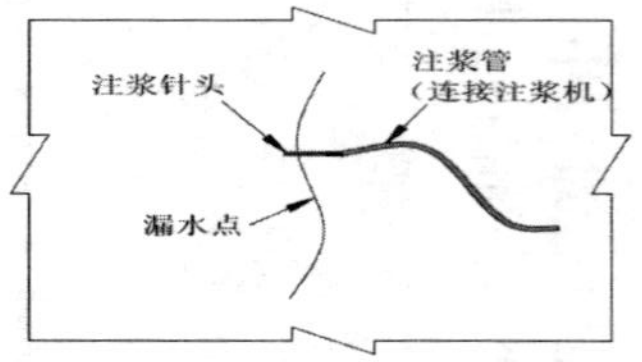 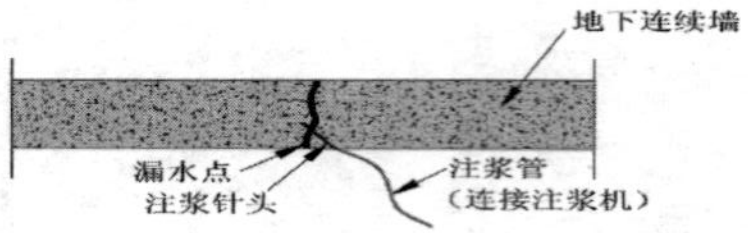	（1）冲击电钻 1 台。 （2）小型聚氨酯注浆机 1 台。 （3）油溶性聚氨酯 100kg。 （4）注浆管软 30m。 （5）堵漏工人 3 名
		点漏水，水成细线流，流量较小。点漏孔较小，且带有少量砂		①在漏水点位置开槽埋管引流，双快水泥封堵。 ②混凝土浇筑之前注浆封管 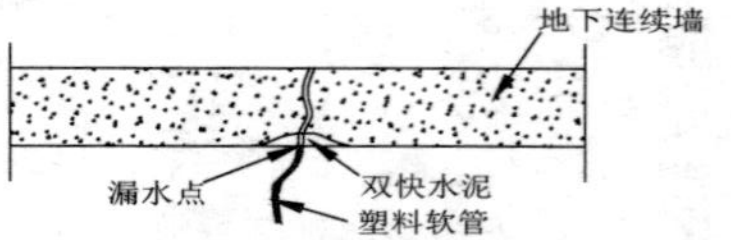 第一步：埋设塑料软管引流，快速水泥周边封堵 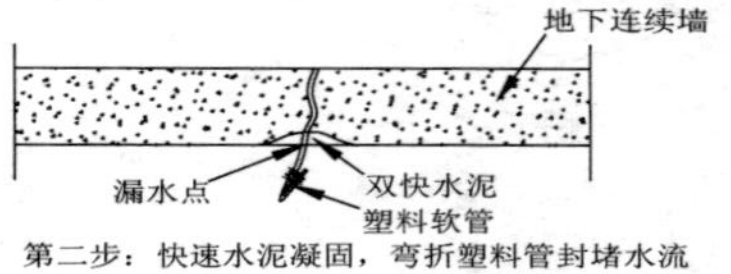 第二步：快速水泥凝固，弯折塑料管封堵水流	（1）塑料软管 10m。 （2）快干水泥 1T。 （3）堵漏工人 3 名

12.1.2　地下连续墙涌水涌砂应急处置

（1）事故假设条件同上，假设南端头井开挖至 -13m 标高西侧地连墙出现涌水涌砂。

（2）事故处置见表 12-2。

表 12-2　基坑围护渗漏处置表

序号	险情种类	事故特征	原因分析	应急处置	事故处理措施	资源配备（人、材、机）
1	围护结构涌水涌砂	（1）围护结构空洞状涌水涌砂，有压力。 （2）开挖前，个别疏干井始终出水量较大，该疏干井附近可能有漏水孔洞。 （3）此类事故风险高，影响范围大	（1）地墙混凝土浇筑有夹泥块，产生孔洞。 （2）地墙接缝夹泥块，产生孔洞。 （3）地墙垂直度控制精度低，地下有开岔	（1）第一方监测对周围房屋监测频率一天 2 次。如变化较明显，则改为 6 小时一次。 （2）接通临时水、电，保持场内交通畅通。 （3）准备抢险物资、设备、人员。 （4）如影响到场外交通，立即组织人员疏导交通，并请交管部门协助	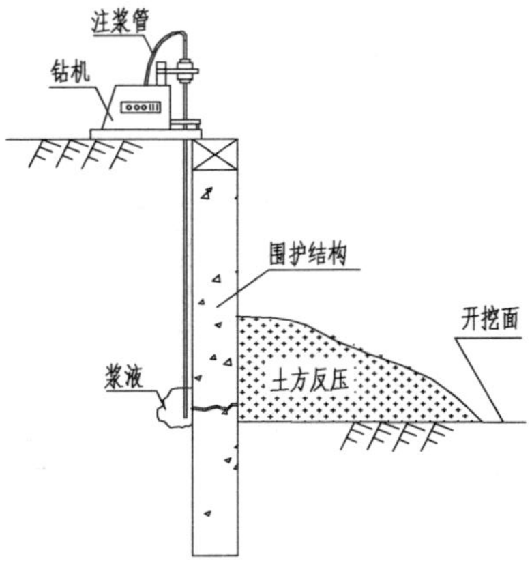 坑内处置措施：①用双快水泥封堵；②导管引流，注浆封堵；③木楔封堵，然后堆码沙袋土方反压 坑外处置：坑内反压，然后在地墙外侧，对应渗漏部位打孔注聚氨酯 打井处置：在坑外打井降水。 参见：附件 1	（1）棉纱 10kg。 （2）编织袋 2000 只。 （3）双液注浆机 1 台。 （4）聚氨酯 200kg（可根据需要及时补充）。 （5）普通水泥 5t。 （6）水玻璃 400L。 （7）挖掘机 1 台。 （8）高压旋喷桩机 1 台。 （9）引孔钻机套。 （10）堵漏人员 5 人、降水人员 5 人、监测人员 3 人

12.1.3 钻孔灌注桩围护结构渗漏应急处置

（1）事故假设

假设1号出入口在开挖见底时，23轴处出现桩缝漏水（图12-3）。

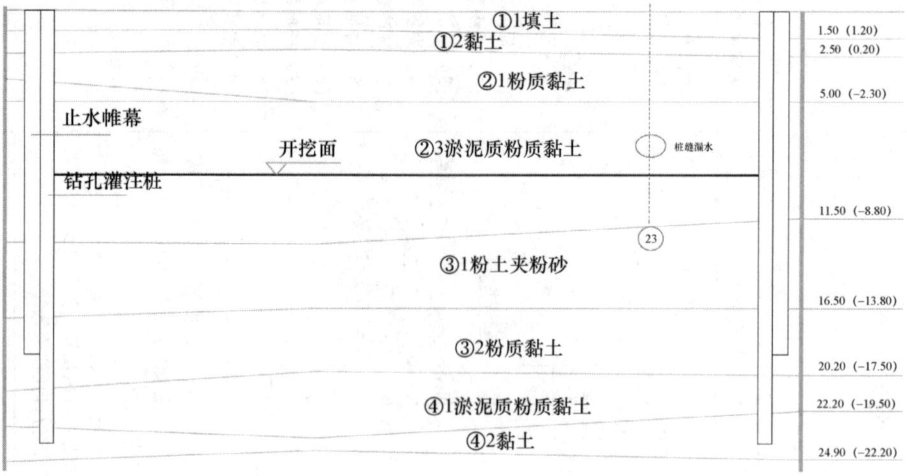

图12-3 事故模拟剖面图

（2）事故处置（表12-3）

表12-3 事故处置措施表

序号	险情种类	事故特征	原因分析	应急处置	事故处理措施	资源配备（人、材、机）
1	钻孔灌注桩围护结构桩缝漏水	（1）桩缝有水渗漏出。 （2）桩缝之间的土体坍塌到桩背后	止水围幕不闭合，有漏水通道	（1）第一方监测对周围房屋监测频率一天2次。如变化较明显，则改为6小时一次。 （2）接通临时水、电，保持场内交通畅通。 （3）准备抢险物资、设备、人员。 （4）如影响到场外交通，立即组织人员疏导交通，并请交管部门协助	（1）一般处置措施：①用棉絮、木楔打紧，②用沙袋、回填土方反压，③坑外用聚氨酯或水泥-水玻璃双液浆进行注浆堵漏。 （2）涌水量大时的处置措施：①在基坑内侧填土反压后，②在基坑外侧，选择水源来路上游，先采用注双液浆回填止水，如止水效果很好，可多选几个点位加强注浆。③如效果不好，则采用打高压旋喷桩截水，然后补打一部分高压旋喷桩加固墙背地层。 （3）视情况再补充注浆填充、固结地层。 参见：附件1	（1）棉絮10条。 （2）编织袋2000只。 （3）双液注浆机1台。 （4）聚氨酯200kg（可根据需要及时补充）。 （5）普通水泥5t。 （6）水琉璃400L。 （7）挖掘机1台。 （8）高压旋喷桩机1台。 （9）引孔钻机套。 （10）铁锹30把。 （11）劳保用具50套。 （12）长臂或抓斗1台。 （13）土方车辆3台。 （14）履带吊1台50t。 （15）堵漏人员5人

12.1.4　带压管线变形报警应急处置

（1）事故假设

假设在盾构施工掘进或车站基坑开挖过程中，基坑周边的管线沉降达到报警值，地面下陷（图 12-4）。

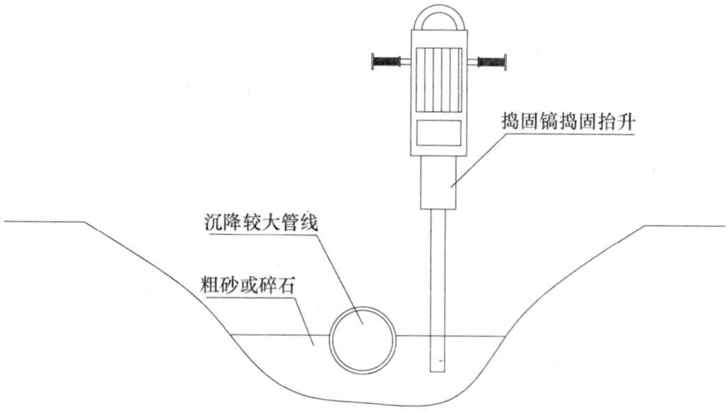

图 12-4　事故模拟剖面图

（2）事故处置（表 12-4）

表 12-4　事故处置措施表

序号	险情种类	事故特征	原因分析	应急处置	事故处理措施	资源配备（人、材、机）
1	带压市政管道出现险情	给水、天然气管道沉降量过大，地面下陷	（1）地层水土流失破坏地层稳定。 （2）地层扰动破坏地层稳定，导致地面明显下沉	（1）第一方监测对周围房屋监测频率一天 2 次。如变化较明显，则改为 6 小时一次。 （2）接通临时水、电，保持场内交通畅通。 （3）准备抢险物资、设备、人员。 （4）如影响到场外交通，立即组织人员疏导交通，并请交管部门协助	（1）回填台升措施：开挖沟槽、暴露管线，填砂或碎石捣固抬升。分段捣固，每段一次抬升不能过大。注意监测管线变化，防止抬升过大损坏管线。 （2）水泥-水玻璃双液浆抬升措施：采用水泥-水玻璃双液浆在管线下部注浆抬升，水泥浆水灰比 1∶1，水泥浆与水玻璃体积比 1∶1。现场根据需要调整水玻璃的波美度，满足注浆抬升需要。注浆抬升过程中，应分段注浆，每段一次抬升不能过大，注意监测管线变化，防止抬升过大损坏管线 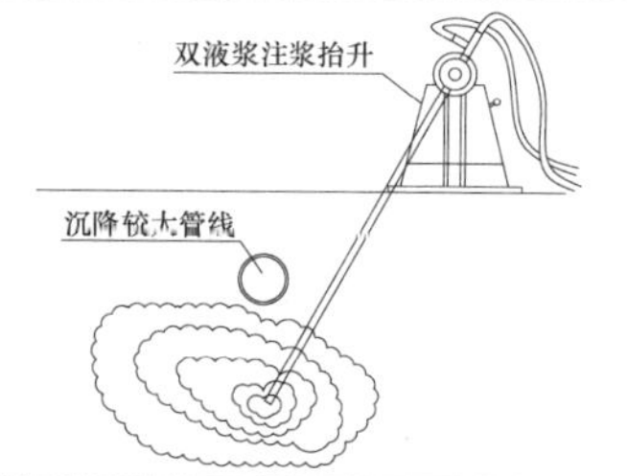	（1）备用管道各 20m。 （2）照明灯具若干。 （3）镐头机 2 台。 （4）普通水泥 10t。 （5）水泵 2 台。 （6）注浆设备 1 台。 （7）挖机 1 台。 （8）电焊工 3 人。 （9）普工 20 人。 （10）防毒面具若干。 （11）指挥工 1 人。 （12）挖机驾驶员 2 人

12.1.5 建筑变形报警应急处置

（1）事故假设

假设盾构掘进或车站基坑开挖过程中，基坑周边的建筑沉降达到报警值（图 12-5）。

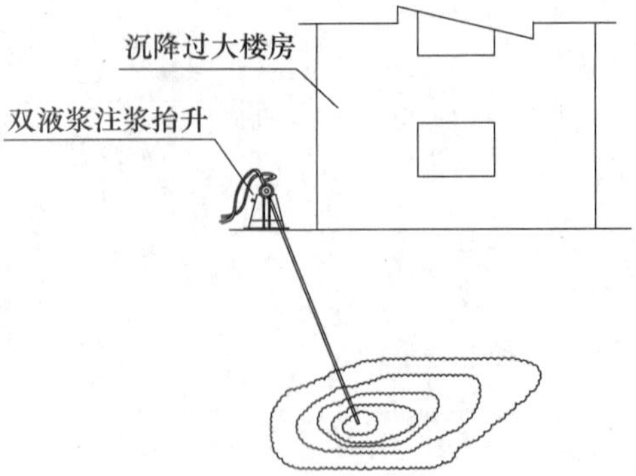

图 12-5　事故模拟剖面图

（2）事故处置（表 12-5）

表 12-5　事故处置措施表

序号	险情种类	事故特征	原因分析	应急处置	事故处理措施	资源配备（人、材、机）
1	基坑周边建筑变型	周边建筑沉降量过大，达到报警值	（1）地层水土流失破坏地层稳定。 （2）地层扰动破坏地层稳定，导致地面明显下沉	（1）第一方监测对周围房屋监测频率一天 2 次。如变化较明显，则改为 6 小时一次。 （2）接通临时水、电，保持场内交通畅通。 （3）准备抢险物资、设备、人员。 （4）如影响到场外交通，立即组织人员疏导交通，并请交管部门协助	（1）房屋沉降报警应急措施： ①在相对于建筑位置增加支撑。 ②加注水泥-水玻璃双液浆补偿地层。 ③如仍没有效果，及时疏散楼房内人员。 （2）房屋坍塌时的抢险措施： ①如有人员伤亡情况，立即拨打 120 急救，并明确告知发生坍塌房屋的具体位置，估计伤亡情况以及现场交通状况，以致 120 急救车能及时、准确得到达施救地点。 ②同时对已坍塌房屋进行断水、断电处理，如事故发生在晚上，要确保足够的照明设施。 ③场抢险队总指挥调集现场抢险应急物资设备，并通知抢险机构快速到达现场，搜救伤员，并提供一条有效的救援通道。 ④做好伤员家属的调解工作，并做好现场伤员及其家属情绪控制工作。 ⑤善后组相关人员做好事故的善后处理工作	（1）担架 5 副。 （2）照明灯具若干。 （3）镐头机 2 台。 （4）200kW 发电机 1 台。 （5）医疗物资若干。 （6）注浆设备 1 台。 （7）挖机 1 台。 （8）电焊工 3 人。 （9）普工 30 人。 （10）指挥工 1 人。 （11）挖机驾驶员 2 人。 （12）水泥 10t

12.2　纵向滑坡及支撑失稳现场处置方案

12.2.1　纵向滑坡应急处置

（1）事故假设

假设通途路站主体基坑土方开挖过程中，当土体开挖接近基底时，出现纵向滑坡现象（图 12-6）。

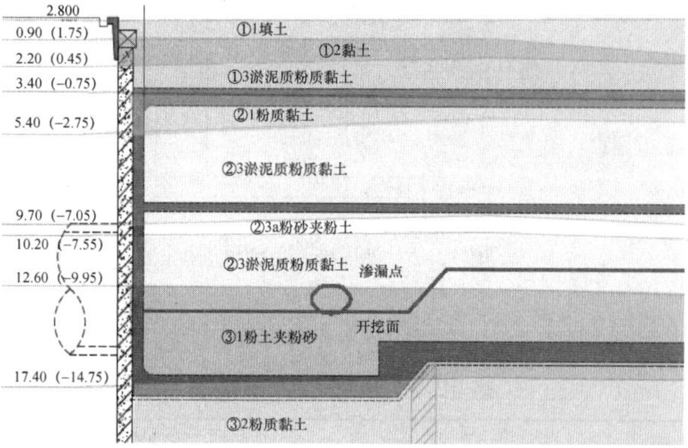

图 12-6　事故模拟剖面图

（2）事故处置（表 12-6）

表 12-6　事故处置措施表

序号	险情种类	事故特征	原因分析	应急处置	事故处理措施	资源配备（人、材、机）
1	基坑纵向滑坡	（1）围护结构累计量变形过大或速率过快，纵向土体产生裂缝。 （2）横向支撑轴力超过报警值，变化速率快。 （3）土体出现纵向蠕变滑坡，纵向土体坡顶产生裂缝	（1）坡顶荷载大。 （2）土方开挖放坡不满足坡体稳定要求。 （3）土体降水疏干效果太差	（1）第一方监测对周围房屋监测频率一天 2 次。如变化较明显，则改为 6 小时一次。 （2）接通临时水、电，保持场内交通畅通。 （3）准备抢险物资、设备、人员。 （4）如影响到场外交通，立即组织人员疏导交通，并请交管部门协助	（1）检查支撑，及时补加轴力，或补加支撑。 （2）检查疏干井是否有效运行，及时采取轻型井点降水措施，或修复已失效的疏干井。 （3）在滑坡特征出现时： ①坡顶的机械材料移走，减荷载。 ②削坡或坡脚回填返压。 （4）当围护结构出现失稳特征时： ①撤离坑内人员，组织大量土方回填基坑。 ②通知交警及时封闭周边道路。 ③通知管线产权单位，对管线采取应急关闭等措施。 （5）增加监测频率，根据事态发展情况，监测间隔时间可以缩短到 3 ~ 6 小时，或随时监测。轻型井点降水参见附件 2	（1）备用钢支撑 200m。 （2）照明灯具若干。 （3）雨衣、鞋 100 套。 （4）普通水泥 5t。 （5）水泵 4 台。 （6）土方车 10 辆。 （7）长臂机 3 台。 （8）50t 履带吊 1 台。 （9）电焊工 5 人。 （10）普工 20 人。 （11）指挥工 1 人。 （12）挖机司机 3 人。 （13）200kW 发电机 1 台

12.2.2 支撑突发事件应急处置

（1）事故假设

假设车站基坑内的支撑突然失稳，导致基坑围护变形（图12-7）。

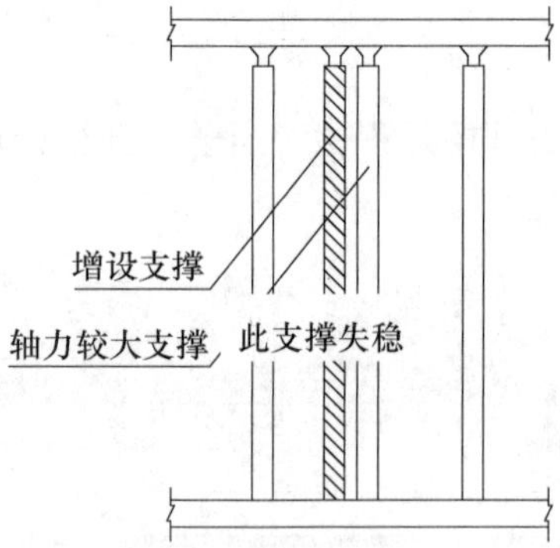

图12-7 事故模拟剖面图

（2）事故处置（表12-7）

表12-7 事故处置措施表

序号	险情种类	事故特征	原因分析	应急处置	事故处理措施	资源配备（人、材、机）
1	支撑体系	（1）支撑轴力过大过小，变化速率大。 （2）支撑松动下拱。 （3）支撑上拱。 （4）钢围檩滑动	（1）无支撑时间暴露太长。 （2）周边荷载太大。 （3）斜撑焊缝质量差。 （4）钢围檩与围护结构之间没有固定。 （5）纵向滑坡，土体推动支撑。 （6）支撑水平、竖向受力	（1）第一方监测对周围房屋监测频率一天2次。如变化较明显，则改为6小时一次。 （2）接通临时水、电，保持场内交通畅通。 （3）准备抢险物资、设备、人员。 （4）如影响到场外交通，立即组织人员疏导交通，并请交管部门协助	（1）开挖安设计要求放坡，在规定的时间内完成，不超挖。支撑上的土方及时清走。 （2）支撑及时安装加轴力，钢围檩与斜撑、后靠背围护结构之间的固定质量重点把关。 （3）严禁支撑上面堆载、碰撞。 （4）备用200m长钢支撑，遇到突发情况，及时补加支撑。 （5）补加支撑不及时，回填基坑。 （6）日常巡视，重点观察	（1）备用钢支撑200m。 （2）照明灯具若干。 （3）雨衣、雨鞋100套。 （4）电焊机4台。 （5）200kW发电机1台。 （6）土方运输车5辆。 （7）长臂挖机2台。 （8）电焊工5人。 （9）普工20人。 （10）指挥工1人。 （11）挖机驾驶员2人。 （12）50t履带吊1台

12.3 降水井失效现场处置方案

（1）事故假设

假设通途路站二期主体基坑在施工过程中，南端头井开挖至－13m标高时进入砂性土层，土体含水率高，饱和状态，且坡脚处有明水流出，坡脚不稳定（图 12-8）。

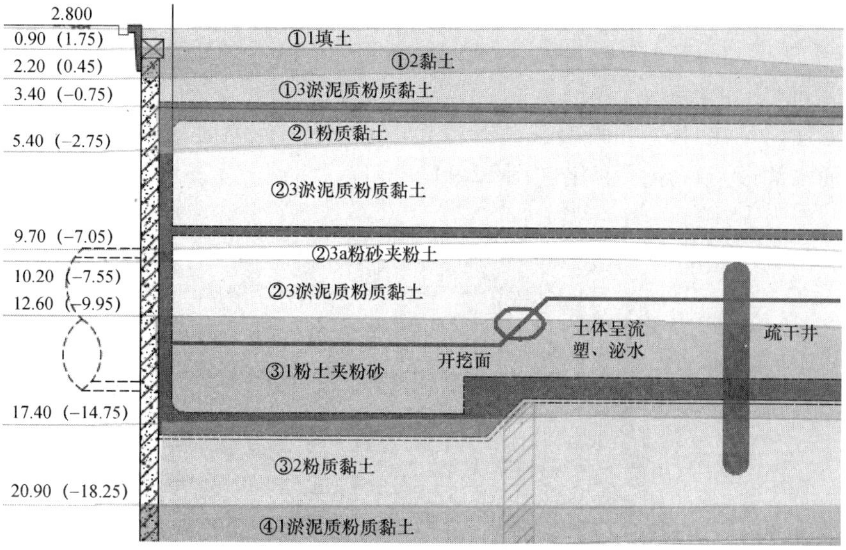

图 12-8　事故模拟剖面图

（2）事故处置（表 12-8）

表 12-8　事故处置措施表

序号	险情种类	事故特征	原因分析	应急处置	事故处理措施	资源配备（人、材、机）
1	疏干井失效	（1）疏干井深度不够，抽不出水。 （2）基坑内土体含水率高，流塑软塑状态。 （3）纵坡不稳定，容易出现纵向滑坡	（1）“死井”，成井后没有及时洗井，导致淤堵井管。 （2）土方开挖时没有保护好井管，大量土方堵塞井管	（1）第一方监测对周围房屋监测频率一天 2 次。如变化较明显，则改为 6 小时一次。 （2）接通临时水、电，保持场内交通畅通。 （3）准备抢险物资、设备、人员。 （4）如影响到场外交通，立即组织人员疏导交通，并请交管部门协助	轻型井点降水： （1）人工冲孔：①根据纵向放坡位置及井管破坏情况，分层分断面布置轻型井点，井点间距 1.0m，共布置 18 根井点管，一般横向排列。②井点管长 6m，外留 30～50cm，土面 1m 以下为全滤管。 （2）施工：疏干井被破坏后，4 小时内组织各资源到场，4～6 小时形成轻型井点降水。 （3）运行：轻型井点运行 6 小时可以达到稳定纵坡的效果。 观测：轻型井点运行过程中，可停止其中 1～2 根井点管进行水位观测。判断开挖面以下地下水位情况。 参见附件 2	（1）ϕ25PPR 管 160m。 （2）集水总管 50m。 （3）真空泵 2 个。 （4）水位仪 2 个。 （5）降水人员 6 名

12.4 突涌现场处置方案

（1）事故假设

假设通途路站主体基坑南端头井开挖至 -18.46m 标高时（即开挖至基坑底部），基底出现涌水涌砂点，土层液化（图 12-9）。

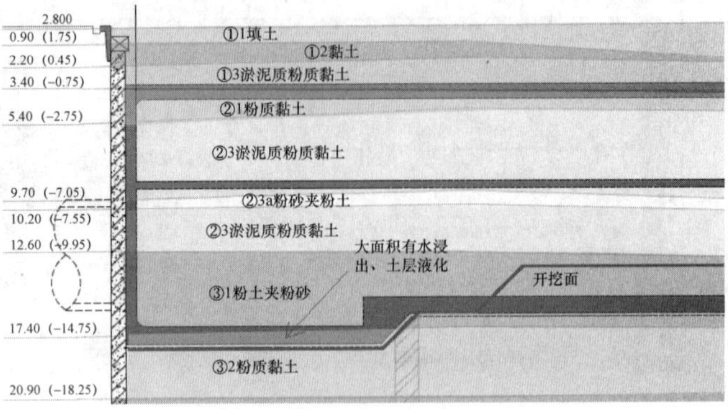

图 12-9　事故模拟剖面图

（2）处置措施（表 12-9）

表 12-9　事故处置措施表

序号	险情种类	事故特征	原因分析	应急处置	事故处理措施	资源配备（人、材、机）
1	基底突涌	（1）初步征兆： ①基坑底开挖面局部或大面积不断有水浸出，土层液化。 ②疏干井正常。 ③降压井正常。 （2）进一步发展：底面隆起，涌水涌砂。 （3）启动降压井也不能缓解以上征兆	降压水井周围封孔不密，有漏水通道。 地质勘探承压水层钻孔未封闭	（1）第一方监测对周围房屋监测频率一天 2 次。如变化较明显，则改为 6 小时一次。 （2）接通临时水、电，保持场内交通畅通。 （3）准备抢险物资、设备、人员。 （4）如影响到场外交通，立即组织人员疏导交通，并请交管部门协助	（1）启动所有疏干井，适度启动降压井，漏点最近的降压井首选启动抽水降压。 （2）浸水阶段可采用轻型井点降水，固结液化的底层土体。 （3）靠底部地面增加钢支撑，及时加轴力。 （4）如以上措施能够控制住事态发展，马上用早强混凝土封底。然后进一步采取封孔堵漏措施。 （5）当处在浸水阶段时用双液浆封漏孔，当出现较大涌水涌砂时，用油溶性聚氨酯液浆封漏孔，如果流量再大时，可能会出现地基隆起，这时就要采用回填（填土或灌水）反压处理。 （6）尽快请专家到场确定进一步措施。 参见附件 3、附件 4	（1）GPS10 型工程钻机 1 台。 （2）GK-20 型工程钻机 1 台。 （3）泥浆泵 4 台，潜水泵 2 个。 （4）深井泵 2 个。 （5）轻型井点降水设备 2 台。 （6）备用钢支撑 8 根。 （7）双液注浆泵 1 台。 （8）聚氨酯注浆设备 1 套。 （9）水泥 5t。 （10）水玻璃 400L。 （11）聚氨酯 100kg。 （12）尼龙滤网 60m。 （13）各类劳保 50 套。 （14）土方车 10 台。 （15）长臂或抓斗 1 台。 （16）履带吊 1 台 50t。 （17）降水人员 10 人、监测人员 5 人、抢险人员 20 人

12.5　集中暴雨、防风防汛现场处置方案

（1）事故假设

假设环城北路站基坑开挖到基底时，遭遇“海葵”台风、强降雨天气。

1）降雨量统计

2012 年 8 月 8 日强台风“海葵”正面登陆宁波，这是 24 年来首个近海快速发展的台风。8 ~ 9 日正面登陆宁波市，降雨量为 100 ~ 540mm，全市平均雨量 230mm，市区平均降雨量为 170mm。

① 单日最大降雨量：540mm；

② 小时最大降雨量：540 ÷ 24 = 22.5mm。

2）基坑开挖及结构施工期间汇雨量

基坑范围汇水面积：$3000m^2$，地表汇水面积：$10230-3000 = 7230m^2$；

① 基坑范围内单日最大降雨量：$3000 \times 540 \div 1000 = 1620m^3$；

② 基坑范围内小时量大降雨量：$3000 \times 22.5 \div 1000 = 67.5m^3$。

3）地表水不能进入基坑，通过地面排水系统排走。

（2）事故处置（表 12-10）

表 12-10　事故处置措施表

序号	险情种类	事故特征	原因分析	应急处置	事故处理措施	资源配备（人、材、机）
1	“海葵”台风正面袭击	台风正面袭击，强降雨	宁波地区 7 ~ 9 月间，风暴和台风高发期	（1）接通临时水、电，保持场内交通畅通。 （2）准备抢险物资、设备、人员。 （3）如影响到场外交通，立即组织人员疏导交通，并请交管部门协助	（1）单日最大降雨量为 540mm，基坑周边挡水墙设计高度应为台风来临时，不小于 600mm，周边地势平坦，无明显标高差，所以，挡水墙不需要另外加高或降低，可以保证地表水不进入基坑内。 （2）根据计算，台风袭击之前，准备好基坑内的排水泵，排水能力：单小时排水 $67.5m^3$，单日排水 $1620m^3$。 （3）水泵：WQK15-30QG，口径 40mm，流量 $15m^3/h$，扬程 30m，功率 2.2kW，380V	（1）200kW 发电机 2 台。 （2）水泵 6 台。 （3）编织袋 5000 个。 （4）铁锹 20 把。 （5）方木若干。 （6）常备药品 1 套。 （7）担架 1 副。 （8）雨衣、雨鞋若干。 （9）警戒带 1 卷。 （10）彩条布 5 卷。 （11）手电筒若干。 （12）应急车辆 1 台。 （13）普工 30 人

12.6 其他安全隐患解决预案

12.6.1 加强规划衔接

（1）加强沟通、对接。建议设计单位、项目单位前期加强与宁波市自然资源和规划局，各属地规划、国土分局以及基层的沟通、对接，尽可能减少因规划调整而造成风险。

（2）加强规划衔接。轨道交通规划应与当地市政、建筑等规划项目做有效衔接，实现桩基工程同步设计、同步施工，地下管线预留足够空间，确保前瞻性和可实施性。

（3）针对受地块开发影响的问题，建议设计单位、项目单位提前与街道、规划等相关部门做好对接工作，避免招商地块与项目地块产生冲突，尽量确保地块整体开发功能。

（4）加大规划决策阶段的参与度，确保规划阶段方案可行。规划部门、项目单位联系所在街道、社区、村委会，通过主动地开展居民座谈、专家答疑、热线电话等多种形式加强与群众联系和互动。

12.6.2 尽量减少方案调整

（1）对于方案调整的，建议通过专家论证等形式进行多方案比选，确保调整一次到位；调整后方案应开展重新报批工作并及时公示。

（2）针对支线/站点取消或暂缓实施的，应与当地街道、社区共同做好与群众的沟通、解释工作。

（3）局部站点因位置调整而对预留用地产生影响的，建议项目单位应及时与街道、当地规划部门等进行沟通、协商，尽量集约、高效地利用土地。

12.6.3 推行阳光征迁

（1）合理确定拆迁范围，完善征拆方案。

（2）对于沿线可能存在风险的老旧房屋及时开展鉴定工作，建议项目单位组织政策、法规方面的专家，开展论证研究。

（3）对经营较好的企业部分厂房、小型企业征迁，采取货币补偿、安置的确保方案合理化、市场化，减少诉讼纠纷。

（4）对于集体土地上的房屋，要实施阳光拆迁。

要公开公布每个被征迁户的土地、房屋、附着物设施等情况；保证村集体经济的发展和失业村民的就业与保障：建议对住宅用房改商铺经营的情况给予适当的经济补偿。

（5）合理安排工程进度，尽快确定拆迁范围，确保合理的拆迁工作时间，并保证拆迁资金先行到位。

（6）征地拆迁补偿按照“公开、公平、公正”的原则进行，加强监督管理，尤其对涉及征迁群众切身利益的事项进行全程监督。

（7）对违法乱纪的案件要及时进行处理。

（8）对征迁全程进行跟踪审计，最大限度地减少因征迁补偿、安置不公平引起的风险。

12.6.4　完善交通疏解

（1）各施工站点预先制定好交通疏解方案，报交警部门审查；针对交通受影响较大的路段，应在片区范围内做好交通分流方案；对施工、运输车辆行走路线进行统一安排。

（2）做好交通导改方案的告知和宣传工作，并做好沿线小区、企事业单位便道和临时进出口建设；必要路段、小区、单位出入口设置交通安全标识，确保群众交通出行顺畅安全。

（3）因施工导致的道路受损，项目单位应在施工规定范围内落实修补方案，及时解决；加强对施工单位道路修复及时性和质量的监管；加强运营期的道路监管工作，一旦发现是因轨道交通运行引起的道路沉降等问题，需要妥善给予解决处理。

（4）对受施工影响的公交站点安排好过渡方案，并完善轨道交通各站点与公交站点、自行车站点的衔接方案，减少对群众出行的影响；对于公交线路绕行改道的情况，通过媒体、报纸等形式告知百姓。

（5）施工围挡建议采用色彩鲜明的具有夜间反光效果的围栏等措施，避免因夜间视线差造成交通冲撞事故。

12.6.5　维护公共设施安全

（1）城市绿地做到占补平衡，并做好及时修复工作。

（2）加强项目沿线地下管线的调查和勘探工作，摸清各类地下管线的位置、性质；做好管线迁移专项应急预案，一旦发生安全生产事故，确保事故得到及时控制、公众及时疏散，避免发生公众安全事件。

（3）做好地下排水干管导改方案，确保排水通畅，并保证管材质量和施工质量符合要求。

（4）对国防电缆、燃气管道、高压线要严格排查，施工时设置合理的安全间距进行避让。

（5）做好窨井盖的管理工作，一旦发生丢失、破损，应及时修复。

（6）及时清理河流改道、工程开挖产生大量的弃土，在河道两侧做好隔离措施，避免渣土、废弃物等被雨水冲刷而造成河道堵塞、淤积，污染河道等现象。

（7）施工前搭建临时桥梁、栈道，并做好道路、桥梁的修复工作。

12.6.6　确保军事设施安全

（1）建议前期规划设计阶段，线性走向尽量避开涉军区域。

（2）对于不可避免地涉及部队用地的，必须加强与部队的联系、沟通，尽可能降低对军事用地的影响。

（3）对于涉及国防电缆的，要加强勘察，必须避让国防电缆，确保军事设施安全运营。

12.6.7 加强文物保护

（1）事先委托文物部门对沿线地块进行考古调查、勘探，发现重要遗址遗存的，按相关规定实施取消或调整站点选址规划。

（2）施工时按照国家相关标准对保护距离加以控制，避免进入建设控制地带，同时加强监控，防止施工过程产生的振动对文物安全、历史风貌等产生影响。

（3）要注意沿线盾构、明挖施工可能对地上、地下文物的影响，一经发现文物，施工单位应当立即停止施工，采取临时性措施保护好现场，并及时告知建设单位和文物行政主管部门。

12.6.8 其他风险的应对措施

（1）在规划公示、环评公众参与等环节的操作上需进一步提高规范性，确保公众充分参与，实现风险的提前释放与化解。

（2）加强网络媒体舆情及民间舆情的日常关注、跟踪，适时给予明确回复与解答，确保项目信息准确、可靠、公开、透明。

（3）在施工过程中尽量考虑商铺特点，在店面与围挡之间保留一定空间，保证人流和非机动车辆通行，同时做到围挡统一、整齐干净，并尽可能缩短临时围挡时间，将此影响降低到最小。

（4）从轨道交通车站开通后车站人流增加等角度引导商铺经营者将眼光放远，减少其负面情绪。

（5）充分依托基层组织力量，加强与相关部门、属地政府的联系，确保其他项目的风险可控，避免转嫁风险。

第13章　隐患排查治理管理办法

13.1　总则

第一条　目的与意义

为规范和加强宁波市轨道交通工程安全质量隐患排查治理工作，落实各参建单位安全质量隐患排查治理主体责任，实现安全质量隐患全面彻底排查、及时整改消除的目标，严防风险演变和隐患升级，切实推进安全质量隐患排查治理工作，减少安全质量事故。结合宁波市轨道交通工程建设实际，制定本办法。

第二条　适用范围

本办法适用于宁波市轨道交通工程建设过程中的安全质量隐患排查治理工作，开工时开始，终止于试运行前，包括土建工程、机电设备安装工程、装饰装修工程、轨道工程、车辆段/停车场等。宁波市轨道交通集团有限公司建设分公司各部门、施工单位、监理单位、第三方协作单位及其他参建单位应遵照本办法执行。

第三条　编制依据

《建筑法》、《安全生产法》、《城市轨道交通工程安全质量管理暂行规定》、《建设工程安全生产管理条例》、《生产安全事故报告和调查处理条例》、《安全生产事故隐患排查治理暂行规定》、《国务院安委会办公室关于建立安全隐患排查治理体系的通知》（安委办〔2012〕1号）、《国务院安委会办公室关于实施遏制重特大事故工作指南构建双重预防机制的意见》（安委办〔2016〕11号）、《中共中央国务院关于推进安全生产领域改革发展的意见》、《工程质量安全提升行动》（建质2017年57号文）、《住房城乡建设部关于开展工程质量安全提升行动试点工作的通知》（建质〔2017〕169号）、《建筑施工安全检查标准》（JGJ 59—2011）、《城市轨道交通工程质量安全检查指南》（建质〔2016〕173号）、《浙江省建设项目安全设施监督管理办法》、《关于印发〈浙江省城市轨道交通工程“风险分级管控”和“隐患排查治理”双重预防机制试点工作方案〉的通知》（建建发〔2018〕73号）、《宁波轨道交通工程文明施工标准化手册》、《宁波市城市轨道交通工程“风险分级管控”和“隐患排查治理”双重预防机制试点工作实施细则》、《危险性较大的分部分项工程安全管理规定》（中华人民共和国住房和城乡建设部令第37号）、《住房城乡建设部办公厅关于加强城市轨道交通工程关键节点风险管控的通知》（建办质〔2017〕68号）等文件。

13.2　安全质量隐患排查治理的定义

第四条　安全质量隐患

安全质量隐患是指城市轨道交通工程建设过程中出现的可能导致安全质量事故或

工程重要使用功能受损的人的不安全行为、物的危险状态、质量和管理上的缺陷。

第五条　安全质量隐患分类

根据施工阶段、施工工法及施工工艺，将安全质量隐患分为4个大类、62个小类。4个大类分别是土建施工安全（车辆段/停车场）、土建施工质量（包括装饰装修工程）、机电设备安装施工安全（包括轨道工程、装饰装修工程）、机电设备安装施工质量（包括轨道工程、装饰装修工程）。其中，土建施工安全包括20个小类，土建施工质量包括10个小类，机电设备安装施工安全包括16个小类，机电设备安装施工质量包括16个小类。

第六条　安全质量隐患分级

根据安全质量隐患危害的大小和整改难度，将安全质量隐患分为一级、二级、三级共三个等级。其中一级到三级隐患危害大小或整改难易程度逐级降低。

1. 一级隐患：危害大，可能造成较大及以上生产安全事故、使用功能重大受损的质量事故，在国家、省市范围内造成不良社会影响的；隐患整改难度大、事故发生频率高，需全部或局部停工方能整改消除的隐患。

2. 二级隐患：危害较大，可能造成一般生产安全事故、质量问题及社会集中关注的安全事件，或整改难度较大，需经过一定时间方能整改消除的隐患。

3. 三级隐患：危害和整改难度小，发现后能够立即或短时间内整改消除的隐患。

第七条　安全质量隐患排查要点

安全质量隐患排查要点是指根据城市轨道交通工程施工方法和工艺，紧密结合工程建设实际，包括地质情况、施工工法、施工工艺、结构设计、环境、组织管理状态等，将城市轨道交通工程建设中的安全质量隐患分类、分级，并逐条枚举、罗列，突出阶段性、实用性和可操作性。

第八条　安全质量隐患排查治理

安全质量隐患排查治理包括排查、上报、整改、复核、确认消除及计分考核。

隐患排查：参建单位的相关人员各自检查发现的城市轨道交通工程建设过程中存在的安全质量隐患。

隐患上报：隐患排查组织人将排查情况及排查发现的安全质量隐患在安全质量隐患排查治理系统中填报，并告知相关人员。包括排查时间、排查人员、排查工点、排查项目、排查内容、具体隐患描述、隐患类别、隐患级别、整改要求等。

整改：对隐患进行现场消除，一般由施工单位完成。对于影响和整改难度都比较大的隐患，整改应包括编制方案、组织论证和申请批复方案、尽力减小整改隐患造成的影响、形成整改资料等。

隐患复核：对隐患的整改情况进行现场检查，一般由监理单位组织实施。

确认消除：对隐患排查、上报、整改、复核过程及资料的规范性与完整性进行检查、判断，对满足隐患排查治理要求的隐患在系统中进行闭合。

13.3　工作职责

建设分公司按照“全方位覆盖、全过程闭环、全面留痕迹”的原则，推行全员全过程安全质量隐患排查治理，实行明确责任主体，落实职责分工的“决策层、监管层和实施层三级管理机制”：决策层即建设分公司经营层，全面统筹安全质量隐患排查治理工作；监管层即建设分公司各部门，负责组织实施安全质量隐患排查治理工作；实施层即各其他参建单位层，包括各个建设工程所对应的施工单位、监理单位、安全监理、第三方协作单位、勘察单位、设计单位及其他参建单位，具体实施安全质量隐患排查治理工作。

第九条　建设分公司的职责

负责统筹部署、监督管理轨道交通工程安全质量隐患排查治理工作，具体管理部门为安全质量部，其他相关部门按照工作职责划分参与隐患排查治理工作。

1. 安全质量部的职责

（1）负责宁波市轨道交通工程安全质量隐患排查治理体系的设计和有效运行。

（2）负责安全质量隐患排查要点、分级标准和管理办法等体系文件的制定、修订、宣贯、培训。负责“宁波市轨道交通工程安全质量隐患排查治理信息系统”（以下简称“系统”）的建设、管理、运行维护。

（3）负责组织开展宁波市轨道交通工程建设过程中安全质量隐患排查治理工作，全面掌握在建项目的安全质量隐患状态，对参建单位的安全质量隐患排查治理工作进行指导、监督与考核。

（4）编制安全质量隐患排查治理工作报告；定期向建设分公司安全生产领导小组报告安全质量隐患排查治理工作情况；定期组织安全质量隐患排查治理工作会议（可与月度安全生产会议和安全质量会议相结合），通报在建项目安全质量隐患排查治理情况。

2. 其他各部门职责

（1）负责督促施工、监理、安全监理、第三方协作单位、勘察、设计及其他参建单位开展安全质量隐患排查治理工作。

（2）全面掌握所管辖工程的安全质量隐患状态，对安全质量隐患排查、整改、复核等情况进行监督管理。

（3）负责对施工单位、监理单位隐患排查治理履责情况及工作实效进行管理。

（4）参加建设分公司及上级单位和部门组织的安全质量隐患排查治理检查工作会议。

（5）按规定频次组织开展安全质量隐患排查治理，对隐患整改落实、现场复核情况进行确认，并在系统上完成操作。

第十条　其他参建单位的职责

施工单位、监理单位、安全监理、第三方协作单位、勘察单位、设计单位及其他参建单位应建立健全安全质量隐患排查治理制度、隐患报告奖励制度，采取技术、管理措施，及时发现并消除安全质量隐患。

各参建单位项目负责人对所承担工程项目的安全质量隐患排查治理工作全面负责。

1. 施工单位的职责

（1）施工单位为安全质量隐患排查治理工作的主责单位，应建立健全安全质量隐患排查治理组织机构及工作制度，落实相关岗位的隐患排查治理职责，保证隐患排查治理的人员及经费投入。

（2）施工单位负责所承建工程的隐患排查治理工作，组织开展日常、定期、不定期和专项隐患排查，并按本办法规定对相关方排查上报的安全质量隐患进行整改及回复。

（3）定期组织召开隐患排查治理工作会议，对隐患排查治理工作进行总结改进。

（4）参加建设分公司、监理单位主持召开的隐患排查治理工作会议，汇报隐患排查治理工作情况。

（5）定期编制上报隐患排查治理周、月度工作报告。

（6）施工单位进场后，开工前按照隐患排查治理系统流程要求上报各岗位人员信息。

2. 监理单位的职责

（1）监理单位对所监理工程的安全质量隐患排查治理工作承担监理责任，对所监理工程的施工单位隐患排查治理工作进行监理。

（2）组织开展日常、定期、不定期或专项隐患排查治理工作，全面掌握所监理工程的安全质量隐患状态，并督促施工单位及时整改隐患。

（3）按本办法规定对相关方排查上报的安全质量隐患进行复核，对施工单位和监理单位发布的二级和三级隐患确认消除，对安全质量隐患整改复核结论负责。

（4）定期分析总结隐患排查治理工作情况，编制上报隐患排查治理月报。

（5）参加建设分公司召开的隐患排查治理工作会议，汇报所监理工程的隐患排查治理工作情况。

（6）监理单位进场后，开工前按照隐患排查治理系统流程要求上报各岗位人员信息。

3. 安全监理和第三方协作单位的职责

（1）对所负责的工程，按照合同内容开展巡查和安全质量隐患排查，并按规定及时通过系统上报排查情况。

（2）按建设单位的要求开展专项安全质量隐患排查，并按规定及时通过系统上报排查情况。

4. 其他参建单位职责

勘察单位、设计单位及其他参建单位按照合同内容开展巡查和安全质量隐患排查治理工作，发现安全质量隐患应及时上报安全质量隐患排查系统，督促施工单位落实整改，并及时上报现场项目主管部门。

13.4 一般规定及工作程序

第十一条　隐患排查治理检查频次

1. 建设分公司隐患排查治理检查频次

（1）建设分公司安全生产领导小组每半年组织一次施工现场安全质量隐患排查，分公司各部门相关人员参加。

（2）安全质量部组织开展季度和专项安全质量隐患排查，安全质量部、各相关部门人员及业主代表参加。

（3）各现场项目主管部门每季度至少组织一次安全质量隐患排查，由部门负责人组织，科长、业主代表参加。

（4）业主代表对其所辖项目每周至少组织一次安全质量隐患排查，施工单位项目经理、监理单位总监参加。业主代表组织的安全质量隐患排查可以与现场项目主管部门组织的安全质量隐患排查合并开展。

（5）排查结束后，按规定及时通过系统上报排查情况并发布。

2. 其他参建单位隐患排查治理规定

（1）施工单位隐患排查治理规定

1）施工单位的项目经理每周至少组织一次安全质量隐患排查，安全总监/副经理、项目总工程师、安全质量部、工程部、物机部、综合部等部门负责人参加。

2）专职安全员（质检员）每日至少开展一次安全质量隐患排查工作。

3）按建设单位的要求开展专项安全质量隐患排查，并按规定及时通过系统上报排查情况。

（2）监理单位隐患排查治理规定

1）总监每周至少组织 1 次安全质量隐患排查，总监代表、各专业监理工程师参加。

2）专业监理工程师、监理员对所监理工点每日至少开展一次隐患排查工作。

3）按建设单位的要求开展专项安全质量隐患排查，并按规定及时通过系统上报排查情况。

（3）安全监理、第三方协作单位、勘察、设计及其他参建单位隐患排查治理规定

1）第三方协作单位、勘察、设计及其他参建单位结合现场巡查，同步开展安全质量隐患排查。

2）第三方安全监理单位按照合同要求开展安全质量隐患排查，特殊情况加密频率。

3）隐患排查结束后，按规定及时通过系统上报安全质量排查情况。

3. 系统人员更换

（1）施工单位和监理单位不得随意更换隐患排查被考核人员，如需变更，则由项目负责人填报《隐患排查系统人员变更申请表》发起流程，经业主代表审批后，在系统内重新录入。

（2）施工单位和监理单位隐患系统人员，不认真执行隐患排查治理工作职责，工作不负责任的建设分公司有权要求更换人员。

（3）人员请假应在系统内指定对应级别人员予以代替，经总监或项目经理批准。

（4）现场项目主管部门人员增加或更换，应及时向系统管理人员上报新增或变更人员信息表。

第十二条　隐患排查治理工作程序及要求

1. 隐患排查治理工作程序

排查人通过隐患信息系统上报隐患排查信息后，根据隐患级别短信告知或通知建设单位、监理单位、施工单位相关人员：

（1）一级隐患

建设分公司的经营层和各部门、业主代表、安全监理、第三方协作单位、施工单位和监理单位通过隐患信息系统上报的一级隐患，以系统短信告知建设分公司现场项目主管部门分管副总、部长、科长，安全质量部长、科长、监理单位总监；流程图详见附件1。

（2）二级隐患

1）施工单位和监理单位发布的二级隐患通过系统短信告知现场项目主管部门科长、业主代表，安全质量部科长、施工单位项目经理、监理单位总监；流程图详见附件2。

2）业主代表、安全监理或第三方协作单位发布的二级隐患通过系统短信告知现场项目主管部门科长，安全质量部科长、施工单位项目经理、监理单位总监；流程图详见附件3。

3）建设分公司的经营层和各部门发布的二级隐患通过系统短信告知现场项目主管部门科长、业主代表，安全质量部科长、监理单位总监；流程图详见附件4。

（3）三级隐患

1）施工单位、监理单位发布三级隐患通过系统短信告知建设分公司现场项目主管部门业主代表、施工单位项目经理、监理单位总监；流程图详见附件5。

2）业主代表、安全监理或第三方协作单位发布的三级隐患通过系统短信告知现场项目主管部门业主代表、施工单位项目经理、监理单位总监；流程图详见附件6。

3）建设分公司的经营层和各部门发布的三级隐患通过系统短信告知现场项目主管部门业主代表、施工单位项目经理、监理单位总监；流程图详见附件7。

2. 整改回复

（1）施工单位应对系统发布的各级隐患按照整改要求及时整改，整改完成后及时通过隐患系统向监理单位提出复核申请，并同时告知。

（2）按照工作程序，各建设分公司经营层、各部门发布的各级隐患均由施工单位项目经理向监理单位提出整改回复；业主代表或第三方协作单位发布的一级隐患由项目经理向监理单位提出整改回复，二级和三级隐患由施工单位的安全总监或副经理向监理单位提出整改回复；施工单位、监理单位发布的一、二、三级隐患分别由施工单位项目经理、安全总监或副经理、安质部长向监理单位提出整改回复。

（3）监理单位在隐患整改时限内同步对施工单位隐患整改落实情况进行过程监控，必要时可选择手动上报科长或业主代表。

（4）各层级申请或整改确认完成后，要求同时告知下一流程节点人员。

3. 整改权限与时限

（1）一级隐患

监理单位在收到施工单位提出隐患整改回复后需在3小时内由总监对隐患整改情况进行现场复核，满足整改要求后，报请业主代表确认。业主代表需在6小时内予以确认并在隐患信息系统上消除隐患，实现隐患排查治理工作的闭合。

（2）二级、三级隐患

1）建设分公司的经营层和各部门发布的二级、三级隐患，监理单位在收到施工单位提出的隐患整改回复后需在 3 小时内由总监对隐患整改情况进行现场复核，满足整改要求后，报请业主代表确认。业主代表需在 6 小时内予以确认并在隐患信息系统上消除隐患，实现隐患排查治理工作的闭合。

2）业主代表、安全监理或第三方协作单位发布的二级、三级隐患，监理单位在收到施工单位提出的隐患整改回复后需在 3 小时内由总监代表对隐患整改情况进行现场复核，满足整改要求后，报请业主代表确认。业主代表需在 6 小时内予以确认并在隐患信息系统上消除隐患，实现隐患排查治理工作的闭合。

3）施工单位和监理单位发布的二级、三级隐患，监理单位在收到施工单位提出的隐患整改回复后需在 3 小时内由总监代表或专业监理工程师对隐患整改情况进行现场复核，满足整改要求后，由总监代表或专业监理工程师在隐患系统上进行确认并消除隐患，实现隐患排查治理工作的闭合。

（3）对未达到整改要求的安全质量隐患，监理单位退回施工单位的整改回复，并要求进行重新整改。

4. 逾期升级及时限

施工单位、监理单位、业主代表未按照规定的时限要求进行整改、复核、确认消除的，系统自动判断逾期。

（1）一级隐患

一级隐患逾期后，升级为现场项目主管部门的科长落实；科长未处置或隐患治理不满足整改要求，应手动上报现场项目主管部门分管副总，需现场项目主管部门分管副总督促治理隐患。

（2）二级隐患

1）建设分公司的经营层和各部门发布的二级隐患逾期后，升级为现场项目主管部门的科长落实；科长未处置或隐患治理不满足整改要求，应手动上报现场项目主管部门部长，需现场项目主管部门部长督促治理隐患。

2）业主代表、安全监理、第三方协作单位、施工单位、监理单位发布的二级隐患逾期后，升级为施工单位项目经理落实，施工单位项目经理未处置或隐患治理不满足整改要求，应手动上报业主代表；业主代表未处置或隐患治理不满足整改要求，应手动上报现场项目主管部门部长，需现场项目主管部门部长督促治理隐患。

（3）三级隐患

1）建设分公司的经营层和各部门发布的三级隐患逾期后，升级为现场项目主管部门的科长落实。

2）业主代表、安全监理、第三方协作单位发布的三级隐患逾期后，升级为施工单位项目经理落实；施工单位项目经理未处置或隐患治理不满足整改要求，应手动上报总监；总监未处置或隐患治理不满足整改要求，应手动上报现场项目主管部门的科长，需现场项目主管部门科长督促治理隐患。

3）施工单位、监理单位发布的三级隐患逾期后，升级为施工单位副经理或安全总监落实；施工单位副经理或安全总监未处置或隐患治理不满足整改要求，应手动上报总监；总监未处置或隐患治理不满足整改要求，应手动上报现场项目主管部门科长，需现场项目主管部门科长督促治理隐患。

第十三条　书面安全质量检查整改通知单

1. 书面安全质量检查整改通知单签发

建设分公司安全质量部进行现场检查，对所发现的下列隐患，可签发书面安全质量检查整改通知单（详见附件 13），由施工、监理单位主要负责人签收，并报送业主代表。

隐患类别：无方案或未按方案执行、违反吊装作业令、涉及危大工程安全质量隐患、多次重复发生或多次整改不到位的隐患或其他严重安全质量隐患。

2. 整改回复

施工单位收到书面安全质量整改通知单后，应立即按要求整改完成，并使用安全质量检查整改回复单（详见附件 14）回复。回复时由项目负责人签字确认后向监理单位提交整改回复资料，经监理单位审核，确认整改到位后由总监签字，经业主代表复查后，报签发人备案。

3. 资料归档

书面安全质量整改通知单、回复单等相关资料原件送安全质量部留档，各施工、监理单位及业主代表留存复印件。

13.5　工作考核

第十四条　考核对象

安全质量隐患排查治理工作考核对象包括：

（1）现场项目主管部门。

（2）监理单位。

（3）施工单位。

第十五条　安全质量隐患排查治理计分

1. 隐患排查治理计分标准

（1）现场项目主管部门计分标准

1）未按规定进行排查的，每人每次计 5 分。

2）逾期对隐患整改确认的，按每条一级隐患计 8 分，每条二级隐患计 5 分，每条三级隐患计 3 分。

（2）监理单位计分标准

1）未按本规定进行排查的每人每次计 5 分。

2）逾期对隐患整改确认的，按每条一级隐患计 8 分，每条二级隐患计 5 分，每条三级隐患计 3 分。

（3）施工单位计分标准

1）未按本规定进行排查的每人每次计 5 分。

2）未按要求整改的，按每条一级隐患计 5 分，每条二级隐患计 3 分，每条三级隐患计 2 分。

3）整改逾期的隐患按每条一级隐患计 8 分，每条二级隐患计 5 分，每条三级隐患计 3 分。

2. 隐患排查治理计分方法

（1）每月作为一个基本计分期。

（2）考核对象计分及其员工个人计分的月度累计值之和作为考核对象的月度计分值。

（3）标准分定为 100 分，标准分减去考核对象的月度计分值作为考核对象的月度得分值。

（4）每季度 3 个月得分值的平均值作为考核对象的季度得分值；每年 4 个季度得分值的平均值作为考核对象的年度得分值。

（5）各标段自开工后 30 天为隐患排查治理系统试用期，所得分数不计入考核，试用期结束后下个月开始进行隐患排查治理考核，考核分数纳入考核结果应用，详见第十条，考核排名每季度进行通报。

3. 加分

施工单位应用新产品、新工艺、新设备、新材料以及现场安全文明标准化管理，对施工现场的安全质量隐患管控起到较大促进作用，经监理、业主代表、现场项目主管部门、安全质量部审批复核同意并经安全生产领导小组会议研究确定后可在当月的得分值加分，最高 5 分。

第十六条　考核

1. 现场项目主管部门为一个考评组，施工单位和监理单位分别按线路划分考评组。

2. 考核期分为月度、季度、年度三类。

3. 在每个考评组内，根据考核对象月度、季度及年度的得分值，将考核对象分为 A、B、C、D 四类：90 分以上的为 A 类，75 ~ 90 分的为 B 类，60 ~ 75 分的为 C 类，60 分以下的为 D 类。每级都含下限不含上限。

第十七条　考核结果应用

考核结果的应用包括：通报批评、处罚或约谈措施。

1. 考核期内，对同一考评组内考评等级为 A 且未发生安全质量事件的施工、监理单位予以表扬；对同一考评组内考评等级为 D 或同一季度内收到书面安全质量整改通知单 3 次及以上的单位，进行通报批评。

2. 对隐患排查治理工作不重视，履责不到位、工作执行不力的单位，可按合同要求采取相关处罚或约谈措施。

13.6　工作总结及档案管理

第十八条　隐患排查治理工作总结

各参建单位应当结合本单位实际每周、月定期对隐患排查治理工作进行总结分析，施工单位、监理单位应编制隐患排查治理工作周报或月报并及时归档。

安全生产领导小组办公室根据隐患排查治理工作开展情况定期进行工作总结，及时发现轨道交通工程建设过程中各类隐患发展态势，指导下阶段隐患排查治理工作重点。

第十九条　隐患排查治理档案要求

（1）建设分公司相关部门、施工单位、监理单位可根据需要通过隐患信息系统生成隐患整改通知单、整改回复单、巡视单和周报、月报。

（2）监理单位可根据需要通过隐患系统生成监理通知、工作联系单并及时通过隐患排查系统备案上传签字盖章后的监理通知扫描件；施工单位应及时通过隐患系统备案上传隐患整改回复单的扫描件。

（3）重要节日（五一、十一、元旦、春节及春节后）安全质量隐患排查，应按照建设分公司节日检查通知要求进行排查治理，排查治理工作情况通过隐患信息系统自动生成节日排查治理报告。

（4）施工单位、监理单位的周报、月报应在每周四 17：00 前、每月 25 日前上传至隐患系统。

（5）相关专项报告应在专项工作结束后 3 日内上传至隐患排查与治理信息系统。隐患综合排查成果由组织人员及时上传平台，其他参与排查的人员当日不用再次上传平台。

第二十条　隐患排查治理系统运行保障措施规定

（1）施工单位、监理单位需配备 Wi-Fi 无线设备、10M 及以上专用带宽网络。

（2）各参建单位应按规定如实、及时建立和更新隐患排查治理组织机构及人员信息档案，并向从业人员通报。

（3）所使用资金可在安全文明措施费中列支。

13.7　工作附件

1. 一级隐患排查治理流程图（附件 1）；
2. 施工、监理发布二级隐患排查治理流程图（附件 2）；
3. 建设分公司、第三方单位发布二级隐患排查治理流程图（附件 3）；
4. 集团公司、建设分公司经营层发布二级隐患排查治理流程图（附件 4）；
5. 施工、监理发布三级隐患排查治理流程图（附件 5）；
6. 业主代表、第三方单位发布三级隐患排查治理流程图（附件 6）；
7. 集团公司、建设分公司发布三级隐患排查治理流程图（附件 7）；
8. 安全质量隐患排查规定及其组织人和参加人（附件 8）；
9. 复核、确认消除、逾期及权限表（附件 9）；
10. 安全质量隐患排查治理计分考核标准（附件 10）；
11. 安全质量隐患排查治理系统人员变更申请表（附件 11）；
12. 安全质量隐患排查治理系统人员信息统计表（附件 12）；
13. 安全质量检查整改通知单（附件 13）；
14. 安全质量检查整改回复单（附件 14）。

附件 1　一级隐患排查治理流程图

施工单位、监理单位、业主代表/安全监理/第三方协作单位、建设分公司、集团有限公司发布一级隐患

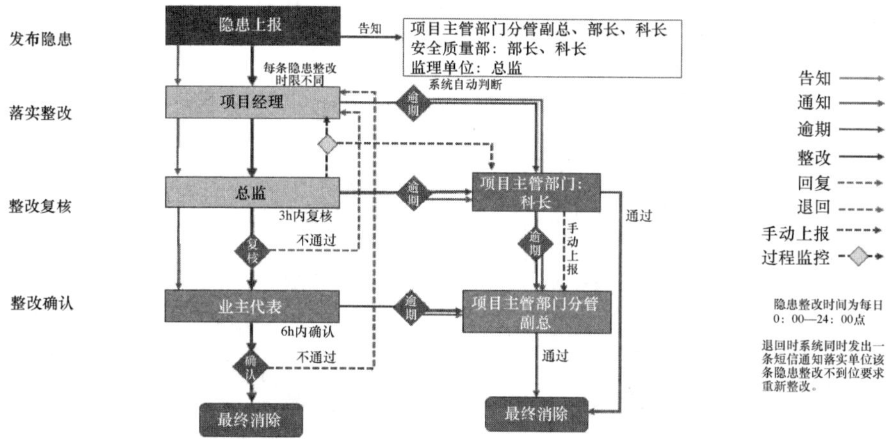

附件 2　施工、监理发布二级隐患排查治理流程图

施工单位、监理单位发布二级隐患

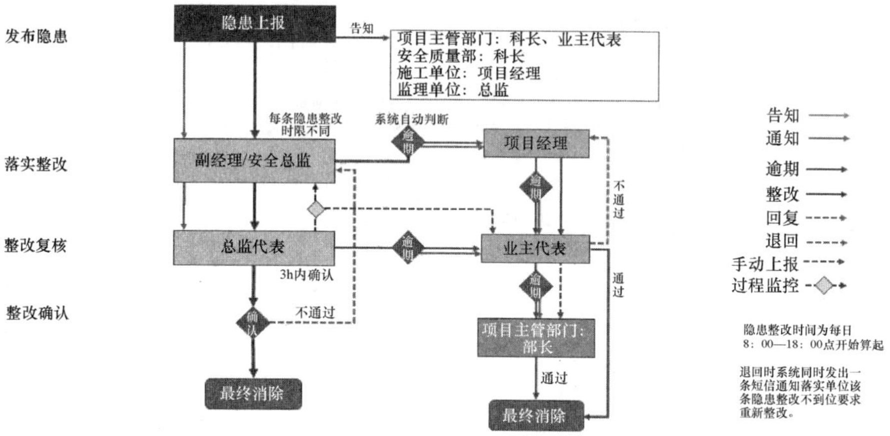

附件 3　建设分公司、第三方单位发布二级隐患排查治理流程图

业主代表/安全监理/第三方协作单位、建设分公司发布二级隐患

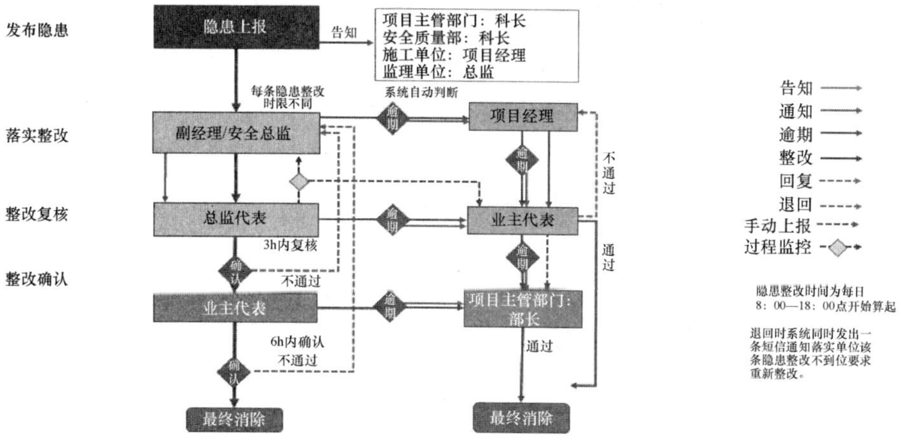

附件 4　集团公司、建设分公司经营层发布二级隐患排查治理流程图

集团公司、建设分公司经营层发布二级隐患

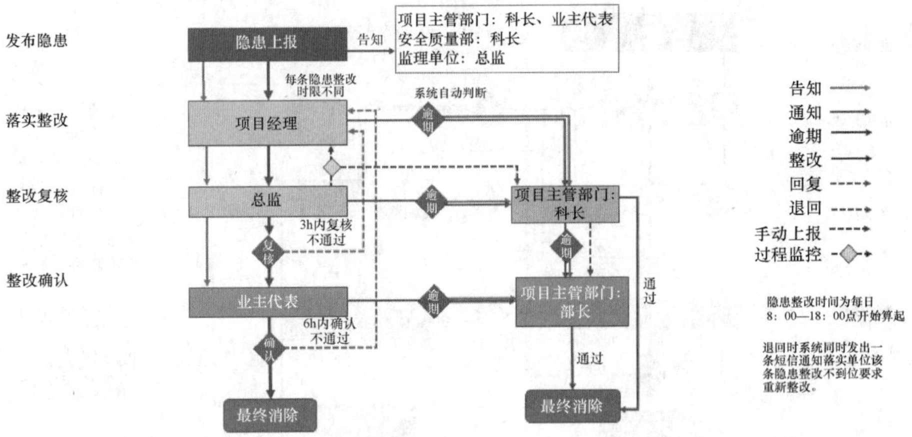

附件 5　施工、监理发布三级隐患排查治理流程图

施工单位、监理单位发布三级隐患

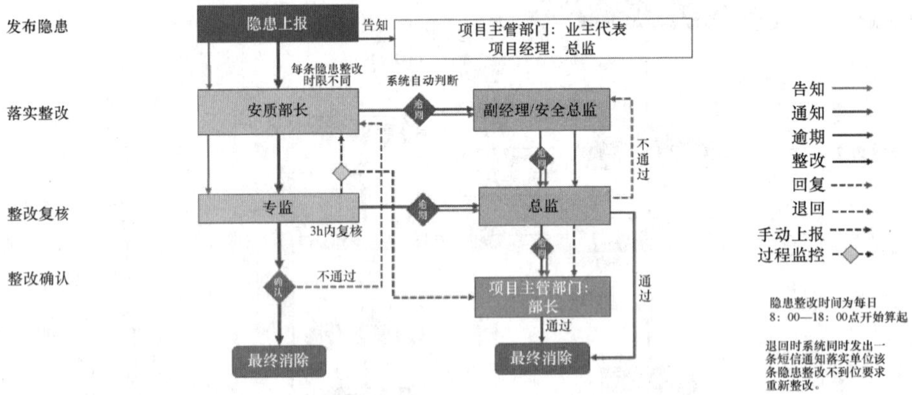

附件 6　业主代表、第三方单位发布三级隐患排查治理流程图

业主代表/安全监理/第三方协作单位发布三级隐患

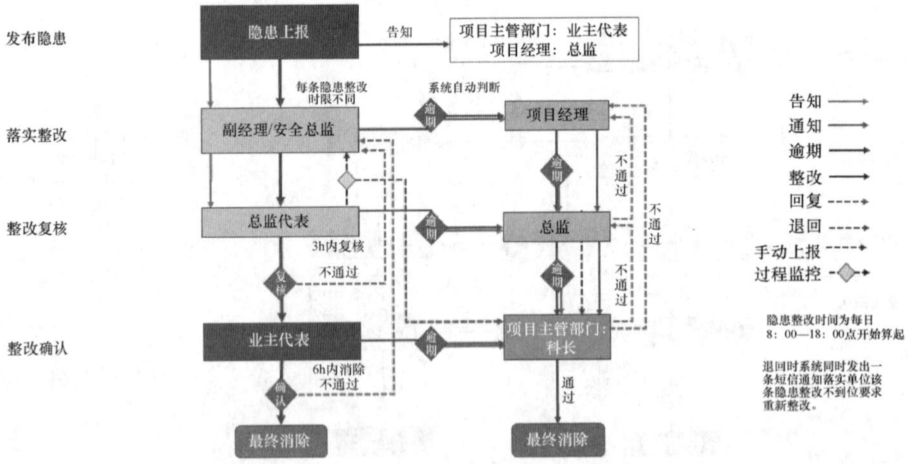

附件 7　集团公司、建设分公司发布三级隐患排查治理流程图

集团限公司、建设分公司各部门发布三级隐患

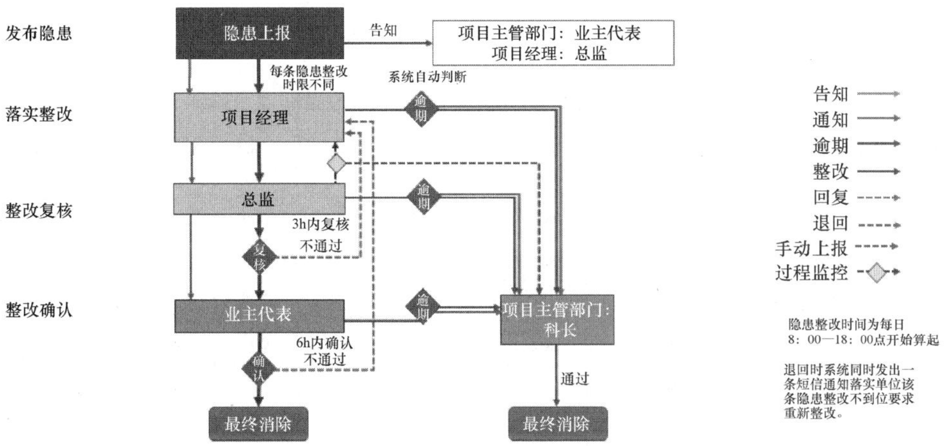

附件 8　安全质量隐患排查规定及其组织人和参加人

排查单位	排查组织人	排查规定					参加人
		日	周	月	季	半年	
建设分公司组织的隐患排查	建设分公司主管领导					牵头	分公司各部门相关人员参加
	安全质量部负责人				★		现场项目主管部门负责人；安全质量部科长、副科长、安全监理；现场项目主管部门科长、副科长；分公司其他部门相关人员及业主代表；可以邀请非检查对象的项目经理和总监
	生产管理部门负责人			★			现场项目主管部门科长、副科长；业主代表
	业主代表		★				项目经理；总监
施工单位组织的隐患排查	项目经理		★				安全总监/副经理；项目总工程师；安质部长、工程部、物机部等部门负责人
	专职安全员、质检员（质量员）	★					
监理单位组织的隐患排查	总监		★				总监代表；专业监理工程师
	专业监理工程师	★					
	监理员	★					

注：1. 牵头：为综合排查的领导者或组织者，其中牵头人负责制定排查目标，统领排查队伍；

2. ★负责组织开展隐患排查，负责制定排查计划，组织排查实施，将排查记录及整改要求通过宁波市轨道交通工程安全质量隐患排查治理信息系统上报；

3. 业主代表组织的安全质量隐患排查可以与现场项目主管部门组织的安全质量隐患排查合并开展；项目经理、总监组织的安全质量隐患排查可以与业主代表的每周排查合并执行。

附件9　复核、确认消除、逾期及权限表

隐患上报单位	隐患等级	整改时限	隐患复核、确认消除时限（小时）		逾期					
			监理单位	业主代表	副总	部长	科长	业主代表	施工单位	监理单位
建设分公司经营层	一级	不同隐患对应的整改时限不同，详见隐患排查要点清单	■（3）	▲（6）	确认	—	确认	—	—	
	二级		■（3）	▲（6）	—	确认	确认	—	—	—
	三级		■（3）	▲（6）	—	—	确认	—	—	—
建设分公司各部门	一级		■（3）	▲（6）	确认	—	确认	—	—	—
	二级		■（3）	▲（6）	—	确认	确认	—	—	—
	三级		■（3）	▲（6）	—	—	确认	—	—	—
业主代表/安全监理/第三方协作单位	一级		■（3）	▲（6）	确认	—	确认	—	—	—
	二级		■（3）	▲（6）	—	确认	—	确认	确认	—
	三级		■（3）	▲（6）	—	—	—	—	确认	确认
监理单位	一级		■（3）	▲（6）	确认	—	确认	—	—	—
	二级		■+▲（3）	—	—	确认	—	确认	确认	—
	三级		■+▲（3）	—	—		—	—	确认	确认
施工单位	一级		■（3）	▲（6）	确认	—	确认	—	—	—
	二级		■+▲（3）	—	—	确认	—	确认	确认	—
	三级		■+▲（3）	—	—	—	—	—	确认	确认

注：■表示对安全质量隐患整改情况进行现场复核。

▲表示对安全质量隐患的排查治理情况进行确认消除。

附件10　安全质量隐患排查治理计分考核标准

考核单位	考核项目		计分标准
现场项目主管部门（含业主代表）	未按规定进行排查		每一次计5分
	确认逾期	一级	每一条计8分
		二级	每一条计5分
		三级	每一条计3分
施工单位	未按规定进行排查		每一次计5分
	整改不到位	一级	每一条计5分
		二级	每一条计3分
		三级	每一条计2分
	整改逾期	一级	每一条计8分
		二级	每一条计5分
		三级	每一条计3分
监理单位	未按规定进行排查		每一次计5分
	复核不到位	一级	每一条计5分
		二级	每一条计3分
		三级	每一条计2分
	复核逾期	一级	每一条计8分
		二级	每一条计5分
		三级	每一条计3分

附件 11　安全质量隐患排查治理系统人员变更申请表

宁波市轨道交通工程建设项目

承包单位：　　　　　　　　　　　　　　　　　　　　合同号：

监理单位：　　　　　　　　　　　　　　　　　　　　编　号：

安全质量隐患排查治理系统人员变更申请表　A-207

序号		姓名	线路和标段	工作单位	职务/岗位	手机号码	负责工点
1	原岗位						
	变更后						
2	原岗位						
	变更后						
3	原岗位						
	变更后						
4	原岗位						
	变更后						
5	原岗位						
	变更后						
申请人： 年　月　日				申请单位负责人意见： 年　月　日			
建设单位意见： 签名： 年　月　日							

附件12　安全质量隐患排查治理系统人员信息统计表

宁波市轨道交通工程建设项目

承包单位：　　　　　　　　　　　　　　　　　　　　　　　　合同号：

监理单位：　　　　　　　　　　　　　　　　　　　　　　　　编　号：

安全质量隐患排查治理系统人员信息统计表　A-208

<table>
<tr><th>序号</th><th>姓名</th><th>线路和标段</th><th>工作单位</th><th>职务/岗位</th><th>手机号码</th><th>负责工点</th></tr>
<tr><td></td><td></td><td></td><td></td><td></td><td></td><td></td></tr>
<tr><td></td><td></td><td></td><td></td><td></td><td></td><td></td></tr>
<tr><td></td><td></td><td></td><td></td><td></td><td></td><td></td></tr>
<tr><td></td><td></td><td></td><td></td><td></td><td></td><td></td></tr>
<tr><td></td><td></td><td></td><td></td><td></td><td></td><td></td></tr>
<tr><td></td><td></td><td></td><td></td><td></td><td></td><td></td></tr>
<tr><td></td><td></td><td></td><td></td><td></td><td></td><td></td></tr>
<tr><td></td><td></td><td></td><td></td><td></td><td></td><td></td></tr>
<tr><td></td><td></td><td></td><td></td><td></td><td></td><td></td></tr>
<tr><td></td><td></td><td></td><td></td><td></td><td></td><td></td></tr>
<tr><td colspan="7">参建单位意见：

签名（章）：
年　月　日</td></tr>
<tr><td colspan="7">建设单位意见：

签名：
年　月　日</td></tr>
</table>

附件 13　安全质量检查整改通知单

安全质量检查整改通知单　C-008

甬轨建设安质检 20××-××-××号

致： 　　年　月　日对你标段的　　　　　　　　　　　　　　　　　　　　　进行了检查，发现存在以下安全质量问题：   以上问题，限于　　日内整改完毕，并将整改结果书面报送至业主代表，并反馈至检查人。
检查人：
施工单位（签字）：　　　　　　　　　　　　　　　　　　监理单位（签字）：

附件 14　安全质量检查整改回复单

安全质量检查整改回复单　A-016

<table>
<tr><td>根据　　年　　月　　日甬轨建设安质检　　　　　　　　　　　　　　　　整改通知单中提出的问题，现将整改情况回复如下：

附件：（相应照片或资料）

项目经理部（盖章）：
项目负责人（签字）：
年　　月　　日</td></tr>
<tr><td>审核意见：

项目监理部（盖章）：
总监理工程师（签字）：
年　　月　　日</td></tr>
<tr><td>复查意见：

业主代表（签字）：
年　　月　　日</td></tr>
</table>

第 14 章　隐患排查治理管控过程

14.1　人员进场培训教育及 VR 体验馆

1. 人员进场培训教育

新进场的作业人员按照工种进行进场三级教育和安全交底，每名作业人员按要求填写人员信息表和个人安全承诺书，经培训考试合格后方可上岗；特种作业人员进场后首先查验操作证书真实性、时效性、颁发部门，符合要求后根据工种进行有针对性的安全交底并考试，考试合格后将操作证书报监理单位审批，审批完成后方可上岗作业。

2. VR 体验馆

为进一步增强作业人员安全意识，丰富教育培训形式，在标段现场设置宁波轨道交通第一家 VR 安全体验馆，VR 安全体验馆含 18 个安全项目的内容，体验内容包含：物体打击、触电、高空坠落、坍塌等一系列事故，具有很强的逼真效果，软件可根据现场工程进展情况和行业安全规定实时更新。VR 体验式安全教育系统是基于虚拟仿真技术开发的一套建筑工程施工安全教育系统，该系统包含三部分：一体机、同步显示器、VR 眼镜。通过不定期组织现场作业人员进行虚拟体验，以亲身感受提高安全意识，告别以往单一的说教形式。

（1）开启安全体验新世界

VR（Virtual Reality）即虚拟现实，是一种可以创建和体验虚拟世界的计算机仿真系统，它利用计算机生成一种模拟环境，是一种多源信息融合的、交互式的三维动态视景和实体行为的系统仿真，使体验者沉浸在该环境中。

（2）身临其境的交互感

该系统利用虚拟现实技术，模拟高空坠落、落物打击、基坑坍塌、气瓶爆炸、脚手架垮塌、火灾、触电等 18 种地铁施工现场生产安全事故场景。通过 VR 眼镜配以音效、解说以及一体机的动态效果，既能让体验者以第一视角 360°观看动画，又能让体验者真实感受到事故中的振动、摇晃、坠落效果，如身临其境。从而更好地达到提升作业人员安全意识的效果。

14.2 班前讲话、过程巡查及班后总结

1. 班前讲话

每日施工前由项目部和班组统一对作业人员进行集中点名考勤，点名完毕后相关人员轮流发言，首先作业人员谈谈作业过程中遇到的问题，然后班组长针对前一天施工过程中存在的问题和当日工作分工进行发言，项目队长将当日生产安排和注意事项告知班组，最后安全员向作业人员告知当日施工现场危险源及相关安全注意事项并通报前一天现场出现的安全隐患和整改要求，通过每日班前讲话一定程度上减少了现场违规违章作业，确保施工生产安全可控。

2. 过程巡查

每日施工过程中，管理人员对各个部位、工序进行巡查，对巡查过程中发现的问题要求班组长现场安排人员进行整改，整改完成后管理人员现场复查，符合要求后进行销项。

3. 班后总结

每日下班前半小时在施工现场会议室召开班后总结会，由管理人员和班组长参加，首先参会人员对当日施工生产进度、安全、质量等方面存在的问题进行发言，然后集中讨论解决问题的措施，最后由生产经理进行总结。通过过程中巡查、班后总结，极大提高了施工生产效率，及时并有效地解决工程中遇到的问题。

14.3 日检、周检、月检、节假日排查

项目部每周六由生产经理带队，相关部门管理人员及班组长参加（周检），每月月底由项目经理带队，相关部门管理人员及班组长参加（月检）对施工现场及民工宿舍进行安全大检查，主要针对机械设备（盾构机、电瓶车、龙门吊）、消防用电、安全防护、文明施工等方面，对发现的问题留下影像资料，待检查结束后形成检查通报上传至工作群。通报内容包含：隐患部位、整改责任人、整改完成时间、整改措施、整改复查时间等，整改责任人必须在规定的时间监督隐患整改完成，安质部按照规定时间进行现场复查，确保整改符合要求后进行销项并留下书面记录存档备查，做到及时发现及时消除，确保施工生产安全、可控。

项目部设立民工学校，每月根据培训计划进行安全教育培训、重大节假日通过各类事故案例分析、警示教育片观看等多种形式对现场作业人员集中进行节前、节后安全教育培训，确保每个工人将安全放在第一位；其次重大节假日项目经理组织领导班子及相关管理人员对施工现场及生活区开展节前、节后安全专项大检查，对检查过程中发现的隐患当场明确整改责任人，确保第一时间消除隐患；危险工序施工过程中项目部严格执行领导带班制度，专职安全员及技术员现场全程旁站，确保危险工序安全顺利完成。

14.4 周例会制度

每周日项目部将召开本周安全例会，项目经理、生产副经理、安全总监、相关部

门管理人员及班组长参加，首先由安质部长将本周现场出现的安全隐患通过图片放映的形式进行通报，其他管理人员进行补充，班组长针对提出的问题进行原因说明及下一步改进措施，然后安全总监强调下周现场安全管控要点并对下周安全工作进行安排部署，最后项目经理进行会议总结并对下一步工作进展提出具体要求，通过每周安全例会的召开，能够及时掌握现场安全动态，极大地提高了管理人员的安全意识。

14.5　隐患排查治理考核

14.5.1　考核对象

安全质量隐患排查治理工作考核对象包括：

（1）现场项目主管部门；

（2）监理单位；

（3）施工单位。

14.5.2　安全质量隐患排查治理计分

（1）隐患排查治理计分标准

1）现场项目主管部门计分标准

① 未按规定进行排查的，每人每次计 5 分。

② 逾期对隐患整改确认的，按每条一级隐患计 8 分，每条二级隐患计 5 分，每条三级隐患计 3 分。

2）监理单位计分标准

① 未按本规定进行排查的，每人每次计 5 分。

② 逾期对隐患整改确认的，按每条一级隐患计 8 分，每条二级隐患计 5 分，每条三级隐患计 3 分。

3）施工单位计分标准

① 未按本规定进行排查的每人每次计 5 分。

② 未按要求整改的，按每条一级隐患计 5 分，每条二级隐患计 3 分，每条三级隐患计 2 分。

③ 整改逾期的隐患按每条一级隐患计 8 分，每条二级隐患计 5 分，每条三级隐患计 3 分。

（2）隐患排查治理计分方法

1）每月作为一个基本计分期。

2）考核对象计分及其员工个人计分的月度累计值之和作为考核对象的月度计分值。

3）标准分定为 100 分，标准分减去考核对象的月度计分值作为考核对象的月度得分值。

4）每季度 3 个月得分值的平均值作为考核对象的季度得分值；每年 4 个季度得分值的平均值作为考核对象的年度得分值。

5）各标段自开工后30天为隐患排查治理系统试用期，所得分数不计入考核，试用期结束后下个月开始进行隐患排查治理考核，考核分数纳入考核结果应用，详见第十七条，考核排名每季度进行通报。

（3）加分

施工单位应用新产品、新工艺、新设备、新材料以及现场安全文明标准化管理，对施工现场的安全质量隐患管控起到较大促进作用，经监理、业主代表、现场项目主管部门、安全质量部审批复核同意并经安全生产领导小组会议研究确定后可在当月的得分值加分，最高5分。

14.5.3 考核结果

（1）现场项目主管部门为一个考评组，施工单位和监理单位分别按线路划分考评组。

（2）考核期分为月度、季度、年度三类。

（3）在每个考评组内，根据考核对象月度、季度及年度的得分值，将考核对象分为A、B、C、D四类：90分以上的为A类，75～90分的为B类，60～75分的为C类，60分以下的为D类。每级都含下限不含上限。

考核结果的应用包括：通报批评、处罚或约谈措施。

（1）考核期内，对同一考评组内考评等级为A且未发生安全质量事件的施工、监理单位予以表扬；对同一考评组内考评等级为D或同一季度内收到书面安全质量整改通知单3次及以上的单位，进行通报批评。

（2）对隐患排查治理工作不重视，履责不到位、工作执行不力的单位，可按合同要求采取相关处罚或约谈措施。

第 15 章　安全隐患排查治理实例

15.1　基坑工程案例

（1）机械安装后无验收合格手续。整改单如图 15-1 所示。

隐患信息　处置情况　整改通知/巡查单　整改/巡查回复单　违规情况

隐患名称:	机械安装后无验收合格手续				
线路名称:	4号线	工区名称:	4号线TJ4008标	工点名称:	金达南路站
上报人:	周昌云	上报单位:	上海新光工程咨询有限公司	上报部门:	4号线TJJL4008标监理
上报时间:	2018-12-25 14:45:37	施工单位:	宏润建设集团股份有限公司	监理单位:	上海新光工程咨询有限公司
上报类型:	监理单位排查隐患	隐患级别:	二级	隐患状态:	已消除
排查种类:	个人排查	整改期限:	1	上报岗位:	专业监理工程师
消除时间:	2018-12-25 17:41:11.0	隐患类别:	安全隐患	隐患项目:	施工机具
隐患分项:	钢筋机械				
隐患内容:	机械安装后无验收合格手续				
隐患部位:	B号出入口基坑旁				
隐患描述:	翁毛所用的空压机没有验收合格牌				
消除要求:	立即整改落实				
隐患照片:					

宁 波 市 轨 道 交 通 工 程 建 设 项 目

安全质量督查整改通知单

甬轨建安质督（2018）第 45267 号

致：（施工单位）宏润建设集团股份有限公司

于 2018 年 12 月 25 日 对你单位施工的 金达南路站 进行　安全督查，发现存在以下 安全 问题：

机械安装后无验收合格手续

督查部门：4 号线 TJJL4008 标监理　　督查人：周昌云

施工单位签收：

签收人：马敬伟　2018 年 12 月 25 日

监理单位签收：

签收人：胡建忠　2018 年 12 月 25 日

注：此通知单所涉及的问题由监理单位负责及时向现场业主代表报告。

宁 波 市 轨 道 交 通 工 程 建 设 项 目

安全质量整改回复单

致：上海新光工程咨询有限公司

根据 2018 年 12 月 25 日 甬轨建安质督（2018）第 45267 号整改通知单中提出的问题，我单位已及时组织整改完成。详细整改情况：

整改完毕

安全总监/副经理（签字）：马敬伟　2018 年 12 月 25 日

监理单位审核意见：已整改

总监理工程师代表（签字）：胡建忠　2018 年 12 月 25 日

备注：整改条款闭合后，附相应照片或资料。

图 15-1　整改单（1）

（2）未定期检查和维护消防器材，保证消防器材、设施灵敏有效。整改单如图15-2所示。

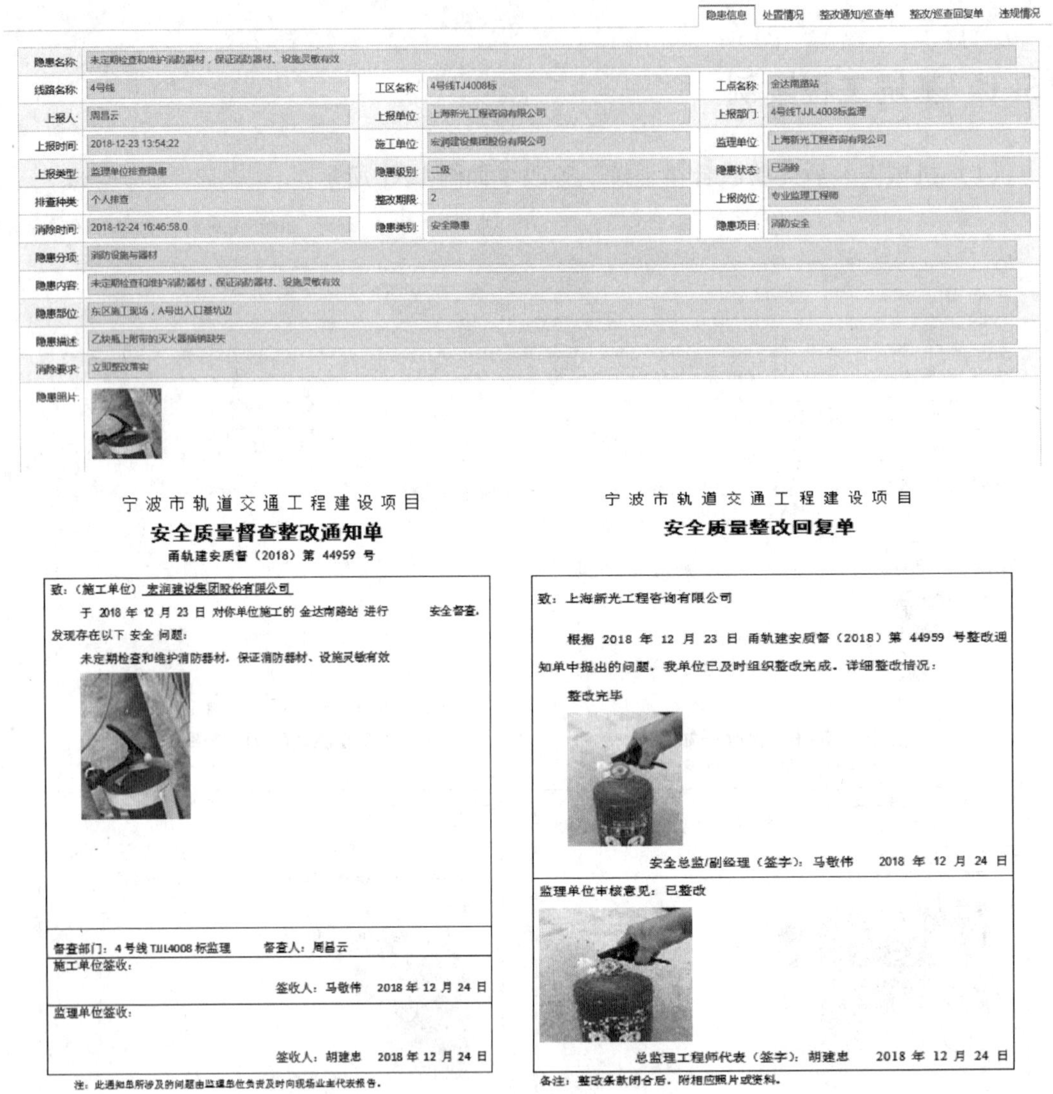

隐患信息 | 处置情况 | 整改通知/巡查单 | 整改/巡查回复单 | 违规情况

隐患名称:	未定期检查和维护消防器材，保证消防器材、设施灵敏有效				
线路名称:	4号线	工区名称:	4号线TJ4008标	工点名称:	金达南路站
上报人:	周昌云	上报单位:	上海新光工程咨询有限公司	上报部门:	4号线TJJL4008标监理
上报时间:	2018-12-23 13:54:22	施工单位:	宏润建设集团股份有限公司	监理单位:	上海新光工程咨询有限公司
上报类型:	监理单位排查隐患	隐患级别:	二级	隐患状态:	已消除
排查种类:	个人排查	整改期限:	2	上报岗位:	专业监理工程师
消除时间:	2018-12-24 16:46:58.0	隐患类别:	安全隐患	隐患项目:	消防安全
隐患分项:	消防设施与器材				
隐患内容:	未定期检查和维护消防器材，保证消防器材、设施灵敏有效				
隐患部位:	东区施工现场，A号出入口基坑边				
隐患描述:	乙炔瓶上附带的灭火器插销缺失				
消除要求:	立即整改落实				
隐患照片:					

宁波市轨道交通工程建设项目

安全质量督查整改通知单

甬轨建安质督（2018）第 44959 号

致：（施工单位）宏润建设集团股份有限公司

于 2018 年 12 月 23 日 对你单位施工的 金达南路站 进行 安全督查，发现存在以下 安全 问题：

未定期检查和维护消防器材，保证消防器材、设施灵敏有效

督查部门：4 号线 TJJL4008 标监理　督查人：周昌云

施工单位签收：

签收人：马敬伟　2018 年 12 月 24 日

监理单位签收：

签收人：胡建忠　2018 年 12 月 24 日

注：此通知单所涉及的问题由监理单位负责及时向现场业主代表报告。

宁波市轨道交通工程建设项目

安全质量整改回复单

致：上海新光工程咨询有限公司

根据 2018 年 12 月 23 日 甬轨建安质督（2018）第 44959 号整改通知单中提出的问题，我单位已及时组织整改完成。详细整改情况：

整改完毕

安全总监/副经理（签字）：马敬伟　2018 年 12 月 24 日

监理单位审核意见：已整改

总监理工程师代表（签字）：胡建忠　2018 年 12 月 24 日

备注：整改条款闭合后，附相应照片或资料。

图 15-2　整改单（2）

（3）施工现场土方作业、裸露场地等无防止扬尘措施。整改单如图 15-3 所示。

隐患信息　处置情况　整改通知/巡查单　整改/巡查回复单　违规情况

隐患名称:	施工现场土方作业、裸露场地等无防止扬尘措施				
线路名称:	4号线	工区名称:	4号线TJ4008标	工点名称:	金达南路站
上报人:	卞小烽	上报单位:	上海新光工程咨询有限公司	上报部门:	4号线TJJL4008标监理
上报时间:	2018-12-23 13:52:49	施工单位:	宏润建设集团股份有限公司	监理单位:	上海新光工程咨询有限公司
上报类型:	监理单位排查隐患	隐患级别:	二级	隐患状态:	已消除
排查种类:	个人排查	整改期限:	1.0	上报岗位:	监理员
消除时间:	2018-12-23 17:20:08.0	隐患类别:	安全隐患	隐患项目:	文明施工
隐患分项:	施工场地				
隐患内容:	施工现场土方作业、裸露场地等无防止扬尘措施				
隐患部位:	东区				
隐患描述:	积土未及时覆盖				
消除要求:	立即整改落实				
隐患照片:					

宁 波 市 轨 道 交 通 工 程 建 设 项 目

安全质量督查整改通知单

甬轨建安质督（2018）第 44956 号

致：（施工单位）宏润建设集团股份有限公司

于 2018 年 12 月 23 日 对你单位施工的 金达南路站 进行　安全督查，发现存在以下 安全 问题：

施工现场土方作业、裸露场地等无防止扬尘措施

督查部门：4 号线 TJJL4008 标监理　　督查人：卞小烽

施工单位签收：

签收人：马敬伟　2018 年 12 月 23 日

监理单位签收：

签收人：胡建忠　2018 年 12 月 23 日

注：此通知单所涉及的问题由监理单位负责及时向现场业主代表报告。

宁 波 市 轨 道 交 通 工 程 建 设 项 目

安全质量整改回复单

致：上海新光工程咨询有限公司

根据 2018 年 12 月 23 日 甬轨建安质督（2018）第 44956 号整改通知单中提出的问题，我单位已及时组织整改完成，详细整改情况：

整改完毕

安全总监/副经理（签字）：马敬伟　2018 年 12 月 23 日

监理单位审核意见：已整改

总监理工程师代表（签字）：胡建忠　2018 年 12 月 23 日

备注：整改条款闭合后，附相应照片或资料。

图 15-3　整改单（3）

（4）电缆沿地面明设，沿脚手架、树木等敷设，或其他敷设不符合规范要求。整改单如图15-4所示。

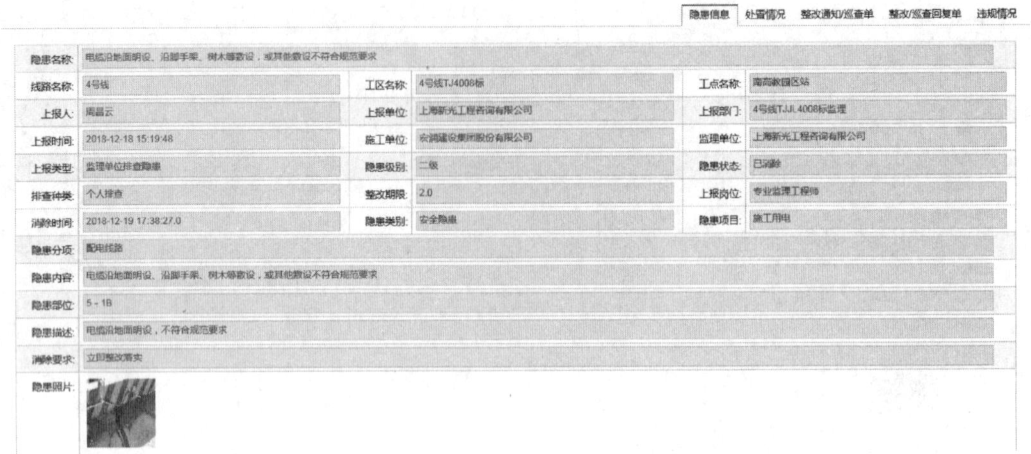

隐患信息 | 处置情况 | 整改通知/巡查单 | 整改/巡查回复单 | 违规情况

隐患名称:	电缆沿地面明设、沿脚手架、树木等敷设，或其他敷设不符合规范要求				
线路名称:	4号线	工区名称:	4号线TJ4008标	工点名称:	南高教园区站
上报人:	周昌云	上报单位:	上海新光工程咨询有限公司	上报部门:	4号线TJJL4008标监理
上报时间:	2018-12-18 15:19:48	施工单位:	宏润建设集团股份有限公司	监理单位:	上海新光工程咨询有限公司
上报类型:	监理单位排查隐患	隐患级别:	二级	隐患状态:	已消除
排查种类:	个人排查	整改期限:	2.0	上报岗位:	专业监理工程师
消除时间:	2018-12-19 17:38:27.0	隐患类别:	安全隐患	隐患项目:	施工用电
隐患分项:	配电线路				
隐患内容:	电缆沿地面明设、沿脚手架、树木等敷设，或其他敷设不符合规范要求				
隐患部位:	5 - 1B				
隐患描述:	电缆沿地面明设，不符合规范要求				
消除要求:	立即整改落实				
隐患照片:					

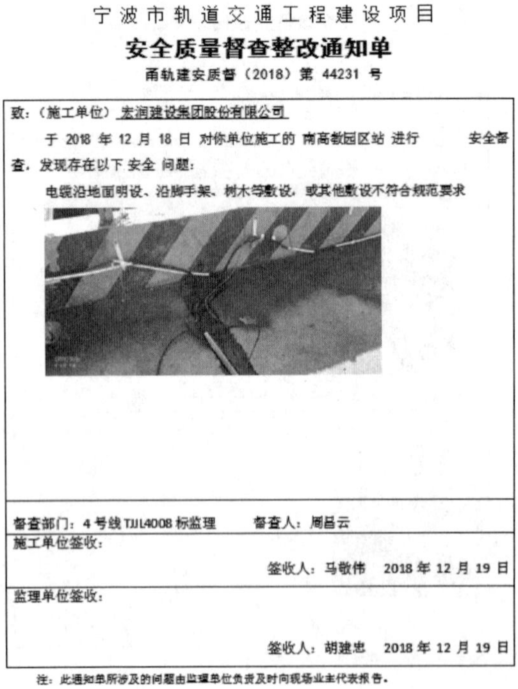

宁波市轨道交通工程建设项目

安全质量督查整改通知单

甬轨建安质督（2018）第 44231 号

致：（施工单位）宏润建设集团股份有限公司

于 2018 年 12 月 18 日 对你单位施工的 南高教园区站 进行 安全督查，发现存在以下 安全 问题：

电缆沿地面明设、沿脚手架、树木等敷设，或其他敷设不符合规范要求

督查部门：4 号线 TJJL4008 标监理　　督查人：周昌云

施工单位签收：

签收人：马敬伟　2018 年 12 月 19 日

监理单位签收：

签收人：胡建忠　2018 年 12 月 19 日

注：此通知单所涉及的问题由监理单位负责及时向现场业主代表报告。

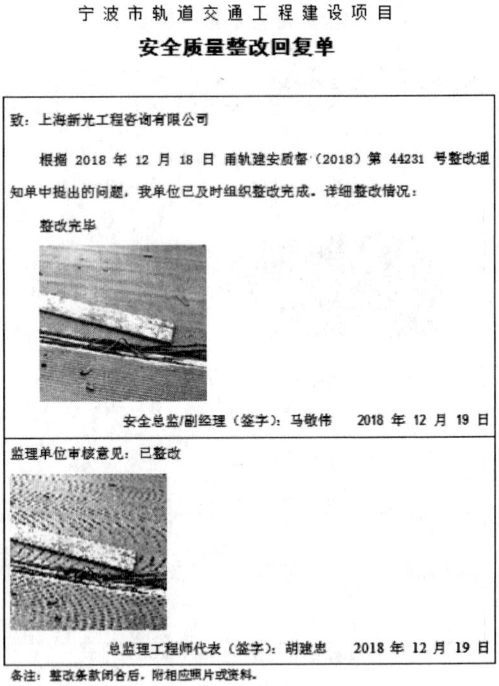

宁波市轨道交通工程建设项目

安全质量整改回复单

致：上海新光工程咨询有限公司

根据 2018 年 12 月 18 日 甬轨建安质督（2018）第 44231 号整改通知单中提出的问题，我单位已及时组织整改完成。详细整改情况：

整改完毕

安全总监/副经理（签字）：马敬伟　2018 年 12 月 19 日

监理单位审核意见：已整改

总监理工程师代表（签字）：胡建忠　2018 年 12 月 19 日

备注：整改条款闭合后，附相应照片或资料。

图 15-4　整改单（4）

（5）动火作业未严格执行动火审批制度。整改单如图 15-5 所示。

隐患信息　处置情况　整改通知/巡查单　整改/巡查回复单　违规情况

隐患名称:	动火作业未严格执行动火审批制度				
线路名称:	4号线	工区名称:	4号线TJ4008标	工点名称:	金达南路站
上报人:	胡建忠	上报单位:	上海新光工程咨询有限公司	上报部门:	4号线TJJL4008标监理
上报时间:	2018-12-17 09:57:39	施工单位:	宏润建设集团股份有限公司	监理单位:	上海新光工程咨询有限公司
上报类型:	监理单位排查隐患	隐患级别:	二级	隐患状态:	已消除
排查种类:	个人排查	整改期限:	2	上报岗位:	总监理工程师代表
消除时间:	2018-12-18 16:38:14.0	隐患类别:	安全隐患	隐患项目:	消防安全
隐患分项:	动火管理				
隐患内容:	动火作业未严格执行动火审批制度				
隐患部位:	B出口地墙钢筋割除				
隐患描述:	地墙钢筋割除人员未持证上岗				
消除要求:	停止无证作业，进行再教育安全交底，安排持有效证件人员进行上岗作业				
隐患照片:					

隐患信息　处置情况　整改通知/巡查单　整改/巡查回复单　违规情况

隐患名称:	动火作业未严格执行动火审批制度				
线路名称:	4号线	工区名称:	4号线TJ4008标	工点名称:	金达南路站
上报人:	胡建忠	上报单位:	上海新光工程咨询有限公司	上报部门:	4号线TJJL4008标监理
上报时间:	2018-12-17 09:57:39	施工单位:	宏润建设集团股份有限公司	监理单位:	上海新光工程咨询有限公司
上报类型:	监理单位排查隐患	隐患级别:	二级	隐患状态:	已消除
排查种类:	个人排查	整改期限:	2	上报岗位:	总监理工程师代表
消除时间:	2018-12-18 16:38:14.0	隐患类别:	安全隐患	隐患项目:	消防安全
隐患分项:	动火管理				
隐患内容:	动火作业未严格执行动火审批制度				
隐患部位:	B出口地墙钢筋割除				
隐患描述:	地墙钢筋割除人员未持证上岗				
消除要求:	停止无证作业，进行再教育安全交底，安排持有效证件人员进行上岗作业				
隐患照片:					

宁 波 市 轨 道 交 通 工 程 建 设 项 目

安全质量督查整改通知单

甬轨建安质督（2018）第 44029 号

致：（施工单位）宏润建设集团股份有限公司

于 2018 年 12 月 17 日 对你单位施工的 金达南路站 进行 安全督查，发现存在以下 安全 问题：

动火作业未严格执行动火审批制度

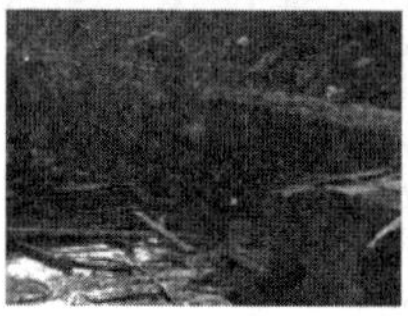

督查部门：4 号线 TJJL4008 标监理　督查人：胡建忠

施工单位签收：

签收人：马敬伟　2018 年 12 月 18 日

监理单位签收：

签收人：胡建忠　2018 年 12 月 18 日

注：此通知单所涉及的问题由监理单位负责及时向现场业主代表报告。

宁 波 市 轨 道 交 通 工 程 建 设 项 目

安全质量整改回复单

致：上海新光工程咨询有限公司

根据 2018 年 12 月 17 日 甬轨建安质督（2018）第 44029 号整改通知单中提出的问题，我单位已及时组织整改完成。详细整改情况：

整改完毕

安全总监/副经理（签字）：马敬伟　2018 年 12 月 18 日

监理单位审核意见：已整改

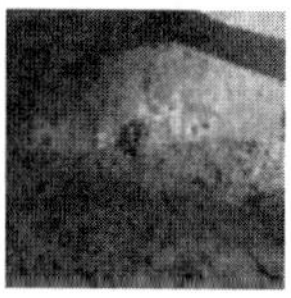

总监理工程师代表（签字）：胡建忠　2018 年 12 月 18 日

备注：整改条款闭合后，附相应照片或资料。

图 15-5　整改单（5）

（6）未设置锯盘护罩、分料器、防护挡板等安全装置，传动部位未设置防护罩。整改单如图 15-6 所示。

隐患信息 | 处置情况 | 整改通知/巡查单 | 整改/巡查回复单 | 违规情况

隐患名称:	未设置锯盘护罩、分料器、防护挡板等安全装置，传动部位未设置防护罩				
线路名称:	4号线	工区名称:	4号线TJ4005标	工点名称:	兴宁桥西站
上报人:	冯力	上报单位:	中铁一局集团有限公司	上报部门:	4号线TJ4005标施工
上报时间:	2018-12-25 10:12:09	施工单位:	中铁一局集团有限公司	监理单位:	铁四院（湖北）工程监理咨询有限公司
上报类型:	施工单位排查隐患	隐患级别:	二级	隐患状态:	已消除
排查种类:	个人排查	整改期限:	1	上报岗位:	质检员
消除时间:	2018-12-25 17:15:34.0	隐患类别:	安全隐患	隐患项目:	施工机具
隐患分项:	圆盘电锯				
隐患内容:	未设置锯盘护罩、分料器、防护挡板等安全装置，传动部位未设置防护罩				
隐患部位:	圆盘锯				
隐患描述:	未设置防护罩				
消除要求:	及时设置				
隐患照片:					

宁波市轨道交通工程建设项目

安全质量巡查单

甬轨建安质巡（2018）第 41267 号

于 2018 年 12 月 25 日 对 兴宁桥西站 进行巡查，发现存在以下问题：

未设置锯盘护罩、分料器、防护挡板等安全装置，传动部位未设置防护罩

以上问题，限于 2018 年 12 月 26 日 前整改完毕。

巡查单位：4 号线 TJ4005 标施工　　巡查人：冯力

2018 年 12 月 25 日

宁波市轨道交通工程建设项目

安全质量整改回复单

致：中铁一局集团有限公司

根据 2018 年 12 月 25 日 甬轨建安质巡（2018）第 41267 号整改通知单中提出的问题，我单位已及时组织整改完成。详细整改情况：

电锯已加盖保护罩

安全总监/副经理（签字）：薛刚　2018 年 12 月 25 日

监理单位审核意见：已整改

总监理工程师代表（签字）：李豫川　2018 年 12 月 25 日

备注：整改条款闭合后，附相应照片或资料。

图 15-6　整改单（6）

（7）钢丝绳破损、断丝、变形、锈蚀等达到报废标准。整改单如图 15-7 所示。

隐患信息　处置情况　整改通知/巡查单　整改/巡查回复单　违规情况

隐患名称:	钢丝绳磨损、断丝、变形、锈蚀等达到报废标准				
线路名称:	4号线	工区名称:	4号线TJ4005标	工点名称:	兴宁桥西站
上报人:	夏铭徽	上报单位:	铁四院（湖北）工程监理咨询有限公司	上报部门:	4号线TJJL4005标监理
上报时间:	2018-12-24 17:37:47	施工单位:	中铁一局集团有限公司	监理单位:	铁四院（湖北）工程监理咨询有限公司
上报类型:	监理单位排查隐患	隐患级别:	二级	隐患状态:	已消除
排查种类:	个人排查	整改期限:	1.0	上报岗位:	监理员
消除时间:	2018-12-25 17:15:45.0	隐患类别:	安全隐患	隐患项目:	起重吊装
隐患分项:	钢丝绳与索具				
隐患内容:	钢丝绳磨损、断丝、变形、锈蚀等达到报废标准				
隐患部位:	兴宁桥西站施工区				
隐患描述:	汽车吊钢丝绳磨损严重				
消除要求:	立即整改落实				
隐患照片:					

宁波市轨道交通工程建设项目

安全质量督查整改通知单

甬轨建安质督（2018）第 45188 号

致：（施工单位）中铁一局集团有限公司

于 2018 年 12 月 24 日 对你单位施工的 兴宁桥西站 进行 安全督查，发现存在以下 安全 问题：

钢丝绳磨损、断丝、变形、锈蚀等达到报废标准

督查部门：4 号线 TJJL4005 标监理　督查人：夏铭徽

施工单位签收：

签收人：薛刚　2018 年 12 月 25 日

监理单位签收：

签收人：李豫川　2018 年 12 月 25 日

注：此通知单所涉及的问题由监理单位负责及时向现场业主代表报告。

宁波市轨道交通工程建设项目

安全质量整改回复单

致：铁四院（湖北）工程监理咨询有限公司

根据 2018 年 12 月 24 日 甬轨建安质督（2018）第 45188 号整改通知单中提出的问题，我单位已及时组织整改完成。详细整改情况：

钢筋已丢弃到废料池

安全总监副经理（签字）：薛刚　2018 年 12 月 25 日

监理单位审核意见：已整改

总监理工程师代表（签字）：李豫川　2018 年 12 月 25 日

备注：整改条款闭合后，附相应照片或资料。

图 15-7　整改单（7）

（8）气瓶及其安全附件不合格，或气管老化、破损。整改单如图15-8所示。

隐患信息　处置情况　整改通知/巡查单　整改/巡查回复单　违规情况

隐患名称:	气瓶及其安全附件不合格，或气管老化、破损				
线路名称:	4号线	工区名称:	4号线TJ4005标	工点名称:	兴宁桥西站
上报人:	葛永友	上报单位:	铁四院（湖北）工程监理咨询有限公司	上报部门:	4号线TJJL4005标监理
上报时间:	2018-12-21 17:35:03	施工单位:	中铁一局集团有限公司	监理单位:	铁四院（湖北）工程监理咨询有限公司
上报类型:	监理单位排查隐患	隐患级别:	二级	隐患状态:	已消除
排查种类:	个人排查	整改期限:	2.0	上报岗位:	专业监理工程师
消除时间:	2018-12-22 18:48:34.0	隐患类别:	安全隐患	隐患项目:	施工机具
隐患分项:	气瓶				
隐患内容:	气瓶及其安全附件不合格，或气管老化、破损				
隐患部位:	兴宁桥西站施工区				
隐患描述:	乙炔瓶管线老化				
消除要求:	立即整改落实				
隐患照片:					

宁波市轨道交通工程建设项目

安全质量督查整改通知单

甬轨建安质督（2018）第 44745 号

致：（施工单位）中铁一局集团有限公司

于 2018 年 12 月 21 日 对你单位施工的 兴宁桥西站 进行 安全督查，发现存在以下 安全 问题：

气瓶及其安全附件不合格，或气管老化、破损

督查部门：4 号线 TJJL4005 标监理　　督查人：葛永友

施工单位签收：

签收人：薛刚　2018 年 12 月 22 日

监理单位签收：

签收人：李豫川　2018 年 12 月 22 日

注：此通知单所涉及的问题由监理单位负责及时向现场业主代表报告。

宁波市轨道交通工程建设项目

安全质量整改回复单

致：铁四院（湖北）工程监理咨询有限公司

根据 2018 年 12 月 21 日 甬轨建安质督（2018）第 44745 号整改通知单中提出的问题，我单位已及时组织整改完成。详细整改情况：

老化的乙炔瓶气管已修复

安全总监/副经理（签字）：薛刚　2018 年 12 月 22 日

监理单位审核意见：已整改

总监理工程师代表（签字）：李豫川　2018 年 12 月 22 日

备注：整改条款闭合后，附相应照片或资料。

图 15-8　整改单（8）

（9）电气设备、线路老化、残破、线路发热未及时更换处理或接头处理不当。整改单如图 15-9 所示。

隐患信息　处置情况　整改通知/巡查单　整改/巡查回复单　违规情况

隐患名称:	电气设备、线路老化、残破、线路发热未及时更换处理或接头处理不当				
线路名称:	4号线	工区名称:	4号线TJ4005标	工点名称:	兴宁桥西站
上报人:	王柯	上报单位:	中铁一局集团有限公司	上报部门:	4号线TJ4005标施工
上报时间:	2018-12-22 18:39:30	施工单位:	中铁一局集团有限公司	监理单位:	铁四院（湖北）工程监理咨询有限公司
上报类型:	施工单位排查隐患	隐患级别:	三级	隐患状态:	已消除
排查种类:	个人排查	整改期限:	1.0	上报岗位:	安全员
消除时间:	2018-12-22 18:45:02.0	隐患类别:	安全隐患	隐患项目:	施工用电
隐患分项:	电气消防安全				
隐患内容:	电气设备、线路老化、残破、线路发热未及时更换处理或接头处理不当				
隐患部位:	兴宁桥西站				
隐患描述:	兴宁桥西站北侧灯线接头无铜鼻子				
消除要求:	立即整改落实				
隐患照片:	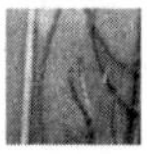				

宁波市轨道交通工程建设项目

安全质量巡查单

甬轨建安质巡（2018）第 40936 号

于 2018 年 12 月 22 日 对 兴宁桥西站 进行巡查，发现存在以下问题：

电气设备、线路老化、残破、线路发热未及时更换处理或接头处理不当

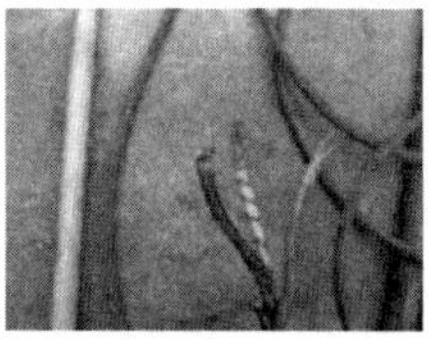

以上问题，限于 2018 年 12 月 23 日 前整改完毕。

巡查单位：4 号线 TJ4005 标施工　　巡查人：王柯

2018 年 12 月 22 日

宁波市轨道交通工程建设项目

安全质量整改回复单

致：中铁一局集团有限公司

根据 2018 年 12 月 22 日 甬轨建安质巡（2018）第 40936 号整改通知单中提出的问题，我单位已及时组织整改完成。详细整改情况：

灯线接头已接好铜鼻子

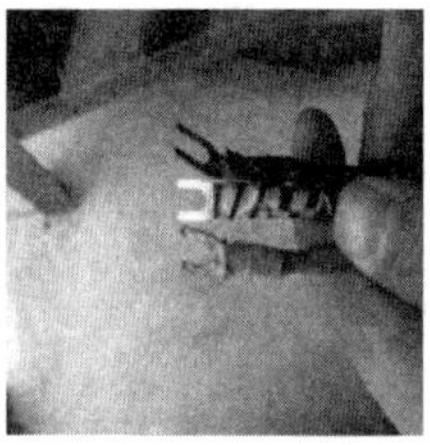

安质部长（签字）：薛刚　2018 年 12 月 22 日

监理单位审核意见：已整改

专业监理工程师（签字）：葛永友　2018 年 12 月 22 日

备注：整改条款闭合后，附相应照片或资料。

图 15-9　整改单（9）

（10）存在乱拉乱接或架空缆线上吊挂物品现象。整改单如图 15-10 所示。

隐患信息　处置情况　整改通知/巡查单　整改/巡查回复单　违规情况

隐患名称:	存在乱拉乱接或架空缆线上吊挂物品现象				
线路名称:	4号线	工区名称:	4号线TJ4005标	工点名称:	兴宁桥西站
上报人:	葛永友	上报单位:	铁四院（湖北）工程监理咨询有限公司	上报部门:	4号线TJJL4005标监理
上报时间:	2018-12-22 17:39:23	施工单位:	中铁一局集团有限公司	监理单位:	铁四院（湖北）工程监理咨询有限公司
上报类型:	监理单位排查隐患	隐患级别:	三级	隐患状态:	已消除
排查种类:	个人排查	整改期限:	1.0	上报岗位:	专业监理工程师
消除时间:	2018-12-22 18:45:43.0	隐患类别:	安全隐患	隐患项目:	施工用电
隐患分项:	配电线路				
隐患内容:	存在乱拉乱接或架空缆线上吊挂物品现象				
隐患部位:	兴宁桥西站				
隐患描述:	小型机具直接从二级配电箱接线				
消除要求:	立即整改落实				
隐患照片:					

宁波市轨道交通工程建设项目

安全质量督查整改通知单

甬轨建安质督（2018）第 44889 号

致：（施工单位）中铁一局集团有限公司

于 2018 年 12 月 22 日 对你单位施工的 兴宁桥西站 进行 安全督查，发现存在以下 安全 问题：

存在乱拉乱接或架空缆线上吊挂物品现象

督查部门：4 号线 TJJL4005 标监理　　督查人：葛永友

施工单位签收：

签收人：薛刚　2018 年 12 月 22 日

监理单位签收：

签收人：葛永友　2018 年 12 月 22 日

注：此通知单所涉及的问题由监理单位负责及时向现场业主代表报告。

宁波市轨道交通工程建设项目

安全质量整改回复单

致：铁四院（湖北）工程监理咨询有限公司

根据 2018 年 12 月 22 日 甬轨建安质督（2018）第 44889 号整改通知单中提出的问题，我单位已及时组织整改完成。详细整改情况：

兴宁桥西站小型机具接线已拆除

安质部长（签字）：薛刚　2018 年 12 月 22 日

监理单位审核意见：已整改

专业监理工程师（签字）：葛永友　2018 年 12 月 22 日

备注：整改条款闭合后，附相应照片或资料。

图 15-10　整改单（10）

（11）料堆未挂名称、品种、规格、合格、待检等标牌、堆放不整齐或无苫盖措施。整改单如图 15-11 所示。

隐患信息　处置情况　整改通知/巡查单　整改/巡查回复单　违规情况

隐患名称:	料堆未挂名称、品种、规格、合格、待检等标牌、堆放不整齐或无苫盖措施的				
线路名称:	4号线	工区名称:	4号线TJ4005标	工点名称:	兴宁桥西站
上报人:	冯力	上报单位:	中铁一局集团有限公司	上报部门:	4号线TJ4005标施工
上报时间:	2018-12-08 16:15:54	施工单位:	中铁一局集团有限公司	监理单位:	铁四院（湖北）工程监理咨询有限公司
上报类型:	施工单位排查隐患	隐患级别:	三级	隐患状态:	已消除
排查种类:	个人排查	整改期限:	1.0	上报岗位:	质检员
消除时间:	2018-12-08 18:02:32.0	隐患类别:	安全隐患	隐患项目:	文明施工
隐患分项:	材料管理				
隐患内容:	料堆未挂名称、品种、规格、合格、待检等标牌、堆放不整齐或无苫盖措施的				
隐患部位:	柳西站				
隐患描述:	柳西站钻孔桩钢筋笼未覆盖				
消除要求:	要求及时将钢筋笼进行覆盖				
隐患照片:					

宁波市轨道交通工程建设项目

安全质量巡查单

甬轨建安质巡（2018）第 39015 号

于 2018 年 12 月 8 日 对 兴宁桥西站 进行巡查。发现存在以下问题：

料堆未挂名称、品种、规格、合格、待检等标牌、堆放不整齐或无苫盖措施

以上问题，限于 2018 年 12 月 9 日 前整改完毕。

巡查单位：4 号线 TJ4005 标施工　　巡查人：冯力

2018 年 12 月 8 日

宁波市轨道交通工程建设项目

安全质量整改回复单

致：中铁一局集团有限公司

根据 2018 年 12 月 8 日 甬轨建安质巡（2018）第 39015 号整改通知单中提出的问题，我单位已及时组织整改完成。详细整改情况：

雨天钢筋笼已覆盖

安质部长（签字）：薛刚　2018 年 12 月 8 日

监理单位审核意见：已整改

专业监理工程师（签字）：葛永友　2018 年 12 月 8 日

备注：整改条款闭合后，附相应照片或资料。

图 15-11　整改单（11）

15.2 盾构工程案例

（1）洞口（如：预留洞口、楼梯口、电梯井口、风井口、通道口等）防护不到位。整改单如图 15-12 所示。

隐患名称:	洞口（如：预留洞口、楼梯口、电梯井口、风井口、通道口等）防护不到位				
线路名称:	3号线一期	工区名称:	3号线一期TJ3110标段	工点名称:	南部商务区站
上报人:	黄智敏	上报单位:	上海市工程建设咨询监理有限公司	上报部门:	3号线一期TJJL3110标监理
上报时间:	2018-12-17 13:45:03	施工单位:	中铁十六局集团有限公司	监理单位:	上海市工程建设咨询监理有限公司
上报类型:	监理单位排查隐患	隐患级别:	一级	隐患状态:	已消除
排查种类:	个人排查	整改期限:	3.0	上报岗位:	总监理工程师
消除时间:	2018-12-18 10:19:19.0	隐患类别:	安全隐患	隐患项目:	安全防护
隐患分项:	洞口防护				
隐患内容:	洞口（如：预留洞口、楼梯口、电梯井口、风井口、通道口等）防护不到位				
隐患部位:	南部商务区站D号出入口西侧地面				
隐患描述:	地面洞口无安全防护措施				
消除要求:	立即整改落实				
隐患照片:	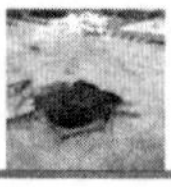				

宁波市轨道交通工程建设项目

安全质量督查整改通知单

甬轨建安质督（2018）第 44068 号

致：（施工单位）中铁十六局集团有限公司

于 2018 年 12 月 17 日 对你单位施工的 南部商务区站 进行 安全督查，发现存在以下 安全 问题：

洞口（如：预留洞口、楼梯口、电梯井口、风井口、通道口等）防护不到位

督查部门：3 号线一期 TJJL3110 标监理 督查人：黄智敏

施工单位签收：

签收人：周敏 2018 年 12 月 18 日

监理单位签收：

签收人：黄智敏 2018 年 12 月 18 日

注：此通知单所涉及的问题由监理单位负责及时向现场业主代表报告。

宁波市轨道交通工程建设项目

安全质量整改回复单

致：上海市工程建设咨询监理有限公司

根据 2018 年 12 月 17 日 甬轨建安质督（2018）第 44068 号整改通知单中提出的问题，我单位已及时组织整改完成。详细整改情况：

洞口已覆盖

项目经理（签字）：周敏 2018 年 12 月 18 日

监理单位审核意见：已整改

总监理工程师（签字）：黄智敏 2018 年 12 月 18 日

业主代表审核意见：已整改

业主代表（签字）：曹信江 2018 年 12 月 18 日

备注：整改条款闭合后，附相应照片或资料。

图 15-12 整改单（12）

（2）管片破损严重或未按方案要求对破损的管片进行修补。整改单如图 15-13 所示。

隐患名称:	管片破损严重或未按方案要求对破损的管片进行修补				
线路名称:	4号线	工区名称:	4号线TJ4013标	工点名称:	南高教园区-金达南路站
上报人:	丁山	上报单位:	中铁隆工程集团有限公司	上报部门:	4号线土建工程TJ4013标
上报时间:	2018-07-06 19:12:12	施工单位:	中铁隆工程集团有限公司	监理单位:	上海市工程建设咨询监理有限公司
上报类型:	施工单位排查隐患	隐患级别:	一级	隐患状态:	已消除
排查种类:	个人排查	整改期限:	5	上报岗位:	质检员
消除时间:	2018-07-07 13:46:17.0	隐患类别:	质量隐患	隐患项目:	盾构法施工质量
隐患分项:	管片拼装				
隐患内容:	管片破损严重或未按方案要求对破损的管片进行修补				
隐患部位:	南高教园区站至金达南路站盾构区间				
隐患描述:	管片未严格按要求进行修补				
消除要求:	管片未严格按要求进行修补				
隐患照片:					

宁波市轨道交通工程建设项目

安全质量巡查单

甬轨建安质巡（2018）第 16075 号

于 2018 年 7 月 6 日 对 南高教园区-金达南路站 进行巡查，发现存在以下问题：

管片破损严重或未按方案要求对破损的管片进行修补

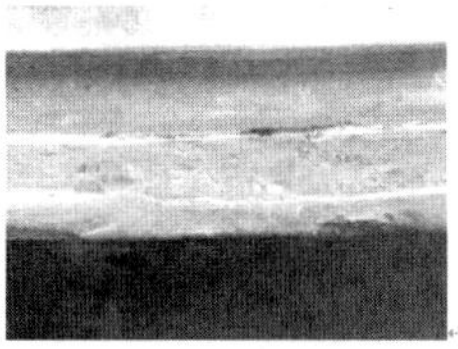

以上问题，限于 2018 年 7 月 11 日 前整改完毕。

巡查单位：4 号线土建工程 TJ4013 标　　巡查人：丁山

2018 年 7 月 6 日

宁波市轨道交通工程建设项目

安全质量整改回复单

致：中铁隆工程集团有限公司。

根据 2018 年 7 月 6 日 甬轨建安质巡（2018）第 16075 号整改通知单中提出的问题，我单位已及时组织整改完成。详细整改情况，

现场施工，监理，业主及管片场几方，共同商议管片修补方案，局部管片已按方案进行修补。

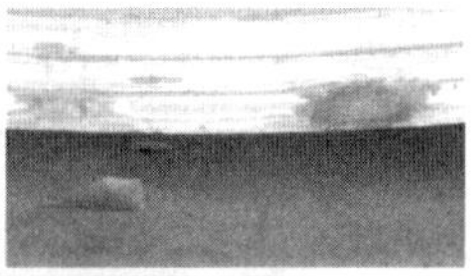

项目经理（签字）：黄昱　2018 年 7 月 7 日

监理单位审核意见：就此问题已召开专题会。

图 15-13　整改单（13）

（3）站台公共区靠轨行区临边或轨行区入口处未按规定设置防护栏杆。整改单如图 15-14 所示。

响应及处置

隐患名称:	站台公共区靠轨行区临边或轨行区入口处未按规定设置防护栏杆				
线路名称:	3号线一期	工区名称:	3号线一期JDSG3101机电标	工点名称:	中兴大桥南站及所辖区间
上报人:	康小平	上报单位:	乌鲁木齐铁建工程咨询有限公司	上报部门:	3号线一期JDJL3101(3101/3102/3103/ZX3101/ZX:
上报时间:	2018-12-12 16:38:47	施工单位:	中铁隧道集团有限公司	监理单位:	乌鲁木齐铁建工程咨询有限公司
上报类型:	监理单位排查隐患	隐患级别:	二级	隐患状态:	已消除
排查种类:	个人排查	整改期限:	1.0	上报岗位:	专业监理工程师
消除时间:	2018-12-13 11:45:58.0	隐患类别:	安全隐患	隐患项目:	安全防护
隐患分项:	临边防护				
隐患内容:	站台公共区靠轨行区临边或轨行区入口处未按规定设置防护栏杆				
隐患部位:	负三层2-3轴				
隐患描述:	轨行区入口未按规定封堵固定				
消除要求:	立即整改落实				
隐患照片:					

宁波市轨道交通工程建设项目

安全质量督查整改通知单

甬轨建安质督（2018）第 43337 号

致：（施工单位）中铁隧道集团有限公司

于 2018 年 12 月 12 日 对你单位施工的 中兴大桥南站及所辖区间 进行安全督查，发现存在以下 安全 问题：

站台公共区靠轨行区临边或轨行区入口处未按规定设置防护栏杆

督查部门：3号线一期 JDJL3101(3101/3102/3103/ZX3101/ZX3102)机电标监理　　督查人：康小平

施工单位签收：

签收人：唐刚林　2018 年 12 月 13 日

监理单位签收：

签收人：张杰　2018 年 12 月 13 日

注：此通知单所涉及的问题由监理单位负责及时向现场业主代表报告。

宁波市轨道交通工程建设项目

安全质量整改回复单

致：乌鲁木齐铁建工程咨询有限公司

根据 2018 年 12 月 12 日 甬轨建安质督（2018）第 43337 号整改通知单中提出的问题，我单位已及时组织整改完成。详细整改情况：

已整改。

安全总监/副经理（签字）：唐刚林　2018 年 12 月 13 日

监理单位审核意见：整改完成。

总监理工程师代表（签字）：张杰　2018 年 12 月 13 日

备注：整改条款闭合后，附相应照片或资料。

图 15-14　整改单（14）

（4）防护措施、设施不符合要求、防护不严密。整改单如图 15-15 所示。

响应及处置

隐患名称:	防护措施、设施不符合要求、防护不严密				
线路名称:	3号线一期	工区名称:	3号线一期JDSG3101机电标	工点名称:	中兴大桥南站及所辖区间
上报人:	李世波	上报单位:	乌鲁木齐铁建工程咨询有限公司	上报部门:	3号线一期JDJL3101(3101/3102/3103/ZX3101/ZX
上报时间:	2018-11-30 17:46:50	施工单位:	中铁隧道集团有限公司	监理单位:	乌鲁木齐铁建工程咨询有限公司
上报类型:	监理单位排查隐患	隐患级别:	二级	隐患状态:	已消除
排查种类:	个人排查	整改期限:	1.0	上报岗位:	监理员
消除时间:	2018-12-01 16:28:33.0	隐患类别:	安全隐患	隐患项目:	安全防护
隐患分项:	洞口防护				
隐患内容:	防护措施、设施不符合要求、防护不严密				
隐患部位:	大通桥站负二层13-14轴				
隐患描述:	洞口防护未进行封堵				
消除要求:	立即整改落实				
隐患照片:					

宁波市轨道交通工程建设项目

安全质量督查整改通知单

甬轨建安质督（2018）第 41485 号

致：（施工单位）中铁隧道集团有限公司

于 2018 年 11 月 30 日 对你单位施工的 中兴大桥南站及所辖区间 进行安全督查，发现存在以下 安全 问题：

防护措施、设施不符合要求、防护不严密

督查部门：3 号线一期 JDJL3101(3101/3102/3103/ZX3101/ZX3102)机电标监理　督查人：李世波

施工单位签收：

签收人：唐刚林　2018 年 12 月 1 日

监理单位签收：

签收人：张杰　2018 年 12 月 1 日

注：此通知单所涉及的问题由监理单位负责及时向现场业主代表报告。

宁波市轨道交通工程建设项目

安全质量整改回复单

致：乌鲁木齐铁建工程咨询有限公司

根据 2018 年 11 月 30 日 甬轨建安质督（2018）第 41485 号整改通知单中提出的问题，我单位已及时组织整改完成。详细整改情况：

已整改。

安质部长（签字）：唐刚林　2018 年 12 月 1 日

监理单位审核意见：整改完成。

总监理工程师代表（签字）：张杰　2018 年 12 月 1 日

备注：整改条款闭合后，附相应照片或资料。

图 15-15　整改单（15）

（5）作业层脚手架周边未设置防护栏杆、挡脚板等防护措施。整改单如图 15-16 所示。

隐患名称:	作业层脚手架周边未设置防护栏杆、挡脚板等防护措施				
线路名称:	3号线一期	工区名称:	3号线一期JDSG3101机电标	工点名称:	中兴大桥南站及所辖区间
上报人:	李世波	上报单位:	乌鲁木齐铁建工程咨询有限公司	上报部门:	3号线一期JDJL3101(3101/3102/3103/ZX3101/ZX:
上报时间:	2018-11-07 17:07:52	施工单位:	中铁隧道集团有限公司	监理单位:	乌鲁木齐铁建工程咨询有限公司
上报类型:	监理单位排查隐患	隐患级别:	二级	隐患状态:	已消除
排查种类:	个人排查	整改期限:	1.0	上报岗位:	监理员
消除时间:	2018-11-08 16:20:30.0	隐患类别:	安全隐患	隐患项目:	模架工程
隐患分项:	脚手板与防护				
隐患内容:	作业层脚手架周边未设置防护栏杆、挡脚板等防护措施				
隐患部位:	大通桥站负一层17-18轴				
隐患描述:	脚手架未设置护栏				
消除要求:	立即整改落实				
隐患照片:					

宁波市轨道交通工程建设项目

安全质量督查整改通知单

甬轨建安质督（2018）第 38139 号

致：（施工单位）中铁隧道集团有限公司

于 2018 年 11 月 7 日 对你单位施工的 中兴大桥南站及所辖区间 进行安全督查，发现存在以下 安全 问题：

作业层脚手架周边未设置防护栏杆、挡脚板等防护措施

督查部门：3 号线一期 JDJL3101(3101/3102/3103/ZX3101/ZX3102)机电标监理　　督查人：李世波

施工单位签收：

签收人：唐刚林　2018 年 11 月 8 日

监理单位签收：

签收人：张杰　2018 年 11 月 8 日

注：此通知单所涉及的问题由监理单位负责及时向现场业主代表报告。

宁波市轨道交通工程建设项目

安全质量整改回复单

致：乌鲁木齐铁建工程咨询有限公司

根据 2018 年 11 月 7 日 甬轨建安质督（2018）第 38139 号整改通知单中提出的问题，我单位已及时组织整改完成。详细整改情况：

已整改。

安质部长（签字）：唐刚林　2018 年 11 月 8 日

监理单位审核意见：已整改

总监理工程师代表（签字）：张杰　2018 年 11 月 8 日

备注：整改条款闭合后，附相应照片或资料。

图 15-16　整改单（16）

（6）电箱接线不规范（接线端子板无防护罩或接线桩裸露，电缆线导线未使用铜鼻子与电箱连接端子板连接，电箱下引出线混乱等）。整改单如图 15-17 所示。

隐患名称:	电箱接线不规范（接线端子板无防护罩或接线桩裸露，电缆线导线未使用铜鼻子与电箱连接端子板连接，电箱下引出线混乱等）				
线路名称:	3号线一期	工区名称:	3号线一期JDSG3101机电标	工点名称:	中兴大桥南站及所辖区间
上报人:	朱宝林（4组组长）	上报单位:	第三方单位	上报部门:	宁波国际投资咨询有限公司安全监理
上报时间:	2018-09-20 18:00:16	施工单位:	中铁隧道集团有限公司	监理单位:	乌鲁木齐铁建工程咨询有限公司
上报类型:	第三方单位排查隐患	隐患级别:	二级	隐患状态:	已消除
排查种类:	个人排查	整改期限:	1	上报岗位:	安全监理工程师
消除时间:	2018-09-21 16:52:35.0	隐患类别:	安全隐患	隐患项目:	施工用电
隐患分项:	配电箱开关箱				
隐患内容:	电箱接线不规范（接线端子板无防护罩或接线桩裸露，电缆线导线未使用铜鼻子与电箱连接端子板连接，电箱下引出线混乱等）				
隐患部位:	大通桥站加工区				
隐患描述:	二级箱多路出线PE线未连接				
消除要求:	按标准化要求整改				
隐患照片:					

宁波市轨道交通工程建设项目

安全质量督查整改通知单

甬轨建安质督（2018）第 30310 号

致：（施工单位）中铁隧道集团有限公司

（监理单位）乌鲁木齐铁建工程咨询有限公司

于 2018 年 9 月 20 日 对你单位监理的 中兴大桥南站及所辖区间 进行安全督查，发现存在以下 安全 问题：

电箱接线不规范（接线端子板无防护罩或接线桩裸露，电缆线导线未使用铜鼻子与电箱连接端子板连接，电箱下引出线混乱等）

督查部门：宁波国际投资咨询有限公司安全监理　　督查人：朱宝林（4组组长）

施工单位签收：

签收人：唐刚林　2018 年 9 月 21 日

监理单位签收：

签收人：张杰　2018 年 9 月 21 日

注：此通知单所涉及的问题由监理单位负责及时向现场业主代表报告。

宁波市轨道交通工程建设项目

安全质量整改回复单

致：第三方单位

根据 2018 年 9 月 20 日 甬轨建安质督（2018）第 30310 号整改通知单中提出的问题，我单位已及时组织整改完成。详细整改情况：

已整改。大通桥加工区已移交至广东水电二局。

安全总监/副经理（签字）：唐刚林　2018 年 9 月 21 日

监理单位审核意见：整改完成

总监理工程师代表（签字）：张杰　2018 年 9 月 21 日

业主代表审核意见：整改完成

业主代表（签字）：刘剑　2018 年 9 月 21 日

备注：整改条款闭合后，附相应照片或资料。

图 15-17　整改单（17）

（7）“四口五临边”无安全防护措施。整改单如图 15-18 所示。

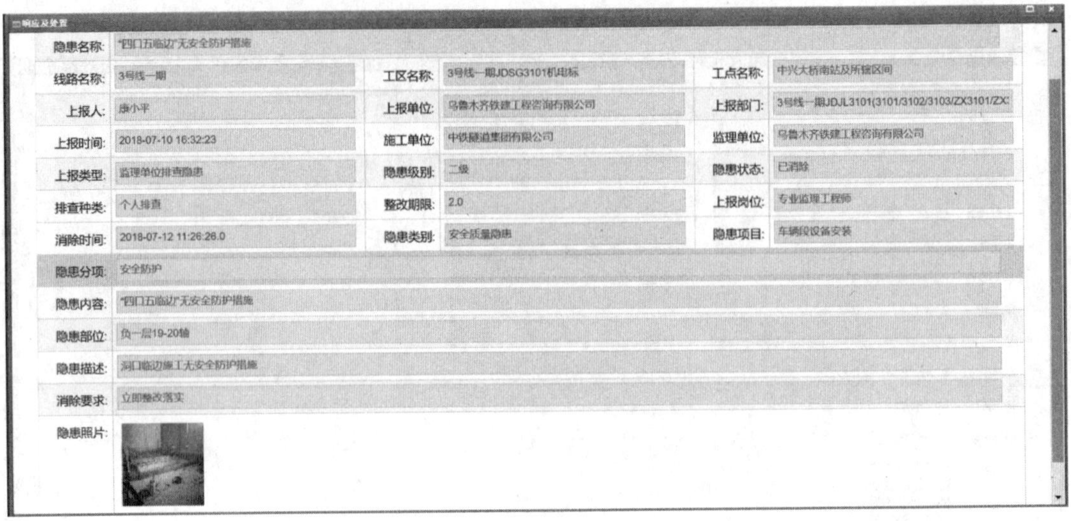

响应及处置

隐患名称:	"四口五临边"无安全防护措施				
线路名称:	3号线一期	工区名称:	3号线一期JDSG3101机电标	工点名称:	中兴大桥南站及所辖区间
上报人:	康小平	上报单位:	乌鲁木齐铁建工程咨询有限公司	上报部门:	3号线一期JDJL3101(3101/3102/3103/ZX3101/ZX:
上报时间:	2018-07-10 16:32:23	施工单位:	中铁隧道集团有限公司	监理单位:	乌鲁木齐铁建工程咨询有限公司
上报类型:	监理单位排查隐患	隐患级别:	二级	隐患状态:	已消除
排查种类:	个人排查	整改期限:	2.0	上报岗位:	专业监理工程师
消除时间:	2018-07-12 11:26:26.0	隐患类别:	安全质量隐患	隐患项目:	车辆段设备安装
隐患分项:	安全防护				
隐患内容:	"四口五临边"无安全防护措施				
隐患部位:	负一层19-20轴				
隐患描述:	洞口临边施工无安全防护措施				
消除要求:	立即整改落实				
隐患照片:					

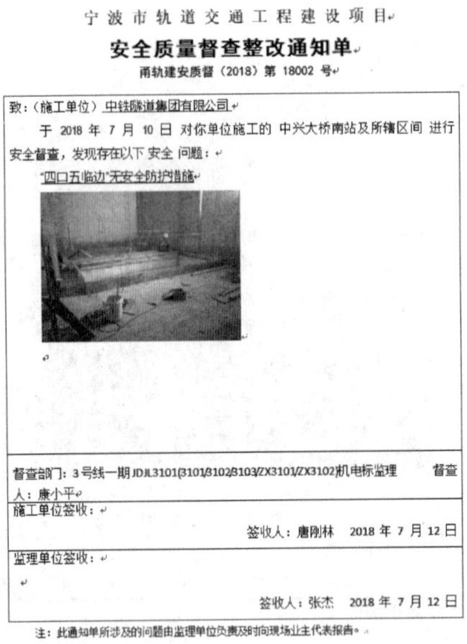

宁波市轨道交通工程建设项目

安全质量督查整改通知单

甬轨建安质督（2018）第 18002 号

致：（施工单位）中铁隧道集团有限公司

于 2018 年 7 月 10 日 对你单位施工的 中兴大桥南站及所辖区间 进行安全督查，发现存在以下 安全 问题：

"四口五临边"无安全防护措施

督查部门：3号线一期 JDJL3101(3101/3102/3103/ZX3101/ZX3102)机电标监理 督查人：康小平

施工单位签收：

签收人：唐刚林 2018 年 7 月 12 日

监理单位签收：

签收人：张杰 2018 年 7 月 12 日

注：此通知单所涉及的问题由监理单位负责及时向现场业主代表报告。

宁波市轨道交通工程建设项目

安全质量整改回复单

致：乌鲁木齐铁建工程咨询有限公司

根据 2018 年 7 月 10 日 甬轨建安质督（2018）第 18002 号整改通知单中提出的问题，我单位已及时组织整改完成。详细整改情况：

已整改。

安全总监/副经理（签字）：唐刚林 2018 年 7 月 12 日

监理单位审核意见，已整改。

总监理工程师代表（签字）：张杰 2018 年 7 月 12 日

备注：整改条款闭合后，附相应照片或资料。

图 15-18 整改单（18）

（8）未定期检查和维护消防器材，保证消防器材、设施灵敏有效。整改单如图 15-19所示。

响应及处置

隐患名称:	未定期检查和维护消防器材，保证消防器材、设施灵敏有效				
线路名称:	4号线	工区名称:	4号线TJ4009标	工点名称:	庄桥火车站-丽江路站区间
上报人:	楼云波（2组）	上报单位:	第三方单位	上报部门:	宁波国际投资咨询有限公司安全监理
上报时间:	2018-12-06 08:43:06	施工单位:	中铁隧道集团有限公司	监理单位:	上海建通工程建设有限公司
上报类型:	第三方单位排查隐患	隐患级别:	二级	隐患状态:	未消除
排查种类:	个人排查	整改期限:	2	上报岗位:	安全监理工程师
隐患类别:	安全隐患	隐患项目:	消防安全		
隐患分项:	消防设施与器材				
隐患内容:	未定期检查和维护消防器材，保证消防器材、设施灵敏有效				
隐患部位:	丽江路站A出入口				
隐患描述:	灭火器失效				
消除要求:	立即整改				
隐患照片:					

宁波市轨道交通工程建设项目

安全质量督查整改通知单

甬轨建安质督（2018）第 42308 号

致：（施工单位）中铁隧道集团有限公司

（监理单位）上海建通工程建设有限公司

于 2018 年 12 月 6 日 对你单位监理的 庄桥火车站-丽江路站区间 进行安全督查，发现存在以下 安全 问题：

未定期检查和维护消防器材，保证消防器材、设施灵敏有效

督查部门：宁波国际投资咨询有限公司安全监理　　督查人：楼云波（2组）

施工单位签收：

签收人：李祖雄　2018 年 12 月 6 日

监理单位签收：

签收人：许金星　2018 年 12 月 6 日

注：此通知单所涉及的问题由监理单位负责及时向现场业主代表报告。

宁波市轨道交通工程建设项目

安全质量整改回复单

致：第三方单位

根据 2018 年 12 月 6 日 甬轨建安质督（2018）第 42308 号整改通知单中提出的问题，我单位已及时组织整改完成。详细整改情况：

已整改。

安全总监/副经理（签字）：李祖雄　2018 年 12 月 6 日

监理单位审核意见：已整改。

总监理工程师代表（签字）：许金星　2018 年 12 月 6 日

备注：整改条款闭合后，附相应照片或资料。

图 15 19　整改单（19）

（9）无有害气体检测装置或未定期进行气体检测。整改单如图 15-20 所示。

响应及处置

隐患名称:	无有害气体检测装置或未定期进行气体检测				
线路名称:	4号线	工区名称:	4号线TJ4009标	工点名称:	庄桥火车站-丽江路站区间
上报人:	赫广亮（2组组长）	上报单位:	第三方单位	上报部门:	宁波国际投资咨询有限公司安全监理
上报时间:	2018-08-09 16:15:21	施工单位:	中铁隧道集团有限公司	监理单位:	上海建通工程建设有限公司
上报类型:	第三方单位排查隐患	隐患级别:	二级	隐患状态:	已消除
排查种类:	个人排查	整改期限:	2	上报岗位:	安全监理工程师
消除时间:	2018-11-12 14:17:52.0	隐患类别:	安全隐患	隐患项目:	盾构隧道施工安全
隐患分项:	安全防护及保护措施				
隐患内容:	无有害气体检测装置或未定期进行气体检测				
隐患部位:	双东路站盾构				
隐患描述:	双东路站盾构左线气体检测装置未启用				
消除要求:	立即整改				
隐患照片:					

宁 波 市 轨 道 交 通 工 程 建 设 项 目

安全质量督查整改通知单

甬轨建安质督（2018）第 23158 号

致：（施工单位）中铁隧道集团有限公司

（监理单位）上海建通工程建设有限公司

于 2018 年 8 月 9 日 对你单位监理的 庄桥火车站-丽江路站区间 进行安全督查，发现存在以下 安全 问题：

无有害气体检测装置或未定期进行气体检测

督查部门：宁波国际投资咨询有限公司安全监理　　督查人：赫广亮（2组组长）

施工单位签收：

签收人：李祖雄　2018 年 8 月 10 日

监理单位签收：

签收人：许金星　2018 年 8 月 10 日

注：此通知单所涉及的问题由监理单位负责及时向现场业主代表报告。

宁 波 市 轨 道 交 通 工 程 建 设 项 目

安全质量整改回复单

致：第三方单位

根据 2018 年 8 月 9 日 甬轨建安质督（2018）第 23158 号整改通知单中提出的问题，我单位已及时组织整改完成。详细整改情况：

已落实整改。

安全总监副经理（签字）：李祖雄　2018 年 8 月 10 日

监理单位审核意见：已落实整改。

总监理工程师代表（签字）：许金星　2018 年 8 月 10 日

部长审核意见：已确认。

图 15-20　整改单（20）

（10）未建立消防档案或消防资料不齐全。整改单如图 15-21 所示。

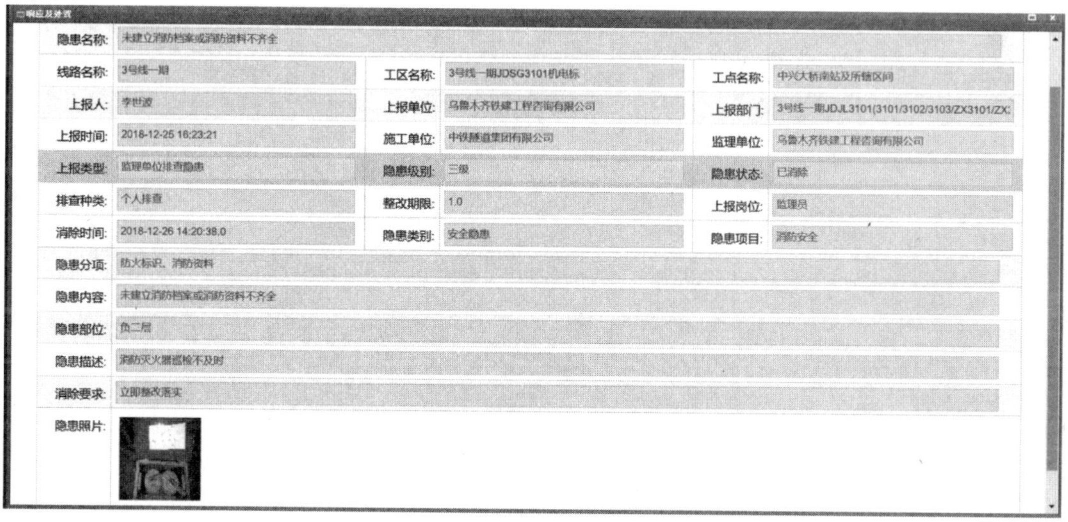

隐患名称:	未建立消防档案或消防资料不齐全				
线路名称:	3号线一期	工区名称:	3号线一期JDSG3101机电标	工点名称:	中兴大桥南站及所辖区间
上报人:	李世波	上报单位:	乌鲁木齐铁建工程咨询有限公司	上报部门:	3号线一期JDJL3101(3101/3102/3103/ZX3101/ZX:
上报时间:	2018-12-25 16:23:21	施工单位:	中铁隧道集团有限公司	监理单位:	乌鲁木齐铁建工程咨询有限公司
上报类型:	监理单位排查隐患	隐患级别:	三级	隐患状态:	已消除
排查种类:	个人排查	整改期限:	1.0	上报岗位:	监理员
消除时间:	2018-12-26 14:20:38.0	隐患类别:	安全隐患	隐患项目:	消防安全
隐患分项:	防火标识、消防资料				
隐患内容:	未建立消防档案或消防资料不齐全				
隐患部位:	负二层				
隐患描述:	消防灭火器巡检不及时				
消除要求:	立即整改落实				
隐患照片:					

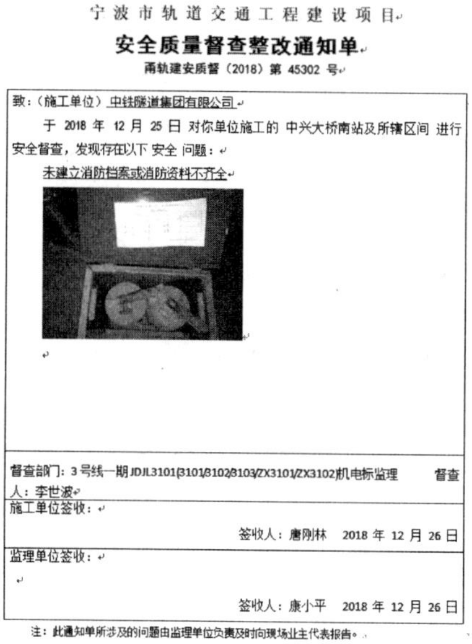

宁波市轨道交通工程建设项目

安全质量督查整改通知单

甬轨建安质督（2018）第 45302 号

致：（施工单位）中铁隧道集团有限公司

于 2018 年 12 月 25 日 对你单位施工的 中兴大桥南站及所辖区间 进行安全督查，发现存在以下 安全 问题：

未建立消防档案或消防资料不齐全

督查部门：3 号线一期 JDJL3101(3101/3102/3103/ZX3101/ZX3102)机电标监理　　督查人：李世波

施工单位签收：

签收人：唐刚林　2018 年 12 月 26 日

监理单位签收：

签收人：康小平　2018 年 12 月 26 日

注：此通知单所涉及的问题由监理单位负责及时向现场业主代表报告。

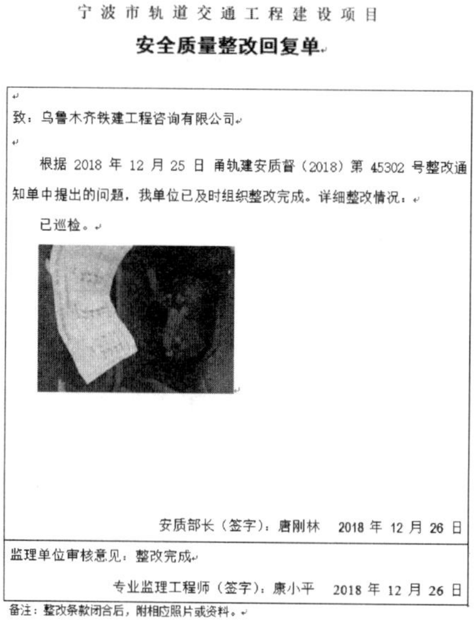

宁波市轨道交通工程建设项目

安全质量整改回复单

致：乌鲁木齐铁建工程咨询有限公司。

根据 2018 年 12 月 25 日 甬轨建安质督（2018）第 45302 号整改通知单中提出的问题，我单位已及时组织整改完成。详细整改情况：

已巡检。

安质部长（签字）：唐刚林　2018 年 12 月 26 日

监理单位审核意见：整改完成。

专业监理工程师（签字）：康小平　2018 年 12 月 26 日

备注：整改条款闭合后，附相应照片或资料。

图 15-21　整改单（21）

（11）预留的电线电缆未按规定进行盘整。整改单如图 15-22 所示。

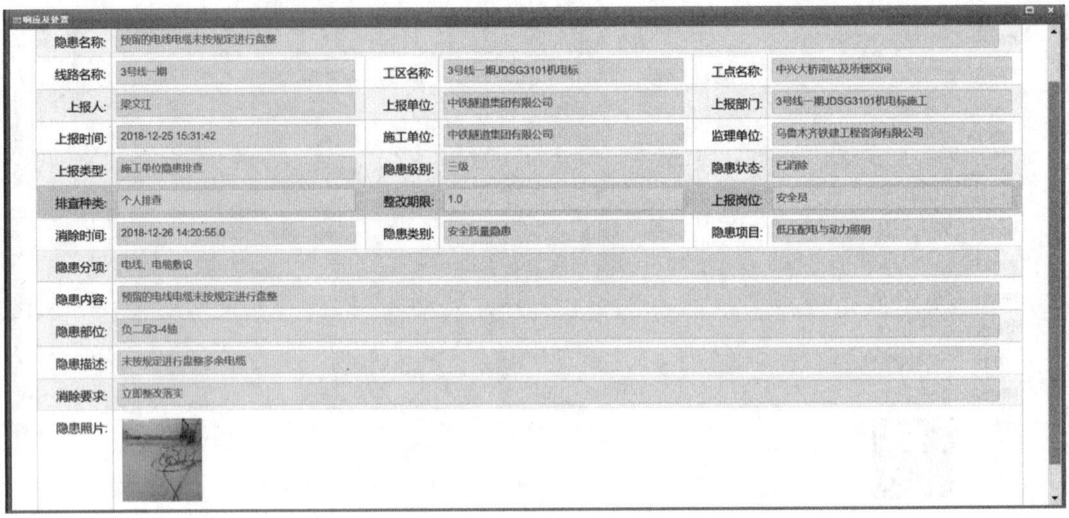

响应及处置

隐患名称:	预留的电线电缆未按规定进行盘整				
线路名称:	3号线一期	工区名称:	3号线一期JDSG3101机电标	工点名称:	中兴大桥南站及所辖区间
上报人:	梁文江	上报单位:	中铁隧道集团有限公司	上报部门:	3号线一期JDSG3101机电标施工
上报时间:	2018-12-25 15:31:42	施工单位:	中铁隧道集团有限公司	监理单位:	乌鲁木齐铁建工程咨询有限公司
上报类型:	施工单位隐患排查	隐患级别:	三级	隐患状态:	已消除
排查种类:	个人排查	整改期限:	1.0	上报岗位:	安全员
消除时间:	2018-12-26 14:20:55.0	隐患类别:	安全质量隐患	隐患项目:	低压配电与动力照明
隐患分项:	电线、电缆敷设				
隐患内容:	预留的电线电缆未按规定进行盘整				
隐患部位:	负二层3-4轴				
隐患描述:	未按规定进行盘整多余电缆				
消除要求:	立即整改落实				
隐患照片:					

宁波市轨道交通工程建设项目

安全质量巡查单

甬轨建安质巡（2018）第 41293 号

于 2018 年 12 月 25 日 对 中兴大桥南站及所辖区间 进行巡查，发现存在以下问题：

预留的电线电缆未按规定进行盘整

以上问题，限于 2018 年 12 月 26 日 前整改完毕。

巡查单位：3 号线一期 JDSG3101 机电标施工　　巡查人：梁文江

2018 年 12 月 25 日

宁波市轨道交通工程建设项目

安全质量整改回复单

致：中铁隧道集团有限公司

根据 2018 年 12 月 25 日 甬轨建安质巡（2018）第 41293 号整改通知单中提出的问题，我单位已及时组织整改完成。详细整改情况：

已拆除。

安质部长（签字）：唐刚林　2018 年 12 月 26 日

监理单位审核意见：整改完成

专业监理工程师（签字）：康小平　2018 年 12 月 26 日

备注：整改条款闭合后，附相应照片或资料。

图 15-22　整改单（22）

（12）电箱无门、无锁、无防雨措施。整改单如图 15-23 所示。

响应及处置

隐患名称:	电箱无门、无锁、无防雨措施				
线路名称:	3号线一期	工区名称:	3号线一期JDSG3101机电标	工点名称:	中兴大桥南站及所辖区间
上报人:	李世波	上报单位:	乌鲁木齐铁建工程咨询有限公司	上报部门:	3号线一期JDJL3101(3101/3102/3103/ZX3101/ZX
上报时间:	2018-12-24 16:56:25	施工单位:	中铁隧道集团有限公司	监理单位:	乌鲁木齐铁建工程咨询有限公司
上报类型:	监理单位排查隐患	隐患级别:	三级	隐患状态:	已消除
排查种类:	个人排查	整改期限:	2.0	上报岗位:	监理员
消除时间:	2018-12-26 14:21:18.0	隐患类别:	安全隐患	隐患项目:	施工用电
隐患分项:	配电箱开关箱				
隐患内容:	电箱无门、无锁、无防雨措施				
隐患部位:	负二层16-17轴				
隐患描述:	二级配电箱箱门未上锁				
消除要求:	立即整改落实				
隐患照片:					

宁波市轨道交通工程建设项目

安全质量督查整改通知单

甬轨建安质督（2018）第 45167 号

致：（施工单位）中铁隧道集团有限公司

于 2018 年 12 月 24 日 对你单位施工的 中兴大桥南站及所辖区间 进行安全督查，发现存在以下 安全 问题：

电箱无门、无锁、无防雨措施

督查部门：3 号线一期 JDJL3101(3101/3102/3103/ZX3101/ZX3102)机电标监理　　督查人：李世波

施工单位签收：

签收人：唐刚林　2018 年 12 月 26 日

监理单位签收：

签收人：康小平　2018 年 12 月 26 日

注：此通知单所涉及的问题由监理单位负责及时向现场业主代表报告。

宁波市轨道交通工程建设项目

安全质量整改回复单

致：乌鲁木齐铁建工程咨询有限公司。

根据 2018 年 12 月 24 日 甬轨建安质督（2018）第 45167 号整改通知单中提出的问题，我单位已及时组织整改完成。详细整改情况：

已整改。

安质部长（签字）：唐刚林　2018 年 12 月 26 日

监理单位审核意见：整改完成

专业监理工程师（签字）：康小平　2018 年 12 月 26 日

备注：整改条款闭合后，附相应照片或资料。

图 15-23　整改单（23）

（13）未落实每月消防安全检查制度或没有保留记录。整改单如图 15-24 所示。

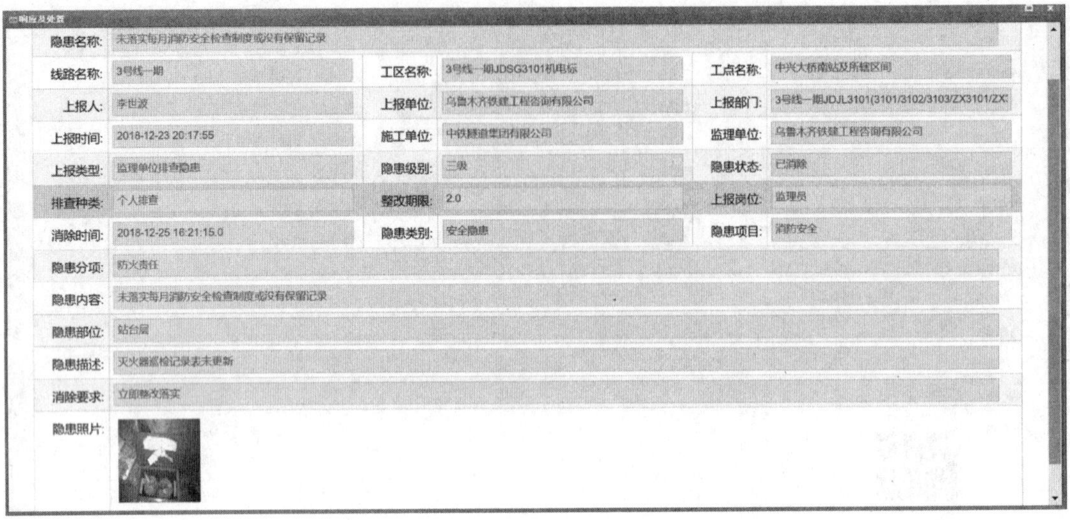

响应及处置

隐患名称:	未落实每月消防安全检查制度或没有保留记录				
线路名称:	3号线一期	工区名称:	3号线一期JDSG3101机电标	工点名称:	中兴大桥南站及所辖区间
上报人:	李世波	上报单位:	乌鲁木齐铁建工程咨询有限公司	上报部门:	3号线一期JDJL3101(3101/3102/3103/ZX3101/ZX
上报时间:	2018-12-23 20:17:55	施工单位:	中铁隧道集团有限公司	监理单位:	乌鲁木齐铁建工程咨询有限公司
上报类型:	监理单位排查隐患	隐患级别:	三级	隐患状态:	已消除
排查种类:	个人排查	整改期限:	2.0	上报岗位:	监理员
消除时间:	2018-12-25 16:21:15.0	隐患类别:	安全隐患	隐患项目:	消防安全
隐患分项:	防火责任				
隐患内容:	未落实每月消防安全检查制度或没有保留记录				
隐患部位:	站台层				
隐患描述:	灭火器巡检记录表未更新				
消除要求:	立即整改落实				
隐患照片:					

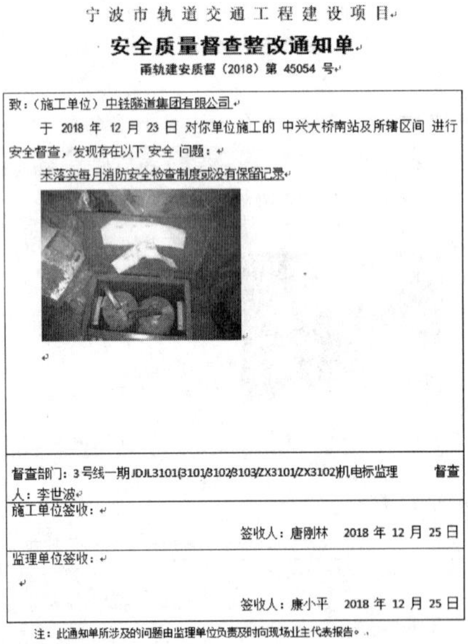

宁波市轨道交通工程建设项目

安全质量督查整改通知单

甬轨建安质督（2018）第 45054 号

致：（施工单位）中铁隧道集团有限公司

于 2018 年 12 月 23 日 对你单位施工的 中兴大桥南站及所辖区间 进行安全督查，发现存在以下 安全 问题：

未落实每月消防安全检查制度或没有保留记录

督查部门：3号线一期JDJL3101(3101/3102/3103/ZX3101/ZX3102)机电标监理　督查人：李世波

施工单位签收：

签收人：唐刚林　2018 年 12 月 25 日

监理单位签收：

签收人：康小平　2018 年 12 月 25 日

注：此通知单所涉及的问题由监理单位负责及时向现场业主代表报告。

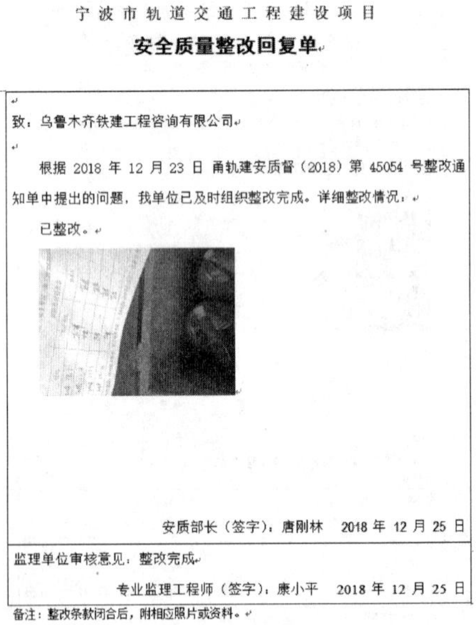

宁波市轨道交通工程建设项目

安全质量整改回复单

致：乌鲁木齐铁建工程咨询有限公司。

根据 2018 年 12 月 23 日 甬轨建安质督（2018）第 45054 号整改通知单中提出的问题，我单位已及时组织整改完成。详细整改情况：

已整改。

安质部长（签字）：唐刚林　2018 年 12 月 25 日

监理单位审核意见：整改完成。

专业监理工程师（签字）：康小平　2018 年 12 月 25 日

备注：整改条款闭合后，附相应照片或资料。

图 15-24　整改单（24）

（14）未按规定设置纵向剪刀撑与横向斜撑或支撑架斜杆。整改单如图 15-25 所示。

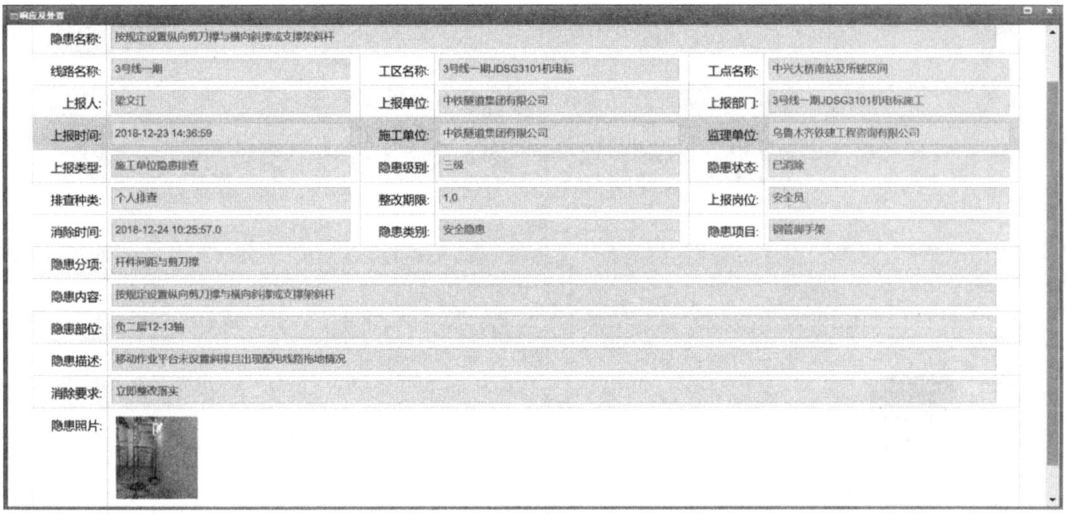

隐患名称:	按规定设置纵向剪刀撑与横向斜撑或支撑架斜杆				
线路名称:	3号线一期	工区名称:	3号线一期JDSG3101机电标	工点名称:	中兴大桥南站及所辖区间
上报人:	梁文江	上报单位:	中铁隧道集团有限公司	上报部门:	3号线一期JDSG3101机电标施工
上报时间:	2018-12-23 14:36:59	施工单位:	中铁隧道集团有限公司	监理单位:	乌鲁木齐铁建工程咨询有限公司
上报类型:	施工单位隐患排查	隐患级别:	三级	隐患状态:	已消除
排查种类:	个人排查	整改期限:	1.0	上报岗位:	安全员
消除时间:	2018-12-24 10:25:57.0	隐患类别:	安全隐患	隐患项目:	钢管脚手架
隐患分项:	杆件间距与剪刀撑				
隐患内容:	按规定设置纵向剪刀撑与横向斜撑或支撑架斜杆				
隐患部位:	负二层12-13轴				
隐患描述:	移动作业平台未设置斜撑且出现配电线路拖地情况				
消除要求:	立即整改落实				
隐患照片:					

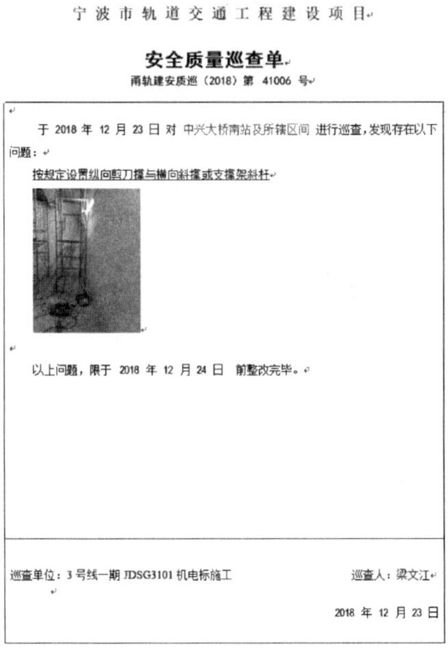

宁 波 市 轨 道 交 通 工 程 建 设 项 目

安全质量巡查单

甬轨建安质巡（2018）第 41006 号

于 2018 年 12 月 23 日 对 中兴大桥南站及所辖区间 进行巡查，发现存在以下问题：

按规定设置纵向剪刀撑与横向斜撑或支撑架斜杆

以上问题，限于 2018 年 12 月 24 日 前整改完毕。

巡查单位：3 号线一期 JDSG3101 机电标施工　　巡查人：梁文江

2018 年 12 月 23 日

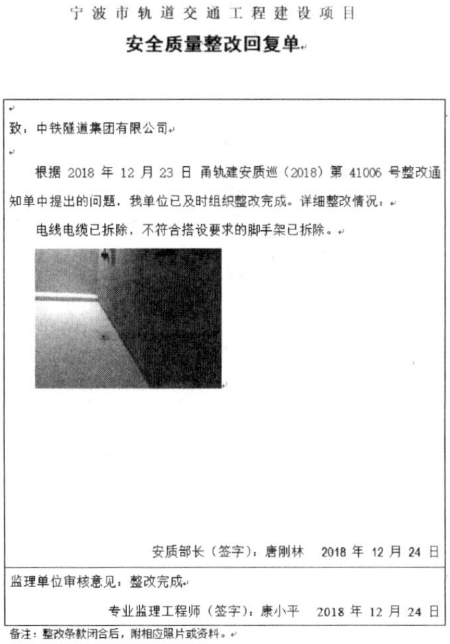

宁 波 市 轨 道 交 通 工 程 建 设 项 目

安全质量整改回复单

致：中铁隧道集团有限公司

根据 2018 年 12 月 23 日 甬轨建安质巡（2018）第 41006 号整改通知单中提出的问题，我单位已及时组织整改完成。详细整改情况：

电线电缆已拆除，不符合搭设要求的脚手架已拆除。

安质部长（签字）：唐刚林　2018 年 12 月 24 日

监理单位审核意见：整改完成

专业监理工程师（签字）：康小平　2018 年 12 月 24 日

备注：整改条款闭合后，附相应照片或资料。

图 15-25　整改单（25）

（15）场内照明不足。整改单如图 15-26 所示。

响应及处置

隐患名称:	场内照明不足				
线路名称:	3号线一期	工区名称:	3号线一期JDSG3103机电标	工点名称:	樱花公园及所辖区间
上报人:	李世波	上报单位:	乌鲁木齐铁建工程咨询有限公司	上报部门:	3号线一期JDJL3101(3101/3102/3103/ZX3101/ZX:
上报时间:	2018-12-25 16:12:15	施工单位:	浙江中永达安装有限公司	监理单位:	乌鲁木齐铁建工程咨询有限公司
上报类型:	监理单位隐患排查	隐患级别:	三级	隐患状态:	已消除
排查种类:	个人排查	整改期限:	2.0	上报岗位:	监理员
消除时间:	2018-12-26 09:38:06.0	隐患类别:	安全隐患	隐患项目:	施工机具
隐患分项:	场内运输车				
隐患内容:	场内照明不足				
隐患部位:	4号楼梯				
隐患描述:	照明缺失				
消除要求:	要求及时恢复照明				
隐患照片:	[redacted]				

宁波市轨道交通工程建设项目

安全质量督查整改通知单

甬轨建安质督（2018）第 45295 号

致：（施工单位）浙江中永达安装有限公司

于 2018 年 12 月 25 日 对你单位施工的 樱花公园及所辖区间 进行安全督查，发现存在以下 安全 问题：

场内照明不足

[redacted]

督查部门：3号线一期 JDJL3101(3101/3102/3103/ZX3101/ZX3102)机电标监理　　督查人：李世波

施工单位签收：

签收人：叶孝成　2018 年 12 月 25 日

监理单位签收：

签收人：裘风桥　2018 年 12 月 26 日

注：此通知单所涉及的问题由监理单位负责及时向现场业主代表报告。

宁波市轨道交通工程建设项目

安全质量整改回复单

致：乌鲁木齐铁建工程咨询有限公司

根据 2018 年 12 月 25 日 甬轨建安质督（2018）第 45295 号整改通知单中提出的问题，我单位已及时组织整改完成。详细整改情况：

整改完成。

安质部长（签字）：叶孝成　2018 年 12 月 25 日

监理单位审核意见：整改完成

总监理工程师（签字）：裘风桥　2018 年 12 月 26 日

备注：整改条款闭合后，附相应照片或资料。

图 15-26　整改单（26）

15.3　高架工程案例

（1）交流焊机未设置二次侧空载降压防触电保护器。整改单如图 15-27 所示。

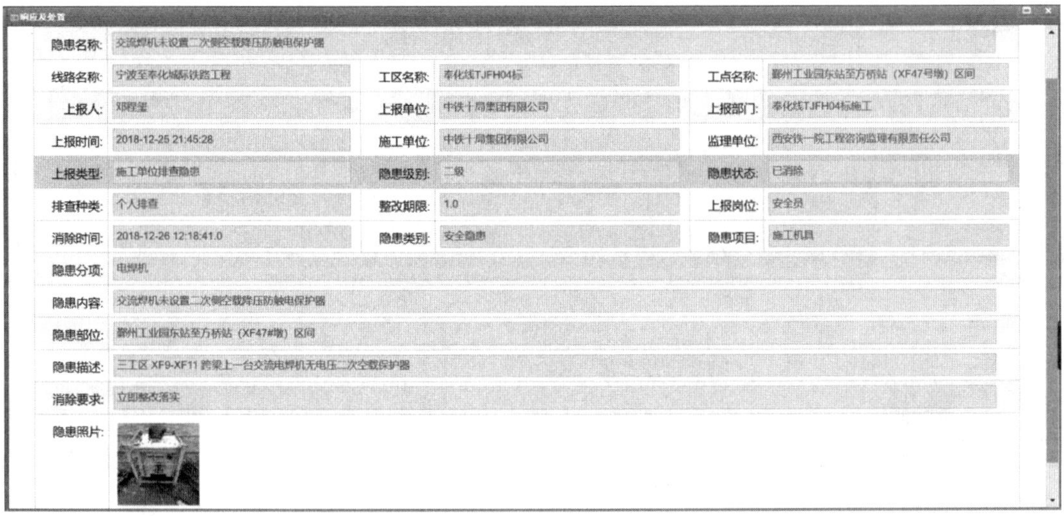

隐患名称:	交流焊机未设置二次侧空载降压防触电保护器				
线路名称:	宁波至奉化城际铁路工程	工区名称:	奉化线TJFH04标	工点名称:	鄞州工业园东站至方桥站（XF47号墩）区间
上报人:	邓程玺	上报单位:	中铁十局集团有限公司	上报部门:	奉化线TJFH04标施工
上报时间:	2018-12-25 21:45:28	施工单位:	中铁十局集团有限公司	监理单位:	西安铁一院工程咨询监理有限责任公司
上报类型:	施工单位排查隐患	隐患级别:	二级	隐患状态:	已消除
排查种类:	个人排查	整改期限:	1.0	上报岗位:	安全员
消除时间:	2018-12-26 12:18:41.0	隐患类别:	安全隐患	隐患项目:	施工机具
隐患分项:	电焊机				
隐患内容:	交流焊机未设置二次侧空载降压防触电保护器				
隐患部位:	鄞州工业园东站至方桥站（XF47#墩）区间				
隐患描述:	三工区 XF9-XF11 跨梁上一台交流电焊机无电压二次空载保护器				
消除要求:	立即整改落实				
隐患照片:					

宁波市轨道交通工程建设项目

安全质量巡查单

甬轨建安质巡（2018）第 41363 号

于 2018 年 12 月 25 日 对 鄞州工业园东站至方桥站（XF47 号墩）区间 进行巡查，发现存在以下问题：

交流焊机未设置二次侧空载降压防触电保护器

以上问题，限于 2018 年 12 月 26 日 前整改完毕。

巡查单位：奉化线 TJFH04 标施工　　巡查人：邓程玺

2018 年 12 月 25 日

宁波市轨道交通工程建设项目

安全质量整改回复单

致：中铁十局集团有限公司

根据 2018 年 12 月 25 日 甬轨建安质巡（2018）第 41363 号整改通知单中提出的问题，我单位已及时组织整改完成。详细整改情况：

已及时通知电工增加二次空载降压保护器。

安全总监/副经理（签字）：刘成龙　2018 年 12 月 26 日

监理单位审核意见，已整改完成

总监理工程师代表（签字）：谢青　2018 年 12 月 26 日

备注：整改条款闭合后，附相应照片或资料。

图 15-27　整改单（27）

（2）悬空作业处未设置防护栏杆或其他可靠的安全设施。整改单如图 15-28 所示。

隐患名称:	悬空作业处未设置防护栏杆或其他可靠的安全设施				
线路名称:	宁波至奉化城际铁路工程	工区名称:	奉化线TJFH04标	工点名称:	鄞州工业园东站至方桥站（XF47号墩）区间
上报人:	邓程玺	上报单位:	中铁十局集团有限公司	上报部门:	奉化线TJFH04标施工
上报时间:	2018-12-24 20:59:30	施工单位:	中铁十局集团有限公司	监理单位:	西安铁一院工程咨询监理有限责任公司
上报类型:	施工单位隐患排查	隐患级别:	二级	隐患状态:	已消除
排查种类:	个人排查	整改期限:	2.0	上报岗位:	安全员
消除时间:	2018-12-25 10:26:24.0	隐患类别:	安全隐患	隐患项目:	安全防护
隐患分项:	悬空作业				
隐患内容:	悬空作业处未设置防护栏杆或其他可靠的安全设施				
隐患部位:	鄞州工业园东站至方桥站（XF47#墩）区间				
隐患描述:	三工区 连续梁翼缘板临边防护未及时设置;				
消除要求:	立即整改落实				
隐患照片:					

宁波市轨道交通工程建设项目

安全质量巡查单

甬轨建安质巡（2018）第 41241 号

于 2018 年 12 月 24 日 对 鄞州工业园东站至方桥站（XF47 号墩）区间 进行巡查，发现存在以下问题：

悬空作业处未设置防护栏杆或其他可靠的安全设施

以上问题，限于 2018 年 12 月 26 日 前整改完毕。

巡查单位：奉化线 TJFH04 标施工　　巡查人：邓程玺

2018 年 12 月 24 日

宁波市轨道交通工程建设项目

安全质量整改回复单

致：中铁十局集团有限公司

根据 2018 年 12 月 24 日 甬轨建安质巡（2018）第 41241 号整改通知单中提出的问题，我单位已及时组织整改完成。详细整改情况：

三工区连续梁翼缘板已设置安全防护。

安全总监/副经理（签字）：刘成龙　2018 年 12 月 25 日

监理单位审核意见，已整改完成

总监理工程师代表（签字）：谢青　2018 年 12 月 25 日

备注：整改条款闭合后，附相应照片或资料。

图 15-28　整改单（28）

（3）模板支撑不牢固，变形严重处未及时处理。整改单如图 15-29 所示。

响应及处置

隐患名称:	模板支撑不牢固，变形严重处未及时处理				
线路名称:	宁波至奉化城际铁路工程	工区名称:	奉化线TJFH04标	工点名称:	鄞州工业园东站至方桥站（XF47号墩）区间
上报人:	汪辉	上报单位:	中铁十局集团有限公司	上报部门:	奉化线TJFH04标施工
上报时间:	2018-12-24 19:51:26	施工单位:	中铁十局集团有限公司	监理单位:	西安铁一院工程咨询监理有限责任公司
上报类型:	施工单位排查隐患	隐患级别:	二级	隐患状态:	已消除
排查种类:	个人排查	整改期限:	2.0	上报岗位:	质检员
消除时间:	2018-12-25 10:26:37.0	隐患类别:	质量隐患	隐患项目:	分部分项工程质量
隐患分项:	模板				
隐患内容:	模板支撑不牢固，变形严重处未及时处理				
隐患部位:	面板				
隐患描述:	模板支护不牢靠				
消除要求:	立即整改落实				
隐患照片:					

宁 波 市 轨 道 交 通 工 程 建 设 项 目

安全质量巡查单

甬轨建安质巡（2018）第 41233 号

于 2018 年 12 月 24 日 对 鄞州工业园东站至方桥站（XF47 号墩）区间 进行巡查，发现存在以下问题：

模板支撑不牢固，变形严重处未及时处理

以上问题，限于 2018 年 12 月 26 日 前整改完毕。

巡查单位：奉化线 TJFH04 标施工　　　巡查人：汪辉

2018 年 12 月 24 日

宁 波 市 轨 道 交 通 工 程 建 设 项 目

安全质量整改回复单

致：中铁十局集团有限公司

根据 2018 年 12 月 24 日 甬轨建安质巡（2018）第 41233 号整改通知单中提出的问题，我单位已及时组织整改完成。详细整改情况：

模板支撑已设置牢固。

安全总监/副经理（签字）：刘成龙　2018 年 12 月 25 日

监理单位审核意见：已整改完成

总监理工程师代表（签字）：谢青　2018 年 12 月 25 日

备注：整改条款闭合后，附相应照片或资料。

图 15-29　整改单（29）

（4）周边道路积水，未及时处理。整改单如图 15-30 所示。

响应及处置

隐患名称:	周边道路积水，未及时处理				
线路名称:	宁波至奉化城际铁路工程	工区名称:	奉化线TJFH04标	工点名称:	鄞州工业园东站至方桥站（XF47号墩）区间
上报人:	姜长才	上报单位:	西安铁一院工程咨询监理有限责任公司	上报部门:	奉化线TJJLFH04标监理
上报时间:	2018-12-24 14:52:11	施工单位:	中铁十局集团有限公司	监理单位:	西安铁一院工程咨询监理有限责任公司
上报类型:	监理单位排查隐患	隐患级别:	二级	隐患状态:	已消除
排查种类:	个人排查	整改期限:	1.0	上报岗位:	专业监理工程师
消除时间:	2018-12-25 10:26:49.0	隐患类别:	安全隐患	隐患项目:	文明施工
隐患分项:	市政道路、交通设施				
隐患内容:	周边道路积水，未及时处理				
隐患部位:	鄞州工业园东站至方桥站（XF47号墩）区间				
隐患描述:	道路积水				
消除要求:	立即整改落实				
隐患照片:					

宁 波 市 轨 道 交 通 工 程 建 设 项 目

安全质量督查整改通知单

甬轨建安质督（2018）第 45110 号

致：（施工单位）中铁十局集团有限公司

于 2018 年 12 月 24 日 对你单位施工的 鄞州工业园东站至方桥站（XF47 号墩）区间 进行 安全督查，发现存在以下 安全 问题：

周边道路积水，未及时处理

督查部门：奉化线 TJJLFH04 标监理　　督查人：姜长才

施工单位签收：

签收人：刘成龙　2018 年 12 月 25 日

监理单位签收：

签收人：谢青　2018 年 12 月 25 日

注：此通知单所涉及的问题由监理单位负责及时向现场业主代表报告。

宁 波 市 轨 道 交 通 工 程 建 设 项 目

安全质量整改回复单

致：西安铁一院工程咨询监理有限责任公司。

根据 2018 年 12 月 24 日 甬轨建安质督（2018）第 45110 号整改通知单中提出的问题，我单位已及时组织整改完成。详细整改情况：

积水已进行清理。

安全总监/副经理（签字）：刘成龙　2018 年 12 月 25 日

监理单位审核意见，已整改完成。

总监理工程师代表（签字）：谢青　2018 年 12 月 25 日

备注：整改条款闭合后，附相应照片或资料。

图 15-30　整改单（30）

（5）钢丝绳磨损、断丝、变形、锈蚀等达到报废标准。整改单如图 15-31 所示。

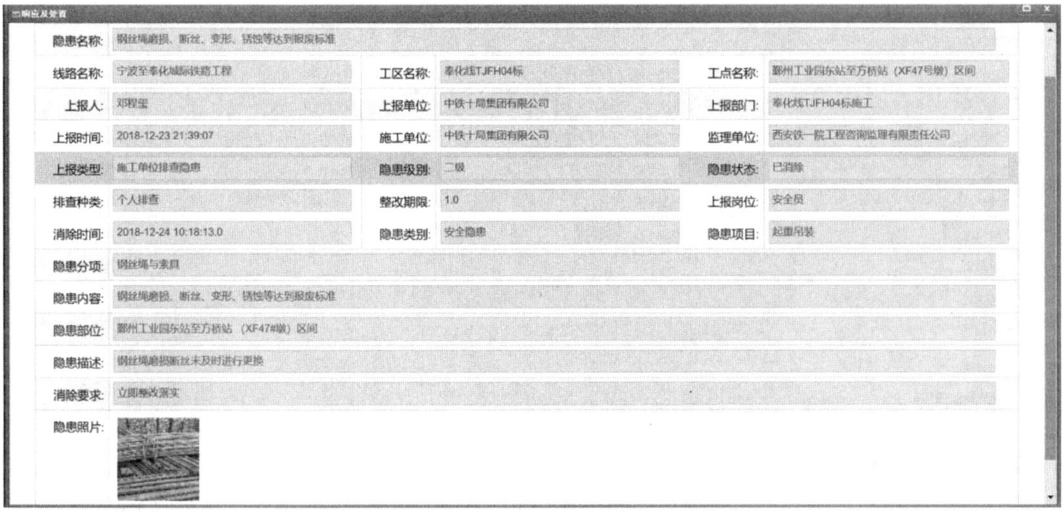

隐患名称:	钢丝绳磨损、断丝、变形、锈蚀等达到报废标准				
线路名称:	宁波至奉化城际铁路工程	工区名称:	奉化线TJFH04标	工点名称:	鄞州工业园东站至方桥站（XF47号墩）区间
上报人:	邓程玺	上报单位:	中铁十局集团有限公司	上报部门:	奉化线TJFH04标施工
上报时间:	2018-12-23 21:39:07	施工单位:	中铁十局集团有限公司	监理单位:	西安铁一院工程咨询监理有限责任公司
上报类型:	施工单位排查隐患	隐患级别:	二级	隐患状态:	已消除
排查种类:	个人排查	整改期限:	1.0	上报岗位:	安全员
消除时间:	2018-12-24 10:18:13.0	隐患类别:	安全隐患	隐患项目:	起重吊装
隐患分项:	钢丝绳与索具				
隐患内容:	钢丝绳磨损、断丝、变形、锈蚀等达到报废标准				
隐患部位:	鄞州工业园东站至方桥站（XF47#墩）区间				
隐患描述:	钢丝绳磨损断丝未及时进行更换				
消除要求:	立即整改落实				
隐患照片:					

宁波市轨道交通工程建设项目

安全质量巡查单

甬轨建安质巡（2018）第 41100 号

于 2018 年 12 月 23 日 对 鄞州工业园东站至方桥站（XF47 号墩）区间 进行巡查，发现存在以下问题：

钢丝绳磨损、断丝、变形、锈蚀等达到报废标准

以上问题，限于 2018 年 12 月 24 日 前整改完毕。

巡查单位：奉化线 TJFH04 标施工　　巡查人：邓程玺

2018 年 12 月 23 日

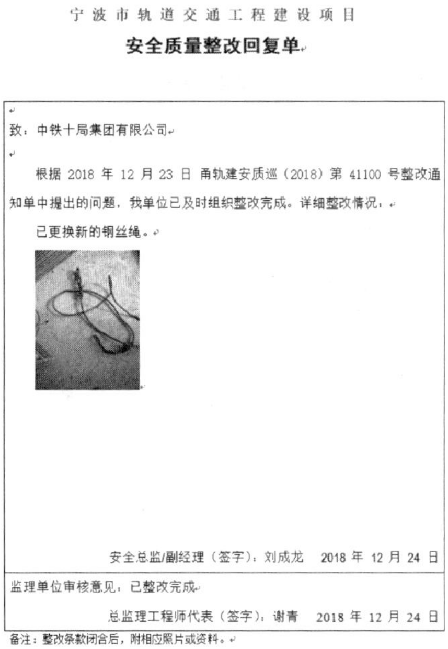

宁波市轨道交通工程建设项目

安全质量整改回复单

致：中铁十局集团有限公司

根据 2018 年 12 月 23 日 甬轨建安质巡（2018）第 41100 号整改通知单中提出的问题，我单位已及时组织整改完成。详细整改情况：

已更换新的钢丝绳。

安全总监/副经理（签字）：刘成龙　2018 年 12 月 24 日

监理单位审核意见：已整改完成

总监理工程师代表（签字）：谢青　2018 年 12 月 24 日

备注：整改条款闭合后，附相应照片或资料。

图 15-31　整改单（31）

（6）吊装时无关人员进入警戒区。整改单如图 15-32 所示。

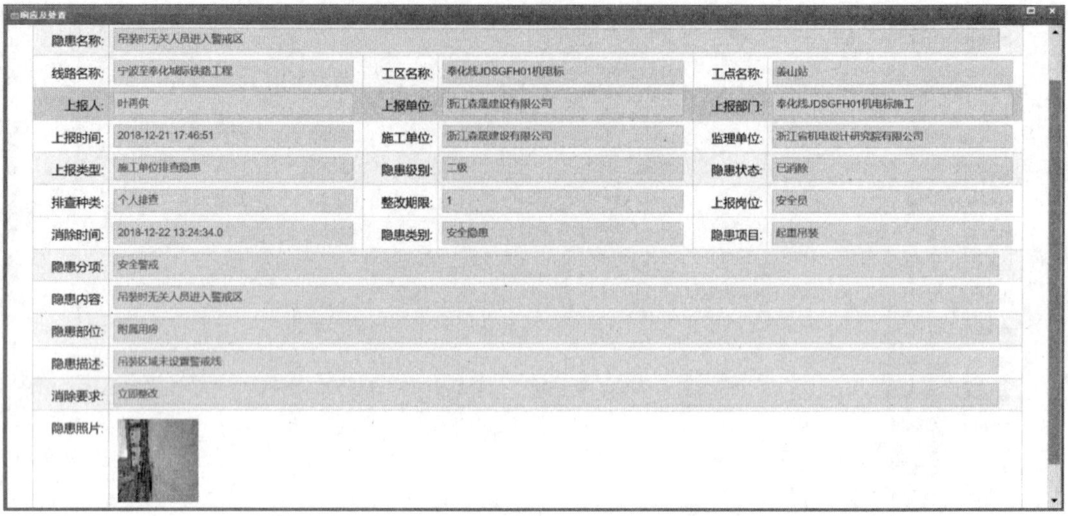

隐患名称:	吊装时无关人员进入警戒区				
线路名称:	宁波至奉化城际铁路工程	工区名称:	奉化线JDSGFH01机电标	工点名称:	姜山站
上报人:	叶再供	上报单位:	浙江森晟建设有限公司	上报部门:	奉化线JDSGFH01机电标施工
上报时间:	2018-12-21 17:46:51	施工单位:	浙江森晟建设有限公司	监理单位:	浙江省机电设计研究院有限公司
上报类型:	施工单位排查隐患	隐患级别:	二级	隐患状态:	已消除
排查种类:	个人排查	整改期限:	1	上报岗位:	安全员
消除时间:	2018-12-22 13:24:34.0	隐患类别:	安全隐患	隐患项目:	起重吊装
隐患分项:	安全警戒				
隐患内容:	吊装时无关人员进入警戒区				
隐患部位:	附属用房				
隐患描述:	吊装区域未设置警戒线				
消除要求:	立即整改				
隐患照片:					

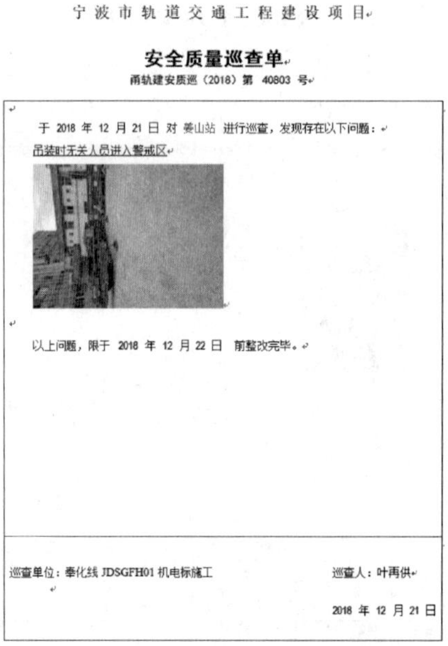

宁波市轨道交通工程建设项目

安全质量巡查单

甬轨建安质巡（2018）第 40803 号

于 2018 年 12 月 21 日 对 姜山站 进行巡查，发现存在以下问题：

吊装时无关人员进入警戒区

以上问题，限于 2018 年 12 月 22 日 前整改完毕。

巡查单位：奉化线 JDSGFH01 机电标施工　　巡查人：叶再供

2018 年 12 月 21 日

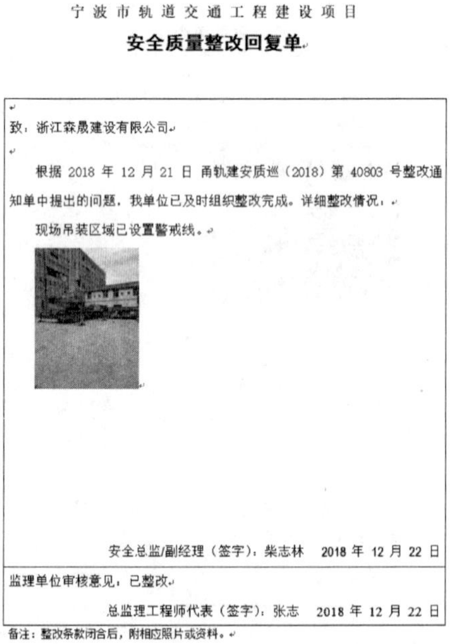

宁波市轨道交通工程建设项目

安全质量整改回复单

致：浙江森晟建设有限公司

根据 2018 年 12 月 21 日 甬轨建安质巡（2018）第 40803 号整改通知单中提出的问题，我单位已及时组织整改完成。详细整改情况：

现场吊装区域已设置警戒线。

安全总监/副经理（签字）：柴志林　2018 年 12 月 22 日

监理单位审核意见：已整改

总监理工程师代表（签字）：张志　2018 年 12 月 22 日

备注：整改条款闭合后，附相应照片或资料。

图 15-32　整改单（32）

（7）电缆沿地面明设、沿脚手架、树木等敷设，或其他敷设不符合规范要求。整改单如图 15-33 所示。

隐患名称:	电缆沿地面明设、沿脚手架、树木等敷设，或其他敷设不符合规范要求				
线路名称:	宁波至奉化城际铁路工程	工区名称:	奉化线TJFH04标	工点名称:	鄞州工业园东站至方桥站（XF47号墩）区间
上报人:	李月	上报单位:	西安铁一院工程咨询监理有限责任公司	上报部门:	奉化线TJJLFH04标监理
上报时间:	2018-12-20 16:30:04	施工单位:	中铁十局集团有限公司	监理单位:	西安铁一院工程咨询监理有限责任公司
上报类型:	监理单位排查隐患	隐患级别:	二级	隐患状态:	已消除
排查种类:	个人排查	整改期限:	2.0	上报岗位:	监理员
消除时间:	2018-12-21 09:27:25.0	隐患类别:	安全隐患	隐患项目:	施工用电
隐患分项:	配电线路				
隐患内容:	电缆沿地面明设、沿脚手架、树木等敷设，或其他敷设不符合规范要求				
隐患部位:	鄞州工业园东站至方桥站（XF47号墩）区间				
隐患描述:	电缆线敷设不符合要求				
消除要求:	立即整改落实				
隐患照片:					

宁波市轨道交通工程建设项目

安全质量督查整改通知单

甬轨建安质督（2018）第 44564 号

致：（施工单位）中铁十局集团有限公司

于 2018 年 12 月 20 日 对你单位施工的 鄞州工业园东站至方桥站（XF47 号墩）区间 进行　安全督查，发现存在以下 安全 问题：

电缆沿地面明设、沿脚手架、树木等敷设，或其他敷设不符合规范要求

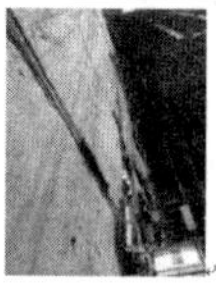

督查部门：奉化线 TJJLFH04 标监理　　督查人：李月

施工单位签收：

签收人：刘成龙　2018 年 12 月 21 日

监理单位签收：

签收人：谢青　2018 年 12 月 21 日

注：此通知单所涉及的问题由监理单位负责及时向现场业主代表报告。

宁波市轨道交通工程建设项目

安全质量整改回复单

致：西安铁一院工程咨询监理有限责任公司

根据 2018 年 12 月 20 日 甬轨建安质督（2018）第 44564 号整改通知单中提出的问题，我单位已及时组织整改完成。详细整改情况：

电缆线敷设符合规范要求。

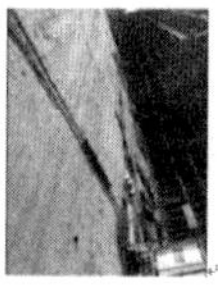

安全总监/副经理（签字）：刘成龙　2018 年 12 月 21 日

监理单位审核意见：已整改完成

总监理工程师代表（签字）：谢青　2018 年 12 月 21 日

备注：整改条款闭合后，附相应照片或资料。

图 15-33　整改单（33）

（8）围挡设置高度、基座、彩钢板、加固等不符合宁波轨道交通施工标准化管理手册的规定。整改单如图 15-34 所示。

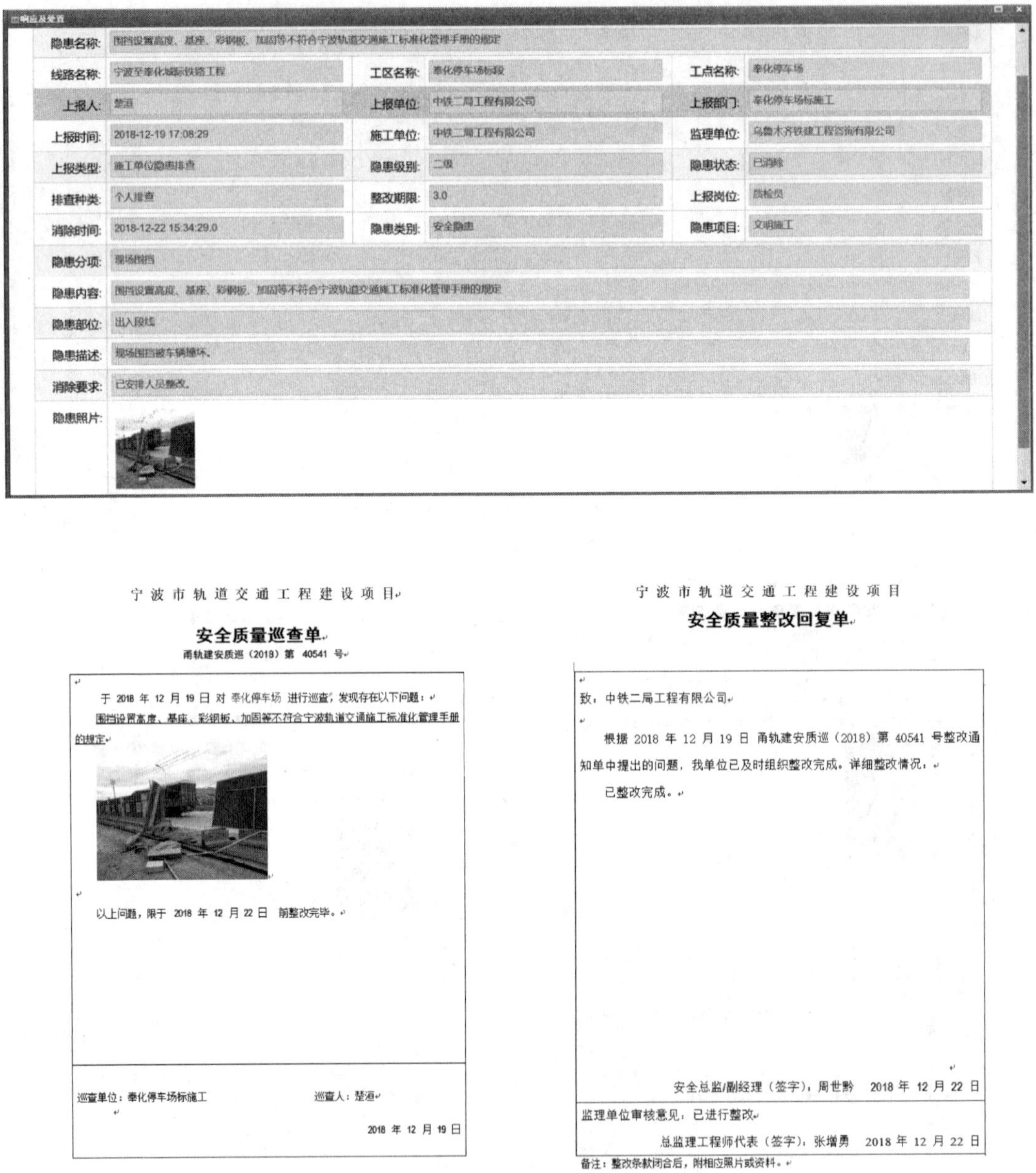

响应及处置

隐患名称:	围挡设置高度、基座、彩钢板、加固等不符合宁波轨道交通施工标准化管理手册的规定				
线路名称:	宁波至奉化城际铁路工程	工区名称:	奉化停车场标段	工点名称:	奉化停车场
上报人:	楚涵	上报单位:	中铁二局工程有限公司	上报部门:	奉化停车场标施工
上报时间:	2018-12-19 17:08:29	施工单位:	中铁二局工程有限公司	监理单位:	乌鲁木齐铁建工程咨询有限公司
上报类型:	施工单位隐患排查	隐患级别:	二级	隐患状态:	已消除
排查种类:	个人排查	整改期限:	3.0	上报岗位:	质检员
消除时间:	2018-12-22 15:34:29.0	隐患类别:	安全隐患	隐患项目:	文明施工
隐患分项:	现场围挡				
隐患内容:	围挡设置高度、基座、彩钢板、加固等不符合宁波轨道交通施工标准化管理手册的规定				
隐患部位:	出入段线				
隐患描述:	现场围挡被车辆撞坏。				
消除要求:	已安排人员整改。				
隐患照片:					

宁波市轨道交通工程建设项目

安全质量巡查单

甬轨建安质巡（2018）第 40541 号

于 2018 年 12 月 19 日 对 奉化停车场 进行巡查，发现存在以下问题：

围挡设置高度、基座、彩钢板、加固等不符合宁波轨道交通施工标准化管理手册的规定

以上问题，限于 2018 年 12 月 22 日 前整改完毕。

巡查单位：奉化停车场标施工　　巡查人：楚涵

2018 年 12 月 19 日

宁波市轨道交通工程建设项目

安全质量整改回复单

致：中铁二局工程有限公司

根据 2018 年 12 月 19 日 甬轨建安质巡（2018）第 40541 号整改通知单中提出的问题，我单位已及时组织整改完成。详细整改情况：

已整改完成。

安全总监/副经理（签字）：周世黔　2018 年 12 月 22 日

监理单位审核意见：已进行整改。

总监理工程师代表（签字）：张增勇　2018 年 12 月 22 日

备注：整改条款闭合后，附相应照片或资料。

图 15-34　整改单（34）

（9）不服从属地管理者的施工现场规划安排，随意占用场地、不按要求堆放物料或标识。整改单如图 15-35 所示。

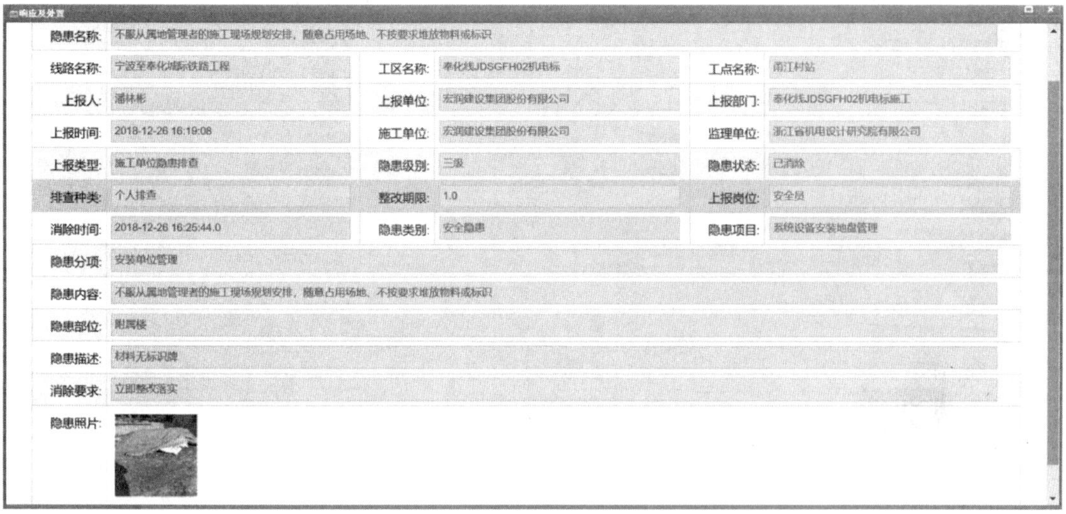

响应及处置

隐患名称:	不服从属地管理者的施工现场规划安排，随意占用场地、不按要求堆放物料或标识				
线路名称:	宁波至奉化城际铁路工程	工区名称:	奉化线JDSGFH02机电标	工点名称:	甬江村站
上报人:	潘林彬	上报单位:	宏润建设集团股份有限公司	上报部门:	奉化线JDSGFH02机电标施工
上报时间:	2018-12-26 16:19:08	施工单位:	宏润建设集团股份有限公司	监理单位:	浙江省机电设计研究院有限公司
上报类型:	施工单位隐患排查	隐患级别:	三级	隐患状态:	已消除
排查种类:	个人排查	整改期限:	1.0	上报岗位:	安全员
消除时间:	2018-12-26 16:25:44.0	隐患类别:	安全隐患	隐患项目:	系统设备安装地盘管理
隐患分项:	安装单位管理				
隐患内容:	不服从属地管理者的施工现场规划安排，随意占用场地、不按要求堆放物料或标识				
隐患部位:	附属楼				
隐患描述:	材料无标识牌				
消除要求:	立即整改落实				
隐患照片:					

宁波市轨道交通工程建设项目

安全质量巡查单

甬轨建安质巡（2018）第 41427 号

于 2018 年 12 月 26 日 对 甬江村站 进行巡查，发现存在以下问题：

不服从属地管理者的施工现场规划安排，随意占用场地、不按要求堆放物料或标识

以上问题，限于 2018 年 12 月 27 日 前整改完毕。

巡查单位：奉化线 JDSGFH02 机电标施工　　巡查人：潘林彬

2018 年 12 月 26 日

宁波市轨道交通工程建设项目

安全质量整改回复单

致：宏润建设集团股份有限公司

根据 2018 年 12 月 26 日 甬轨建安质巡（2018）第 41427 号整改通知单中提出的问题，我单位已及时组织整改完成。详细整改情况：

已整改。

安质部长（签字）：卢姜勇　2018 年 12 月 26 日

监理单位审核意见：立即整改

专业监理工程师（签字）：李浩　2018 年 12 月 26 日

备注：整改条款闭合后，附相应照片或资料。

图 15-35　整改单（35）

（10）预埋件制作安装、预留洞口留设不符合要求。整改单如图 15-36 所示。

响应及处置

隐患名称:	预埋件制作安装、预留洞口留设不符合要求				
线路名称:	宁波至奉化城际铁路工程	工区名称:	奉化线JDSGFH02机电标	工点名称:	甬江村站
上报人:	楼勤	上报单位:	宏润建设集团股份有限公司	上报部门:	奉化线JDSGFH02机电标施工
上报时间:	2018-12-26 16:16:46	施工单位:	宏润建设集团股份有限公司	监理单位:	浙江省机电设计研究院有限公司
上报类型:	施工单位隐患排查	隐患级别:	三级	隐患状态:	已消除
排查种类:	个人排查	整改期限:	3.0	上报岗位:	质检员
消除时间:	2018-12-26 16:26:48.0	隐患类别:	安全质量隐患	隐患项目:	装饰装修
隐患分项:	墙体砌筑				
隐患内容:	预埋件制作安装、预留洞口留设不符合要求				
隐患部位:	附属楼				
隐患描述:	孔洞未封堵				
消除要求:	立即整改落实				
隐患照片:					

宁波市轨道交通工程建设项目

安全质量巡查单

甬轨建安质巡（2018）第 41424 号

于 2018 年 12 月 26 日 对 甬江村站 进行巡查，发现存在以下问题：

预埋件制作安装、预留洞口留设不符合要求

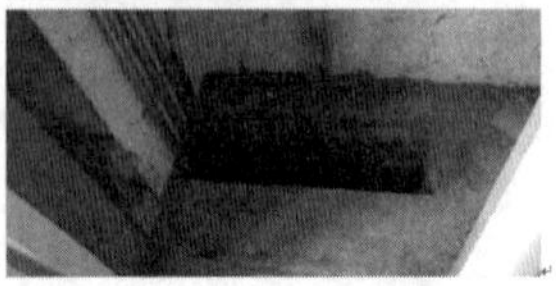

以上问题，限于 2018 年 12 月 29 日 前整改完毕。

巡查单位：奉化线 JDSGFH02 机电标施工　　巡查人：楼勤

2018 年 12 月 26 日

宁波市轨道交通工程建设项目

安全质量整改回复单

致，宏润建设集团股份有限公司

根据 2018 年 12 月 26 日 甬轨建安质巡（2018）第 41424 号整改通知单中提出的问题，我单位已及时组织整改完成。详细整改情况，

已整改。

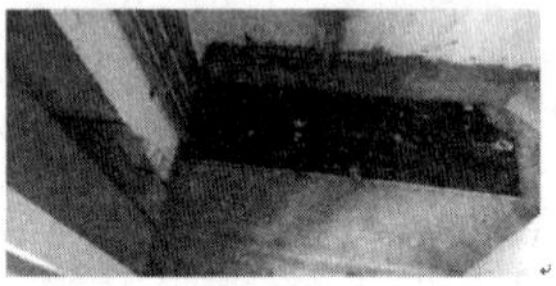

安质部长（签字）：卢姜勇　2018 年 12 月 26 日

监理单位审核意见，已整改。

专业监理工程师（签字）：李浩　2018 年 12 月 26 日

备注：整改条款闭合后，附相应照片或资料。

图 15-36　整改单（36）

（11）配电箱与开关箱安装位置不当、周围杂物多不便于操作。整改单如图 15-37 所示。

隐患名称:	配电箱与开关箱安装位置不当、周围杂物多不便于操作				
线路名称:	宁波至奉化城际铁路工程	工区名称:	奉化停车场标段	工点名称:	奉化停车场
上报人:	胥国康	上报单位:	中铁二局工程有限公司	上报部门:	奉化停车场标施工
上报时间:	2018-12-26 12:29:40	施工单位:	中铁二局工程有限公司	监理单位:	乌鲁木齐铁建工程咨询有限公司
上报类型:	施工单位排查隐患	隐患级别:	三级	隐患状态:	已消除
排查种类:	个人排查	整改期限:	1	上报岗位:	安全员
消除时间:	2018-12-27 08:22:30.0	隐患类别:	安全隐患	隐患项目:	施工用电
隐患分项:	配电箱开关箱				
隐患内容:	配电箱与开关箱安装位置不当、周围杂物多不便于操作				
隐患部位:	运用库				
隐患描述:	开关箱摆放在地上距离地面高度不符合要求。				
消除要求:	安排人员做个支架放置。				
隐患照片:					

宁波市轨道交通工程建设项目

安全质量巡查单

甬轨建安质巡（2018）第 41403 号

于 2018 年 12 月 26 日 对 奉化停车场 进行巡查，发现存在以下问题：

配电箱与开关箱安装位置不当、周围杂物多不便于操作

以上问题，限于 2018 年 12 月 27 日 前整改完毕。

巡查单位：奉化停车场标施工　　巡查人：胥国康

2018 年 12 月 26 日

宁波市轨道交通工程建设项目

安全质量整改回复单

致：中铁二局工程有限公司

根据 2018 年 12 月 26 日 甬轨建安质巡（2018）第 41403 号整改通知单中提出的问题，我单位已及时组织整改完成。详细整改情况：

已整改。

安质部长（签字）：何琦　2018 年 12 月 27 日

监理单位审核意见，已经整改。

专业监理工程师（签字）：罗盼盼　2018 年 12 月 27 日

备注：整改条款闭合后，附相应照片或资料。

图 15-37　整改单（37）

（12）移动式操作平台、高凳、梯子、人字梯等无防护措施。整改单如图 15-38 所示。

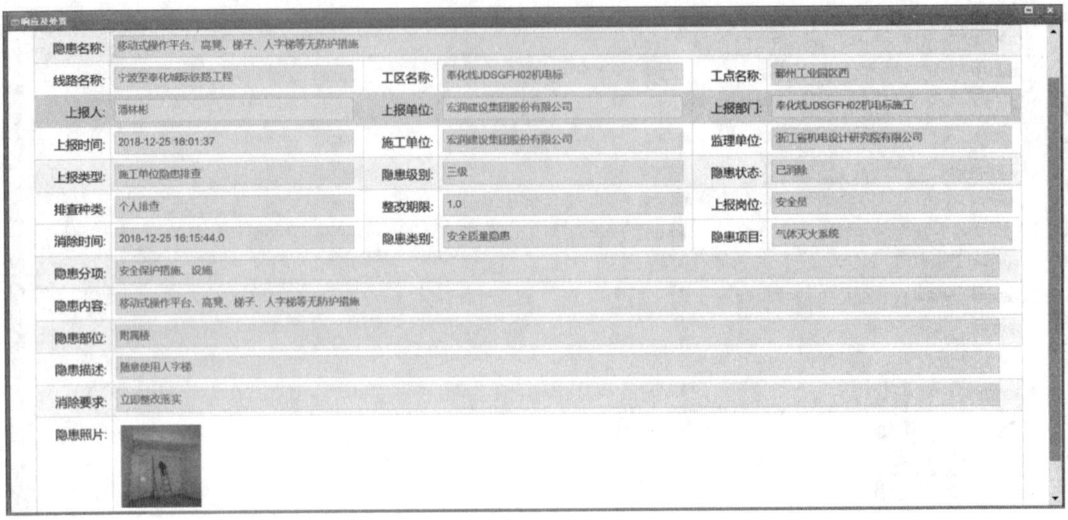

隐患名称:	移动式操作平台、高凳、梯子、人字梯等无防护措施				
线路名称:	宁波至奉化城际铁路工程	工区名称:	奉化线JDSGFH02机电标	工点名称:	鄞州工业园区西
上报人:	潘林彬	上报单位:	宏润建设集团股份有限公司	上报部门:	奉化线JDSGFH02机电标施工
上报时间:	2018-12-25 16:01:37	施工单位:	宏润建设集团股份有限公司	监理单位:	浙江省机电设计研究院有限公司
上报类型:	施工单位隐患排查	隐患级别:	三级	隐患状态:	已消除
排查种类:	个人排查	整改期限:	1.0	上报岗位:	安全员
消除时间:	2018-12-25 16:15:44.0	隐患类别:	安全质量隐患	隐患项目:	气体灭火系统
隐患分项:	安全保护措施、设施				
隐患内容:	移动式操作平台、高凳、梯子、人字梯等无防护措施				
隐患部位:	附属楼				
隐患描述:	随意使用人字梯				
消除要求:	立即整改落实				
隐患照片:					

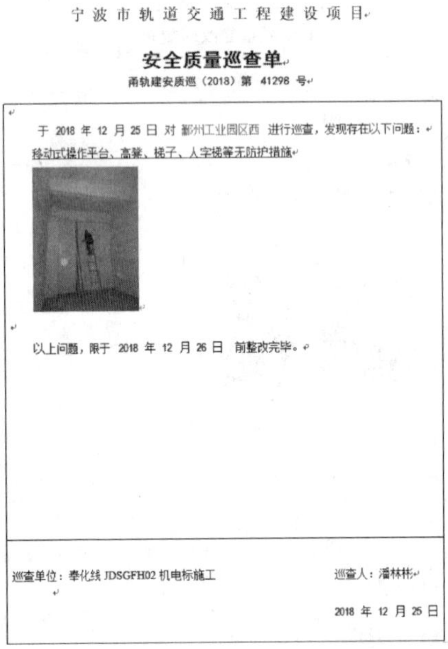

宁波市轨道交通工程建设项目

安全质量巡查单

甬轨建安质巡（2018）第 41298 号

于 2018 年 12 月 25 日 对 鄞州工业园区西 进行巡查，发现存在以下问题：

移动式操作平台、高凳、梯子、人字梯等无防护措施

以上问题，限于 2018 年 12 月 26 日 前整改完毕。

巡查单位：奉化线 JDSGFH02 机电标施工　　巡查人：潘林彬

2018 年 12 月 25 日

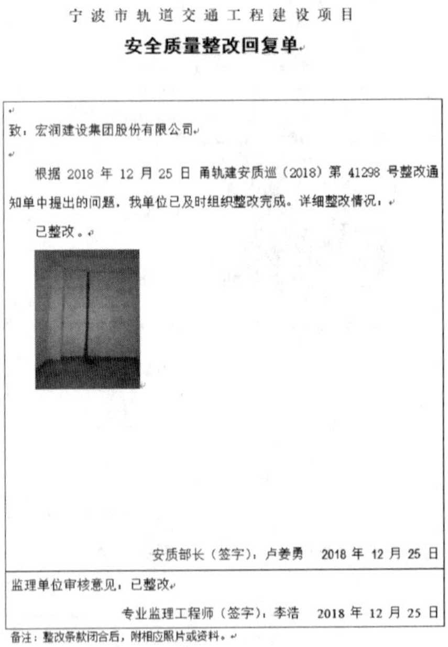

宁波市轨道交通工程建设项目

安全质量整改回复单

致：宏润建设集团股份有限公司

根据 2018 年 12 月 25 日 甬轨建安质巡（2018）第 41298 号整改通知单中提出的问题，我单位已及时组织整改完成。详细整改情况：

已整改。

安质部长（签字）：卢姜勇　2018 年 12 月 25 日

监理单位审核意见：已整改

专业监理工程师（签字）：李浩　2018 年 12 月 25 日

备注：整改条款闭合后，附相应照片或资料。

图 15-38　整改单（38）

(13) 未对各系统设备安装单位的垃圾清运、安全防护、动火作业及成品保护等日常现场管理工作进行监督管理。整改单如图 15-39 所示。

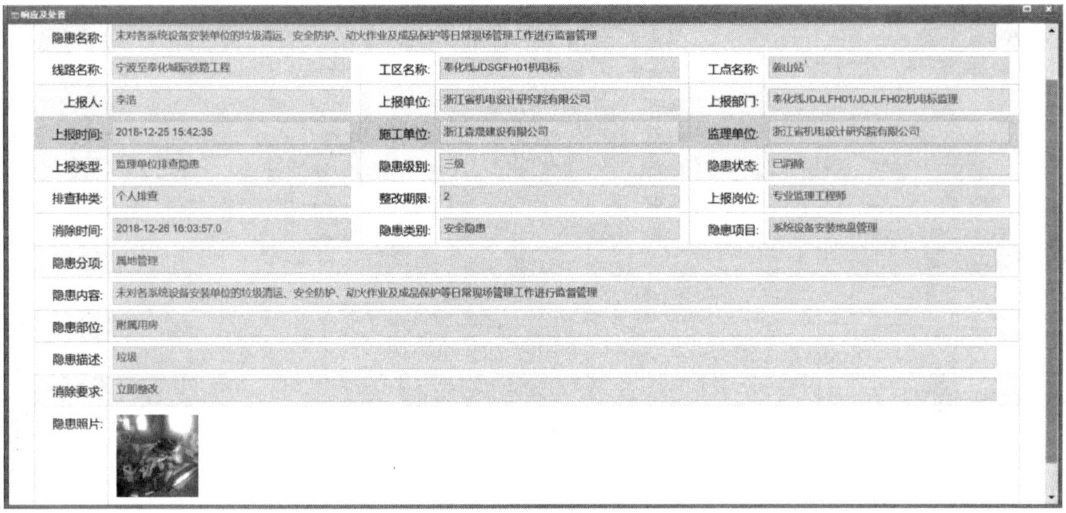

响应及处置

隐患名称:	未对各系统设备安装单位的垃圾清运、安全防护、动火作业及成品保护等日常现场管理工作进行监督管理				
线路名称:	宁波至奉化城际铁路工程	工区名称:	奉化线JDSGFH01机电标	工点名称:	姜山站
上报人:	李浩	上报单位:	浙江省机电设计研究院有限公司	上报部门:	奉化线JDJLFH01/JDJLFH02机电标监理
上报时间:	2018-12-25 15:42:35	施工单位:	浙江森晟建设有限公司	监理单位:	浙江省机电设计研究院有限公司
上报类型:	监理单位排查隐患	隐患级别:	三级	隐患状态:	已消除
排查种类:	个人排查	整改期限:	2	上报岗位:	专业监理工程师
消除时间:	2018-12-26 16:03:57.0	隐患类别:	安全隐患	隐患项目:	系统设备安装地盘管理
隐患分项:	属地管理				
隐患内容:	未对各系统设备安装单位的垃圾清运、安全防护、动火作业及成品保护等日常现场管理工作进行监督管理				
隐患部位:	附属用房				
隐患描述:	垃圾				
消除要求:	立即整改				
隐患照片:					

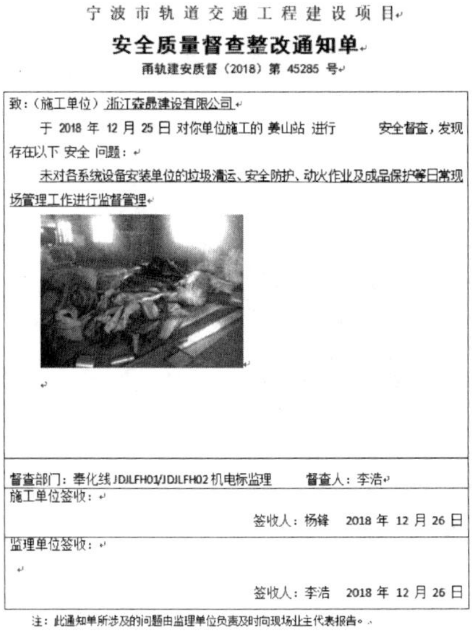

宁波市轨道交通工程建设项目

安全质量督查整改通知单

甬轨建安质督（2018）第 45285 号

致：（施工单位）浙江森晟建设有限公司

于 2018 年 12 月 25 日对你单位施工的姜山站进行安全督查，发现存在以下安全问题：

未对各系统设备安装单位的垃圾清运、安全防护、动火作业及成品保护等日常现场管理工作进行监督管理

督查部门：奉化线 JDJLFH01/JDJLFH02 机电标监理　　督查人：李浩

施工单位签收：

签收人：杨锋　2018 年 12 月 26 日

监理单位签收：

签收人：李浩　2018 年 12 月 26 日

注：此通知单所涉及的问题由监理单位负责及时向现场业主代表报告。

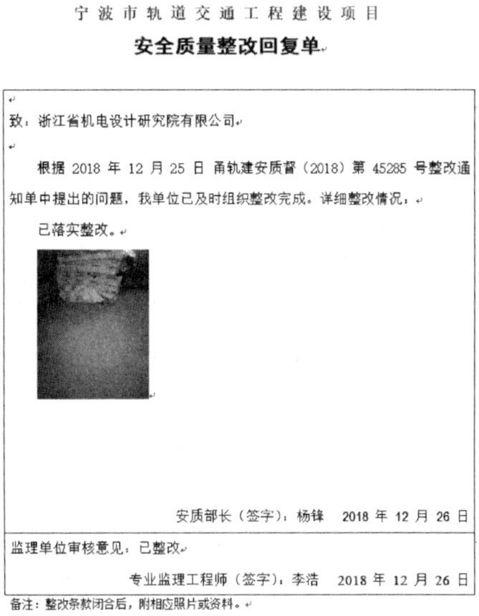

宁波市轨道交通工程建设项目

安全质量整改回复单

致：浙江省机电设计研究院有限公司

根据 2018 年 12 月 25 日甬轨建安质督（2018）第 45285 号整改通知单中提出的问题，我单位已及时组织整改完成。详细整改情况：

已落实整改。

安质部长（签字）：杨锋　2018 年 12 月 26 日

监理单位审核意见：已整改。

专业监理工程师（签字）：李浩　2018 年 12 月 26 日

备注：整改条款闭合后，附相应照片或资料。

图 15-39　整改单（39）

15.4 机电安装工程案例

（1）物料平台堆物超载。整改单如图 15-40 所示。

响应及处置

隐患名称:	物料平台堆物超载				
线路名称:	2号线二期	工区名称:	2号线二期铺轨Ⅰ标	工点名称:	清水浦站站后至U型槽铺轨基地
上报人:	祝永安	上报单位:	深圳市卓宝科技股份有限公司/上海智通建设发展股	上报部门:	2号线二期铺轨Ⅰ标监理
上报时间:	2018-12-24 17:14:33	施工单位:	中铁一局集团有限公司	监理单位:	深圳市卓宝科技股份有限公司/上海智通建设发展股
上报类型:	监理单位排查隐患	隐患级别:	二级	隐患状态:	已消除
排查种类:	个人排查	整改期限:	2.0	上报岗位:	专业监理工程师（监理组长）
消除时间:	2018-12-25 11:30:43.0	隐患类别:	安全隐患	隐患项目:	安全防护
隐患分项:	物料平台				
隐患内容:	物料平台堆物超载				
隐患部位:	清水浦区域高架桥上				
隐患描述:	清水浦区域高架桥上钢轨长时集中堆积，请及时处理。				
消除要求:	立即整改落实				
隐患照片:					

宁 波 市 轨 道 交 通 工 程 建 设 项 目

安全质量督查整改通知单

甬轨建安质督（2018）第 45176 号

致：（施工单位）中铁一局集团有限公司

于 2018 年 12 月 24 日 对你单位施工的 清水浦站站后至 U 型槽铺轨基地 进行 安全督查，发现存在以下 安全 问题：

物料平台堆物超载

督查部门：2 号线二期铺轨Ⅰ标监理　　督查人：祝永安

施工单位签收：

签收人：曹永新　2018 年 12 月 25 日

监理单位签收：

签收人：曹振宇　2018 年 12 月 25 日

注：此通知单所涉及的问题由监理单位负责及时向现场业主代表报告。

宁 波 市 轨 道 交 通 工 程 建 设 项 目

安全质量整改回复单

致：深圳市卓宝科技股份有限公司/上海智通建设发展股份有限公司

根据 2018 年 12 月 24 日 甬轨建安质督（2018）第 45176 号整改通知单中提出的问题，我单位已及时组织整改完成。详细整改情况：

已将钢轨散开。

安全总监/副经理（签字）：曹永新　2018 年 12 月 25 日

监理单位审核意见：复核合格

总监理工程师代表（土建监理工程师）（签字）：曹振宇　2018 年 12 月 25 日

备注：整改条款闭合后，附相应照片或资料。

图 15-40　整改单（40）

（2）排水无专门规划，无完善的排水系统、无排水设施或排水不畅。整改单如图 15-41所示。

响应及处置

隐患名称:	排水无专门规划，无完善的排水系统、无排水设施或排水不畅				
线路名称:	2号线二期	工区名称:	2号线二期铺轨Ⅰ标	工点名称:	清水浦站站后至U型槽铺轨基地
上报人:	陈金科	上报单位:	中铁一局集团有限公司	上报部门:	2号线二期铺轨Ⅰ标施工
上报时间:	2018-12-24 16:48:37	施工单位:	中铁一局集团有限公司	监理单位:	深圳市卓宝科技股份有限公司/上海智通建设发展股
上报类型:	施工单位隐患排查	隐患级别:	二级	隐患状态:	已消除
排查种类:	个人排查	整改期限:	1.0	上报岗位:	安全员(专职)
消除时间:	2018-12-25 11:29:14.0	隐患类别:	安全隐患	隐患项目:	文明施工
隐患分项:	施工场地				
隐患内容:	排水无专门规划，无完善的排水系统、无排水设施或排水不畅				
隐患部位:	五里牌站				
隐患描述:	五里牌站文明施工较差，施工区域有积水。				
消除要求:	立即整改落实				
隐患照片:					

宁波市轨道交通工程建设项目

安全质量巡查单

甬轨建安质巡（2018）第 41196 号

于 2018 年 12 月 24 日 对 清水浦站站后至 U 型槽铺轨基地 进行巡查，发现存在以下问题：

排水无专门规划，无完善的排水系统、无排水设施或排水不畅

以上问题，限于 2018 年 12 月 25 日 前整改完毕。

巡查单位：2号线二期铺轨Ⅰ标施工　　巡查人：陈金科

2018 年 12 月 24 日

宁波市轨道交通工程建设项目

安全质量整改回复单

致：中铁一局集团有限公司

根据 2018 年 12 月 24 日 甬轨建安质巡（2018）第 41196 号整改通知单中提出的问题，我单位已及时组织整改完成。详细整改情况：

已进行排水疏通。

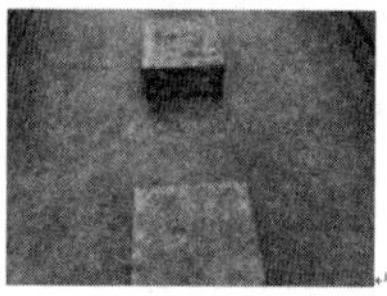

安全总监副经理（签字）：曹永新　2018 年 12 月 25 日

监理单位审核意见：复核合格.

总监理工程师代表（土建监理工程师）（签字）：曹振宇　2018 年 12 月 25 日

备注：整改条款闭合后，附相应照片或资料。

图 15-41　整改单（41）

（3）未设置专职信号指挥或司索人员。整改单如图 15-42 所示。

响应及处置

隐患名称:	未设置专职信号指挥或司索人员				
线路名称:	2号线二期	工区名称:	2号线二期铺轨Ⅰ标	工点名称:	清水浦站站后至U型槽铺轨基地
上报人:	祝永安	上报单位:	深圳市卓宝科技股份有限公司/上海智通建设发展股	上报部门:	2号线二期铺轨Ⅰ标监理
上报时间:	2018-12-22 16:14:48	施工单位:	中铁一局集团有限公司	监理单位:	深圳市卓宝科技股份有限公司/上海智通建设发展股
上报类型:	监理单位排查隐患	隐患级别:	二级	隐患状态:	已消除
排查种类:	个人排查	整改期限:	2.0	上报岗位:	专业监理工程师（监理组长）
消除时间:	2018-12-23 12:39:30.0	隐患类别:	安全隐患	隐患项目:	起重吊装
隐患分项:	人员配备				
隐患内容:	未设置专职信号指挥或司索人员				
隐患部位:	清水浦至五里牌施工区间				
隐患描述:	现场无专职信号工。				
消除要求:	立即整改落实				
隐患照片:					

宁波市轨道交通工程建设项目

安全质量督查整改通知单

甬轨建安质督（2018）第 44853 号

致：（施工单位）中铁一局集团有限公司

于 2018 年 12 月 22 日 对你单位施工的 清水浦站站后至 U 型槽钢轨铺基地 进行 安全督查，发现存在以下 安全 问题：

未设置专职信号指挥或司索人员

督查部门：2 号线二期铺轨Ⅰ标监理　　督查人：祝永安

施工单位签收：

签收人：曹永新　2018 年 12 月 23 日

监理单位签收：

签收人：曹振宇　2018 年 12 月 23 日

注：此通知单所涉及的问题由监理单位负责及时向现场业主代表报告。

宁波市轨道交通工程建设项目

安全质量整改回复单

致：深圳市卓宝科技股份有限公司/上海智通建设发展股份有限公司

根据 2018 年 12 月 22 日 甬轨建安质督（2018）第 44853 号整改通知单中提出的问题，我单位已及时组织整改完成。详细整改情况：

已安排专职信号工。

安全总监/副经理（签字）：曹永新　2018 年 12 月 23 日

监理单位审核意见：复核通过

总监理工程师代表（土建监理工程师）（签字）：曹振宇　2018 年 12 月 23 日

备注：整改条款闭合后，附相应照片或资料。

图 15-42　整改单（42）

（4）钢轨、轨枕、扣件及连接配件不符合设计要求。整改单如图 15-43 所示。

响应及处置

隐患名称:	钢轨、轨枕、扣件及连接配件不符合设计要求				
线路名称:	2号线二期	工区名称:	2号线二期铺轨Ⅰ标	工点名称:	清水浦站站后至U型槽铺轨基地
上报人:	牛永峰	上报单位:	中铁一局集团有限公司	上报部门:	2号线二期铺轨Ⅰ标施工
上报时间:	2018-12-20 15:20:13	施工单位:	中铁一局集团有限公司	监理单位:	深圳市卓宝科技股份有限公司/上海智通建设发展股
上报类型:	施工单位排查隐患	隐患级别:	二级	隐患状态:	已消除
排查种类:	个人排查	整改期限:	3	上报岗位:	质检员
消除时间:	2018-12-22 11:49:43.0	隐患类别:	安全质量隐患	隐患项目:	轨道工程质量
隐患分项:	轨道铺设				
隐患内容:	钢轨、轨枕、扣件及连接配件不符合设计要求				
隐患部位:	清五区间左线				
隐患描述:	清五区间左线K30+610部位安装短轨枕螺栓时未涂抹油脂，不符合图纸要求，存在质量隐患。				
消除要求:	按照图纸要求涂抹油脂。				
隐患照片:					

宁波市轨道交通工程建设项目

安全质量巡查单

甬轨建安质巡（2018）第 40635 号

于 2018 年 12 月 20 日 对 清水浦站站后至 U 型槽铺轨基地 进行巡查，发现存在以下问题：

钢轨、轨枕、扣件及连接配件不符合设计要求

以上问题，限于 2018 年 12 月 23 日 前整改完毕。

巡查单位：2 号线二期铺轨Ⅰ标施工　　巡查人：牛永峰

2018 年 12 月 20 日

宁波市轨道交通工程建设项目

安全质量整改回复单

致：中铁一局集团有限公司

根据 2018 年 12 月 20 日 甬轨建安质巡（2018）第 40635 号整改通知单中提出的问题，我单位已及时组织整改完成。详细整改情况：

已涂抹油脂。

安全总监/副经理（签字）：曹永新　2018 年 12 月 22 日

监理单位审核意见：复核合格。

总监理工程师代表（土建监理工程师）（签字）：曹振宇　2018 年 12 月 22 日

备注：整改条款闭合后，附相应照片或资料。

图 15-43　整改单（43）

（5）用电设备违反“一机、一闸、一漏、一箱”要求。整改单如图 15-44 所示。

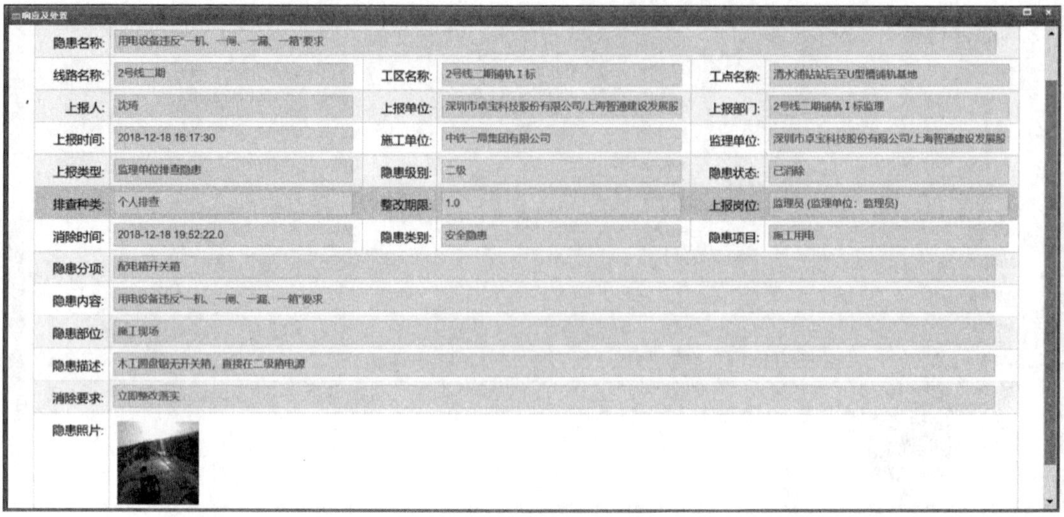

响应及处置

隐患名称:	用电设备违反"一机、一闸、一漏、一箱"要求				
线路名称:	2号线二期	工区名称:	2号线二期铺轨Ⅰ标	工点名称:	清水浦站站后至U型槽铺轨基地
上报人:	沈琦	上报单位:	深圳市卓宝科技股份有限公司/上海智通建设发展股	上报部门:	2号线二期铺轨Ⅰ标监理
上报时间:	2018-12-18 18:17:30	施工单位:	中铁一局集团有限公司	监理单位:	深圳市卓宝科技股份有限公司/上海智通建设发展股
上报类型:	监理单位排查隐患	隐患级别:	二级	隐患状态:	已消除
排查种类:	个人排查	整改期限:	1.0	上报岗位:	监理员 (监理单位：监理员)
消除时间:	2018-12-18 19:52:22.0	隐患类别:	安全隐患	隐患项目:	施工用电
隐患分项:	配电箱开关箱				
隐患内容:	用电设备违反"一机、一闸、一漏、一箱"要求				
隐患部位:	施工现场				
隐患描述:	木工圆盘锯无开关箱，直接在二级箱电源				
消除要求:	立即整改落实				
隐患照片:					

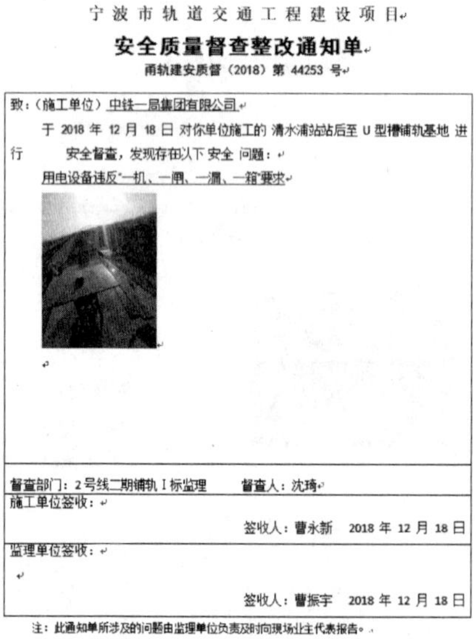

宁波市轨道交通工程建设项目

安全质量督查整改通知单

甬轨建安质督（2018）第 44253 号

致：（施工单位）中铁一局集团有限公司

于 2018 年 12 月 18 日 对你单位施工的 清水浦站站后至 U 型槽铺轨基地 进行 安全督查，发现存在以下 安全 问题：

用电设备违反"一机、一闸、一漏、一箱"要求

督查部门：2 号线二期铺轨Ⅰ标监理 督查人：沈琦

施工单位签收：

签收人：曹永新 2018 年 12 月 18 日

监理单位签收：

签收人：曹振宇 2018 年 12 月 18 日

注：此通知单所涉及的问题由监理单位负责及时向现场业主代表报告。

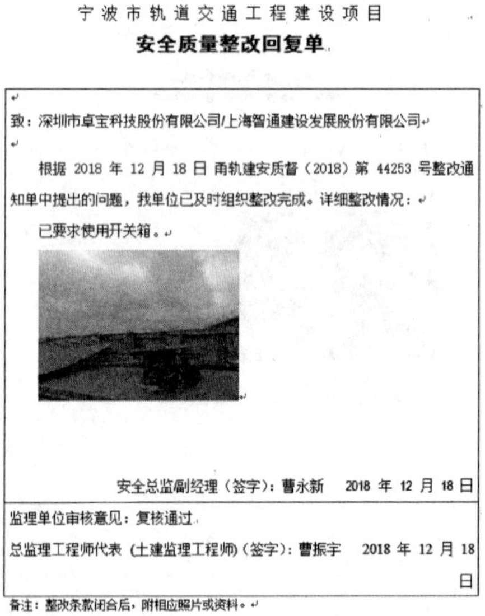

宁波市轨道交通工程建设项目

安全质量整改回复单

致：深圳市卓宝科技股份有限公司/上海智通建设发展股份有限公司

根据 2018 年 12 月 18 日 甬轨建安质督（2018）第 44253 号整改通知单中提出的问题，我单位已及时组织整改完成。详细整改情况：

已要求使用开关箱。

安全总监副经理（签字）：曹永新 2018 年 12 月 18 日

监理单位审核意见：复核通过

总监理工程师代表（土建监理工程师）（签字）：曹振宇 2018 年 12 月 18 日

备注：整改条款闭合后，附相应照片或资料。

图 15-44 整改单（44）

（6）吊钩、卷筒、滑轮未安装钢丝绳防脱装置。整改单如图 15-45 所示。

响应及处置

隐患名称:	吊钩、卷筒、滑轮未安装钢丝绳防脱装置				
线路名称:	2号线二期	工区名称:	2号线二期铺轨Ⅰ标	工点名称:	清水浦站站后至U型槽铺轨基地
上报人:	牛永峰	上报单位:	中铁一局集团有限公司	上报部门:	2号线二期铺轨Ⅰ标施工
上报时间:	2018-12-15 09:40:33	施工单位:	中铁一局集团有限公司	监理单位:	深圳市卓宝科技股份有限公司/上海智通建设发展股
上报类型:	施工单位排查隐患	隐患级别:	二级	隐患状态:	已消除
排查种类:	个人排查	整改期限:	1	上报岗位:	质检员
消除时间:	2018-12-15 18:31:39.0	隐患类别:	安全隐患	隐患项目:	起重吊装
隐患分项:	钢丝绳与索具				
隐患内容:	吊钩、卷筒、滑轮未安装钢丝绳防脱装置				
隐患部位:	清五区间高架桥起重吊装				
隐患描述:	清五区间高架桥K29+425部位进行吊装作业时，副钩防脱钩装置脱落。				
消除要求:	及时安装新的防脱钩装置，确保吊装安全。				
隐患照片:					

宁 波 市 轨 道 交 通 工 程 建 设 项 目

安全质量巡查单

甬轨建安质巡（2018）第 39931 号

于 2018 年 12 月 15 日 对 清水浦站站后至 U 型槽铺轨基地 进行巡查，发现存在以下问题：

吊钩、卷筒、滑轮未安装钢丝绳防脱装置

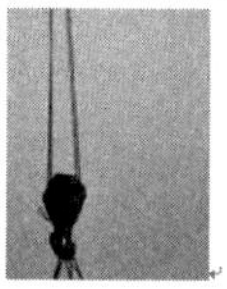

以上问题，限于 2018 年 12 月 16 日 前整改完毕。

巡查单位：2 号线二期铺轨Ⅰ标施工　　巡查人：牛永峰

2018 年 12 月 15 日

宁 波 市 轨 道 交 通 工 程 建 设 项 目

安全质量整改回复单

致：中铁一局集团有限公司

根据 2018 年 12 月 15 日 甬轨建安质巡（2018）第 39931 号整改通知单中提出的问题，我单位已及时组织整改完成。详细整改情况：

已经按照要求更换好防脱钩装置，具备吊装条件。

安全总监(副经理（签字）：曹永新　2018 年 12 月 15 日

监理单位审核意见：复核合格

总监理工程师代表（土建监理工程师）（签字）：曹振宇　2018 年 12 月 15 日

备注：整改条款闭合后，附相应照片或资料。

图 15-45　整改单（45）

（7）扣件及其配件污染、缺失。整改单如图 15-46 所示。

响应及处置

隐患名称:	扣件及其配件污染、缺失				
线路名称:	2号线二期	工区名称:	2号线二期铺轨Ⅰ标	工点名称:	清水浦站站后至U型槽铺轨基地
上报人:	牛永峰	上报单位:	中铁一局集团有限公司	上报部门:	2号线二期铺轨Ⅰ标施工
上报时间:	2018-12-27 09:25:14	施工单位:	中铁一局集团有限公司	监理单位:	上海智通建设发展股份有限公司
上报类型:	施工单位排查隐患	隐患级别:	三级	隐患状态:	已消除
排查种类:	个人排查	整改期限:	2	上报岗位:	质检员
消除时间:	2018-12-27 11:31:41.0	隐患类别:	安全质量隐患	隐患项目:	轨道工程质量
隐患分项:	轨道铺设				
隐患内容:	扣件及其配件污染、缺失				
隐患部位:	清五区间右线				
隐患描述:	清五区间右线K30+749~K30+845部位浇筑道床混凝土前未做防护，钢轨及扣件易受到混凝土污染。存在质量隐患。				
消除要求:	按照要求做好防护工作，避免其受到混凝土污染。				
隐患照片:					

宁波市轨道交通工程建设项目

安全质量巡查单

甬轨建安质巡〔2018〕第 41514 号

于 2018 年 12 月 27 日 对 清水浦站站后至 U 型槽铺轨基地 进行巡查，发现存在以下问题：

扣件及其配件污染、缺失

以上问题，限于 2018 年 12 月 29 日 前整改完毕。

巡查单位：2 号线二期铺轨Ⅰ标施工　　巡查人：牛永峰

2018 年 12 月 27 日

宁波市轨道交通工程建设项目

安全质量整改回复单

致：中铁一局集团有限公司

根据 2018 年 12 月 27 日 甬轨建安质巡（2018）第 41514 号整改通知单中提出的问题，我单位已及时组织整改完成。详细整改情况：

已按要求做好防护。

安质部长（安副经理）（签字）：白梦龙　2018 年 12 月 27 日

监理单位审核意见：复核合格

专业监理工程师（监理组长）（签字）：祝永安　2018 年 12 月 27 日

备注：整改条款闭合后，附相应照片或资料。

图 15-46　整改单（46）

（8）轮胎（履带）螺丝不紧固、缺少螺丝。整改单如图 15-47 所示。

响应及处置

隐患名称:	轮胎（履带）螺丝不紧固、缺少螺丝				
线路名称:	2号线二期	工区名称:	2号线二期铺轨Ⅰ标	工点名称:	清水浦站站后至U型槽铺轨基地
上报人:	祝永安	上报单位:	上海智通建设发展股份有限公司	上报部门:	二号线二期铺轨Ⅰ标监理
上报时间:	2018-12-26 11:04:45	施工单位:	中铁一局集团有限公司	监理单位:	上海智通建设发展股份有限公司
上报类型:	监理单位隐患排查	隐患级别:	三级	隐患状态:	已消除
排查种类:	个人排查	整改期限:	1.0	上报岗位:	专业监理工程师（监理组长）
消除时间:	2018-12-26 14:35:07.0	隐患类别:	安全隐患	隐患项目:	移动式起重机
隐患分项:	外观状况				
隐患内容:	轮胎（履带）螺丝不紧固、缺少螺丝				
隐患部位:	U型槽基地				
隐患描述:	U型槽基地叉车轮胎损坏严重				
消除要求:	立即整改落实				
隐患照片:					

宁 波 市 轨 道 交 通 工 程 建 设 项 目

安全质量督查整改通知单

甬轨建安质督（2018）第 45397 号

致：（施工单位）中铁一局集团有限公司

于 2018 年 12 月 26 日 对你单位施工的 清水浦站站后至 U 型槽铺轨基地 进行 安全督查，发现存在以下 安全 问题：

轮胎（履带）螺丝不紧固、缺少螺丝

督查部门：二号线二期铺轨Ⅰ标监理　　督查人：祝永安

施工单位签收：

签收人：白梦龙　2018 年 12 月 26 日

监理单位签收：

签收人：祝永安　2018 年 12 月 26 日

注：此通知单所涉及的问题由监理单位负责及时向现场业主代表报告。

宁 波 市 轨 道 交 通 工 程 建 设 项 目

安全质量整改回复单

致：上海智通建设发展股份有限公司

根据 2018 年 12 月 26 日 甬轨建安质督（2018）第 45397 号整改通知单中提出的问题，我单位已及时组织整改完成。详细整改情况：

进行更换

安质部长（安副经理）（签字）：白梦龙　2018 年 12 月 26 日

监理单位审核意见：复核合格

专业监理工程师（监理组长）（签字）：祝永安　2018 年 12 月 26 日

备注：整改条款闭合后，附相应照片或资料。

图 15-47　整改单（47）

（9）防护区疏散指示标识、应急照明装置和安全标志设置不符合设计要求。整改单如图 15-48 所示。

响应及处置

隐患名称:	防护区疏散指示标识、应急照明装置和安全标志设置不符合设计要求				
线路名称:	2号线二期	工区名称:	2号线二期铺轨Ⅰ标	工点名称:	清水浦站站后至U型槽铺轨基地
上报人:	祝永安	上报单位:	上海智通建设发展股份有限公司	上报部门:	二号线二期铺轨Ⅰ标监理
上报时间:	2018-12-25 17:07:57	施工单位:	中铁一局集团有限公司	监理单位:	上海智通建设发展股份有限公司
上报类型:	监理单位排查隐患	隐患级别:	三级	隐患状态:	已消除
排查种类:	个人排查	整改期限:	3.0	上报岗位:	专业监理工程师（监理组长）
消除时间:	2018-12-26 16:16:20.0	隐患类别:	安全质量隐患	隐患项目:	气体灭火系统
隐患分项:	安全保护措施、设施				
隐患内容:	防护区疏散指示标识、应急照明装置和安全标志设置不符合设计要求				
隐患部位:	清水浦至五里牌施工区间				
隐患描述:	照明设置不符合要求				
消除要求:	立即整改落实				
隐患照片:					

宁波市轨道交通工程建设项目

安全质量督查整改通知单

甬轨建安质督（2018）第 45325 号

致：（施工单位）中铁一局集团有限公司

于 2018 年 12 月 25 日 对你单位施工的 清水浦站站后至 U 型槽铺轨基地 进行 安全督查，发现存在以下 安全 问题：

防护区疏散指示标识、应急照明装置和安全标志设置不符合设计要求

督查部门：二号线二期铺轨Ⅰ标监理　　督查人：祝永安

施工单位签收：

签收人：白梦龙　2018 年 12 月 26 日

监理单位签收：

签收人：祝永安　2018 年 12 月 26 日

注：此通知单所涉及的问题由监理单位负责及时向现场业主代表报告。

宁波市轨道交通工程建设项目

安全质量整改回复单

致：上海智通建设发展股份有限公司

根据 2018 年 12 月 25 日 甬轨建安质督（2018）第 45325 号整改通知单中提出的问题，我单位已及时组织整改完成。详细整改情况：

已放置好。

安质部长（安副经理）（签字）：白梦龙　2018 年 12 月 26 日

监理单位审核意见：复核合格。

专业监理工程师（监理组长）（签字）：祝永安　2018 年 12 月 26 日

备注：整改条款闭合后，附相应照片或资料。

图 15-48　整改单（48）

（10）箱体安装位置、高度及周边通道不符合规范要求。整改单如图 15-49 所示。

响应及处置

隐患名称:	箱体安装位置、高度及周边通道不符合规范要求				
线路名称:	2号线二期	工区名称:	2号线二期铺轨Ⅰ标	工点名称:	清水浦站站后至U型槽铺轨基地
上报人:	王同青	上报单位:	深圳市卓宝科技股份有限公司/上海智通建设发展股	上报部门:	2号线二期铺轨Ⅰ标监理
上报时间:	2018-12-24 18:17:24	施工单位:	中铁一局集团有限公司	监理单位:	深圳市卓宝科技股份有限公司/上海智通建设发展股
上报类型:	监理单位排查隐患	隐患级别:	三级	隐患状态:	已消除
排查种类:	个人排查	整改期限:	2.0	上报岗位:	总监理工程师
消除时间:	2018-12-25 11:27:23.0	隐患类别:	安全隐患	隐患项目:	施工用电
隐患分项:	配电箱开关箱				
隐患内容:	箱体安装位置、高度及周边通道不符合规范要求				
隐患部位:	清五区间施工区域				
隐患描述:	开关箱倒放				
消除要求:	立即整改落实				
隐患照片:					

宁波市轨道交通工程建设项目

安全质量督查整改通知单

甬轨建安质督（2018）第 45199 号

致：（施工单位）中铁一局集团有限公司

于 2018 年 12 月 24 日 对你单位施工的 清水浦站站后至 U 型槽铺轨基地 进行　安全督查，发现存在以下 安全 问题：

箱体安装位置、高度及周边通道不符合规范要求

督查部门：2 号线二期铺轨Ⅰ标监理　　督查人：王同青

施工单位签收：

签收人：白梦龙　2018 年 12 月 25 日

监理单位签收：

签收人：祝永安　2018 年 12 月 25 日

注：此通知单所涉及的问题由监理单位负责及时向现场业主代表报告。

宁波市轨道交通工程建设项目

安全质量整改回复单

致：深圳市卓宝科技股份有限公司/上海智通建设发展股份有限公司

根据 2018 年 12 月 24 日 甬轨建安质督（2018）第 45199 号整改通知单中提出的问题，我单位已及时组织整改完成。详细整改情况：

已要求放正。

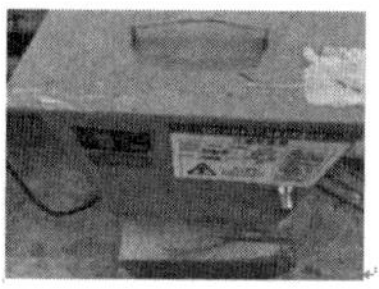

安质部长（安副经理）（签字）：白梦龙　2018 年 12 月 25 日

监理单位审核意见：复核合格。

专业监理工程师（监理组长）（签字）：祝永安　2018 年 12 月 25 日

备注：整改条款闭合后，附相应照片或资料。

图 15-49　整改单（49）

（11）防迷流钢筋焊接、埋入式端子或铜排与钢筋网连接不符合规范和设计要求。整改单如图 15-50 所示。

隐患名称:	防迷流钢筋焊接、埋入式端子或铜排与钢筋网连接不符合规范和设计要求				
线路名称:	2号线二期	工区名称:	2号线二期铺轨Ⅰ标	工点名称:	清水浦站站后至U型槽铺轨基地
上报人:	祝永安	上报单位:	深圳市卓宝科技股份有限公司/上海智通建设发展股	上报部门:	2号线二期铺轨Ⅰ标监理
上报时间:	2018-12-23 17:31:10	施工单位:	中铁一局集团有限公司	监理单位:	深圳市卓宝科技股份有限公司/上海智通建设发展股
上报类型:	监理单位排查隐患	隐患级别:	三级	隐患状态:	已消除
排查种类:	个人排查	整改期限:	3.0	上报岗位:	专业监理工程师（监理组长）
消除时间:	2018-12-24 15:11:44.0	隐患类别:	安全质量隐患	隐患项目:	轨道工程质量
隐患分项:	道床钢筋				
隐患内容:	防迷流钢筋焊接、埋入式端子或铜排与钢筋网连接不符合规范和设计要求				
隐患部位:	清水浦至五里牌施工区间				
隐患描述:	镀锌扁铁漏焊。				
消除要求:	立即整改落实				
隐患照片:					

宁波市轨道交通工程建设项目

安全质量督查整改通知单

甬轨建安质督（2018）第 45025 号

致：（施工单位）中铁一局集团有限公司

于 2018 年 12 月 23 日 对你单位施工的 清水浦站站后至 U 型槽铺轨基地 进行 安全督查，发现存在以下 安全 问题：

防迷流钢筋焊接、埋入式端子或铜排与钢筋网连接不符合规范和设计要求

督查部门：2号线二期铺轨Ⅰ标监理　　督查人：祝永安

施工单位签收：

签收人：白梦龙　2018 年 12 月 24 日

监理单位签收：

签收人：祝永安　2018 年 12 月 24 日

注：此通知单所涉及的问题由监理单位负责及时向现场业主代表报告。

宁波市轨道交通工程建设项目

安全质量整改回复单

致：深圳市卓宝科技股份有限公司/上海智通建设发展股份有限公司

根据 2018 年 12 月 23 日 甬轨建安质督（2018）第 45025 号整改通知单中提出的问题，我单位已及时组织整改完成。详细整改情况：

已进行补焊。

安质部长（安副经理）（签字）：白梦龙　2018 年 12 月 24 日

监理单位审核意见：复核合格。

专业监理工程师（监理组长）（签字）：祝永安　2018 年 12 月 24 日

备注：整改条款闭合后，附相应照片或资料。

图 15-50　整改单（50）

（12）混凝土外形尺寸、养护不符合规范和设计要求。整改单如图 15-51 所示。

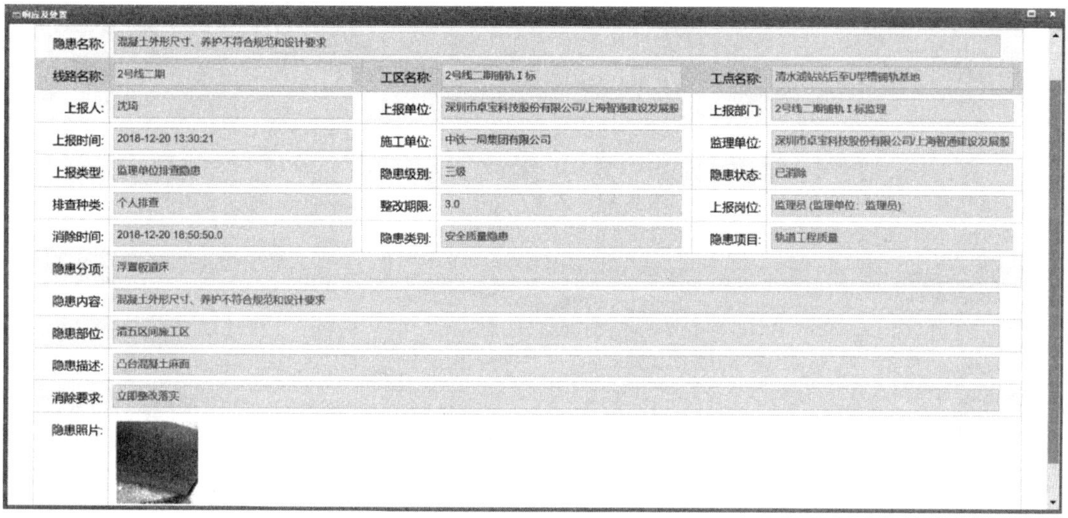

隐患名称:	混凝土外形尺寸、养护不符合规范和设计要求				
线路名称:	2号线二期	工区名称:	2号线二期铺轨Ⅰ标	工点名称:	清水浦站站后至U型槽铺轨基地
上报人:	沈琦	上报单位:	深圳市卓宝科技股份有限公司/上海智通建设发展股	上报部门:	2号线二期铺轨Ⅰ标监理
上报时间:	2018-12-20 13:30:21	施工单位:	中铁一局集团有限公司	监理单位:	深圳市卓宝科技股份有限公司/上海智通建设发展股
上报类型:	监理单位排查隐患	隐患级别:	三级	隐患状态:	已消除
排查种类:	个人排查	整改期限:	3.0	上报岗位:	监理员 (监理单位: 监理员)
消除时间:	2018-12-20 18:50:50.0	隐患类别:	安全质量隐患	隐患项目:	轨道工程质量
隐患分项:	浮置板道床				
隐患内容:	混凝土外形尺寸、养护不符合规范和设计要求				
隐患部位:	清五区间施工区				
隐患描述:	凸台混凝土麻面				
消除要求:	立即整改落实				
隐患照片:					

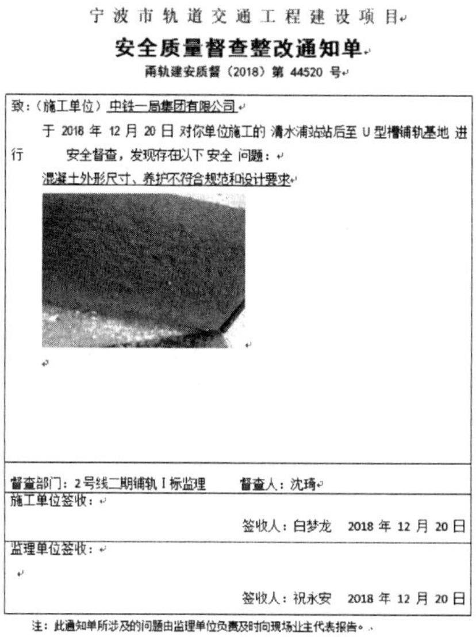

宁波市轨道交通工程建设项目

安全质量督查整改通知单

甬轨建安质督（2018）第 44520 号

致：（施工单位）中铁一局集团有限公司

于 2018 年 12 月 20 日对你单位施工的清水浦站站后至 U 型槽铺轨基地进行安全督查，发现存在以下安全问题：

混凝土外形尺寸、养护不符合规范和设计要求

督查部门：2号线二期铺轨Ⅰ标监理　　督查人：沈琦

施工单位签收：

签收人：白梦龙　2018 年 12 月 20 日

监理单位签收：

签收人：祝永安　2018 年 12 月 20 日

注：此通知单所涉及的问题由监理单位负责及时向现场业主代表报告。

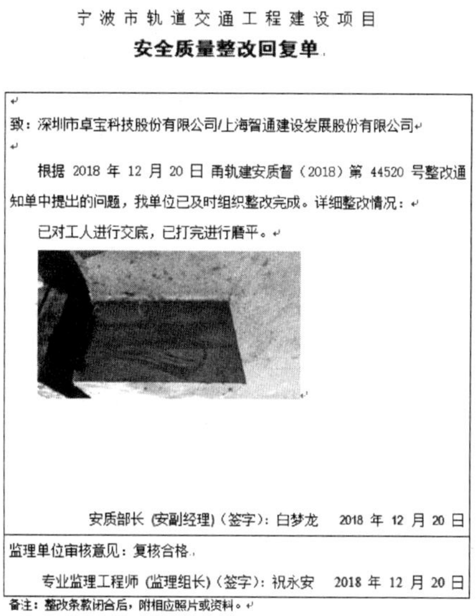

宁波市轨道交通工程建设项目

安全质量整改回复单

致：深圳市卓宝科技股份有限公司/上海智通建设发展股份有限公司

根据 2018 年 12 月 20 日甬轨建安质督（2018）第 44520 号整改通知单中提出的问题，我单位已及时组织整改完成。详细整改情况：

已对工人进行交底，已打完进行磨平。

安质部长（安副经理）（签字）：白梦龙　2018 年 12 月 20 日

监理单位审核意见：复核合格

专业监理工程师（监理组长）（签字）：祝永安　2018 年 12 月 20 日

备注：整改条款闭合后，附相应照片或资料。

图 15-51　整改单（51）

第四篇　保　　障

第 16 章　工程风险第三方监测监控

16.1　创新管理模式

宁波市轨道交通首创第三方监测与风险咨询管理一体化管理模式，具有以下优点：

（1）第三方监测与风险咨询一体化机制，可以健全风险管理体系，提供施工全过程的安全风险管理与咨询服务。

（2）第三方监测与风险咨询一体化机制，要求第三方监测项目配备风险评估、岩土、结构专业技术人员，建立基于结构风险的监测监控中心，缩短了监测信息传递路径，提高了数据分析、动态风险评估工作效能。

（3）第三方监测与风险咨询一体化机制，确保建设风险管理可持续发展。

16.2　宁波软土基坑监控图表法管控技术

监控图表法是符合宁波软土地区工程建设特点的管控技术。其加强了工程施工的过程控制，督促施工方重视每道施工工序，细化施工方案和措施，实现工程的规范化和精细化施工。同时加强安全生产管理，层层落实安全生产责任制和各参建单位在施工现场安全管理中的责任和义务，高效发挥监测监控管理系统在工程现场监控、分析、预警、消警等方面的作用。基坑监控图表主要包括以下内容：

（1）基坑监测平面图。用于反映各监测要素，便于更直观地反映监测数据与现场工况之间的关系。以基坑开挖深度 3 倍范围内为重点监测对象，根据变形安全等级要求，为客观、全面地反映车站基坑变形情况，设置的监测要素有围护结构顶水平位移及沉降、围护结构深层水平位移（测斜）、支撑轴力、基坑外地下水位、周边建筑物、管线及地表沉降等。

（2）土方开挖纵剖面图。用于对现场土方开挖进度及每分块土方的开挖范围进行动态管控，每分块土方的开挖范围用不同的颜色在上述两张图纸中进行相应的标识，以确定合理的开挖进度及控制无支撑暴露时间，便于及时对开挖过程中存在的问题进行分析讨论。

（3）基坑地质纵剖面图。用于直观地反映基坑纵断面的地质分布情况：开挖土层、坑底土层、墙趾土层、承压水层等，以明确地质风险。

（4）土方开挖无支撑暴露时间统计表。主要用于记录各分块土方开挖的理论及实际无支撑暴露时间，并通过理论无支撑暴露时间与实际无支撑暴露时间的对比，来分析问题及采取相应的措施。

（5）现场监测分析会记录表。用于施工单位、监理单位及施工监测单位对现场工况进行记录、监测要点进行分析、现场问题及处理措施进行相应的记录。每日监测分析会记录由各单位技术人员签字；每周一次的监测分析会，由施工方项目经理或总工、监理总监、施工监测项目经理参加并签字。

（6）现场巡检记录表。主要巡检内容包括：①开挖面地质状况：土层性质及稳定性、地下水控制效果和其他情况；②支护结构体系：支护体系施作及时性、渗漏水情况、支护体系开裂、变形变化和其他情况；③周边环境：坑边超载、地表积水及截排水措施、建（构）筑物变形及开裂情况、地表变形及开裂情况、管线沿线地面开裂、渗水、塌陷情况、管线检查井开裂及积水变化和其他情况。

（7）监测监控分中心人员组成及职责表。该表汇总了建设单位、设计单位、监理单位、施工单位、施工监测单位主要负责人及其联系方式，明确了各负责人监测监控的工作职责。

（8）基坑设计要素统计表。该表提取了设计图纸中的关键要素，包括基坑概况、围护结构形式、工程及水文地质、周边荷载情况、基坑开挖、重大风险源统计。基坑概况包括车站层数、基坑安全等级、基坑长宽、开挖深度等；围护结构形式包括围护结构、支撑形式、基坑加固情况等；工程及水文地质包括坑底土层、嵌固端土层、承压水、特殊地质等；周边荷载情况包括地坪标高、周边动载及静载等；基坑开挖包括具体的土方开挖方式、实际预加轴力、无支撑暴露时间等；重大风险源统计包括针对Ⅰ、Ⅱ级重大风险源进行统计。

（9）每日动态风险评估表（表 16-1）。宁波首创《基坑工程每日动态风险评估表》。该表化繁为简，突出重点，快速决策。关注施工影响下的最关键的监测数据和信息，包括不良地质水文、施工质量缺陷、不规范施工行为等大量信息云，科学分析超限原因和发展趋势，对地铁工程结构风险控制提出了从监测数据到工况分析及预警管理的全过程、全方位的解决方案。该表结合施工工况全面系统地评估基坑主要监测数据的超限原因和发展趋势，提出不同级别的预警，并便于后期对比分析和汇总统计。该方法成果作者已在多个城市的地铁风险咨询管理业界推广。

表 16-1 每日动态风险评估表

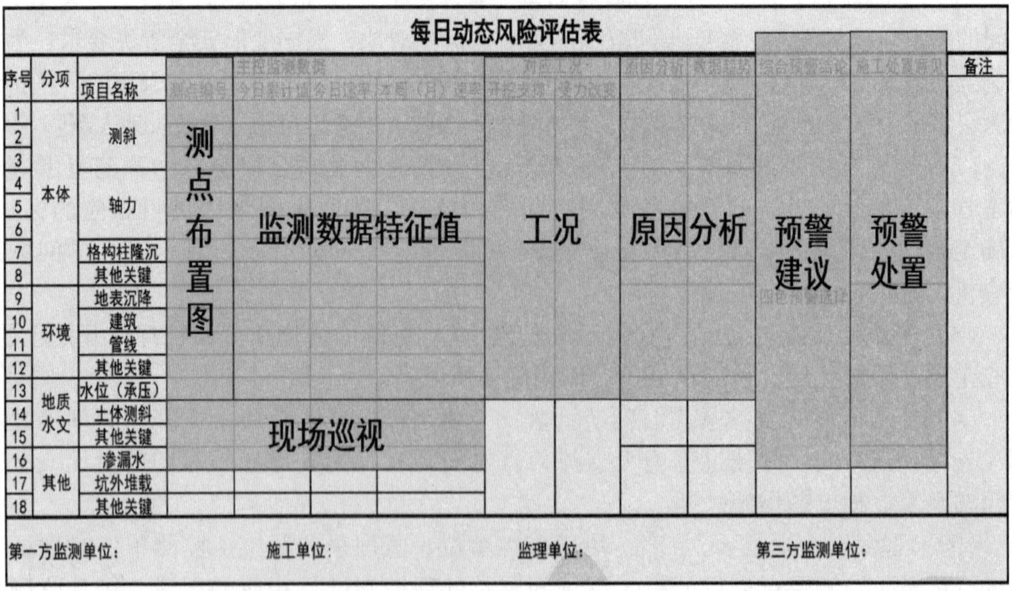

16.3　变形控制指标体系

宁波轨道交通变形控制指标体系用于反映当前工程现场的总体施工水平，通过与预警管理机制相结合，以有效地规范现场施工，并对结构本体和周边环境的安全状态做出合理的评价。同时变形指标体系的研究也是指挥部建立“蓝、黄、橙、红”四级预警管理体系的主要理论依据，有利于完善四级预警管理。

结合宁波轨道交通预、消警管理体系，总结出了蓝、黄、橙、红各级预警指标。现总结如下：(1) 基坑结构本体预警指标，主要包括墙体测斜日变化速率及累计值、地表沉降日变化速率及累计值；(2) 支撑轴力、坑外水位、桩（墙）顶位移、立柱隆沉等指标作为辅助参考（表 16-2 ~ 表 16-5）。

表 16-2　一级基坑预警指标

项目		蓝色	黄色	橙色	红色
墙体测斜	累计值 (mm)	0.14% K_1H	0.14% K_2H	0.14% K_3H	累计值大于 0.14% K_4H 且单日变化大于 $3K_4$，同时现场存在较明显安全隐患
	单日速率 (mm/d)	$3K_1$（连续 2d，2.5 ~ 3）	$3K_2$	$3K_3$	
地表沉降	累计值 (mm)	0.2% K_1H	0.2% K_2H	0.2% K_3H	累计值大于 0.2% K_4H 且单日变化大于 $3K_4$，同时现场存在较明显安全隐患
	单日速率 (mm/d)	$3K_1$（连续 2d，2.5 ~ 3）	$3K_2$	$3K_3$	

注：K_1 为 1.0 ~ 1.4，K_2 为 1.4 ~ 1.7，K_3 为 1.7 ~ 2.5，K_4 为 2.5。

表 16-3　二级基坑预警指标

项目		蓝色	黄色	橙色	红色
墙体测斜	累计值 (mm)	0.3% K_1H	0.3% K_2H	0.3% K_3H	累计值大于 0.14% K_4H 且单日变化大于 $3K_4$，同时现场存在较明显安全隐患
	单日速率 (mm/d)	$4K_1$（连续 2d，3.5 ~ 4）	$4K_2$	$4K_3$	
地表沉降	累计值 (mm)	0.4% K_1H	0.4% K_2H	0.4% K_3H	累计值大于 0.2% K_4H 且单日变化大于 $3K_4$，同时现场存在较明显安全隐患
	单日速率 (mm/d)	$4K_1$（连续 2d，3.5 ~ 4）	$4K_2$	$4K_3$	

注：K_1 为 1.0 ~ 1.4，K_2 为 1.4 ~ 1.7，K_3 为 1.7 ~ 2.5，K_4 为 2.5。

表 16-4　车站基坑辅助预警指标

量测项目	基坑变形安全等级			
	一级		二级	
	累计值（mm）	变化速率（mm/d）	累计值（mm）	变化速率（mm/d）
支撑轴力	80%设计值			
立柱隆沉	25	2	35	3
墙顶沉降	20	2	30	3
墙顶水平位移	20	2	30	3
坑外水位	500	300	1000	500

周边环境指标主要包括管线沉降日变化速率及累计值、建筑物沉降速率及倾斜率。

表 16-5　周边环境指标

项目		蓝色	黄色	橙色	红色
有压管线（煤气、给水、雨污水等）	累计值（mm）	10～14	14～17	17～25	累计值大于25、速率大于5，且现场存在较明显安全隐患
	单日速率（mm/d）	2～2.8	2.8～3.4	3.4～5	
非有压管线（电力、通讯）	累计值（mm）	20～28	28～34	34～50	累计大于50、速率大于10，且现场存在较明显安全隐患
	单日速率（mm/d）	4～5.6	5.6～6.8	6.8～10	
建筑物	单点累计值（mm）	40～60	60～80	80～100	单点累计值大于100、速率大于10、倾斜大于4.5‰，且现场存在较明显安全隐患
	单日速率（mm/d）	3～4	4～6	6～10	
	局部倾斜	2‰～2.5‰	2.5‰～3‰	3.5‰～4.5‰	

16.4　精细化监测监控技术及管理方法

常规的施工管理工作中，主要由第三方监测单位将现场监测数据上报建设单位，之后通过建设单位内部相关部门的分析给出是否需要进行施工控制的反馈信息。在不考虑施工控制标准的前提下，该模式下的施工管理方仅根据监测数据对施工现场进行管控，建设单位与现场的联系不紧密，导致施工反馈往往存在滞后性，无法及时处理紧急情况。在对存在的问题做清晰认识的基础上，为了更好地规范宁波市轨道交通建设过程中的监测监控工作，提出了车站精细化施工的监测监控管理技术。从管理层面建立以现场监控分中心为核心的施工管理模式，充分发挥建设单位、施工单位以及监测单位的工作优势，做到技术先进、经济合理、成果可靠，第一时间确保工程结构和周边环境的安全。

精细化施工管理主要有如下几层内涵：首先，基坑施工的变形控制指标需要做到精细，即通过现场实测分析与数值试验等方法建立宁波轨道交通车站变形指标体系；其次，精细化施工管理又体现在基于变形指标的四级预警管理模式，做到基坑分级预警管控；最后，现场的基坑施工需要配套以完备的监测数据分析反馈制度以及可以适应动态土方开挖控制和基坑架设作业的施工管理策略。

宁波市轨道交通工程监测监控管理实行分层管理，即建设分公司决策层、中间监管层和现场实施层三级管理体制。在中间监管层组建监测监控管理中心，由安全质量部、现场项目主管部门、第三方监测单位（含风险咨询）组成，安全质量部是监测监控管理中心的归口管理部门，安全质量部监测监控科负责对监测监控管理中心日常工作统筹管理。监测监控管理中心通过风险评估、动态监控、监测管理、监控图表、四级预警、巡检闭合、应急体系等有效开展全面的监测监控工作。

第三方监测单位（含风险咨询）的主要工作内容有：（1）协助进行现场监测监控分中心的日常管理工作，每月对现场分中心监测监控标准化工作的执行情况进行定期检查和督促，并参与业主组织的相关检查考核活动。（2）按合同要求配备人员及仪器、设备，并及时报审。（3）审核监理、施工、施工监测单位的监测监控人员、仪器等资质报审材料。（4）编制第三方监测总体管理方案和工点监测方案编制，按要求进行方案审核、论证、报审、备案、交底及组织实施。如后期有重大设计或环境变更，原监测方案无法满足实际工作需要时，需重新编制专项方案并组织论证。（5）参与施工准备期周边环境核查，指导分中心开展静态风险评估工作，汇编总体静态风险评估报告。审查施工监测方案，并组织施工监测方案和静态风险评估报告的专家评审工作。（6）负责向监理、施工及施工监测单位进行监测交底工作。（7）参加监理组织的测点验收及初始值采集工作。（8）负责对施工方监测进行抽检，并对双方监测数据进行对比；对周边环境及结构本体实施工后监测，直至满足停测条件。在出现预警、险情及数据异常时，按要求做好复测及应急监测等工作。（9）开展日常巡检工作，组织监理、施工和施工监测单位进行联合巡检工作，参加现场监测监控分中心周例会，跟踪现场问题整改闭合情况。（10）结合现场巡检情况及工况图表，每天分析监测数据，判断工点的安全状态，负责填写《每日风险动态分析表》中综合分析、评估结论、预警处置跟踪等相关内容。（11）根据工点每日风险动态分析，及时提出预警发起建议。参加现场预警分析会，进行原因分析并提出处置措施建议，并进行预警处置跟踪，审核消警申请。（12）做好监测监控数据、风险评估案例的收集、分析和总结。

在现场实施层组建现场监测监控分中心，由监理单位、施工单位、设计代表、业主代表组成，日常工作由监理单位组织开展。

宁波轨道交通土建施工工程中监测监控明确了职责、流程和管理要求，并通过监测监控管理中心推动现场在总监领导下由参建各方组成的分中心开展监测监控管理工作，极大地促进了施工主体安全意识的提升及安全措施的改进，进而促使了施工方法的整体进步，也为轨道交通工程监测监控远程风险管理提供了组织保障。

16.5 分级预警管理

预警管理为宁波市轨道交通土建工程风险管理的重要组成部分。在实行风险监控范围的宁波轨道交通各标段，未发生一起由于结构安全事故引发的伤亡事故。通过蓝色、黄色、橙色甚至红色预警升级警示，并采取不同措施及时控制事故的发生。同时通过预警制度的实施，及时地调动了参建各方的应急处置力度，并通过预警短信等多种渠道，时刻绷紧参建各方的安全弦，从主观上增加安全保障，降低安全事故发生的可能性。

预警包括单项预警和综合预警两大类。综合预警是由监测监控管理中心结合现场监测数据、巡视信息和风险情况，通过核查、综合分析和专家咨询等，及时判定工程风险大小，确定相应预警级别，发出综合预警信息。

（1）单项预警

单项预警：当监测“双控”指标（累计变化量、变化速率）超控制值时（控制值参照方案、设计文件及相关规范文件执行），或现场巡检发现支护结构、主体结构、周边环境出现影响风险工程自身及周边环境安全的异常情况时，现场监测监控分中心启动单项预警。

单项预警启动后，现场监测监控分中心通过监测报表会审（当天监测日报表会审记录中需进行风险分析并明确处置措施）、数据异常分析会等形式进行预警分析，并落实处置措施，监理单位负责督促。

（2）综合预警

综合预警是由定量的监测数据指标和定性的风险事件程度（根据突发风险事件可能造成的社会影响性、危害程度、紧急程度、发展势态和可控性等情况）综合确定，按工程风险状态由小到大分为：蓝色预警、黄色预警、橙色预警和红色预警。其判别标准参考表16-6。

表16-6　预警判别标准表

预警级别	判别标准
蓝色预警	当日监测数据超标或巡检发现支护结构、主体结构、周边环境出现影响风险工程自身及周边环境安全的异常情况时，综合分析判断风险事故后果在一定条件下可以忽略，对工程本身以及人员、设备等不会造成较大损失；需提醒各方关注，为最低级别的风险预警
黄色预警	当日监测数据超标或巡检发现支护结构、主体结构、周边环境出现影响风险工程自身及周边环境安全的异常情况时，综合分析判断风险事故后果一般，对工程可能造成破坏的范围较小或有较少人员伤亡；综合判断为可接受风险，现场须采取防范措施，为一般级别的风险预警
橙色预警	当日监测数据超标或巡检发现支护结构、主体结构、周边环境出现影响风险工程自身及周边环境安全的异常情况时，综合分析判断风险事故后果很严重，可能在较大范围内对工程造成破坏或有人员伤亡，且周边环境复杂，综合判断为不愿接受风险，工程处于不安全状态，须立即采取措施，为较高级别的风险预警
红色预警	当日监测数据超标或巡检发现支护结构、主体结构、周边环境出现影响风险工程自身及周边环境安全的异常情况时，综合分析判断工程处于临界状态，风险事故后果是灾难性的，并造成恶劣社会影响和政治影响；综合判断为不可接受风险，须立即采取抢险措施，为最高级别的风险预警

任何参建单位当判断风险工程可能达到红色预警状态或发生重大突发风险事件时，应首先及时组织启动相关应急措施，同时应以口头、短信、电话等快捷和可追溯的形式及时进行预警快报。

（3）综合预警发起及响应

第三方监测和风险咨询单位根据各工点每日动态风险分析评价结果，指导、督促现场分监控中心及时启动单项预警，以即时通信软件、短信、电话等方式向参建单位相关人员发出风险提示信息。

第三方监测和风险咨询单位根据每日监测数据、巡视情况等，并结合分中心意见提出预警建议，通过综合分析判定风险状态，提出综合预警建议，经安全质量部逐级审核后，确定相应综合预警级别后通过信息平台、短信方式向参建单位相关人员发送预警短信。

（4）综合预警响应

1）蓝色预警响应流程

预警部位需进行加密监测及巡视，由监理单位组织预警分析会议，项目总监、施工单位总工、第三方监测单位岗位工程师、施工监测单位相关负责人参加；分析数据变化原因，预测数据变化趋势，提出预警部位风险管控措施，指导现场生产施工。

2）黄色预警响应流程

预警部位需视情况暂停施工，或采取预控应急措施，准备启动项目部级应急预案。由监理单位组织预警分析会议，项目总监、施工单位总工、施工监测单位项目负责人、第三方监测单位技术负责人和岗位工程师、设计单位代表、安全质量部监测监控工程师、项目建设部现场业主代表参加；制定处理方案，按风险事件情况分级处理。分中心各单位加强监测和巡视，业主代表、监理单位负责协调处理和跟踪监督。

3）橙色预警响应流程

预警部位需停止施工，视情况启动项目部级应急预案，现场专人警戒，疏散作业人员、机械设备等，由监理单位组织预警分析会议，项目总监、施工单位项目负责人及总工、施工监测单位项目负责人、第三方监测单位项目负责人和岗位工程师、设计单位项目负责人、安全质量部部长、项目建设部部长参加，共同研究风险处置方案和风险处置过程的监督、管理。安全质量部、监理单位负责协调处理和跟踪监督。

4）红色预警响应流程

施工单位应组织专家论证，各参建单位项目主要负责人参与风险处置。施工单位企业主管领导主持组织风险处理，建设单位主管领导参与主持风险处理。安全质量部、现场管理部门及监理单位负责协调处理和跟踪监督。

（5）综合预警响应要求

1）风险状态、综合预警级别确定应综合考虑现场施工技术水平、管理水平以及可能造成风险后果的一切其他因素的影响。

2）对于两次发出预警的同一工程部位，数据在一定时间内未收敛，并有继续增大的趋势时，应将当前预警级别予以升级。

3）预警会议先踏勘现场，后在监测监控分中心召开，会议由监理单位主持，承包单位汇报现场情况，施工监测单位汇报当日监测及加密监测数据情况，各单位共同对警情原因进行分析，提出建议和控制措施。会议结束后监理单位负责形成会议纪要，抄送与会各方，督促各相关方落实，并上传至基坑监控系统。

4）第三方监测和风险咨询单位应对现场预警处置措施落实情况及工程状态及时进行跟踪反馈，通过基坑监控系统预警跟踪功能发布跟踪信息，针对特殊情况（如数据持续增大、现场会议措施落实不到位等）及时提出升级预警建议。

5）发生蓝色、黄色、橙色、红色级别预警时，监测单位应按要求加密监测，并及时提交监测成果。当现场预警处置措施有效落实、监测数据趋于收敛时，可根据具体情况，适当降低加密监测频率。

6）第三方监测和风险咨询单位应对黄色及黄色以上级别预警编写专项分析报告，结合现场预警会议，深入分析预警原因、提出控制措施建议等。通过OA系统报送至相关部门领导。

（6）综合预警消警流程

预警发出后，在现场采取有效措施的情况下，连续多日（至少3d）监测数据显示收敛趋势，警情得到有效控制或解除后，方可申请消警。递交消警申请报告时，施工单位应提交以下文件：

1）预警、消警现场会会议纪要；

2）施工监测、第三方监测的监测数据报告；

3）措施落实情况；

4）消警申请单。

16.6 施工动态风险评估及预警

16.6.1 施工动态风险评估

在线路开工前对整体进行静态风险评估，为领导决策和指导轨道交通安全生产的层级化管理提供依据。此阶段的风险评估可按风险界定、风险辨识、风险估计、风险评价和风险评估分步开展。寻找动态风险控制重点目标。

在工程建设阶段，实现工程施工全过程的动态监测、安全风险监控与管理，及时评估土建工程施工阶段的安全风险，提出风险管理建议或措施，避免或减少工程事故的发生，实现宁波市轨道交通一期工程建设的安全、快速推进。

（1）现场巡检

现场巡检包括日常巡检（图16-1）、联合巡检（图16-2）、专项巡检（图16-3）及专家巡检（图16-4）。通过现场巡检发现施工过程中存在的问题，及时反馈给建设各方并完成整改。

（2）现场监测及信息反馈

为做好基坑开挖期间的风险评估工作，分中心各单位做好配合工作，及时汇总现场工况及监测数据，做好当前基坑的动态风险评估，并做出具有针对性的建议（图16-5）。

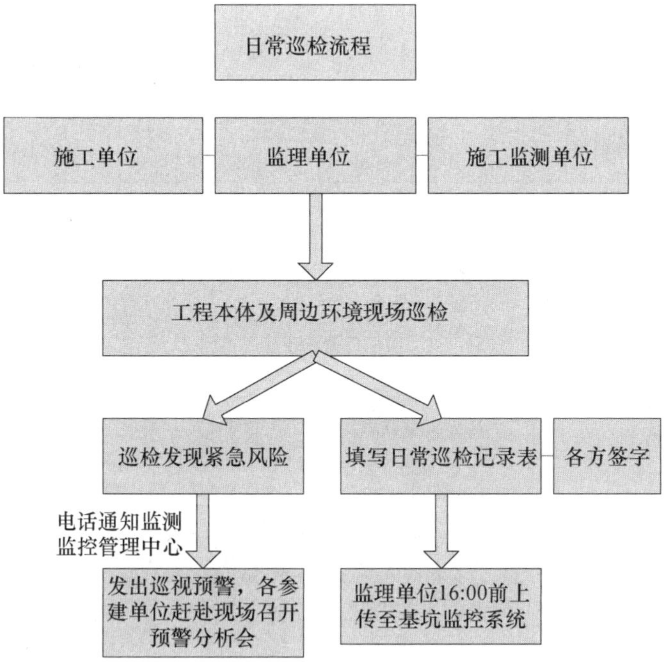

图 16-1　日常巡检流程图

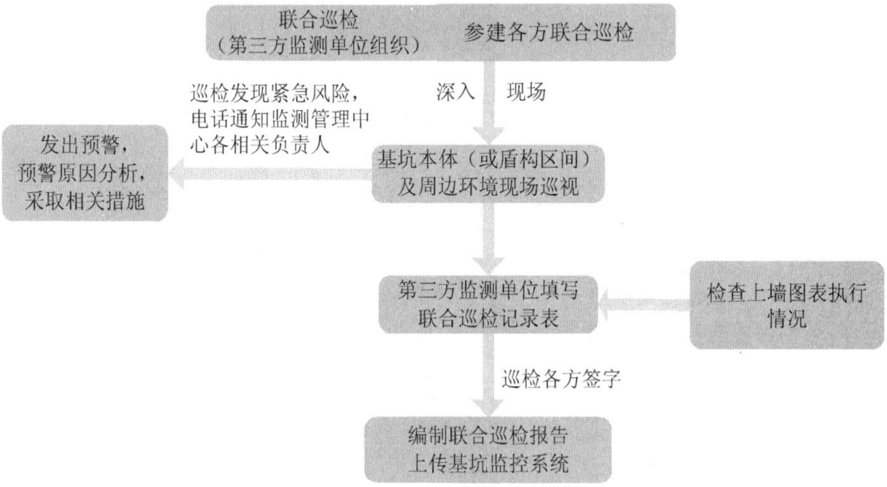

图 16-2　联合巡检流程图

1）施工单位每日 12:00 之前上报当日监测数据及施工工况，并保证上报信息的真实、准确、及时、连续。同时应在 13:00 之前填报完成施工监测日报同施工监测日报信息会审表报。

2）第三方监测单位对施工单位每日上传的监测数据进行审核。

3）施工现场出现数据异常情况（或出现警情、险情等）时，根据现场实际情况加密监测频率，将监测数据和工况以短信速报形式报至相关方，并及时上传至监测监控管理信息平台。

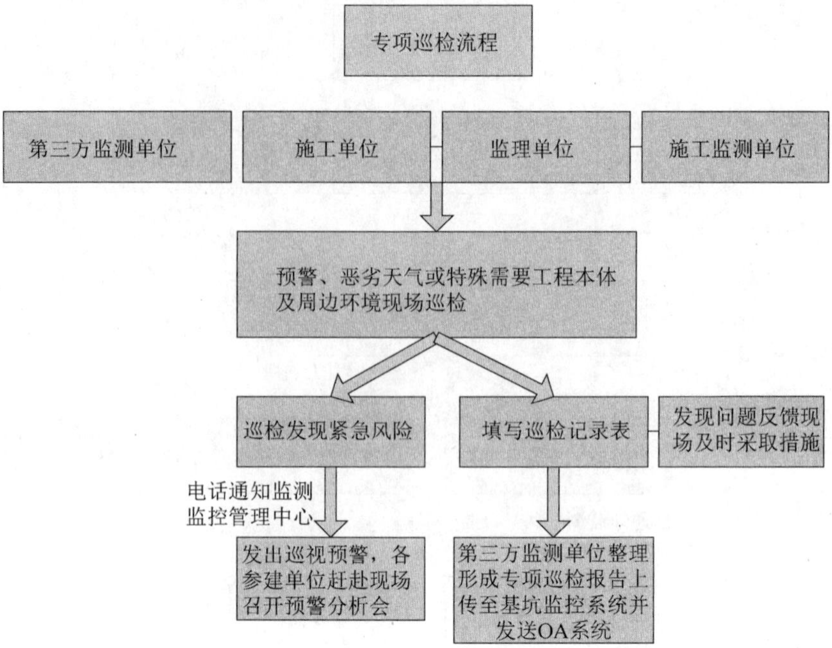

图 16-3　专项巡检流程图

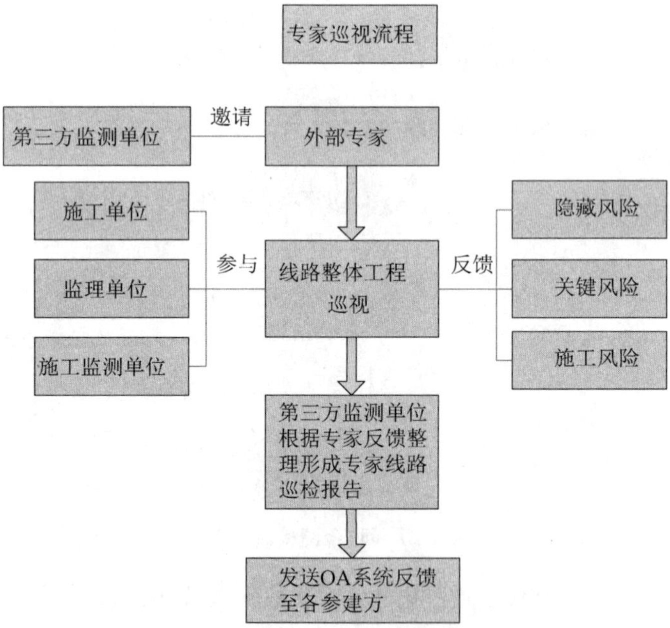

图 16-4　专家巡视流程图

监测监控管理中心和现场监测监控分中心应结合现场工况进度、日常巡视信息及监测数据等，对正在进行土建施工的工点每日开展风险动态分析评估，评价工点安全状态，及时启动监控预警，提出管控措施建议。

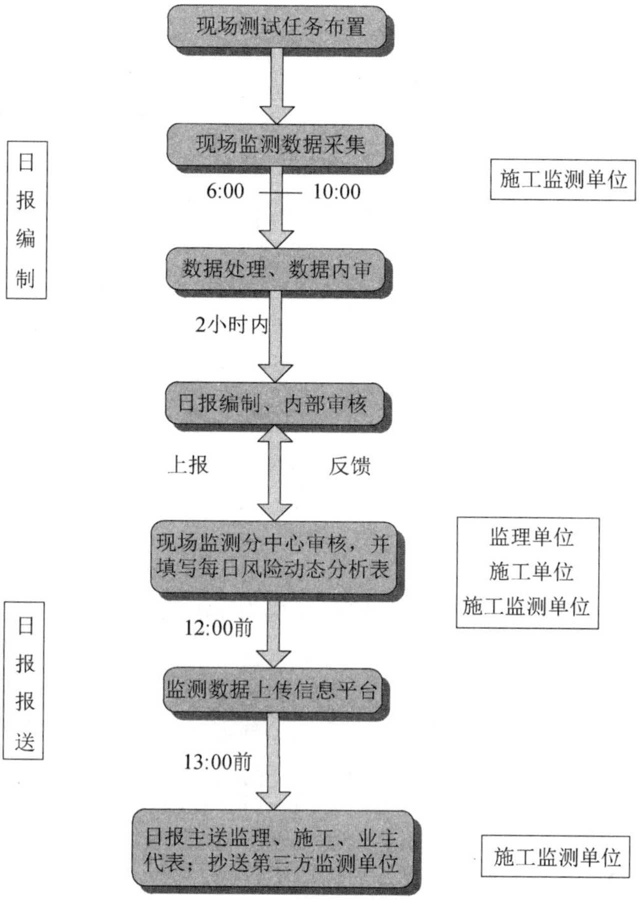

图 16-5　监测数据反馈流程图

16.6.2　工程预警案例

1. 案例一（蓝色预警）

（1）工程概况

TJ31KY 标 U 形槽高阳路北段基坑（标 1～标 4 段）宽 11.4～16.6m，开挖深度 0～12.58m。围护结构采用 SMW 工法桩＋内支撑体系（局部采用水泥挡土墙）；工法桩段设置一至二道支撑，第一道采用钢筋混凝土支撑或钢支撑，其余为 ϕ609 钢支撑；基坑采用明挖顺筑法施工，SWM 工法桩厚 850mm，其他位置基坑较浅，采用水泥挡土墙围护形式。基坑坑底位于②3 淤泥质粉质黏土，②2b 淤泥质黏土，②2a 淤泥，①3 淤泥质黏土。

（2）施工概况

截至 2018 年 4 月 2 日（星期一），U 形槽高阳路北段基坑北端头标 1 段垫层浇筑完成，中段基坑第三层已开挖至第七根混凝土支撑处，累计完成土方开挖 5400m^3/10000m^3，完成率 54%；累计完成钢支撑架设 41 根/67 根，完成率 61%；现场标 1 段（测斜 CX1 位置）断面测斜，地表数据变化较大，现已在该位置底部架设 4 根临时钢支撑（图 16-6、图 16-7）。

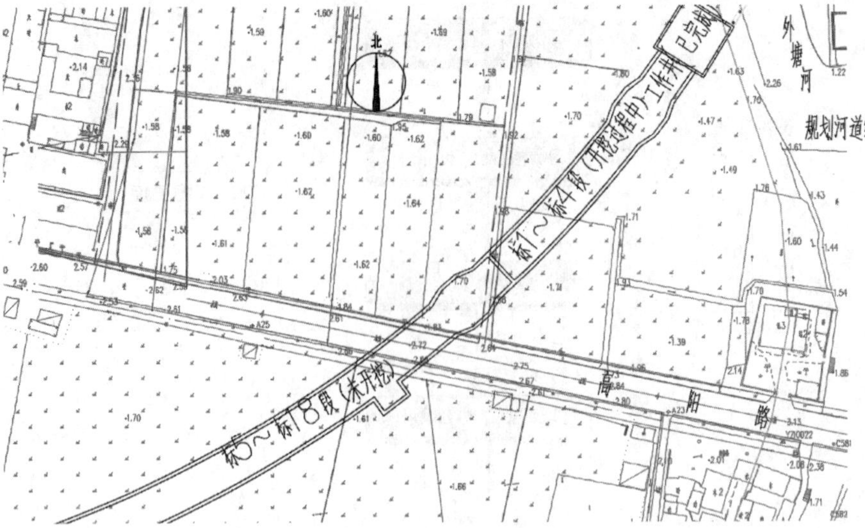

图 16-6　区间位置关系图

该位置开挖面至设计开挖深度土层分布分别为①3 淤泥质黏土、②2a 淤泥、②2b 淤泥质黏土、②3 淤泥质粉质黏土。

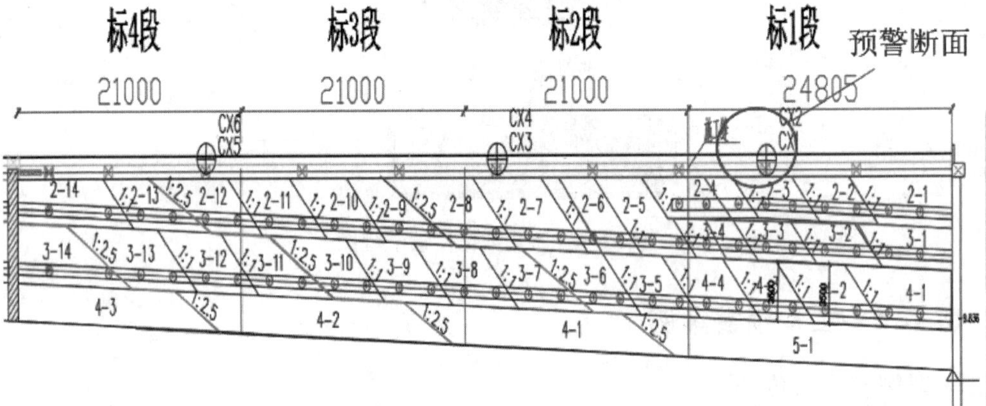

图 16-7　预警断面测点布置图

（3）预警情况

截至 4 月 2 日 11 时，现场监测数据变化较大，具体数据见表 16-7、表 16-8 和图 16-8。

表 16-7　预警断面测斜数据统计表

日期	测点编号	最大速率	最大累计值
4 月 1 日（9—16 点）	CX1-12. 0m	13. 40mm/7h	66. 62mm
4 月 1 日（16—22 点）	CX1-12. 0m	12. 42mm/6h	79. 05mm
4 月 1 日（22—6 点）	CX1-12. 0m	15. 50mm/8h	94. 55mm
4 月 2 日（6—9 点）	CX1-12. 0m	0. 05mm/d	94. 60mm
4 月 2 日（9—11 点）	CX1-12. 0m	0. 45mm/d	95. 05mm

表 16-8　预警断面地表数据统计表

日期	测点编号	最大速率	最大累计值
4 月 1 日（9—16 点）	Dc1-3	-9.00mm/7h	-45.63mm
4 月 1 日（16—22 点）	Dc1-3	-2.52mm/6h	-48.15mm
4 月 1 日（22—6 点）	Dc1-3	-38.12mm/8h	-86.27mm
4 月 2 日（6—11 点）	Dc1-3	0.59mm/5h	-86.86mm

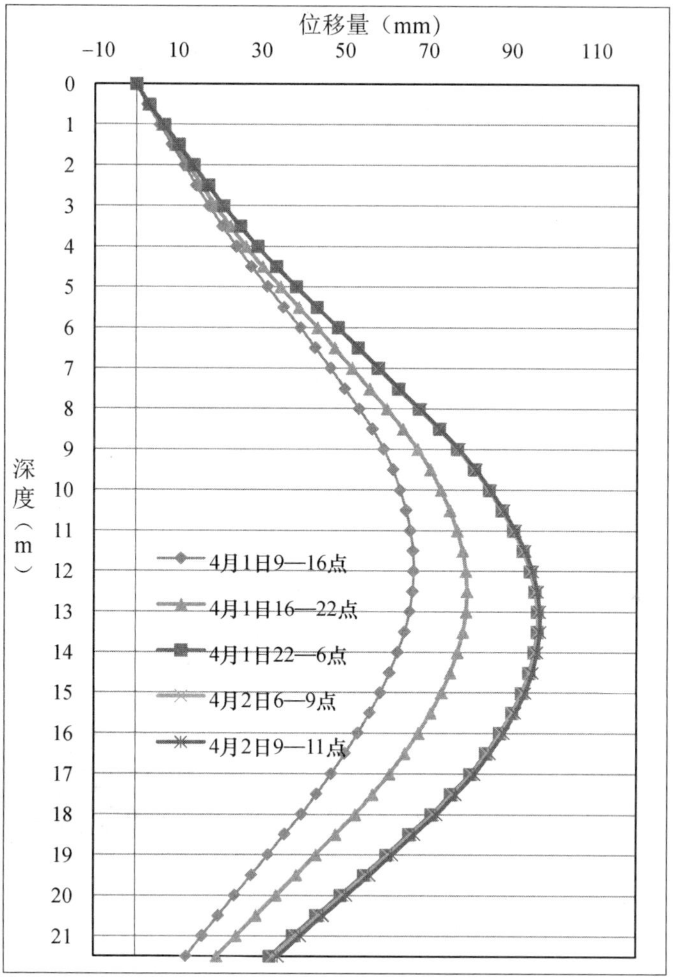

图 16-8　CX1 数据变化图

截至 4 月 2 日 10：00，基坑标段垫层全部浇筑完成，且在该位置底部架设 4 根临时钢支撑。

（4）原因分析

通过监测数据、现场施工情况等综合分析，可知：

1）D2-1 是挖机和土方车作业区，且该区域前期进行管线改迁，回填土未密实；

2）该区域垫层收底时间较长（图 16-9、图 16-10）。

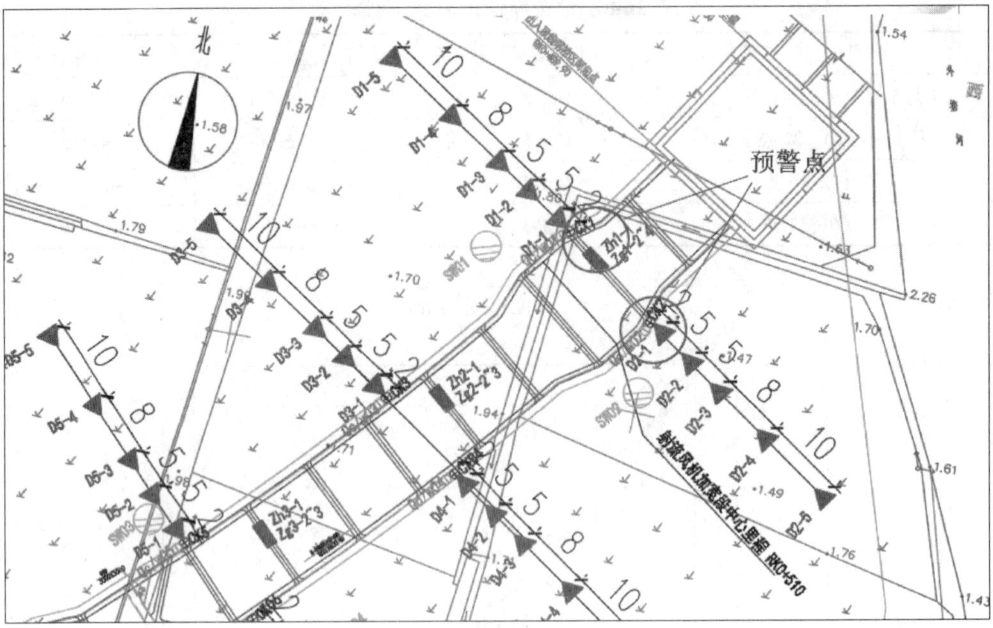

图 16-9　预警断面测点布置图

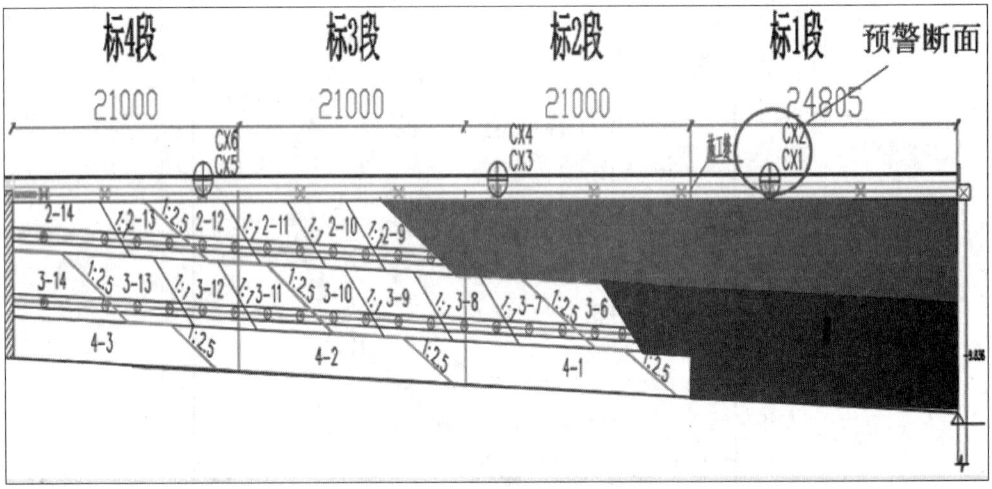

图 16-10　预警断面开挖示意图

（5）措施建议

1）合理安排工序，加快该区域收底速度，尽快浇筑底板；

2）基坑边尽可能减少土方车停放；

3）施工单位在开挖过程中，应遵循分段、分块原则开挖，严禁超挖。

2. 案例二（黄色预警）

（1）工程概述

儿童公园站北基坑长约88m。北端头宽29.6m，开挖深度27.698m，围护结构采用1200mm厚地下连续墙（墙趾埋深76m，上部53.3m含钢筋笼，插入比约为0.88，下部 22.7m 为素混凝土，整体插入比约为 1.68）和八道内支撑，其中第一、三、五道为混凝土支撑，第二、四、六道为 ϕ609 钢管支撑，第七和第八道为 ϕ800 钢管支撑。

标准段、南端头（临时封堵墙）宽 23.1m，开挖深度 26.41m，围护结构采用 1000mm 厚地下连续墙（墙趾埋深 76～77m，上部 50.6m 含钢筋笼，插入比约为 0.91，下部 25.4～26.4m 为素混凝土，整体插入比约为 1.94）和七道内支撑，其中第一、三、五道为混凝土支撑，第二、四、六道为 ϕ609 钢管支撑，第七道为 ϕ800 钢管支撑。

（2）预警经过

11 月 15 日开始第二层土方开挖，到 11 月 22 日土方开挖施工完成，详细施工情况见表 16-9 和图 16-11。

表 16-9　11 月 15 日—11 月 22 日土方开挖施工情况

序号	开挖时间	开挖土块	开挖方量（m^3）	备注
1	2016.11.15	第二层 D3-1/2/3（北端头）西北角、D3-8 块东南角	1200	南、北端头第二层土方开挖
2	2016.11.16	第二层 D3-1/2/3 北端头修整、D3-8 块西南角	1000	北端头第三道混凝土支撑开始钢筋绑扎
3	2016.11.17	第二层 D3-4、D3-8 块西南角修整	400	
4	2016.11.18	第二层 D3-7、D3-5 块	1063	
5	2016.11.19	第二层 D3-7 至 D3-6 块	1540	
6	2016.11.20	第二层 D3-5 至 D3-4 块	850	北端头第三道混凝土支撑浇筑
7	2016.11.21	第二层 D3-5 至 D3-4 块	500	南端头第三道混凝土支撑浇筑
8	2016.11.22	第二层 D3-5 至 D3-4 块	100	第二层土方开挖完成

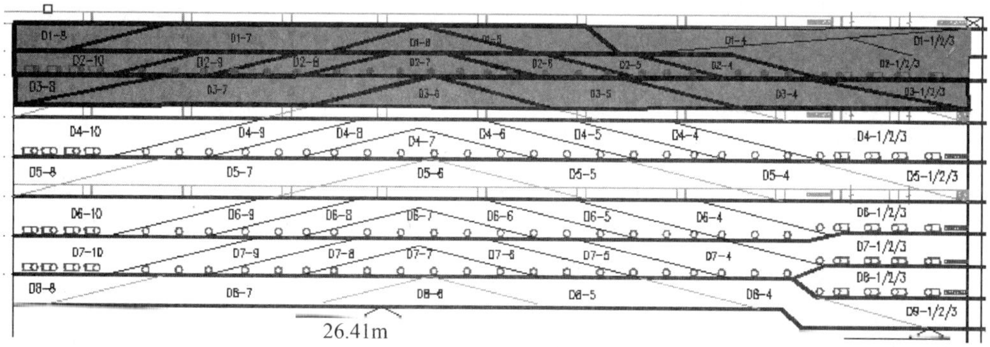

图 16-11　北基坑土方开挖剖面图（11.22 土方开挖情况）

监测数据显示：北基坑标准段测斜、地表连续 2d 变化速率超标，监测监控管理中心发布黄色预警。详见表 16-10 监测数据超标统计表。

表 16-10 监测数据超标统计表

预警项目	测点编号	累计值（mm）	单日最大变化量（mm）	连续两日变化量（mm）	预警指标	备注
测斜	CX11	44.63	7.07	11.02	测斜变形速率：2mm/d（连续 2d）累计值：44mm	
	CX17	37.52	7.84	10.6		
	CX16	39.48	4.54	7.35		
地表	Dc12-3	39.61	-3.74	7.2	地表沉降变形速率：2mm/d（连续 2d）累计值：29mm	

（3）数据分析

1）地表沉降分析（表 16-11、图 16-12）

表 16-11 地表沉降监测数据统计表 mm

时间测点	11—15	11—16	11—17	11—18	11—19	11—20	11—21	11—22
D11-3	－21.86	－22.69	－24.55	－24.75	－27.46	－28.89	－31.07	－34.24
D12-3	－24.57	－26.45	－27.93	－28.41	－31.04	－32.41	－34.94	－38.69
D17-2	－17.12	－17.2	－17.31	－18.73	－21.19	－21.62	－23.9	－24.05
D17-3	－15.36	－15.09	－15.96	－17.40	－19.78	－20.15	－22.34	－25.15

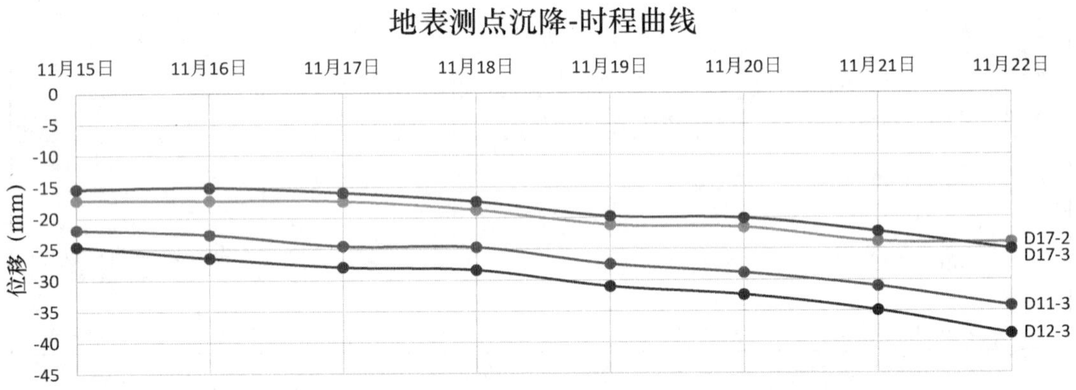

图 16-12 地表沉降累计值最大监测点时间-位移变化过程线

从监测数据以及测点累计值变化过程线可看出：11 月 15 日—11 月 22 日，从端头第二层土方开挖开始，到 11 月 22 日土方开挖完成。距离基坑 5～10m 的第 2、3 排地表沉降点沉降速率逐日增大，并且在 20—22 日沉降速率达到最大值，平均每天变化 2mm 左右，目前累计最大值为 D12-3：38.69mm，远超过报警值 29mm，且从各测点的变化趋势看未有收敛迹象，预计将会持续不断增大。

2）深层水平位移分析

标准段地连墙墙体深层水平位移测孔曲线（CX11 为土体孔）如图 16-13 所示。

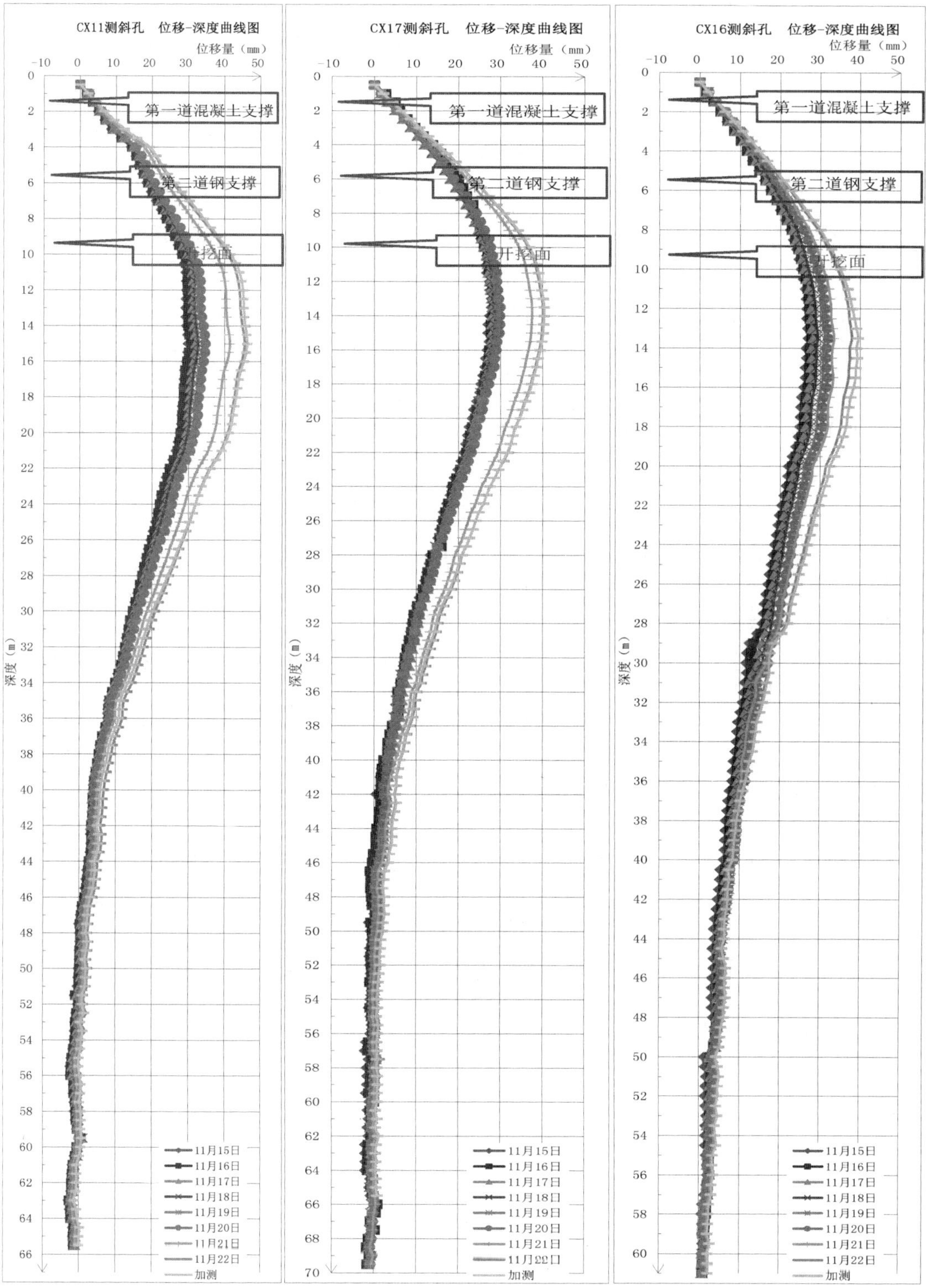

(a)　(b)　(c)

图 16-13　位移-深度曲线图

从图 16-13 位移-深度曲线图可看出：整体上随着基坑土方开挖，测斜监测数据显示墙体变形持续增大，预警期间开挖深度 9.36m，主要变形集中在开挖面下 3 ~ 5m 位置。

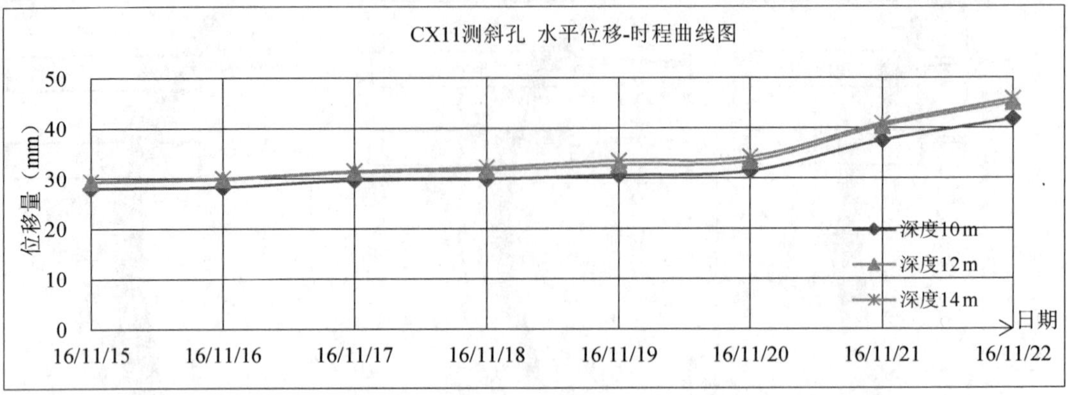

图 16-14　CX11 水平位移-时程曲线图

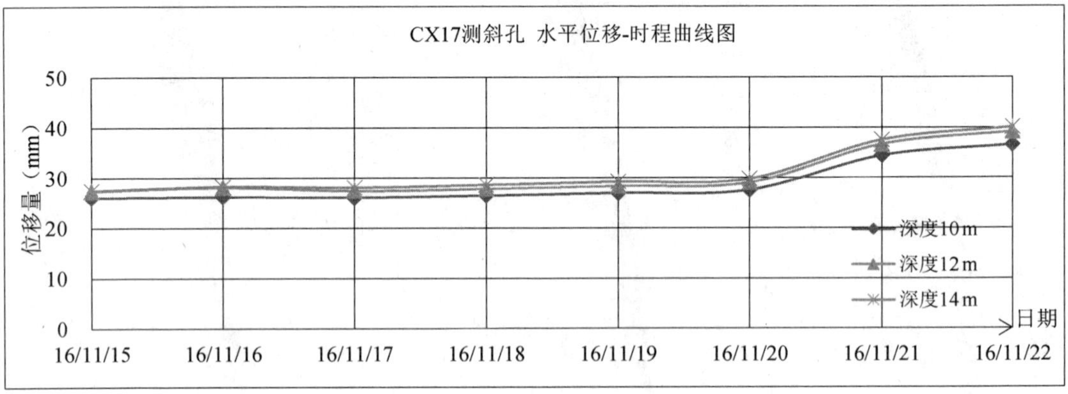

图 16-15　CX17 水平位移-时程曲线图

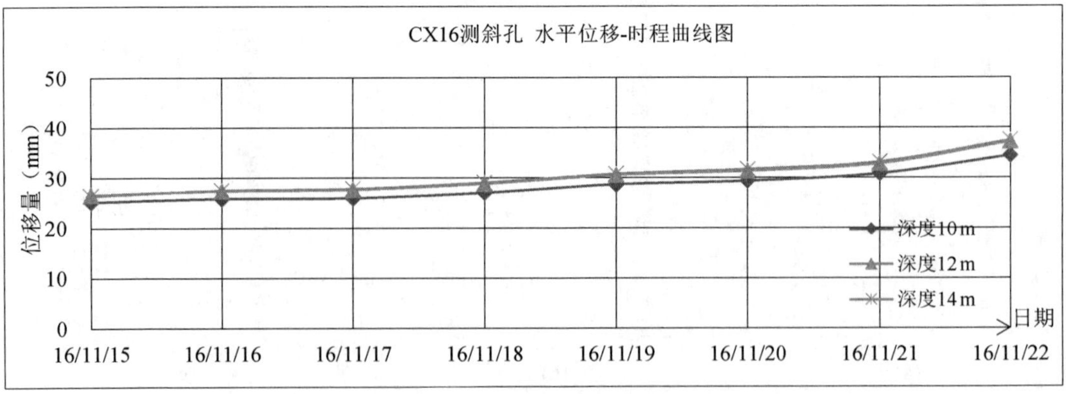

图 16-16　CX16 水平位移-时程曲线图

在图 16-14、图 16-15、图 16-16 中，11 月 15—20 日标准段未开挖期间，变形较稳定。11 月 20—22 日标准段第二层土方开挖，监测数据显示变化速率持续增大，CX11、CX17 单日最大变化速率分别为 7. 07mm/d、7. 84mm/d，截至 11 月 22 日晚，CX11 累计值达 44. 63mm，两日变形量为 11. 02mm，CX17 累计值达 37. 52mm，两日变形量为 10. 6mm。随着土方开挖完成，受第一道混凝土支撑和第二道钢支撑支撑作用，监测数据变形有所收敛，但变形仍在持续增大。

（4）原因分析及措施

综合以上监测数据变形情况，结合现场施工情况，警情原因分析如下：

1）无支撑暴露时间过长：施工单位在土方开挖过程中存在违规操作，开挖速度快、开挖面较长，第三道支撑为混凝土支撑，施工时间较长，无支撑暴露时间较长，导致基坑墙体测斜持续变形。详见图 16-17 标准段开挖面较长，图 16-18 不规范挖土作业。

图 16-17　标准段开挖面较长

图 16-18　不规范挖土作业

2）坑边附加荷载的影响：由于出土困难，部分土方长时间堆载在坑边集土坑，集土坑距离基坑较近；在巡视中也发现未施工机械长时间在基坑边停放等。

3）软土地层的特性：开挖涉及的土层主要有：①3 层淤泥质黏土层、②2t 淤泥层，土体强度低，具有变形大的特点。

措施建议：

1）严格按照施工方案进行挖土作业，禁止不规范挖土；未施工机械禁止在坑边长时间停放，及时清理坑边堆载土方。

2）施工单位应有效组织好施工，采取一切可行措施加快第三道混凝土支撑钢筋绑扎及浇筑施工，尽快形成支撑体系，以控制变形持续性发展。

3）加强基坑本体及周边环境监测，关注监测数据。如监测数据持续增大，建议及时架设临时支撑。

3. 案例三（橙色预警）

（1）工程概述

儿童公园站北基坑长约 88m。北端头宽 29. 6m，开挖深度 27. 698m，围护结构采用 1200mm 厚地下连续墙（墙趾埋深 76m，上部 53. 3m 含钢筋笼，插入比约为 0. 88，下部

22.7m 为素混凝土，整体插入比约为 1.68）和八道内支撑，其中第一、三、五道为混凝土支撑，第二、四、六道为 ϕ609 钢管支撑，第七、八道为 ϕ800 钢管支撑。

标准段、南端头（临时封堵墙）宽 23.1m，开挖深度 26.41m，围护结构采用 1000mm 厚地下连续墙（墙趾埋深 76～77m，上部 50.6m 含钢筋笼，插入比约为 0.91，下部 25.4～26.4m 为素混凝土，整体插入比约为 1.94）和七道内支撑，其中第一、三、五道为混凝土支撑，第二、四、六道为 ϕ609 钢管支撑，第七道为 ϕ800 钢管支撑。北基坑平面图见图 16-19，北基坑剖面图见图 16-20。

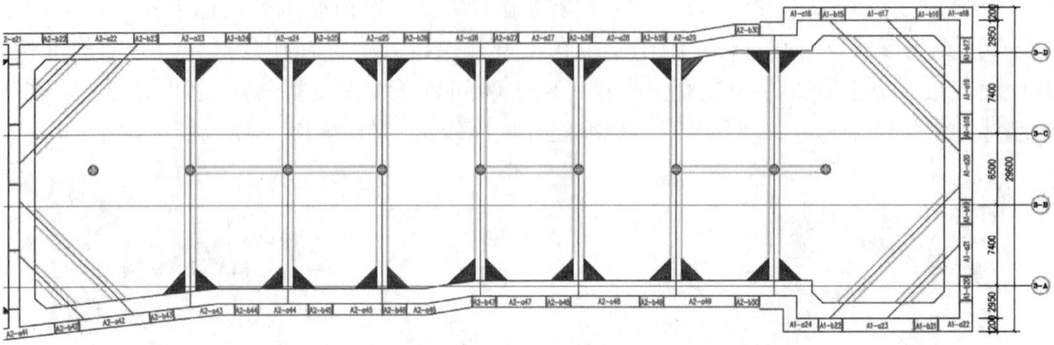

图 16-19　北基坑平面图

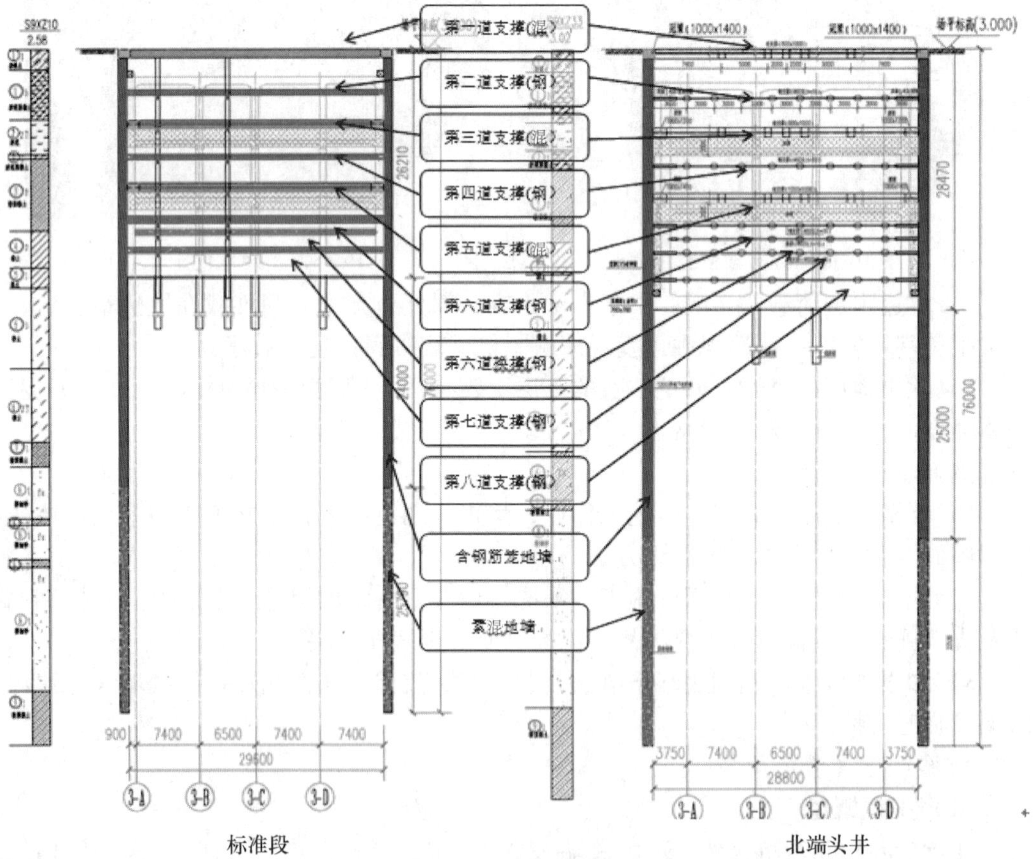

图 16-20　北基坑剖面图

（2）预警经过

12 月 6 日 TJ3106 标儿童公园站北基坑北端头第四层土方开挖完成，开挖深度 16.7m，标准段第三层土方开挖完成，开挖深度 13m，开挖面较长，支撑架设不及时，导致无支撑暴露时间较长；测斜最大累计变形值 CX11：87.35mm，无支撑暴露段测斜 CX12 累计值：71.93mm，单日速率 7.28mm/d；地表最大累计沉降 D11-3：76.92mm，单日速率 4.23mm/d。

11 月 30—12 月 6 日施工情况：11 月 24 日开始第三层土方开挖，到 12 月 5 日土方开挖完成，详细施工土方开挖情况见表 16-12 和图 16-21。

表 16-12　11 月 30 日—12 月 6 日土方开挖施工情况

序号	开挖时间	开挖土块	开挖方量（m^3）	备注
1	2016.11.30	D4-4、D4-9 第三层土方开挖	650	
2	2016.12.1	D4-4、D4-9 第三层土方开挖	1100	
3	2016.12.2	D4-8、D4-5 第三层土方开挖	900	
4	2016.12.3	D4-8、D4-5 清土及支撑架设	400	
5	2016.12.4	D4-7、D4-6、D5-1/2/3 土方开挖	1350	
6	2016.12.5	D4-7、D4-6、D5-4 土方开挖	1760	
7	2016.12.6	D5-4 块土方开挖	1100	D4-6、D4-7 第三层土方开挖完成，涉及 7 根钢支撑未架设

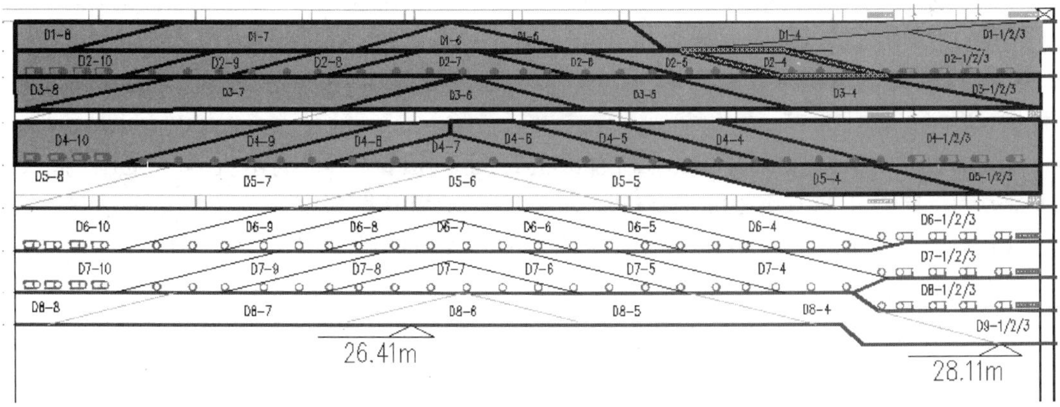

图 16-21　北基坑土方开挖剖面图（12.6 土方开挖情况）

针对上述情况，监测监控管理中心发布橙色预警后，监理单位及时组织施工单位、设计单位、建设单位、第三方监测和风险咨询单位、施工监测单位在 TJ3106 标项目部会议室召开预警会议。同时我方按照合同要求，邀请了两位本地专家赶到现场参加会议。与会人员进行警情原因分析并提出相应的建议措施。

（3）数据分析

1）地表沉降分析（表 16-13、图 16-22）

表 16-13　地表沉降监测数据统计表　　mm

时间测点	11. 30	12. 1	12. 2	12. 3	12. 4	12. 5	12. 6
Dc11-2	-35. 54	-38. 01	-41. 03	-43. 86	-48. 14	-50. 88	-54. 5
Dc11-3	-52. 59	-55. 08	-59. 39	-63. 35	-68. 59	-72. 67	-76. 92
Dc12-2	-35. 95	-38. 88	-41. 03	-42. 08	-45	-47. 3	-51. 97
Dc12-3	-52. 09	-55. 1	-58. 85	-60. 44	-64. 45	-69. 2	-74. 02

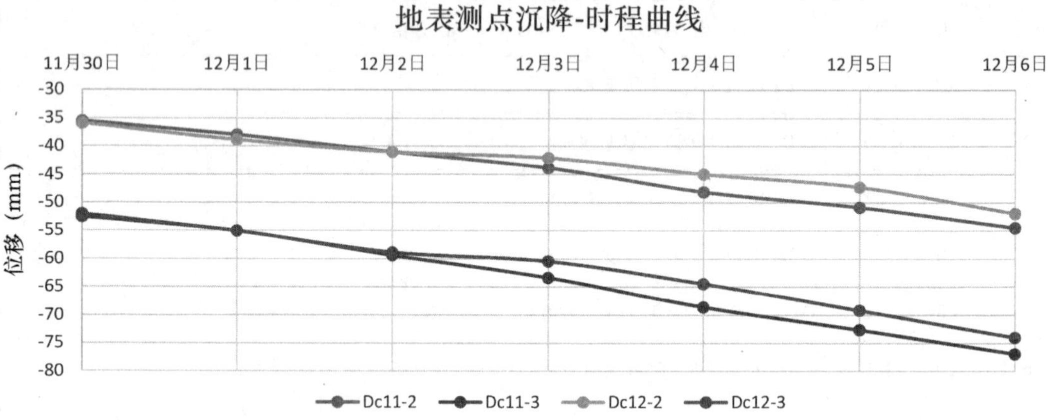

图 16-22　地表沉降累计值最大监测点时间-位移变化过程线

从监测数据以及测点累计值变化过程线可看出：11 月 30—12 月 6 日，地表沉降持续增大，平均每日变化速率 -2 ~ -5mm/d，数据未有收敛迹象。地表沉降累计报警值 -29mm，目前最大沉降值已接近报警值 3 倍，地表变形主要区域为距离基坑 5 ~ 15m 的第 2、3 排地表沉降点，截至 12 月 6 日最大值沉降值为 D11-3：-76. 92mm，单日速率 -4. 23mm/d。

从地表断面沉降曲线图可以清晰看出主要沉降区域位于距离基坑 20m 范围内，各断面最大沉降点距离基坑 10m，基坑周边 0. 7*H*（*H* 为开挖深度）为主要影响区域。目前基坑开挖深度 16. 7m，D11-3、D12-3 较其他断面沉降较明显，主要原因：一是测点布设位于工程机械作业面，受工程机械动荷载影响较大；二是该测点位于地表沉降槽范围内，基坑开挖土体向坑内变形，导致沉降，符合软土地区基坑开挖变形规律。

由于地表沉降区域集中于基坑向外延伸 20m 范围内，最近的管线距离基坑 26. 6m，周边环境变形较稳定，开挖对周边环境影响较小，但随着基坑的开挖，影响范围将逐步增大。

2）深层水平位移分析

图 16-23、图 16-24 位移-深度曲线图显示：整体上随着基坑第三、四层土方的开挖，测斜监测数据显示基坑围护结构变形持续增大，最大变形位置从 14m 转移到 20m 附近，目前最大开挖深度 16. 7m，从曲线可以看出最大变形集中在开挖面下 3 ~ 5m 位置，符合宁波软土地区的变形规律，并且随着基坑向下开挖，最大变形位置将持续下移。

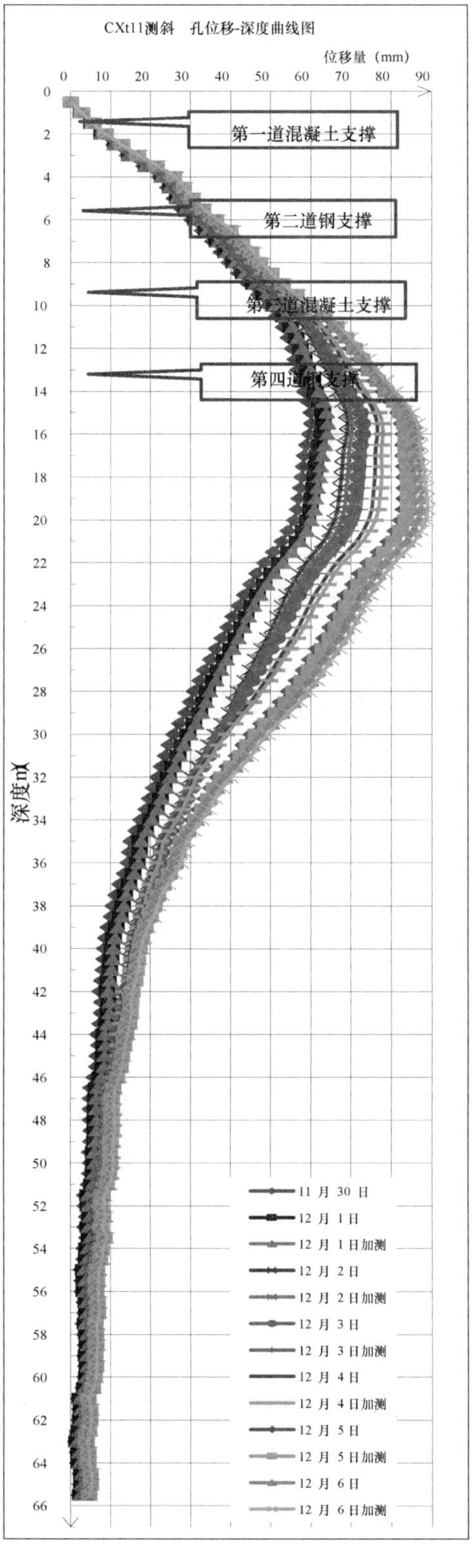

图 16-23　CXt11 位移-深度曲线图

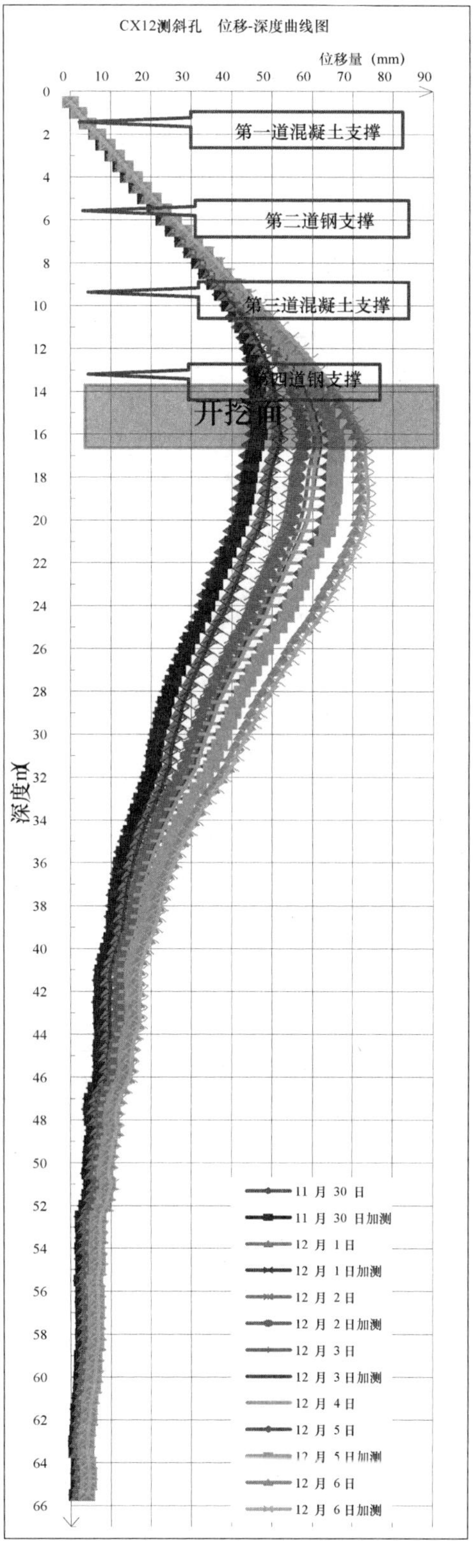

图 16-24　CX12 位移-深度曲线图

图 16-25、图 16-26 水平位移-时程曲线图显示，曲线持续向上，11 月 30—12 月 6 日随着土方开挖，监测数据显示变化速率持续增大，CX11、CX12 单日最大变化速率分别为 7. 57mm/d、10. 22mm/d。截至 12 月 6 日晚，CX11 累计值达 88. 94mm，两日连续变形 13. 68mm；CX12 累计值达 73. 8mm，2 日连续变形 14mm。随着土方开挖完成，受上部两道混凝土支撑和钢支撑的支撑作用，地墙两侧应力重分布，监测数据显示变化速率有所减小，但变形仍持续增加。

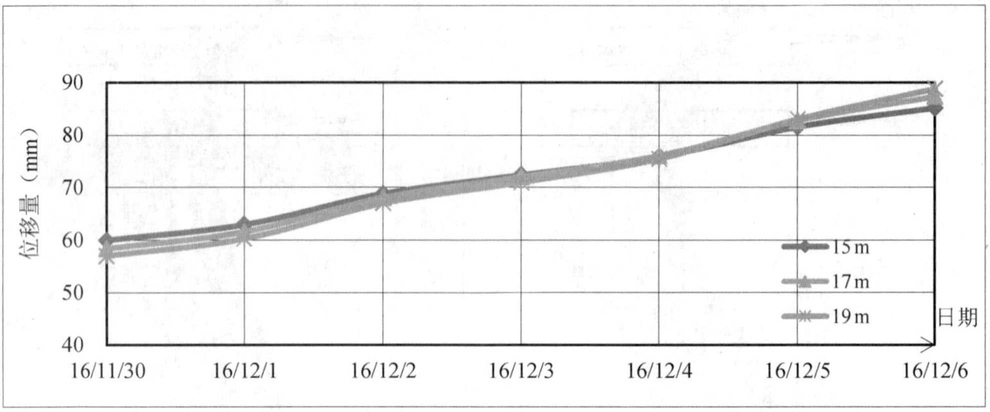

图 16-25　CX11 水平位移-时程曲线图

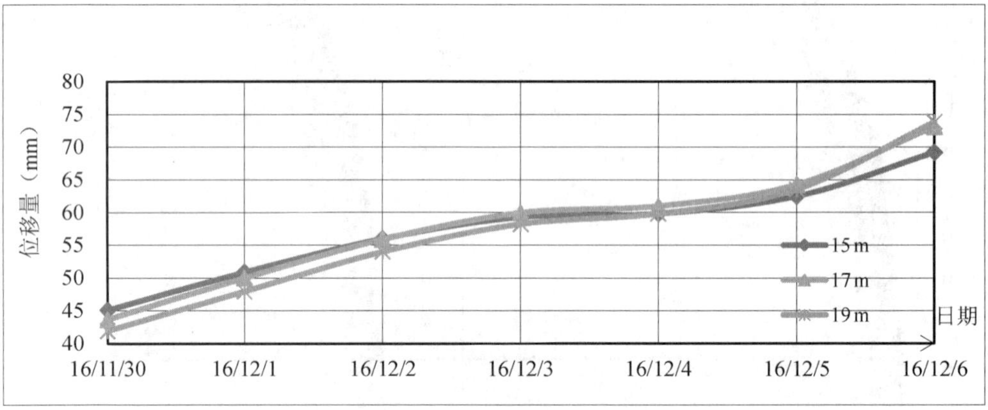

图 16-26　CX12 水平位移-时程曲线图

（4）原因分析及措施

综合以上监测数据变形情况，结合现场施工情况，本次警情原因分析如下：

1）无支撑暴露时间过长：标准段第三层土开挖过程中，开挖面过大（涉及 7 根钢支撑约 21m），详见图 16-27，另外钢支撑架设需要先架设钢围檩，导致钢支撑架设不及时。北端头第四层土方开挖，第五道为混凝土支撑，施工时间较长，导致开挖面一直处于无支撑暴露状态，基坑测斜持续变形。

2）坑边附加荷载的影响：由于出土困难，部分土方长时间堆载在坑边集土坑，未及时清理土方，集土坑距离基坑较近；并且经常发现未施工机械、工程车辆在坑边停放（图 16-28）。

图 16-27　开挖面较长（约 21m）

图 16-28　堆载集土超过标高，未及时清理（测斜 15 号孔附近）

3）软土地层的特性：目前开挖主要为土层②2t 淤泥、②2 淤泥质黏土层，土体强度低，具有变形大的特点。

本次预警分析会制定措施如下：

1）严格按照施工方案进行分层分段开挖，禁止不规范挖土，加强施工工序的衔接管理，减少无支撑暴露时间；

2）第四层土方开挖后，及时架设临时钢支撑，加快第五道混凝土支撑钢筋绑扎及浇筑施工，尽快形成支撑体系，缩短无支撑暴露时间，以控制变形持续性发展；

3）及时对钢支撑轴力进行复加，确保钢支撑轴力达到设计轴力的 80%，充分发挥钢支撑的支撑作用；

4）加强基坑本体及周边环境监测和巡视。

第 17 章　隐患排查治理信息系统的应用

轨道交通工程建设参建单位由被动接受安全监管向主动开展安全管理转变，由以政府为主的行政执法排查隐患向以企业为主的日常管理排查隐患转变，从治标的隐患排查向治本的隐患排查转变；安全质量隐患排查治理常态化、规范化，推动企业安全生产实现标准化；落实建设单位安全隐患排查治理与管控的主体责任、监理单位的主体督查责任，施工单位的关键与直接责任；建立健全安全生产长效机制，把握事故防范和安全生产工作的主动权，使各参建单位和人员知道安全隐患排查治理应该“做什么、怎么做”，使安全管理人员知道“管什么、怎么管”，充分调动各参建单位相关职能部门和人员的积极性，全面推进安全隐患排查治理工作；实现安全隐患排查治理与管控工作有章可循、有据可依，全员、全过程、全方位管理。

17.1　隐患分类与分级

1. 隐患分类

依据国家、省市安全质量管理相关法律、法规和技术规范、规程、标准，结合宁波市轨道交通工程施工现场实际情况，对安全质量隐患进行辨识、评价和分类。其中，土建施工安全隐患分为 23 类 23 张检查表，排查内容 1438 条；土建施工质量隐患分为 7 类 12 张检查表，排查内容 572 条；机电、设备、系统安装安全质量隐患分为 19 类 19 张检查表，排查内容 1198 条；总计 3208 条，其中一级隐患 107 条，二级隐患 894 条，三级隐患 2207 条。在具体排查过程中，排查人员可结合现场实际情况进行增减和调整。

2. 隐患分级

根据相关调研结果，项目组对工程建设安全质量隐患排查治理进行分级管理，根据安全质量隐患危害大小和整改难度，将隐患分为一级、二级、三级共三个等级，其中一级到三级隐患危害大小和整改难易程度逐级降低。

隐患分级原则如下：

1）一级隐患：危害大，可能造成较大及以上生产安全事故、使用功能重大受损的质量事故，在国家、省市范围内造成不良社会影响的；隐患整改难度大、事故发生频率高，需全部或局部停工，并经过一定时间整改治理方能消除的隐患。

2）二级隐患：危害较大，可能造成一般生产安全事故、质量问题及社会集中关注的安全事件，或整改难度较大，需经过一定时间整改治理方能消除的隐患。

3）三级隐患：危害和整改难度不大，发现后能够立即整改消除的隐患。

17.2 隐患排查频次、权限及时限

1. 隐患排除频次要求（表 17-1）

表 17-1 隐患排查拟定参与的岗位人员及频次表

部门及岗位 \ 检查频次		日	周	半月	月	季	半年
集团公司组织的隐患排查	集团公司主管领导						牵头
	安全质量部（安委会办公室）负责人						★
	设备部、综合部等部门负责人，建设分公司相关领导						☆
建设分公司组织的隐患排查	建设分公司主管领导						牵头
	安全质量部（安全生产领导小组办公室）负责人					★	★
	项目建设一、二、三部、机电部、盾构部、设计技术部等部门负责人					☆	☆
	安全质量部安全质量工程师					☆	
	项目建设一、二、三部、机电部、盾构部业主代表					☆	
监理单位组织的隐患排查	总监理工程师				★		
	总监代表		★		☆		
	专业监理工程师	★	☆		☆		
	监理员	★					
施工单位组织的隐患排查	项目经理				★		
	副经理、安全总监、总工、安质部、工程部、物资部等部门负责人				☆		
	副经理（安全总监）			★			
	安质部长		★	☆			
	安质部、工程部、物资部等部门专业工程师			☆			
	工区长（工序负责人）		☆	☆			
	专职安全员（质量员）	★	☆				

注：1. 牵头：为综合排查的领导者或组织者，其中牵头人负责制定排查目标，统领排查队伍；
2. ★为组织开展隐患排查部门或人员，负责制定排查计划，组织排查实施，排查内容及整改要求上传隐患系统；
3. ☆为参与综合隐患排查或者联合检查的部门或人员，参与综合排查可代替排查人本日或本周的个人排查任务（无须额外执行个人排查任务）。

2. 隐患操作权限及时限（表 17-2）

表 17-2 隐患响应时限及消除权限表

隐患发布单位	隐患等级	隐患响应时限（小时）					隐患核准权限		隐患消除权限	
							建设分公司			
		安全质量部安全质量工程师	建设分公司安质部、项目建设部、机电部、盾构部科长及安全质量工程师、业主代表	监理单位	施工单位	集团安全质量部	安质部安全质量工程师	项目建设部、机电部、盾构部业主代表	监理单位	施工单位
集团安全质量部	一级	—	8	4	4	□	—	—	▲	—
	二级	—	12	8	8	□	—	—	▲	—
	三级	—	—	12	12	□	—	—	▲	—
建分安质部/项目建设部/机电部/盾构部	一级	—	—	4	4	—	□	□	▲	—
	二级	—	—	8	8	—	□	□	▲	—
	三级	—	—	12	12	—	□	□	▲	—
监理单位	一级	—	8	—	4	—	—	—	▲	—
	二级	—	—	—	8	—	—	—	▲	—
	三级	—	—	—	12	—	—	—	▲	—
施工单位	一级	—	—	4	—	—	—	—	▲	—
	二级	—	—	—	—	—	—	—	—	▲
	三级	—	—	—	—	—	—	—	—	▲

注：

1）▲为负责隐患消除的部门或人员；□为负责隐患消除核准的部门或人员；

2）监理单位对集团公司安全质量部、建设分公司、施工单位发布的一级隐患，由总监理工程师予以响应；

3）监理单位对集团公司安全质量部、建设分公司发布的二级隐患由总监代表予以响应；

4）监理单位对集团公司安全质量部、建设分公司发布的三级隐患，由专业监理工程师（土建、机电）予以响应；

5）施工单位对集团公司安全质量部、建设分公司、监理单位发布的一级隐患，由项目经理予以响应；

6）施工单位对集团公司安全质量部、建设分公司、监理单位发布的二级隐患，由安全总监予以响应；

7）施工单位对集团公司安全质量部、建设分公司、监理单位发布的三级隐患，由安质部部长予以响应；

8）施工单位隐患整改完成后，一、二、三级隐患分别由项目经理、安全总监及安质部部长向监理单位提出消除申请；

9）监理单位需对施工单位提出消除申请后的 12 小时内对整改情况进行现场复核；

10）集团公司安全质量部、建设分公司需在监理单位提出隐患消除核准申请后的 12 小时内予以消除核准；

11）集团公司安全质量部、建设分公司与监理单位发布的各级隐患以及施工单位发布的一级隐患，由监理单位负责消除；

12）施工单位自身发布的二级隐患由安全总监负责消除；三级隐患由安全部长负责消除

17.3 隐患处置基本程序

第一步：隐患上报是发现现场的某一条隐患，单击相关条目的隐患按钮，在弹出的上报页面填写相关信息，上传隐患照片完成，再点保存按钮即完成隐患上报。上报隐患排查季度需要再次单击保存，系统会提示下发隐患通知单，在弹出的提示中勾选需要下发的隐患通知单，确定后在弹出页面中填写相关信息，单击保存，即隐患通知单下发成功。同时系统自动发送一条短信告知相关领导与通知施工单位落实整改，在隐患治理跟踪模块可对该条隐患的处置状态进行跟踪。

第二步：整改就是对隐患进行现场消除，一般都由施工单位完成。对于影响和整改难度都比较大的隐患，整改还应包括编制方案、组织论证和申请批复方案，控制和尽力减小整改隐患造成的影响，形成整改资料等。在隐患治理提醒模块下，找到该条隐患单击落实整改，在弹出页面中，可看到该条隐患信息及处置记录，填写响应意见后，单击保存。整改隐患后即可填写消除意见并上传整改后的照片，单击保存，隐患消除即申请成功。同时系统自动发送一条短信通知监理单位去复核。

施工单位整改隐患逾期后，升级为生产管理部门的科长落实；科长未处置或治理隐患无果后手动上报生产管理部门分管副总，需生产管理部门分管副总督促治理隐患。

第三步：隐患复核是对隐患的整改情况进行现场检查，一般都由监理单位组织实施。监理单位复核人员在隐患治理提醒模块下，直接找到该条隐患单击复核，然后提交复核申请，并上传现场复核照片即完成。同时系统自动发送一条短信通知建设单位去确认。

如果施工单位整改不到位，监理单位复核人员可能将该条隐患打回，要求施工单位重新整改该条隐患。

监理单位复核隐患逾期后，升级为生产管理部门的科长落实；科长未处置或治理隐患无果后手动上报生产管理部门分管副总，需生产管理部门分管副总督促治理隐患。

第四步：确认消除就是对隐患的排查、上报、整改、复核全过程及其资料的合规性与完整性进行检查、判断，对满足排查治理要求的隐患在系统上消除。建设单位在隐患治理提醒模块下，找到该条隐患单击消除隐患，填写消除隐患意见，并上传隐患消除后的照片完成隐患消除，同时系统自动发送一条短信告知相关领导。

如果施工单位整改不到位，建设单位负责人员可能将该条隐患打回，要求施工单位重新整改该条隐患。

建设单位负责人确认隐患逾期后，升级为生产管理部门的分管副总，需生产管理部门分管副总督促治理隐患。

17.4　隐患排查治理系统考核管理

1. 隐患排查治理系统使用违规考核项

（1）未排查：各单位、岗位未按隐患排查频次开展排查。

（2）排查不到位：政府有关部门、地铁集团安全质量部、建设分公司发现隐患但监理单位未发现隐患，或者政府有关部门、地铁集团安全质量部、建设分公司、监理单位发现隐患但施工单位未发现隐患。

（3）排查居后：施工单位在管辖标段内日排查所发现的隐患数量少于监理单位日排查所发现的隐患数量。

（4）响应超时：各单位、岗位未按响应时限进行响应。

（5）复核超时：监理单位未在施工单位提交消除申请后，在12小时内提交核准申请。

（6）核准超时：集团安全质量部、建设分公司未在监理单位提出核准申请后的12小时内予以核准。

（7）消除超时：监理单位未在施工单位提交消除申请后，或（需要核准项目）在集团安全质量部、建设分公司完成核准后12小时内消除隐患。

（8）整改超时：施工单位未按隐患项目的整改时限完成整改并在系统上提交消除申请。

（9）整改不到位：施工单位提出消除申请后，监理单位经复核后不合格，被驳回重新整改。

2. 隐患排查治理系统使用记分考核标准（表17-3）

表17-3　隐患排查治理记分考核标准

<table>
<tr><th>考评单位</th><th colspan="2">考评项目</th><th colspan="2">扣分标准</th></tr>
<tr><td>集团公司安全质量部</td><td colspan="2">未按规定进行排查、响应及核准</td><td colspan="2">每一人次记2分</td></tr>
<tr><td>建设分公司（安全质量部/项目建设一、二、三部/机电部/盾构部）</td><td colspan="2">未按规定进行排查、响应及核准</td><td colspan="2">每一人次记2分</td></tr>
<tr><td rowspan="5">监理单位</td><td colspan="2">未按规定进行排查、响应及消除</td><td colspan="2">每一人次记5分；
监理单位每一次记5分</td></tr>
<tr><td rowspan="3">隐患排查不到位</td><td rowspan="3">政府有关部门、集团公司安全质量部、建设分公司发现的隐患而监理单位排查未发现</td><td>一级</td><td>每一条记5分</td></tr>
<tr><td>二级</td><td>每一条记3分</td></tr>
<tr><td>三级</td><td>每一条记2分</td></tr>
<tr><td colspan="2">复核或消除的安全质量隐患，集团公司、建设分公司或政府有关部门复查发现未整改或整改不到位</td><td colspan="2">每一人次记10分；
监理单位每一次记10分</td></tr>
<tr><td rowspan="8">施工单位</td><td colspan="2">未按规定进行排查、响应、整改及消除</td><td colspan="2">每一人次记5分；
施工单位每一次记5分</td></tr>
<tr><td rowspan="3">隐患排查不到位</td><td rowspan="3">政府有关部门、集团公司安全质量部、建设分公司发现的隐患而施工单位项目经理部自查未发现</td><td>一级</td><td>每一条记7分</td></tr>
<tr><td>二级</td><td>每一条记5分</td></tr>
<tr><td>三级</td><td>每一条记3分</td></tr>
<tr><td rowspan="3">隐患发生频率高、整改不到位</td><td rowspan="3">同一工点一周内连续2次以上发生同一隐患的，按隐患等级记分升级</td><td>一级</td><td>每一条记14分</td></tr>
<tr><td>二级</td><td>每一条记7分</td></tr>
<tr><td>三级</td><td>每一条记5分</td></tr>
<tr><td colspan="2">已消除的安全质量隐患，集团公司、建设分公司或政府有关部门复查发现未整改或整改不到位</td><td colspan="2">每一人次记10分；
施工单位每一次记10分</td></tr>
</table>

17.5　系统登录

1. 通过互联网访问系统

建设分公司办公的用户登录网址：http：//172. 10. 244. 15/nbyh。

外部单位登录地址：http：//61. 130. 109. 135：9998/nbyh。

2. 输入用户名、密码、验证码登录系统操作（账号是手机号码，密码默认为 123，首次登录需更改密码）（图 17-1）。

图 17-1　系统登录界面

3. 单击登录按钮，进入隐患系统首页（图 17-2）。

图 17-2　系统首页界面

4. 可实时查看自己管辖线路所有隐患，以及当前用户工作提示。

5. 在地图上查看自己的工作内容。

6. 在地图上单击车站或者区间，可看到如图 17-3 所示的工作提示，查看该工点当前存在哪些隐患与已经整改完成隐患数量。

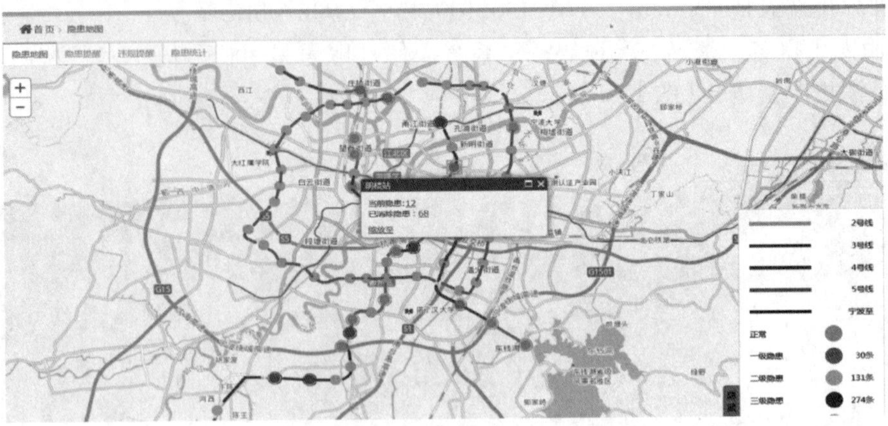

图 17-3　工程线路位置图

7. 单击工点信息，查看该工点有哪些隐患，有哪些工作需要完成，提示隐患治理与流程状态（图 17-4）。

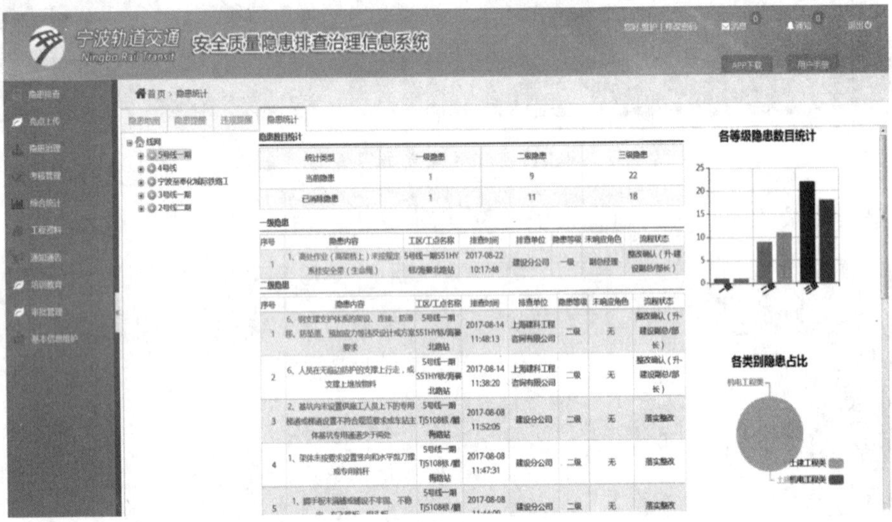

图 17-4　系统页面图（1）

8. 隐患排查提醒

（1）选择自己管辖的线路名称与工点名称，可查看自己的任务有没有完成（图 17-5）。

（2）进行隐患排查：选择隐患类别，如：安全隐患和质量隐患，然后选择对应的隐患项，如消防安全、临时用电、深基坑等。在右边选择对应的隐患项，单击“上报”（图 17-6、图 17-7），进行隐患上报。

（3）当填报完成后，单击下方“保存”按钮，完成该条隐患上报（图 17-8）。然后接着对其他类型隐患逐一进行排查，并上报隐患。

（4）待所有发现的隐患均上报完成后，单击下方的“提交”按钮，完成本次排查任务的上报。

图 17-5　系统页面图（2）

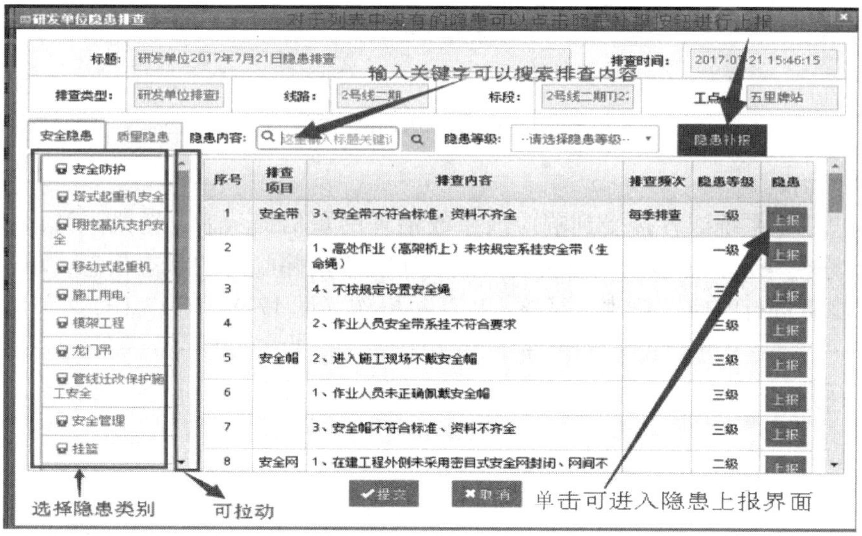

图 17-6　系统页面图（3）

图 17-7　系统页面图（4）

图 17-8　系统页面图（5）

9. 隐患治理

当用户登录系统或者接受到响应或整改治理的短信提示后，登录系统，在隐患提醒-隐患治理模块下，可显示当前负责工点的所有未消除隐患的状态信息，单击右侧的按钮可对隐患进行响应、整改、复核、确认等操作（图 17-9、图 17-10）。

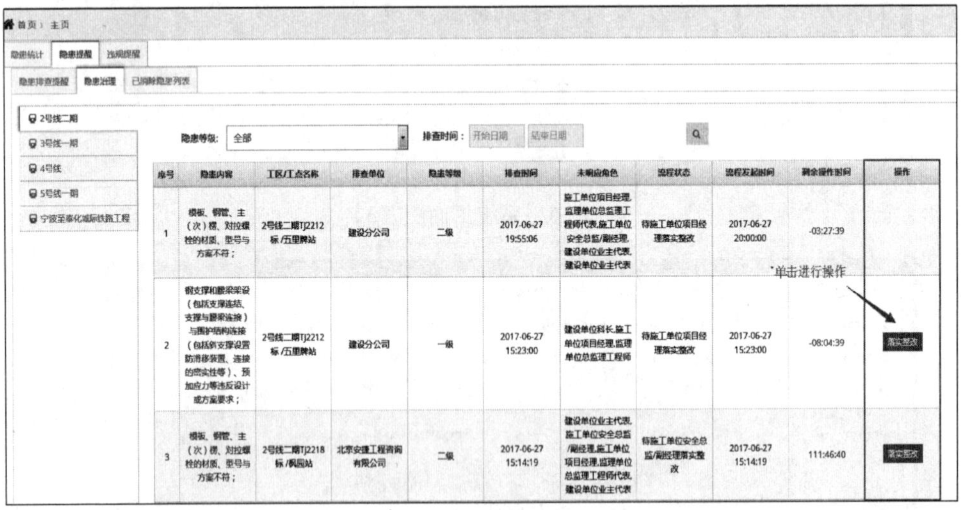

图 17-9　系统页面图（6）

10. 已消除隐患列表

已消除隐患列表见图 17-11。

11. 违规提醒

对当前账号的违规情况的留痕，可按条件进行查询（图 17-12）。

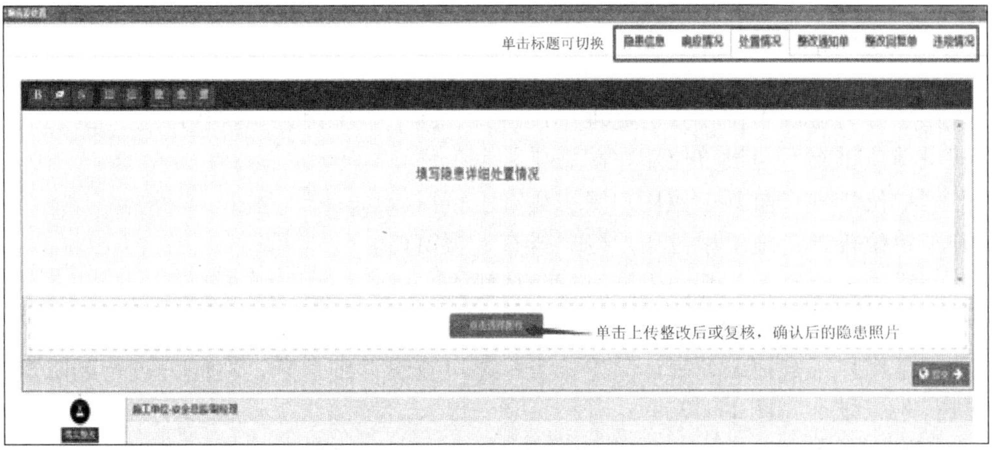

图 17-10　系统页面图（7）

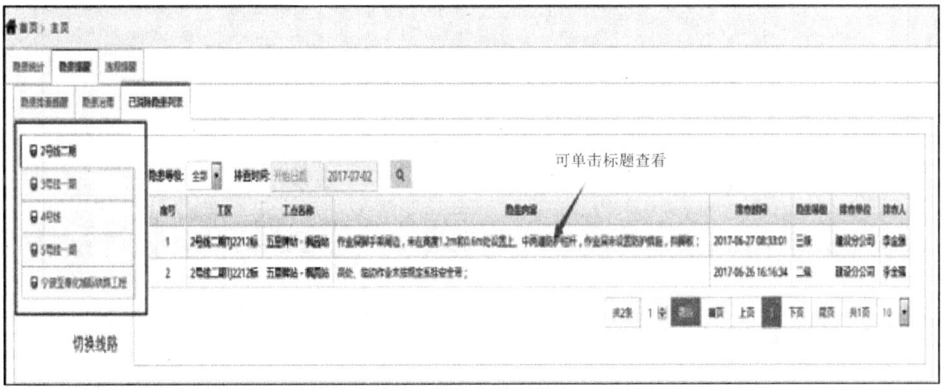

图 17-11　已消除隐患列表

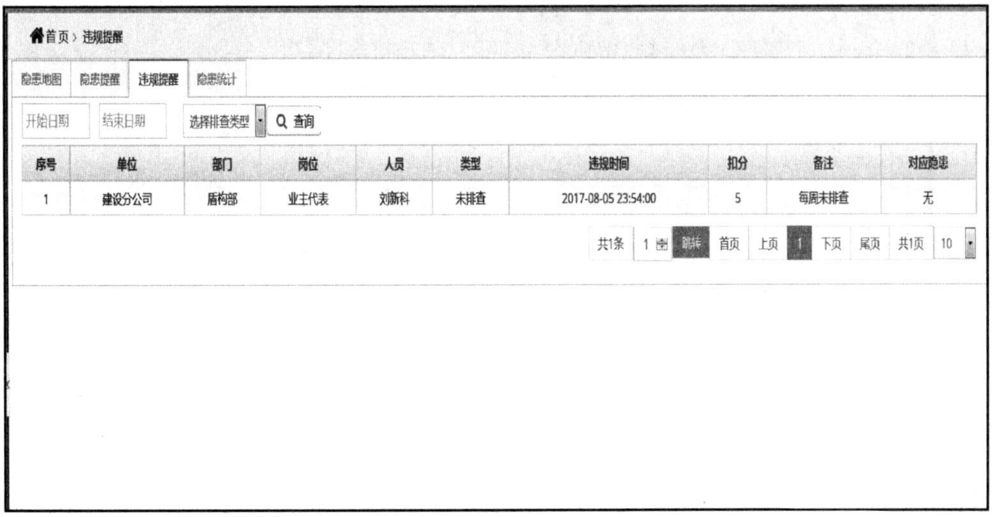

图 17-12　系统页面图（8）

17.6 隐患排查

该模块分为建设单位排查、监理单位排查、施工单位排查、联合排查。

建设单位排查：建设单位用户隐患排查上报窗口。

监理单位排查：监理单位用户隐患排查上报窗口。

施工单位排查：施工单位用户隐患排查上报窗口。

联合排查：组织相关部门人员进行集体排查。

1. 建设单位/监理单位/施工单位排查

首先是用户排查记录列表，单击排查标题可查看详细信息，右侧可进行删除操作，也可进行隐患排查（图 17-13）。

图 17-13　隐患排查图（1）

2. 联合排查

显示联合排查记录列表，单击排查标题可查看详细信息，右侧可进行删除操作，也可单击右上方的新增按钮进行联合排查（图 17-14）。

图 17-14　隐患排查图（2）

在进行联合排查时，需联合排查组织人员新增联合排查任务，需要依次输入标题、任务开始时间和结束时间，选择此次联合排查所覆盖的线路、标段、工点，然后选择参与此次联合排查的人员，如图 17-15 所示。

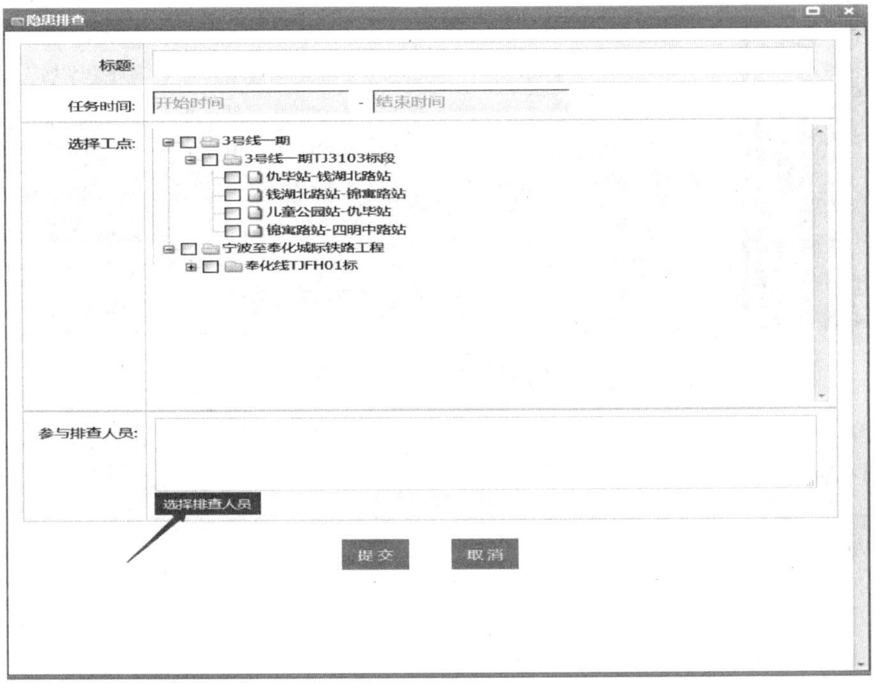

图 17-15　隐患排查图（3）

逐一选择参与人员后，单击保存，然后提交，如图 17-16 所示。

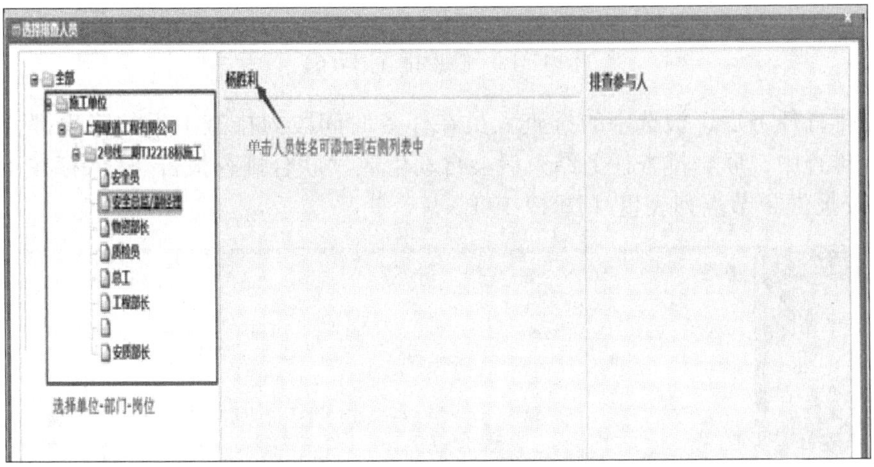

图 17-16　隐患排查图（4）

注：联合排查：联合排查报告要附带一张排查人员照片，此照片获取为：联合排查组织人员建立排查任务之后，排查参与人员（包括排查组织人员）的任意一人员上传（上传后其他人就不用上传了），只有上传了排查人员照片之后才可继续进行隐患排查上报（图 17-17）。

图 17-17　隐患排查图（5）

新建联合排查任务后，在列表单击“上传图片”按钮上传参与联合排查人员照片。如图 17-18 所示。

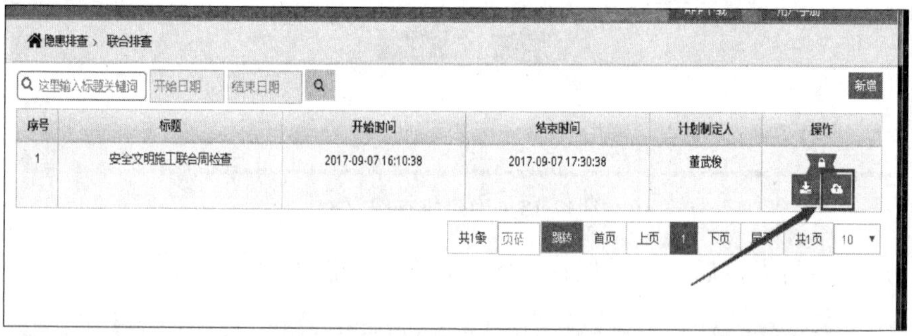

图 17-18　隐患排查图（6）

建立排查任务后，被选中的排查人员在任务时间段内排查上报的隐患都会记录在此次联合排查中，联合排查任务结束后会自动生成“联合排查报告”，保存在工程资料“联合排查报告”节点列表里（图 17-19）。

图 17-19　隐患排查图（7）

联合排查任务结束后会自动生成"联合排查报告"；用户须在"联合排查报告"列表里下载"联合排查报告"保存到电脑进行再次编辑，如图 17-20 所示。

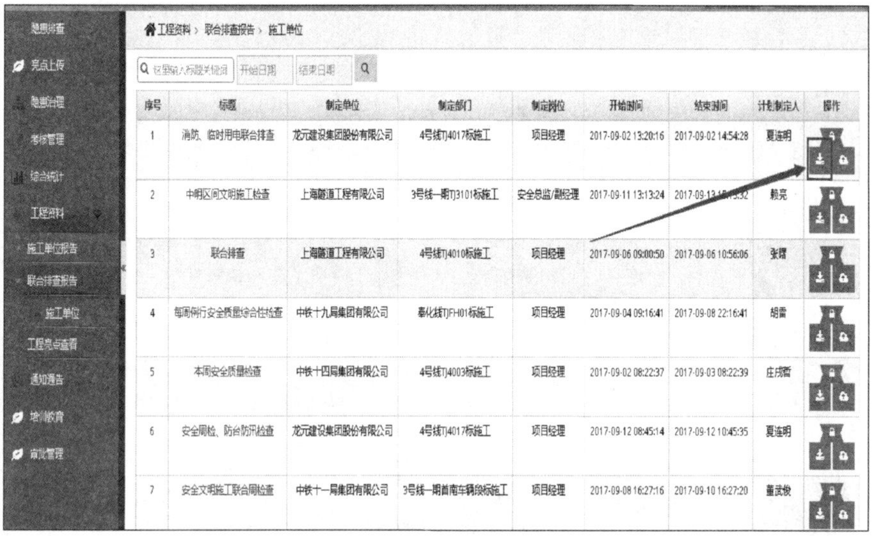

图 17-20　隐患排查图（8）

联合排查报告附件部分内容需要人工再次编辑，增加亮点相片等。如图 17-21 所示。

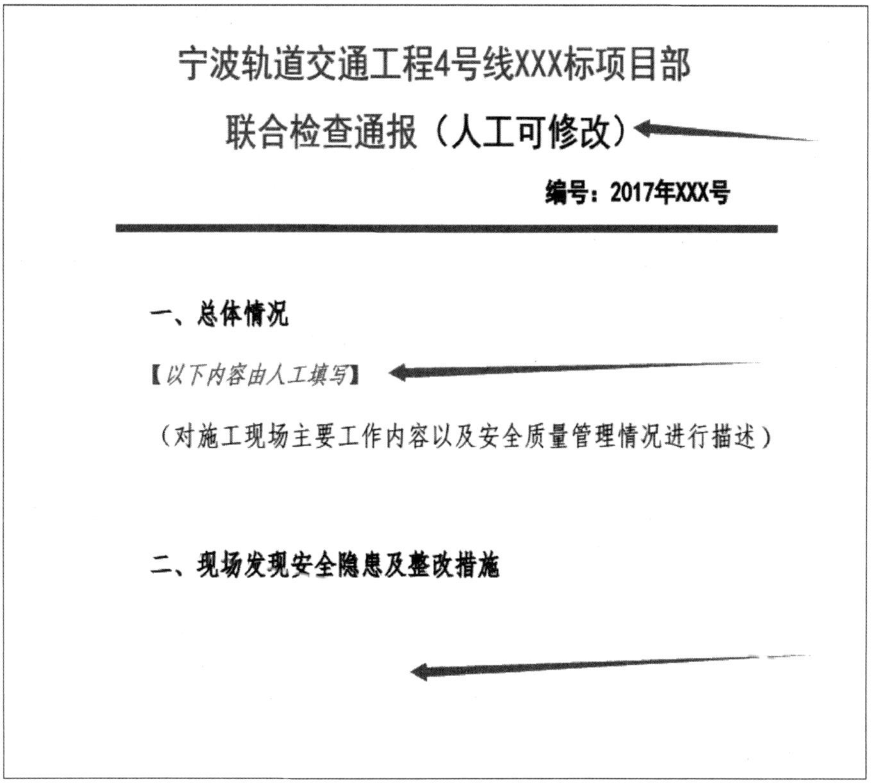

图 17-21　排查记录图

联合排查报告编辑完成后，在联合排查报告列表里上传附件，替换掉系统自动生成的附件。如图 17-22 所示：

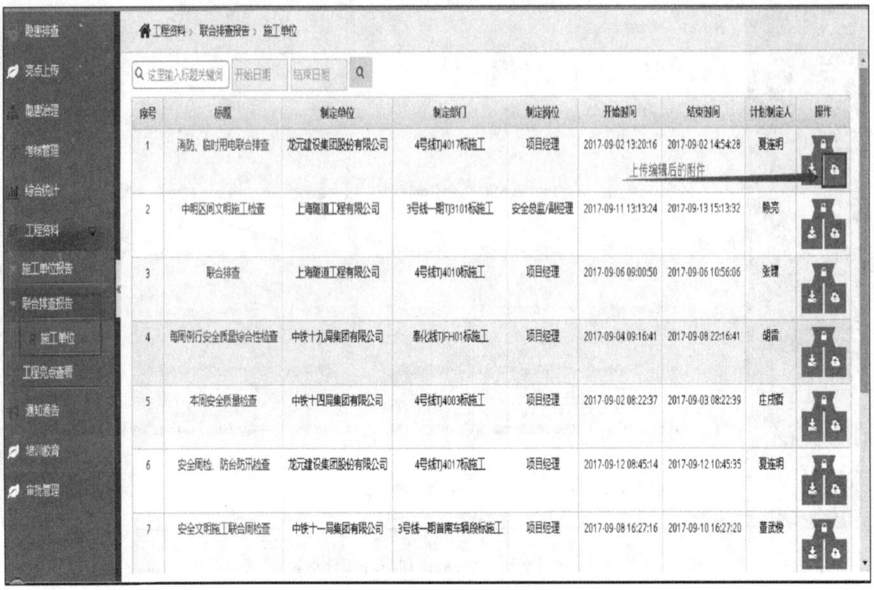

图 17-22　隐患排查图（9）

3. 亮点上传

用户可将本单位所负责标段工点的亮点图片上传到系统中，供其他单位观摩学习（图 17-23）。

图 17-23　系统页面图（9）

新增后，选择亮点所属的线路、标段、工点，上传图片（图 17-24），输入描述保存后即上传成功，工程亮点图片会保存在“工程资料”模块中。

图 17-24　系统页面图（10）

17.7　隐患治理

1. 隐患管理

后台管理人员可在此对隐患信息进行编辑更改，或删除操作（图 17-25）。

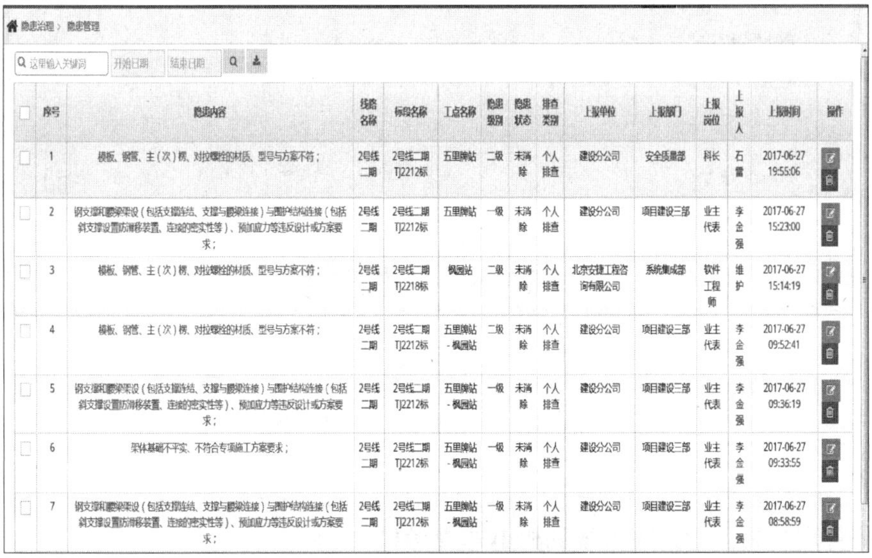

序号	隐患内容	线路名称	标段名称	工点名称	隐患级别	隐患状态	排查类别	上报单位	上报部门	上报岗位	上报人	上报时间	操作
1	模板、钢管、主（次）楞、对拉螺栓的材质、型号与方案不符；	2号线二期	2号线二期TJ2212标	五里牌站	二级	未消除	个人排查	建设分公司	安全质量部	科长	石雷	2017-06-27 19:55:06	
2	钢支撑和腰梁架设（包括支撑连结、支撑与腰梁连接）与围护结构连接（包括斜支撑设置防滑移装置、连接的密实性等）、预加应力等违反设计或方案要求；	2号线二期	2号线二期TJ2212标	五里牌站	一级	未消除	个人排查	建设分公司	项目建设三部	业主代表	李金强	2017-06-27 15:23:00	
3	模板、钢管、主（次）楞、对拉螺栓的材质、型号与方案不符；	2号线二期	2号线二期TJ2218标	枫园站	二级	未消除	个人排查	北京安捷工程咨询有限公司	系统集成部	软件工程师	维护	2017-06-27 15:14:19	
4	模板、钢管、主（次）楞、对拉螺栓的材质、型号与方案不符；	2号线二期	2号线二期TJ2212标	五里牌站-枫园站	二级	未消除	个人排查	建设分公司	项目建设三部	业主代表	李金强	2017-06-27 09:52:41	
5	钢支撑和腰梁架设（包括支撑连结、支撑与腰梁连接）与围护结构连接（包括斜支撑设置防滑移装置、连接的密实性等）、预加应力等违反设计或方案要求；	2号线二期	2号线二期TJ2212标	五里牌站-枫园站	一级	未消除	个人排查	建设分公司	项目建设三部	业主代表	李金强	2017-06-27 09:36:19	
6	架体基础不平实、不符合专项施工方案要求；	2号线二期	2号线二期TJ2212标	五里牌站-枫园站	一级	未消除	个人排查	建设分公司	项目建设三部	业主代表	李金强	2017-06-27 09:33:55	
7	钢支撑和腰梁架设（包括支撑连结、支撑与腰梁连接）与围护结构连接（包括斜支撑设置防滑移装置、连接的密实性等）、预加应力等违反设计或方案要求；	2号线二期	2号线二期TJ2212标	五里牌站-枫园站	一级	未消除	个人排查	建设分公司	项目建设三部	业主代表	李金强	2017-06-27 08:58:59	

图 17-25　系统页面图（11）

2. 新增功能

管理人员可在此模块中对补报的隐患信息进行梳理，可以进行操作将隐患定级并纳入排查要点库中（图 17-26、图 17-27）。

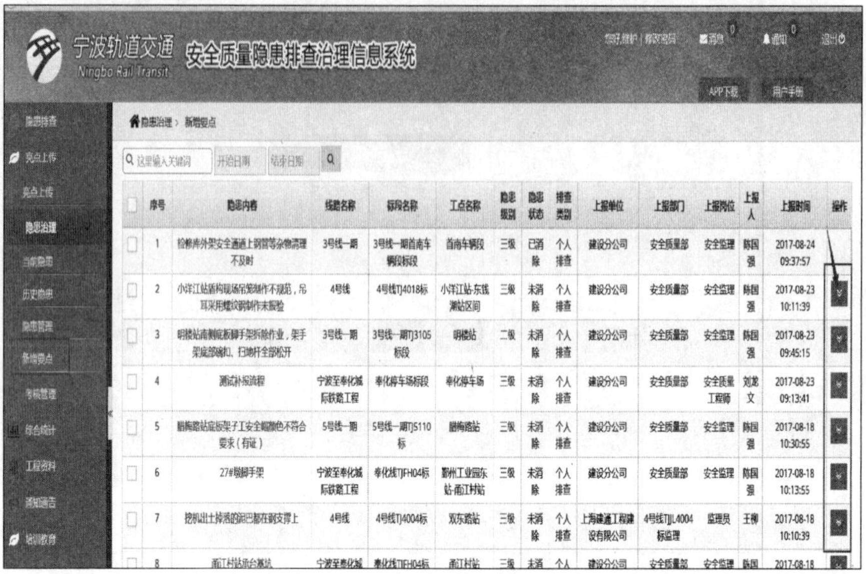

图 17-26　系统页面图（12）

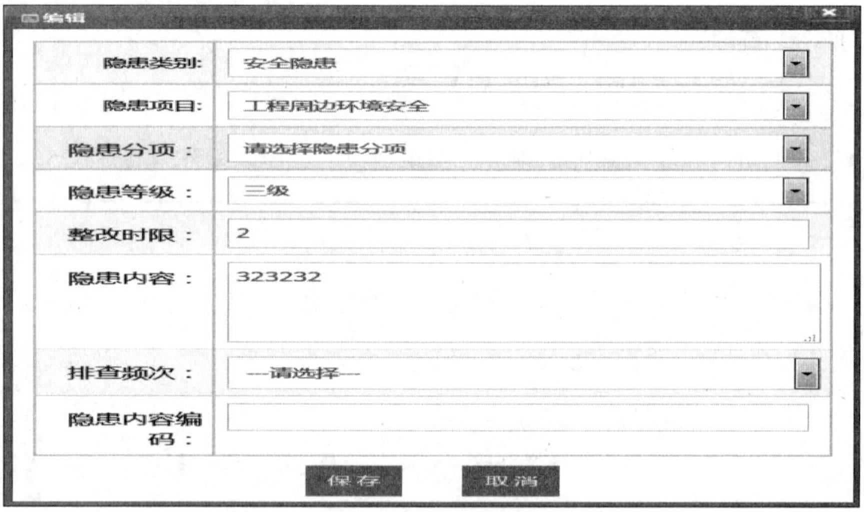

图 17-27　系统页面图（13）

17.8　考核管理

考核管理分为土建违规考核和机电违规考核。

(1) 线路考核

统计各参建单位的考核情况（图 17-28、图 17-29）。

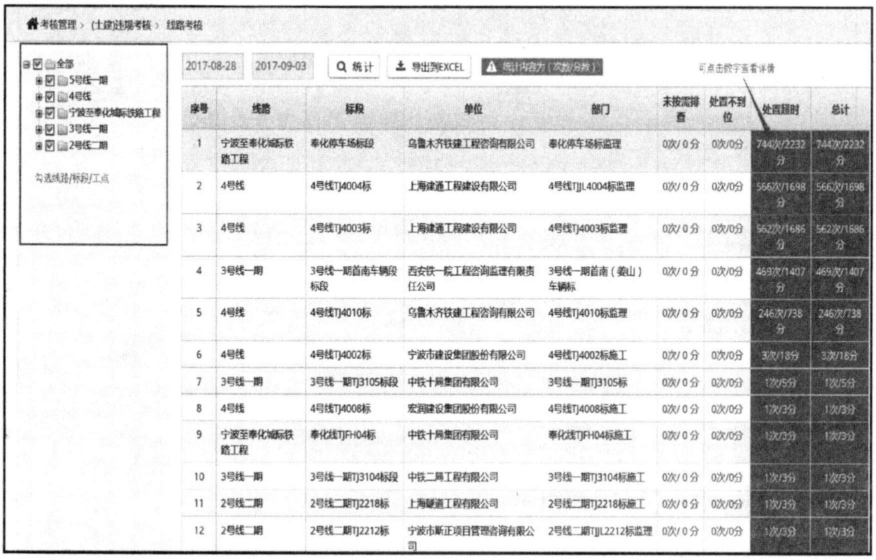

序号	线路	标段	单位	部门	未按需排查	处置不到位	处置超时	总计
1	宁波至奉化城际铁路工程	奉化停车场标段	乌鲁木齐铁建工程咨询有限公司	奉化停车场标监理	0次/0分	0次/0分	744次/2232分	744次/2232分
2	4号线	4号线TJ4004标	上海建通工程建设有限公司	4号线TJJL4004标监理	0次/0分	0次/0分	566次/1698分	566次/1698分
3	4号线	4号线TJ4003标	上海建通工程建设有限公司	4号线TJ4003标监理	0次/0分	0次/0分	562次/1686分	562次/1686分
4	3号线一期	3号线一期首南车辆段标段	西安铁一院工程咨询监理有限责任公司	3号线一期首南（姜山）车辆标	0次/0分	0次/0分	469次/1407分	469次/1407分
5	4号线	4号线TJ4010标	乌鲁木齐铁建工程咨询有限公司	4号线TJ4010标监理	0次/0分	0次/0分	246次/738分	246次/738分
6	4号线	4号线TJ4002标	宁波市建设集团股份有限公司	4号线TJ4002标施工	0次/0分	0次/0分	3次/18分	3次/18分
7	3号线一期	3号线一期TJ3105标段	中铁十局集团有限公司	3号线一期TJ3105标	0次/0分	0次/0分	1次/5分	1次/5分
8	4号线	4号线TJ4008标	宏润建设集团股份有限公司	4号线TJ4008标施工	0次/0分	0次/0分	1次/3分	1次/3分
9	宁波至奉化城际铁路工程	奉化线TJFH04标	中铁十局集团有限公司	奉化线TJFH04标施工	0次/0分	0次/0分	1次/3分	1次/3分
10	3号线一期	3号线一期TJ3104标段	中铁二局工程有限公司	3号线一期TJ3104标施工	0次/0分	0次/0分	1次/3分	1次/3分
11	2号线二期	2号线二期TJ2218标	上海隧道工程有限公司	2号线二期TJ2218标施工	0次/0分	0次/0分	1次/3分	1次/3分
12	2号线二期	2号线二期TJ2212标	宁波市斯正项目管理咨询有限公司	2号线二期TJJL2212标监理	0次/0分	0次/0分	1次/3分	1次/3分

图 17-28　系统页面图（14）

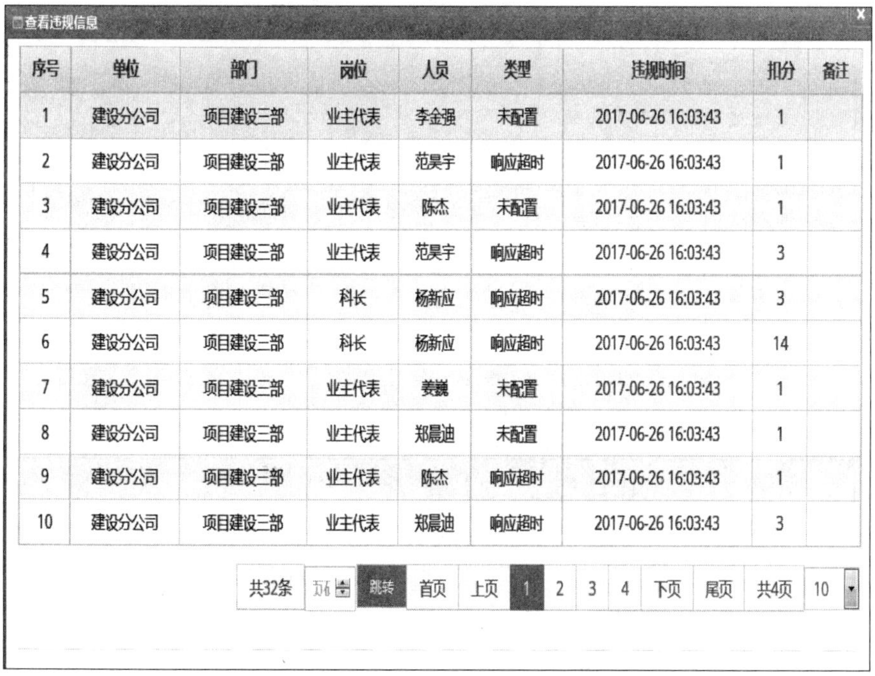

序号	单位	部门	岗位	人员	类型	违规时间	扣分	备注
1	建设分公司	项目建设三部	业主代表	李金强	未配置	2017-06-26 16:03:43	1	
2	建设分公司	项目建设三部	业主代表	范昊宇	响应超时	2017-06-26 16:03:43	1	
3	建设分公司	项目建设三部	业主代表	陈杰	未配置	2017-06-26 16:03:43	1	
4	建设分公司	项目建设三部	业主代表	范昊宇	响应超时	2017-06-26 16:03:43	3	
5	建设分公司	项目建设三部	科长	杨新应	响应超时	2017-06-26 16:03:43	3	
6	建设分公司	项目建设三部	科长	杨新应	响应超时	2017-06-26 16:03:43	14	
7	建设分公司	项目建设三部	业主代表	姜巍	未配置	2017-06-26 16:03:43	1	
8	建设分公司	项目建设三部	业主代表	郑晨迪	未配置	2017-06-26 16:03:43	1	
9	建设分公司	项目建设三部	业主代表	陈杰	响应超时	2017-06-26 16:03:43	1	
10	建设分公司	项目建设三部	业主代表	郑晨迪	响应超时	2017-06-26 16:03:43	3	

图 17-29　系统页面图（15）

（2）部门考核

统计各参建单位下项目部门的考核情况（图 17-30）。

（3）岗位考核

以岗位角色为单位进行考核统计（图 17-31）。

（4）违规处罚

统计违规处罚情况（图 17-32）。

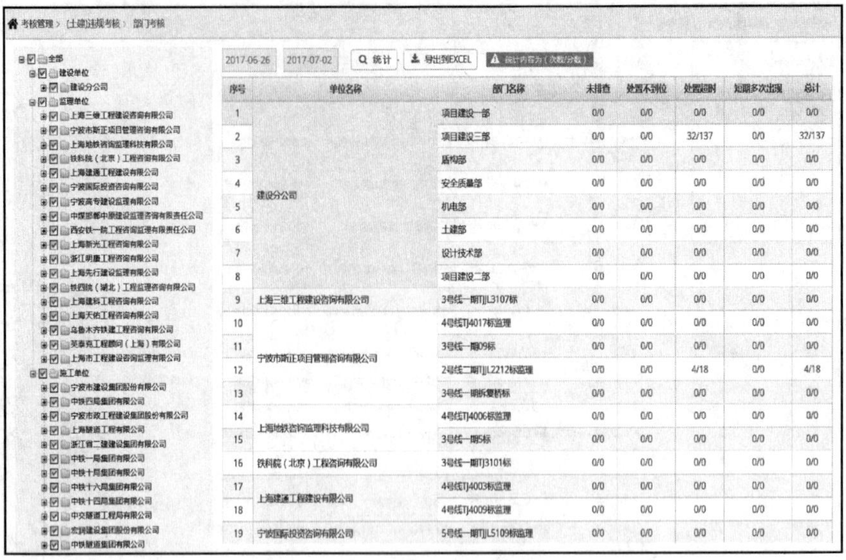

考核管理 > (土建)违规考核 > 部门考核

2017-06-26　2017-07-02　统计　导出到EXCEL　统计内容为（次数/分数）

序号	单位名称	部门名称	未排查	处置不到位	处置超时	短期多次出现	总计
1	建设分公司	项目建设一部	0/0	0/0	0/0	0/0	0/0
2		项目建设三部	0/0	0/0	32/137	0/0	32/137
3		盾构部	0/0	0/0	0/0	0/0	0/0
4		安全质量部	0/0	0/0	0/0	0/0	0/0
5		机电部	0/0	0/0	0/0	0/0	0/0
6		土建部	0/0	0/0	0/0	0/0	0/0
7		设计技术部	0/0	0/0	0/0	0/0	0/0
8		项目建设二部	0/0	0/0	0/0	0/0	0/0
9	上海三维工程建设咨询有限公司	3号线一期TJJL3107标	0/0	0/0	0/0	0/0	0/0
10	宁波市斯正项目管理咨询有限公司	4号线TJ4017标监理	0/0	0/0	0/0	0/0	0/0
11		3号线一期09标	0/0	0/0	0/0	0/0	0/0
12		2号线二期TJJL2212标监理	0/0	0/0	4/18	0/0	4/18
13		3号线一期拆复桥标	0/0	0/0	0/0	0/0	0/0
14	上海地铁咨询监理科技有限公司	4号线TJ4006标监理	0/0	0/0	0/0	0/0	0/0
15		3号线一期5标	0/0	0/0	0/0	0/0	0/0
16	铁科院（北京）工程咨询有限公司	3号线一期TJ3101标	0/0	0/0	0/0	0/0	0/0
17	上海建通工程建设有限公司	4号线TJ4003标监理	0/0	0/0	0/0	0/0	0/0
18		4号线TJ4009标监理	0/0	0/0	0/0	0/0	0/0
19	宁波国际投资咨询有限公司	5号线一期TJJL5109标监理	0/0	0/0	0/0	0/0	0/0

图 17-30　系统页面图（16）

考核管理 > (土建)违规考核 > 岗位考核

2017-06-26　2017-07-02　统计　导出到EXCEL　统计内容为（次数/分数）

序号	单位名称	部门名称	岗位名称	未排查	处置不到位	处置超时	短期多次出现	总计
1	上海隧道工程有限公司	3号线一期TJ3101标	安质部长	0/0	0/0	0/0	0/0	0/0
2		3号线一期TJ3101标	专职安全员	0/0	0/0	0/0	0/0	0/0
3		3号线一期TJ3101标	质检员	0/0	0/0	0/0	0/0	0/0
4		3号线一期TJ3101标	项目经理	0/0	0/0	0/0	0/0	0/0
5		3号线一期TJ3101标	总工程师	0/0	0/0	0/0	0/0	0/0
6		3号线一期TJ3101标	安副经理	0/0	0/0	0/0	0/0	0/0
7		4号线TJ4010标施工	安全员	0/0	0/0	0/0	0/0	0/0
8		4号线TJ4010标施工	质检员	0/0	0/0	0/0	0/0	0/0
9		4号线TJ4010标施工	物资部长	0/0	0/0	0/0	0/0	0/0
10		4号线TJ4010标施工	总工	0/0	0/0	0/0	0/0	0/0
11		4号线TJ4010标施工	安全总监/副经理	0/0	0/0	0/0	0/0	0/0
12		4号线TJ4010标施工	安质部长	0/0	0/0	0/0	0/0	0/0
13		4号线TJ4010标施工	工程部长	0/0	0/0	0/0	0/0	0/0
14		4号线TJ4010标施工	项目经理	0/0	0/0	0/0	0/0	0/0
15		2号线二期TJ2218标施工	安全员	0/0	0/0	0/0	0/0	0/0
16		2号线二期TJ2218标施工	安全总监/副经理	0/0	0/0	0/0	0/0	0/0
17		2号线二期TJ2218标施工	物资部长	0/0	0/0	0/0	0/0	0/0
18		2号线二期TJ2218标施工	质检员	0/0	0/0	0/0	0/0	0/0
19		2号线二期TJ2218标施工	总工	0/0	0/0	0/0	0/0	0/0

图 17-31　系统页面图（17）

考核管理 > (土建)违规考核 > 违规处罚

全部　2017-06-26　统计为当月的时间　统计　导出到EXCEL

序号	线路	工区	单位名称	部门名称	扣分总数	违规罚款
1	2号线二期	2号线二期TJ2212标	中国铁建大桥工程局集团有限公司	2号线二期TJ2212标施工	50	0
2		2号线二期TJ2218标	上海隧道工程有限公司	2号线二期TJ2218标施工	10	300
3	3号线一期	3号线一期TJ3104标段	中铁二局股份有限公司	3号线一期工程TJ3104标	0	0
4		3号线一期TJ3105标段	中铁十局集团有限公司	3号线一期TJ3105标	27	300
5		3号线一期TJ3106标段	宏润建设集团股份有限公司	3号线一期TJ3106标	0	0
6		3号线一期拆复桥标段	宁波市政工程建设集团股份有限公司	3号线一期拆复桥标	27	300
7		3号线一期TJ3108标段	中交隧道工程局有限公司	3号线一期TJ3108标	27	300
8		3号线一期TJ3101标段	上海隧道工程有限公司	3号线一期TJ3101标	27	300
9		3号线一期TJ3107标段	中铁十四局集团有限公司	3号线一期TJ3107标	27	300
10		3号线一期TJ3110标段	中铁十六局集团有限公司	3号线一期J3110标	27	300
11		3号线一期TJ3102标段	中铁上海工程局集团有限公司	3号线一期TJ3102标	0	0
12		3号线一期TJ3103标段	中铁隧道集团有限公司	3号线一期TJ3103标	27	300
13		3号线一期首南车辆段标段	中铁十一局集团有限公司	3号线一期首南（鄞山）车辆标	0	0
14		3号线一期TJ3109标段	中铁四局集团有限公司	3号线一期TJ3109标	27	300
15		3号线一期TJ3112标段	宁波市政工程建设集团股份有限公司	3号线一期TJ3112标	27	300
16		3号线一期TJ3111标段	腾达建设集团股份有限公司	3号线一期TJ3111标	27	300
17		3号线一期科研标	上海隧道工程有限公司	3号线一期科研标施工	0	0
18		3号线一期TJ3113标段	浙江省二建建设集团有限公司	3号线一期13标	27	300
19		4号线TJ4002标	宁波市建设集团股份有限公司	4号线TJ4002标施工	0	0
20		4号线TJ4001标	中铁一局集团有限公司	4号线TJ4001标施工	0	0

图 17-32　系统页面图（18）

（5）综合排名

可按月度、季度、年度分别对施工单位（图 17-33）和监理单位（图 17-34）进行考核得分排名，得分最低的排在前面，考核得分 = 100 − 当前扣分。

1）施工单位

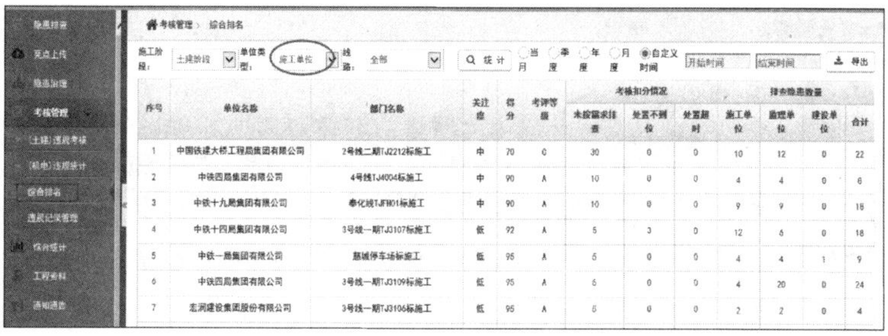

图 17-33　系统页面图（19）

2）监理单位

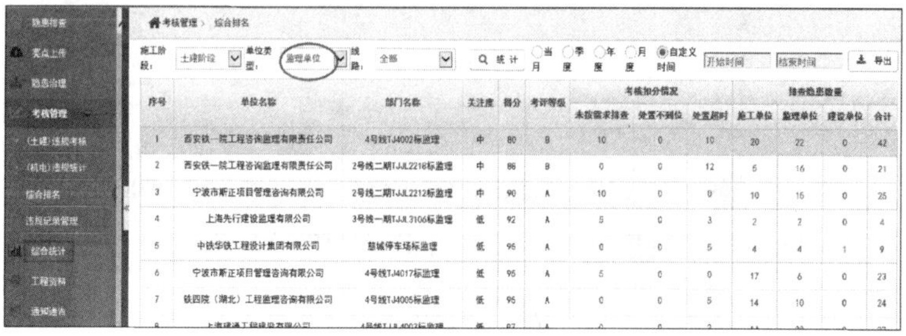

图 17-34　系统页面图（20）

17.9　综合统计

1. 按类型-等级统计

单击按类型-等级统计时，界面显示的是最近一周的隐患级别的统计情况。可以根据自己的需求，按照线路、标段、工点以及时间段来查询隐患等级的统计（图 17-35）。

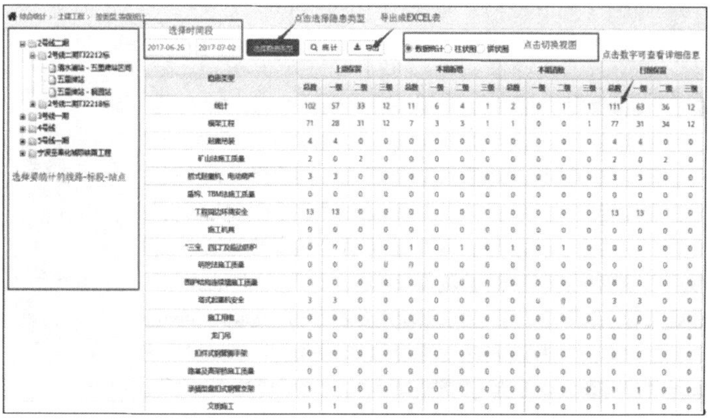

图 17-35　系统页面图（21）

选择要统计的隐患类型（默认是全选），如图 17-36 所示。

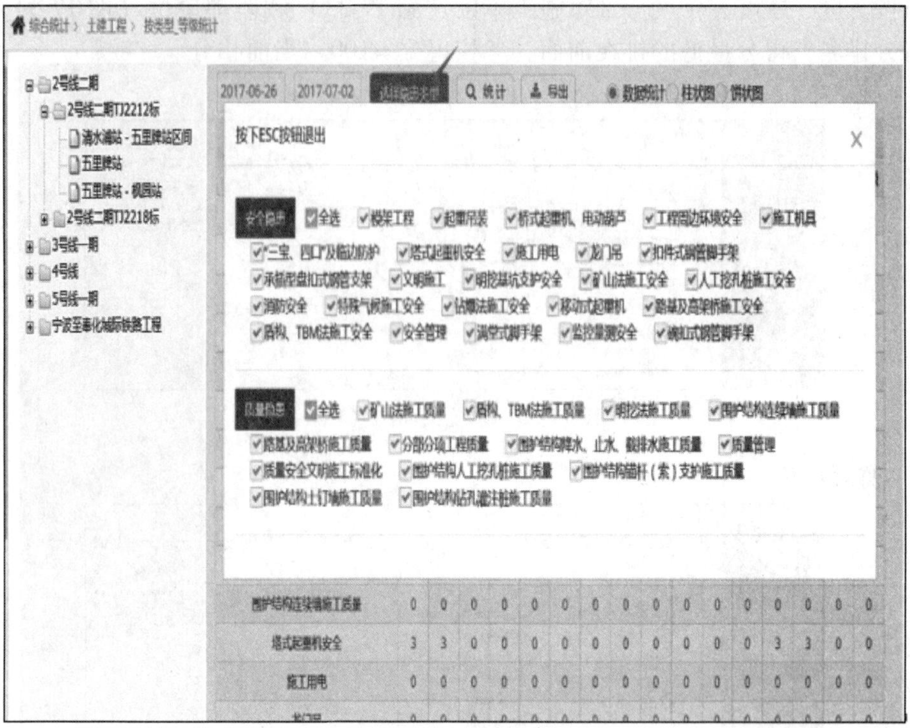

图 17-36　系统页面图（22）

单击表格视图下的数字可查看详细信息，如图 17-37 所示。

查看隐患信息

点击标题可查看详细信息

序号	隐患内容	工区/工点名称	排查单位	隐患等级	未响应角色	流程状态
1	未编制专项施工方案或未进行设计计算；	3号线一期拆复桥标段/中兴大桥南站	建设分公司	一级	无	落实整改
2	架体基础不平实、不符合专项施工方案要求；	3号线一期拆复桥标段/中兴大桥南站	宁波市政工程建设集团股份有限公司	一级	无	整改复核
3	模板、钢管、主（次）楞、对拉螺栓的材质、型号与方案不符；	3号线一期TJ3102标段/钱湖北路站	北京安捷工程咨询有限公司	二级	无	落实整改
4	未编制专项施工方案、未进行设计计算；	3号线一期拆复桥标段/大通桥站	宁波市政工程建设集团股份有限公司	一级	无	整改复核
5	模板、钢管、主（次）楞、对拉螺栓的材质、型号与方案不符；	3号线一期TJ3105标段/体育馆站-樱花公园站	北京安捷工程咨询有限公司	二级	无	落实整改
6	架体基础不平实、不符合专项施工方案要求；	3号线一期TJ3101标段/体育馆站	上海隧道工程有限公司	一级	项目经理	落实整改
7	架体基础不平实、不符合专项施工方案要求；	3号线一期拆复桥标段/中兴大桥南站	宁波市政工程建设集团股份有限公司	一级	无	整改复核
8	杆件有弯曲、变形、锈蚀等缺陷。	3号线一期拆复桥标段/大通桥站	中铁二局工程有限公司	三级	安质部长	落实整改
9	危险性较大的起重吊装作业无专项施工方案；	3号线一期拆复桥标段/中兴大桥南站	宁波市政工程建设集团股份有限公司	一级	无	整改确认
10	无群塔作业方案、方案中无防碰撞措施；	3号线一期拆复桥标段/中兴大桥南站	宁波市政工程建设集团股份有限公司	一级	无	整改复核

图 17-37　系统页面图（23）

可切换成柱状图，如图 17-38 所示。

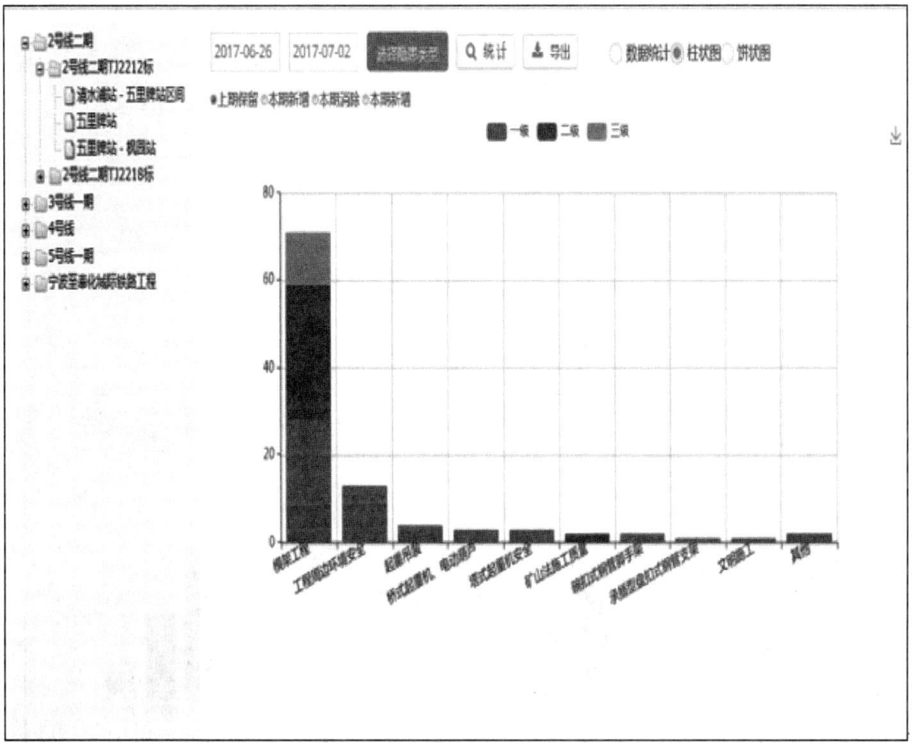

图 17-38　系统统计页面图（1）

可切换成饼状图，如图 17-39 所示。

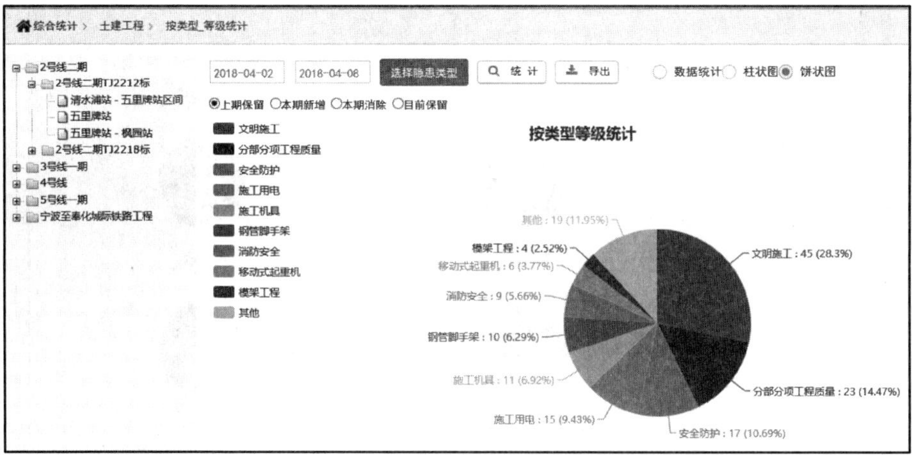

图 17-39　系统统计页面图（2）

2. 按线路-等级统计

单击按线路-等级统计时，界面显示的是最近一周的隐患级别的统计情况。可以根据自己的需求，按照线路、标段、工点以及时间段来查询隐患等级的统计（图 17-40）。

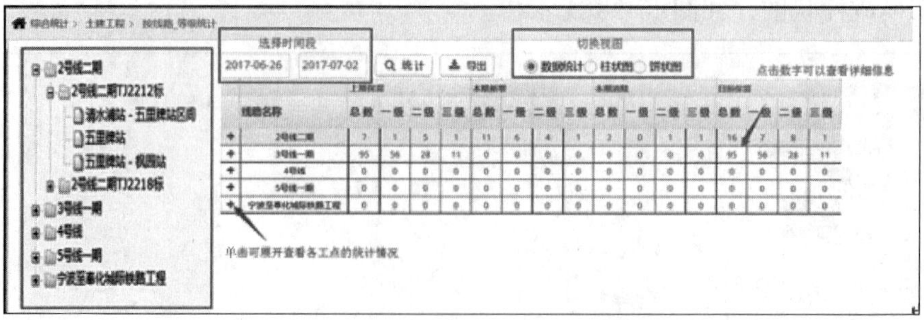

图 17-40　系统统计页面图（3）

可切换成柱状图，如图 17-41 所示。

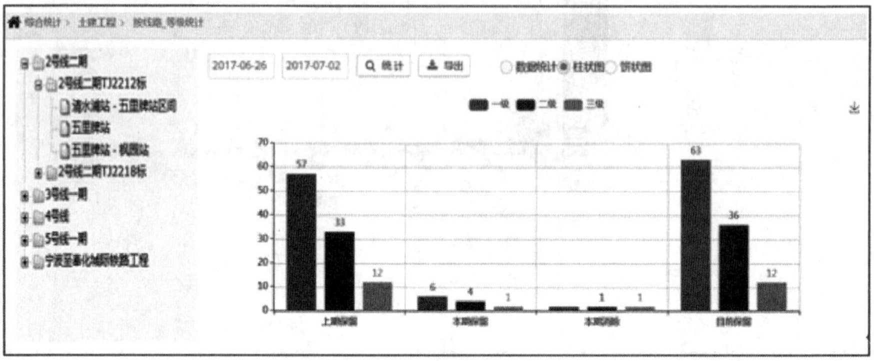

图 17-41　系统统计页面图（4）

可切换成饼状图，如图 17-42 所示。

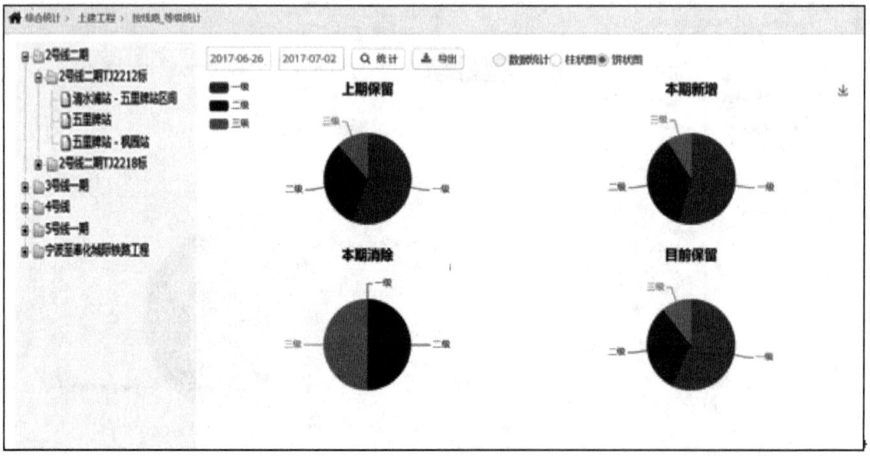

图 17-42　系统统计页面图（5）

3. 按线路-类型统计

单击按线路-类型统计时，界面显示的是最近一周的隐患类型的统计情况。可以根据自己的需求，按照线路、标段、工点以及时间段来查询隐患类型的统计（图 17-43）。

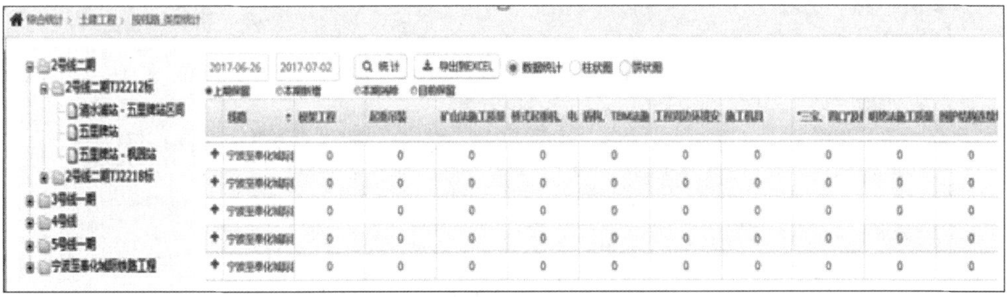

图 17-43　系统统计页面图（6）

可切换成柱状图，如图 17-44 所示。

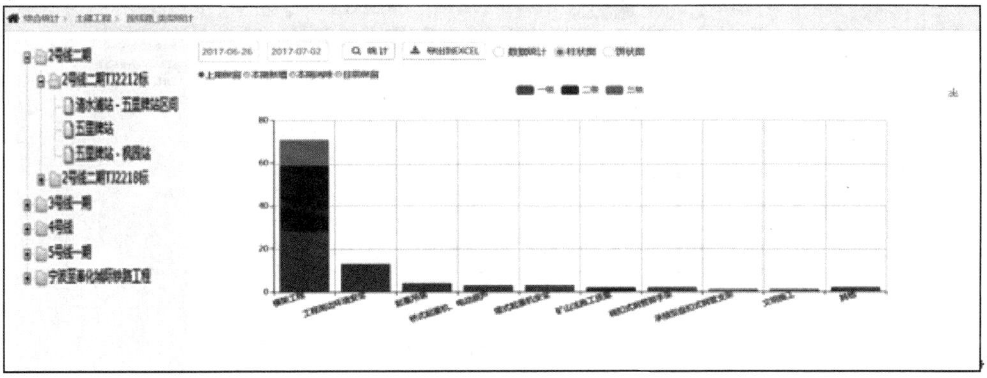

图 17-44　系统统计页面图（7）

可切换成饼状图，如图 17-45 所示。

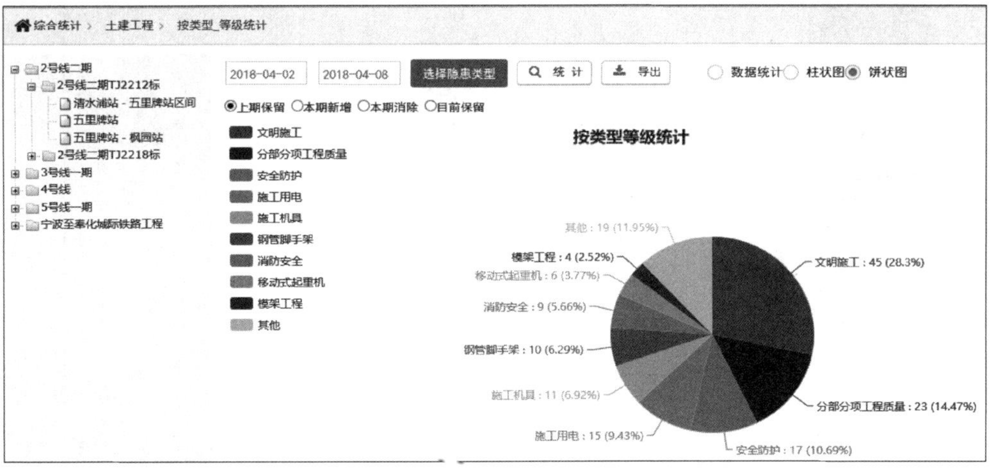

图 17-45　系统统计页面图（8）

4. 隐患态势趋势分析

按时间段（或周、月）统计各类隐患的发展态势和趋势，用数字和折线图体现（图 17-46）。

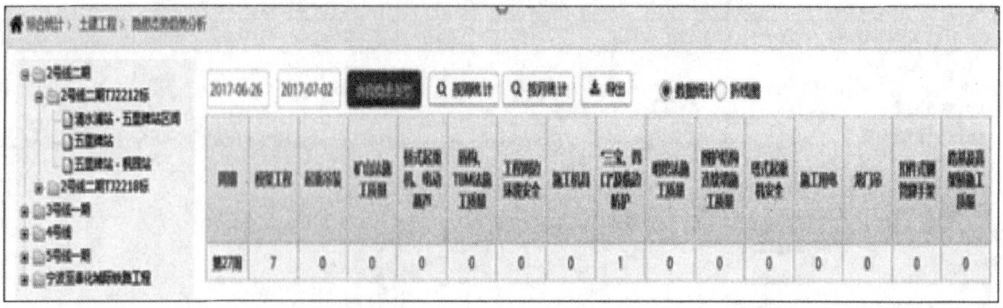

图 17-46　系统分析页面图（1）

折线图如图 17-47 所示。

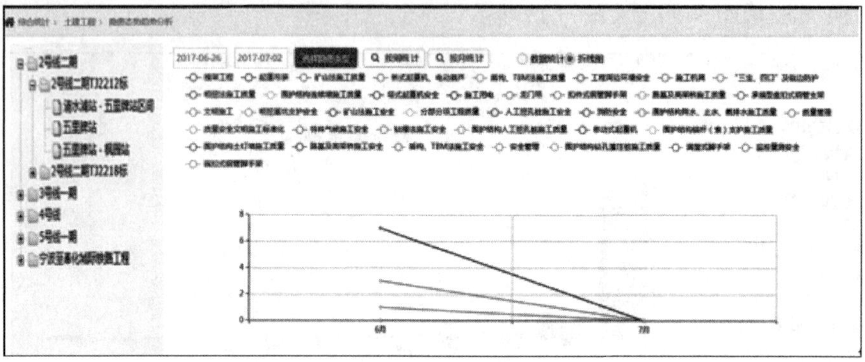

图 17-47　系统分析页面图（2）

5. 按部门-角色统计

统计建设单位各部门的排查情况，如图 17-48 所示。

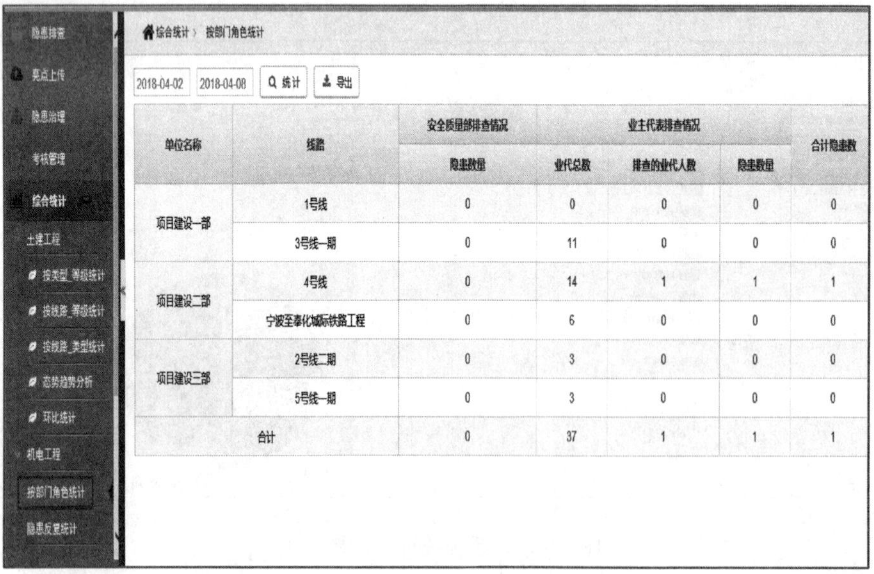

图 17-48　系统统计分析页面图（1）

6. 隐患反复统计

对排查出的同类隐患进行对比分析，如图 17-49 所示。

单位名称	线路	隐患等级	上报时间	公司、项目中心排查隐患	施工单位相同隐患排查	监理单位相同隐患排查
项目建设三部	2号线二期	一级	2017-06-27 09:33:55	架体基础不平实、不符合专项施工方案要求；	架体基础不平实、不符合专项施工方案要求；(2017-06-26 16:23:15)	
	2号线二期	一级	2017-06-27 15:23:00	钢支撑和腰梁架设（包括支撑连结、支撑与腰梁连接）与围护结构连接（包括斜支撑设置防滑移装置、连接的密实性等）、预加应力等违反设计或方案要求；		
	2号线二期	一级	2017-06-26 08:56:45	架体基础不平实、不符合专项施工方案要求；	架体基础不平实、不符合专项施工方案要求；(2017-06-26 16:23:15)	
	2号线二期	二级	2017-06-27 19:55:06	模板、钢管、主（次）楞、对拉螺栓的材质、型号与方案不符；		
	2号线二期	一级	2017-06-27 09:36:19	钢支撑和腰梁架设（包括支撑连结、支撑与腰梁连接）与围护结构连接（包括斜支撑设置防滑移装置、连接的密实性等）、预加应力等违反设计或方案要求；		
	2号线二期	一级	2017-06-27 08:58:59	钢支撑和腰梁架设（包括支撑连结、支撑与腰梁连接）与围护结构连接（包括斜支撑设置防滑移装置、连接的密实性等）、预加应力等违反设计或方案要求；		
	2号线二期	三级	2017-06-27 08:33:01	作业层脚手架周边，未在高度1.2m和0.6m处设置上、中两道防护栏杆，作业层未设置防护措施，挡脚板；		
	2号线二期	二级	2017-06-27 09:52:41	模板、钢管、主（次）楞、对拉螺栓的材质、型号与方案不符；		
	2号线二期	二级	2017-06-26 16:16:34	高处、临边作业未按规定系挂安全带；		

图 17-49　系统统计分析页面图（2）

7. 环比统计

环比功能是按隐患类型统计，统计本期与上一期隐患数据并进行对比（图 17-50）。

隐患类型	本期数量	上期数量	环比率增长
统计	109	160	-31.88%
分部分项工程质量	1	3	-66.67%
明挖法施工质量	1	1	0%
装饰装修	0	0	/
安全防护	19	29	-34.48%
塔式起重机安全	0	0	/
明挖基坑支护安全	2	3	-33.33%
盾构法施工质量	0	0	/
移动式起重机	2	2	0%
轨道工程质量	0	1	-100%
施工用电	20	19	5.26%
围护结构降水、止水、截排水施工质量	1	1	0%
模架工程	3	3	0%
龙门吊	2	0	/

图 17-50　系统统计分析页面图（3）

17.10　工程资料

1. 报告生成

展示已生成的报告列表，可下载保存或删除，单击“新增”按钮自动生成周、月、季报（图 17-51）。

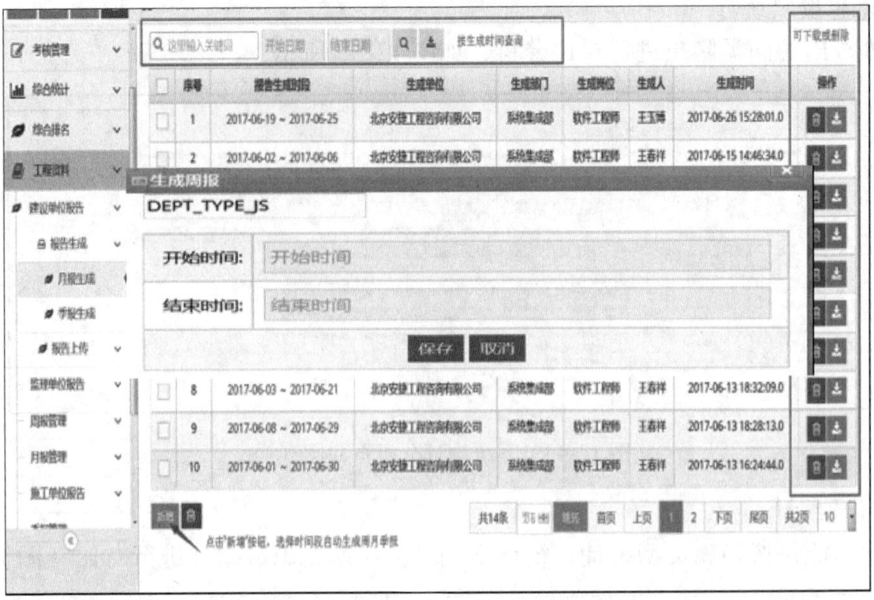

图 17-51 系统资料页面图（1）

2. 报告上传

将修改后的报告上传至系统，供领导和上级单位查阅（图 17-52、图 17-53）。

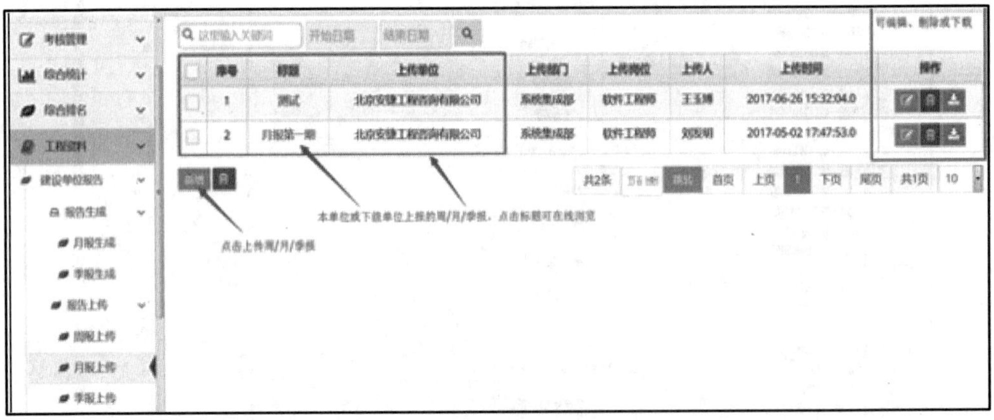

图 17-52 系统资料页面图（2）

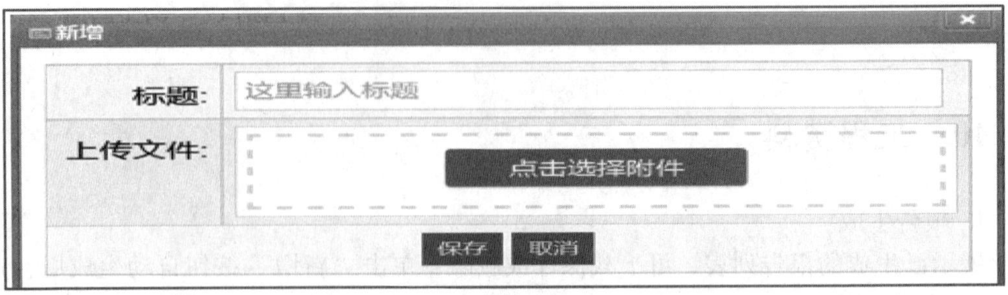

图 17-53 系统资料页面图（3）

3. 工程亮点查看（图 17-54）

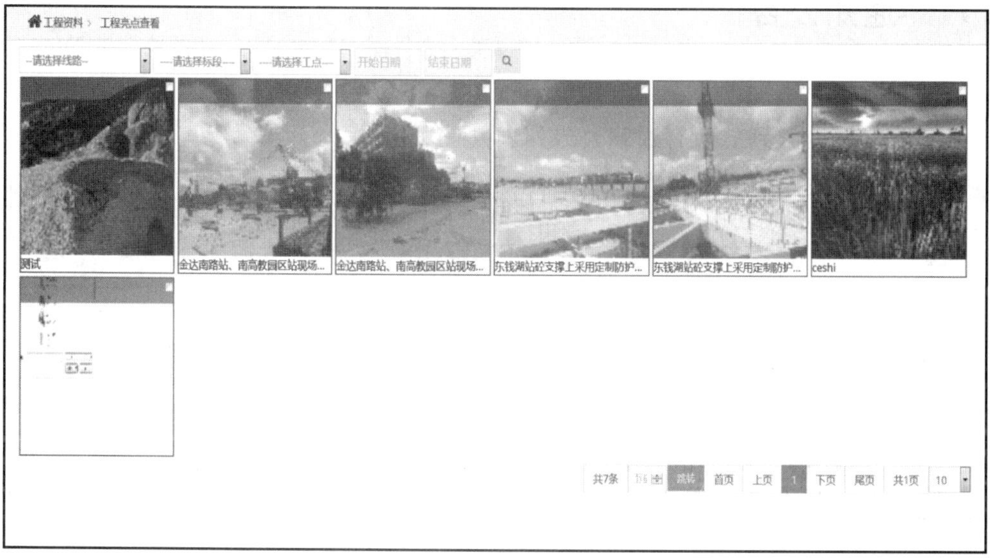

图 17-54　系统资料页面图（4）

工程亮点图片可在列表中勾选多张图片进行批量下载（图 17-55）。

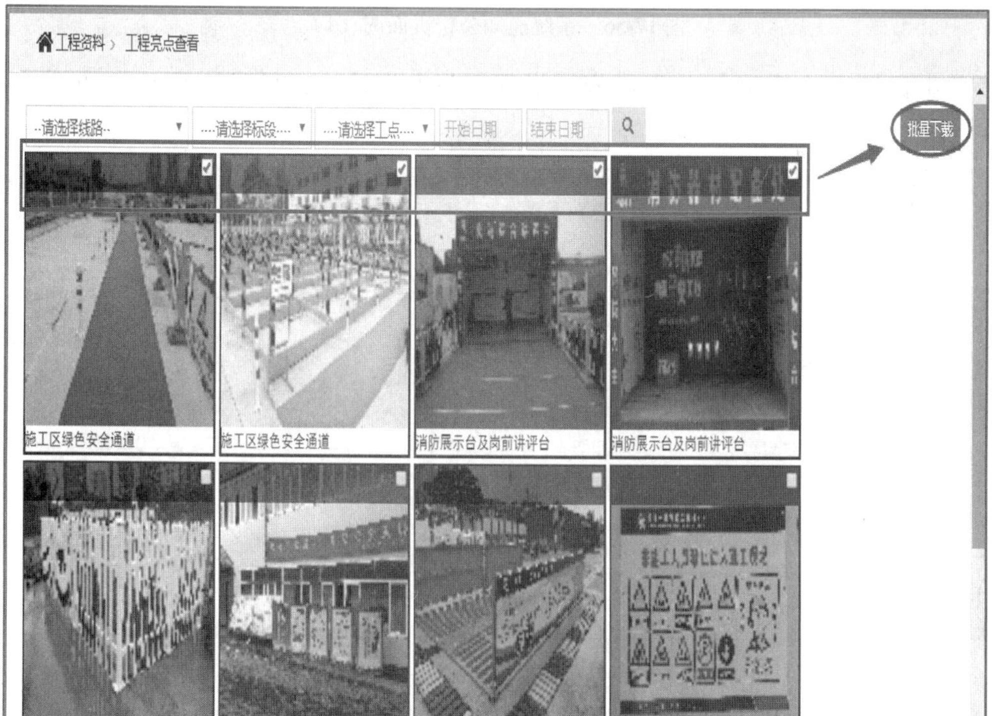

图 17-55　系统资料页面图（5）

17.11 通知公告

1. 通知公告

显示该账号所收到的所有通知公告列表（图 17-56）。

图 17-56 系统通知公告页面图（1）

单击标题可查看通知公告内容、附件、各方评论，也可发表评论，如图 17-57 所示。

图 17-57 系统通知公告页面（2）

单击新增可发布通知公告（仅针对权限用户），如图 17-58 所示。

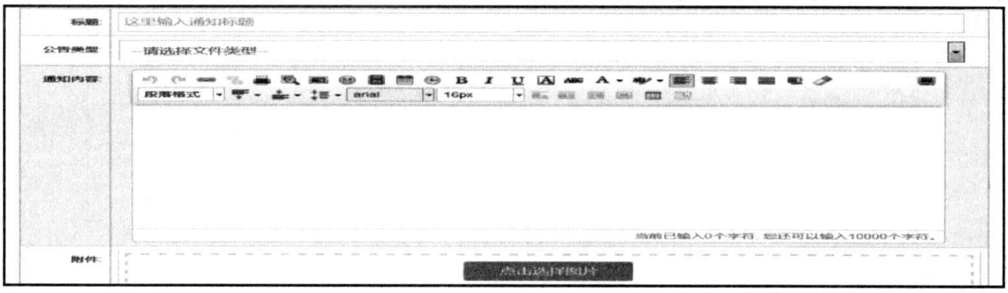

图 17-58　系统通知公告页面图（3）

2. 消息推送

（1）发件箱：显示发送过的信息列表，也可单击“新增”向其他用户发送站内信息（图 17-59）。

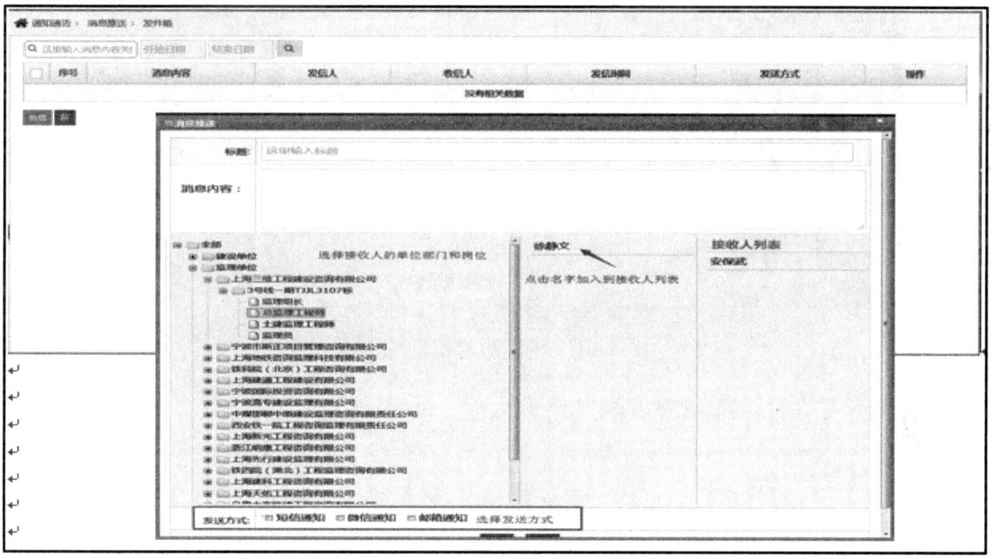

图 17-59　系统通知公告页面图（4）

（2）收件箱：显示收到的消息列表。

17.12　培训教育

1. 培训教育与作业人员信息

培训教育包含两个功能：培训教育与作业人员信息。

培训教育：是将参建单位日常培训资料上传到系统上。

（1）培训教育节点下单击培训教育功能，进入培训教育列表，单击“新增”按钮上传文件。操作如图 17-60 所示。

图 17-60　培训教育页面图（1）

（2）选择线路、标段、工点，输入培训内容，上传附件后单击保存，如图 17-61 所示。

图 17-61　培训教育页面图（2）

（3）保存成功后，可在列表浏览培训内容，如图 17-62 所示。

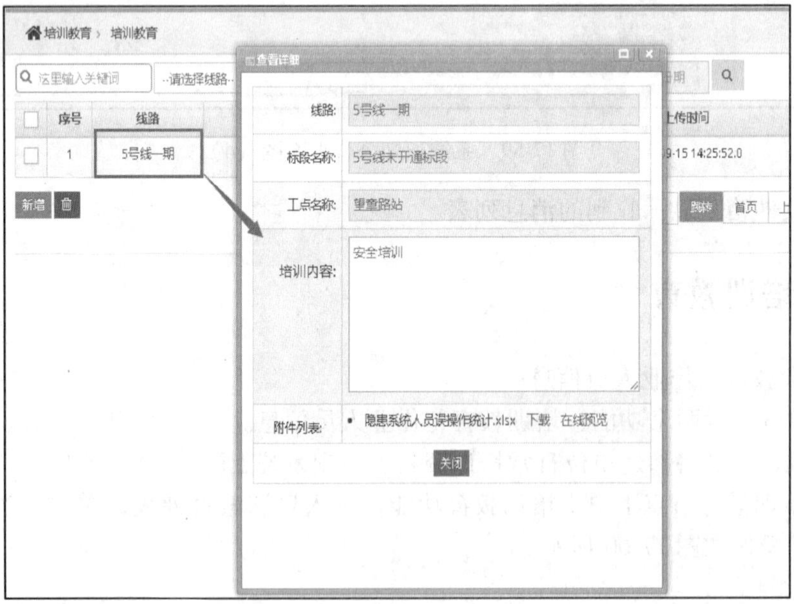

图 17-62　培训教育页面图（3）

（4）单击“在线预览”连接可预览培训附件内容，如图 17-63 所示。

119.57.148.18:23200/e/MTEyLjE2LjE5MC4yMTQuODBcMjAxNzA5MTVmMTA2MjE2YzMzYWI0YzE5ODhlNzc2NGU0OGVhMDRjN...

序号	姓名	性别	工种	联系电话	备注
XXX作业人员信息表					
线路：XXX线路					
标段：XXX标段					
工点：XXX工点					
单位：XXX单位					
1	张三	男	木工	1234567890	无
2	李四	男	水泥工	1234567890	无

图 17-63　培训教育页面图（4）

专业人员信息：是由施工单位管理人员在系统上下载模版，填写该工点作业人员的相关信息后上传到系统上。

（1）下载模版，如图 17-64 所示。

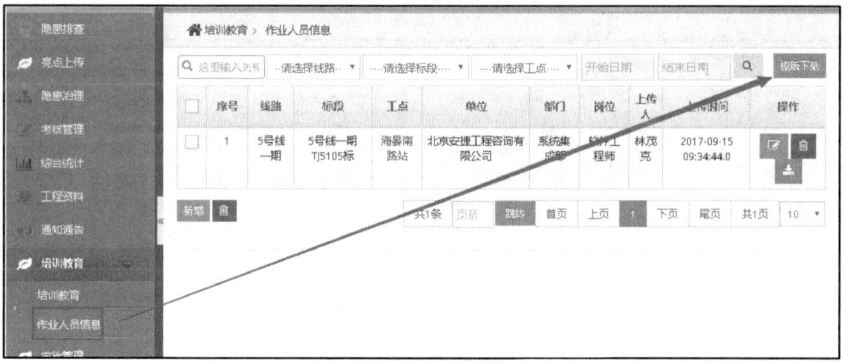

图 17-64　培训教育页面图（5）

（2）下载模版后填写信息后上传附件到系统，单击“新增”按钮上传附件，如图 17-65所示。

图 17-65　培训教育页面图（6）

（3）上传附件后在列表中单击“工点”可查看附件内容，如图 17-66 所示：

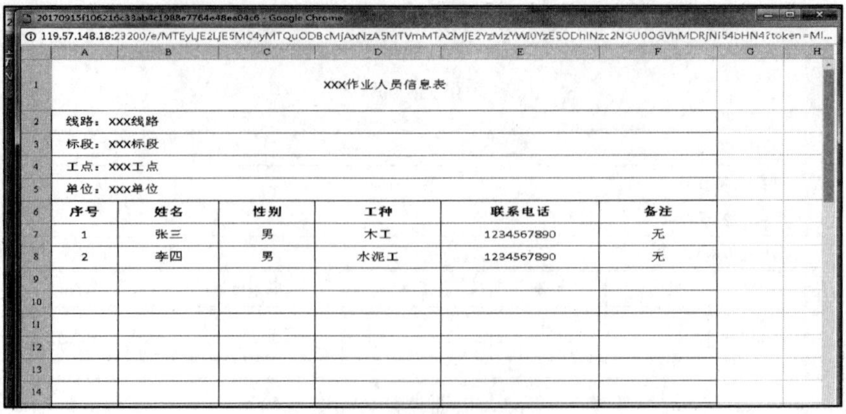

图 17-66　培训教育页面图（7）

2. 实名制安全培训

单击实名制安全培训时，界面显示培训的单位和时间显示单位下的人员信息（图 17-67）。

图 17-67　培训教育页面图（8）

单击姓名的时候，显示人员的基本信息以及照片（图 17-68）。

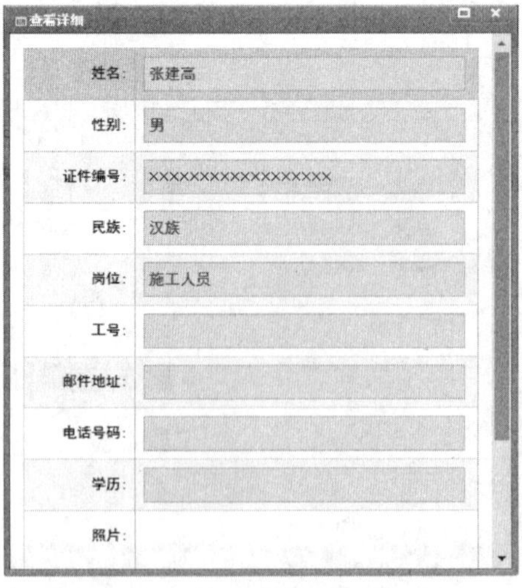

图 17-68　培训教育页面图（9）

单击培训信息查看时，显示人员具体培训的次数以及培训的情况（图 17-69）。

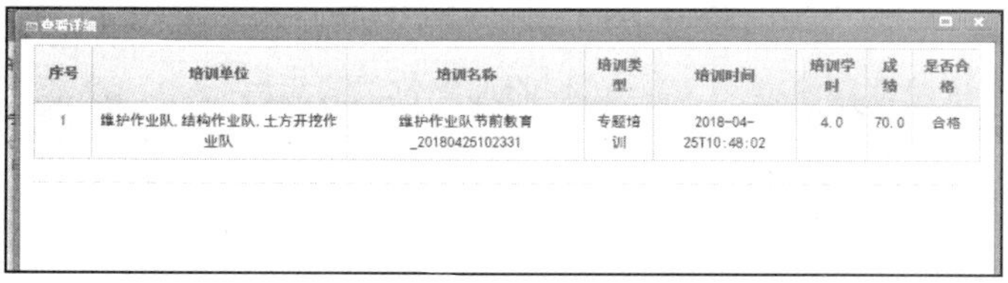

图 17-69　培训教育页面图（10）

17.13　审批管理

1. 人员请假审批

人员请假：在审批管理节点下单击“人员请假”在列表里单击“申请请假”按钮，如图 17-70 所示。

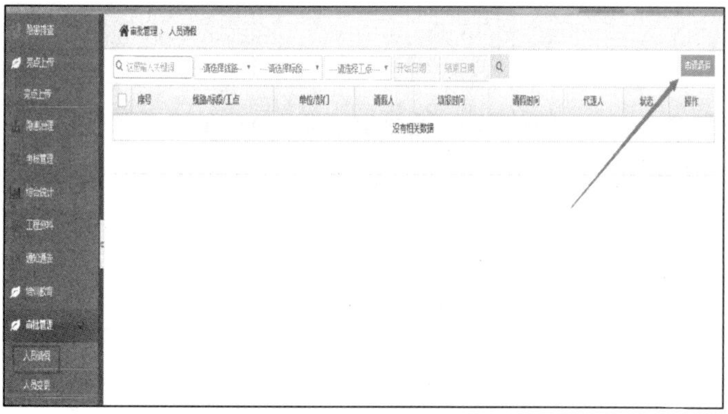

图 17-70　审批管理页面图（1）

填写请假相关信息后单击“保存”按钮即可，如图 17-71 所示。

图 17-71　审批管理页面图（2）

请假申请流程审批如图 17-72 所示。

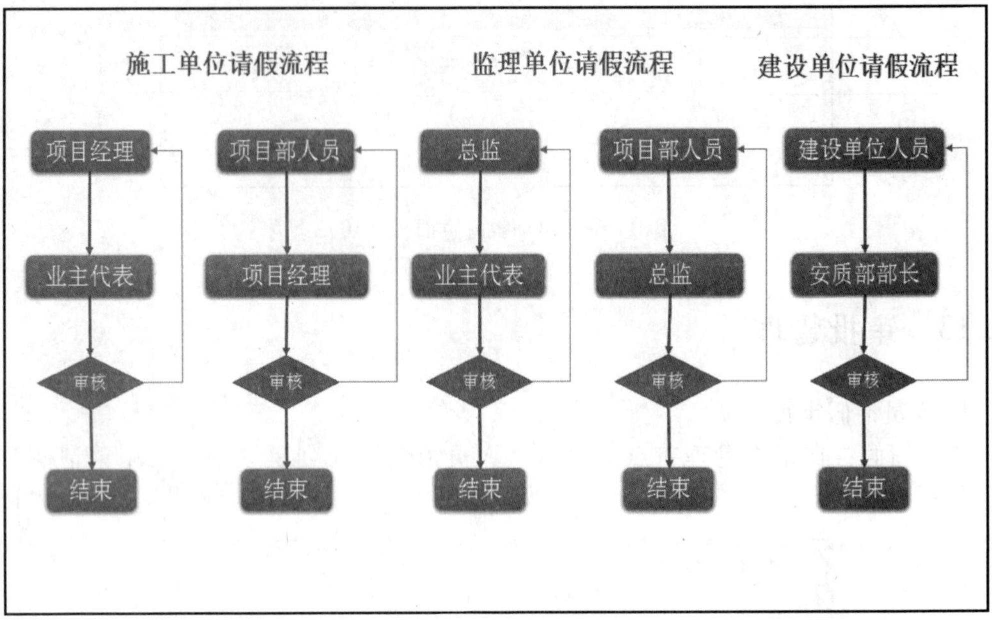

图 17-72　审批管理页面图（3）

2. 人员变更审批

人员变更：在审批管理节点下单击“人员变更”，在列表里单击“新增”按钮。如图 17-73 所示。

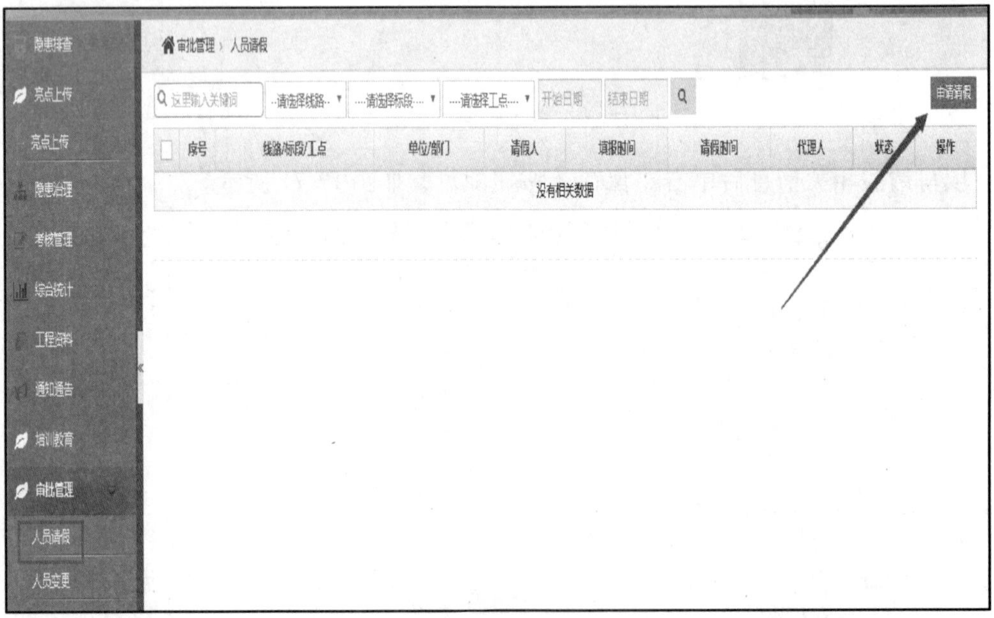

图 17-73　审批管理页面图（4）

单击新增按钮后，填写相关信息单击“保存”按钮即可，如图 17-74 所示。

图 17-74　审批管理页面图（5）

在列表里单击“申请人”可查看申请流程状态，如图 17-75 所示。

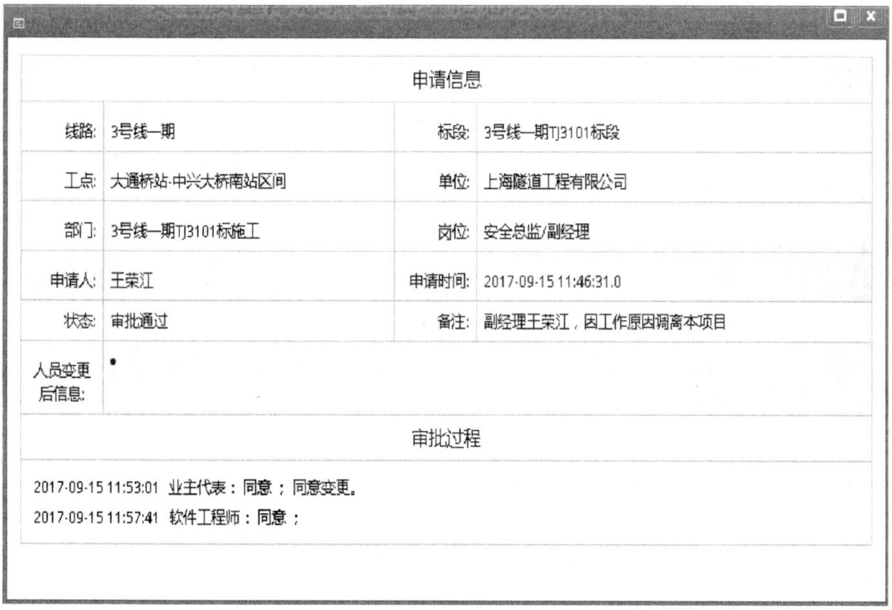

图 17-75　审批管理页面图（6）

人员变更流程审批如图 17-76 所示。

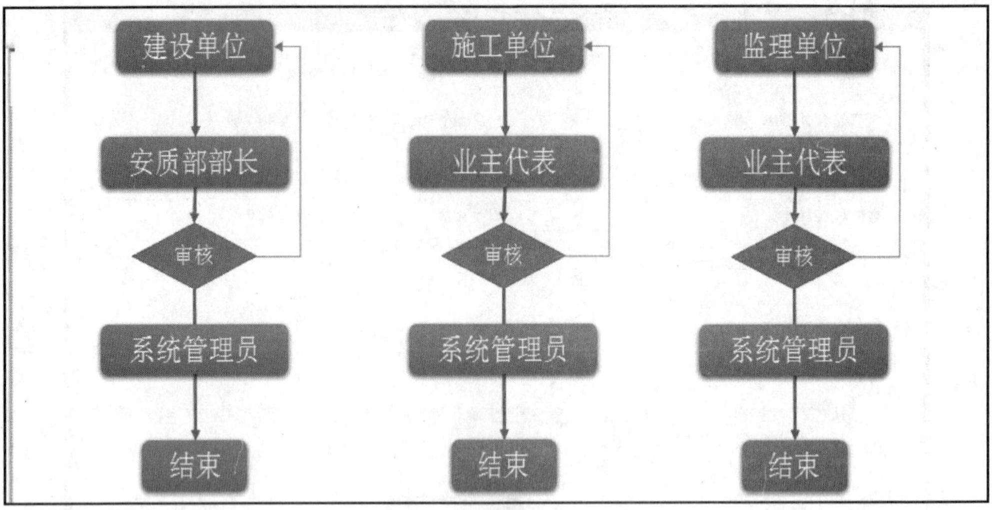

图 17-76　人员变更流程审批图

3. 开工停工审批

开工是由业主代表发起申请；停工、复工、完工是由施工单位项目经理发起。开工、停工申请，在审批管理节点下单击“开工停工”，在列表里单击“新增”按钮。如图 17-77 所示。

图 17-77　开工停工审批图

开工停工申请审批流程如图 17-78 所示。

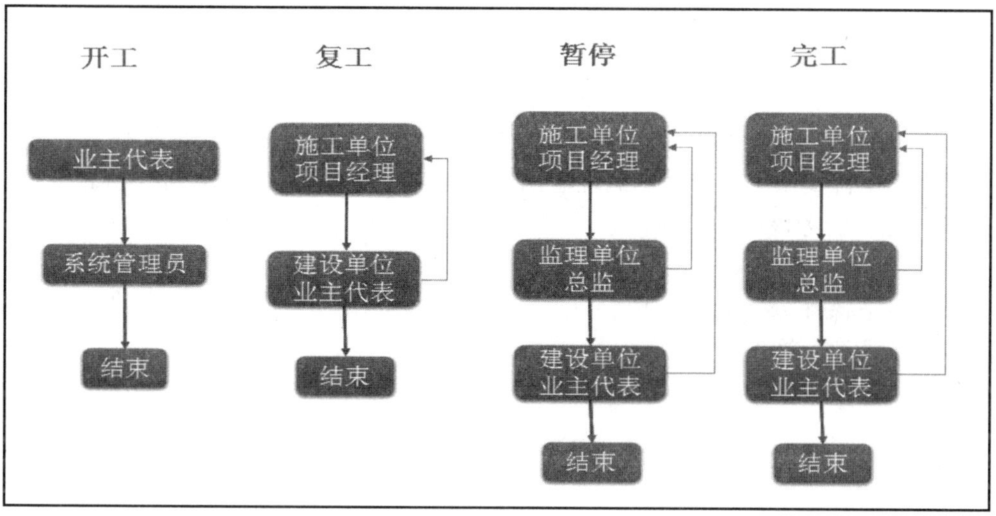

图 17-78　开工停工审批流程图

17.14　系统的应用优势

安全生产的理论和实践证明，只有把安全生产的重点放在建立事故预防体系上，超前采取措施，才能有效防范和减少事故的发生，最终实现安全生产，推动企业安全生产标准化建设工作，建立健全安全生产长效机制，把握事故防范和安全生产工作的主动权。系统具体特点如下：

（1）隐患排查内容条目化，便于实际操作

将施工现场日常生产过程中出现的安全质量隐患分类整理，如临边防护、临时用电、起重吊装、脚手架、施工机具、消防安全、汛期安全等安全文明施工管理问题条目化，便于现场隐患排查的实际操作。

（2）流程清晰、指令明确

制定的隐患排查治理办法，确定了参建各方的责任体系、隐患识别、响应、整改与消除要求与工作程序，强化与细化了施工单位的主体责任、监理单位的监理主责、建设管理单位的监督责任等。

（3）隐患整改的时效性

对于排查出的隐患，结合手机应用 APP 和短信息，系统按照管理办法制定的工作流程进行推送，方便快捷，能做到在隐患上传至系统的同时，相关方就能收到短信通知，使得隐患能够快速地消除。

（4）工作过程可追溯

将隐患排查、治理与消除进行闭环管理，系统能记录每个人的系统登录时间，排查频次及内容、隐患响应时限、整改效果、隐患消除等全过程，便于后期进行回查。

（5）将隐患按排查方和等级推送给不同级别的用户进行处理，实现隐患全程闭环管理。

（6）随时随地查看在施工点的隐患状态

利用移动互联网，通过网址访问系统，能够随时随地查看系统的内容，了解各在施工点的隐患状态，并能查看到具体工点具体隐患的实际状态。

（7）强大的统计分析与报表生成功能

系统能够按隐患类型、隐患等级、线路、单位等信息自动生成统计报表，能够根据不同参建单位类型生成周报、监理通知单、业主的巡视单、整改通知单等报表。

（8）完善的考核评分机制

系统实现对施工单位、监理单位、建设单位按隐患排查、治理与消除的工作情况和效果逐级考核评分，能够按周、月、季、年生成评分报告，实现对参建单位隐患管理的自动考核评分管理。

第 18 章　应急管理

18.1　预案体系

应急管理是轨道交通工程安全风险双重预防机制的最后一道防线。

我国应急预案组织体系整体框架（图 18-1）分为国家级总体战略预案、地方政府（省、市、县）级综合应急行动预案、企事业单位（部门）级应急行动预案共 3 个层次、5 个级别；应急预案系统包含战略级、行动级、战术级和现场行动级 4 种类型；企业级可不包含战略级而主要是行动预案和战术预案。

与国家级、省级预案相衔接，宁波市轨道交通工程突发事故应急预案体系分为市级、指挥部（集团公司）级、施工现场项目部级，其中施工单位现场项目部级应急预案亦包括综合应急预案、专项应急预案和现场处置方案，如图 18-2 所示。

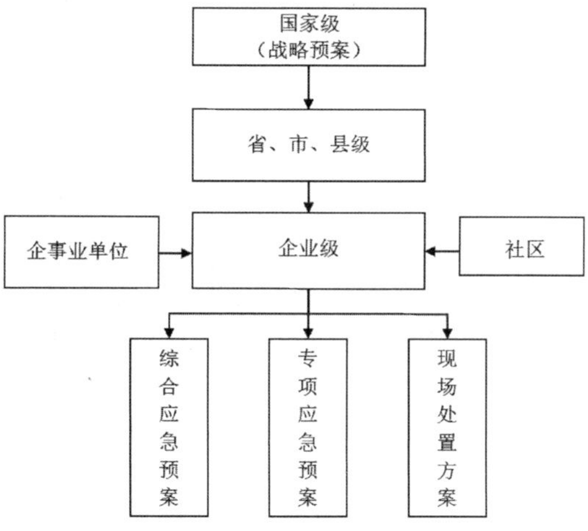

图 18-1　应急预案组织体系

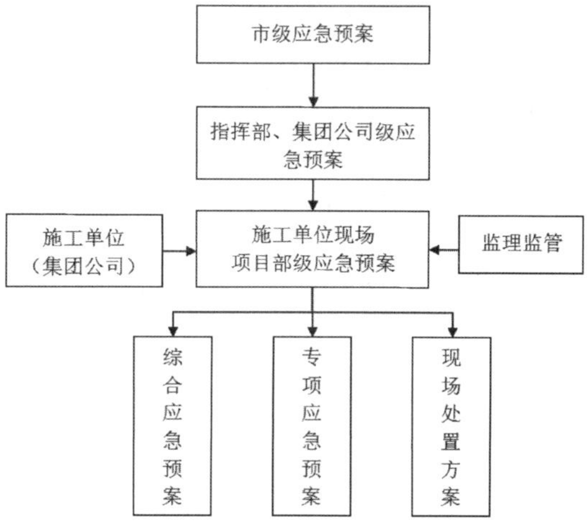

图 18-2　应急预案结构体系

18.2　预案组织体系

18.2.1　事故现场应急处置指挥部

事故发生时，项目经理立即启动现场应急救援预案，并通知现场各应急救援小组迅速到位，开展应急救援工作。

收集和核实现场应急救援信息、情况，及时向指挥中心汇报，接受指挥中心指令。

对现场存储的应急救援物资、装备做好日常维护、保养，及时进行更新、更换和补充，确保有效。

组织开展各类应急演练活动，对应急救援工作进行总结评估，针对存在的不足和问题，制定防范和改进措施。同时负责具体落实后期处置中的各项工作。

18.2.2 应急处置工作组

（1）总指挥：由项目部经理担任总指挥，其职责是：组织、指挥和配合、协调现场应急救援工作，对现场处置的重大事项进行决策，发布和解除应急救援命令；将事故基本情况，应急救援采取措施、方案及存在的问题等事项向上级单位报告，并负责落实督办上级领导指示和要求；应急救援行动超出项目救援能力范围的，及时上报上级领导，请求启动上级应急救援预案；批准各种应急培训、演练计划，并领导组织应急演练。批准主要应急物资储备和救援装备的购买、更新。

（2）副总指挥：由副经理、安全总监担任副总指挥，其职责是：总指挥不在时，代理总指挥行使总指挥职责，负责现场应急救援工作；总指挥在时，协助总指挥开展现场应急救援，做好交办的工作；负责应急救援各项工作的协调及信息传递；负责各项应急救援措施、方案的落实，并向总指挥提出控制事故扩大的对策和建议。

（3）综合协调组：负责接警和通知、警报和紧急公告；了解、收集和上传下达有关信息，联络有关部门和单位；负责构建现场应急指挥机构（含各工作组），分配工作区域和分发标明应急人员身份的袖章等标识，协调各工作组和各方面的应急处置工作，指派专人对现场应急抢险人员的安全进行监控。

（4）安全保卫组：先行组织保安及有关人员，对事故现场及周边地区和道路进行警戒、控制，为抢险物资、设备、人员开辟好专用运输通道，必要时组织有序疏散，登记疏散人员和物资。

（5）应急监测组：负责组织现场出险范围、地质条件的探测和勘察；负责现场及毗邻区域的建（构）筑物、管线、支撑（加固）结构和地面的稳定性的监测，及时向应急指挥部汇报监测结果。

（6）应急抢险组：组织应急抢险队开展现场应急抢险救援，或配合当地政府、建设单位专业应急抢险队伍的抢险救援工作。

（7）资源保障组：负责建立和维护、更新工程应急抢险物资信息数据库，明确装备的类型、数量、性能和现场存放位置；负责与场外单位联系救援抢险所需的特殊设备物资并及时调到现场。

（8）技术专家组：负责组建由勘察、设计、施工技术专家组成的抢险专家库；就应急准备工作中的重要问题进行研究，提供建议；组织专家组成员开展活动，编制应急技术和信息资料；组织专家制定应急救援技术方案，开展工程结构安全性评估，根据监测结果评估事态发展，为抢险救援等工作提供技术支持。

（9）救治保障组：负责与当地医疗救护中心联系，做好受伤、中毒人员的紧急输送和救护工作，以及伤亡人员的善后工作。同时，负责救援人员生活必需品的提供。

（10）新闻信息组：负责事故应急处置和抢险救援的新闻报道工作，在事件第一现场接待新闻媒体记者，视情况向媒体提供新闻通稿，全程跟踪媒体报道，安排人员进行抢险工作的摄影。

这些工作小组应事前建立并进行演练，一旦应急预案启动，即赶赴现场投入抢险（图 18-3）。

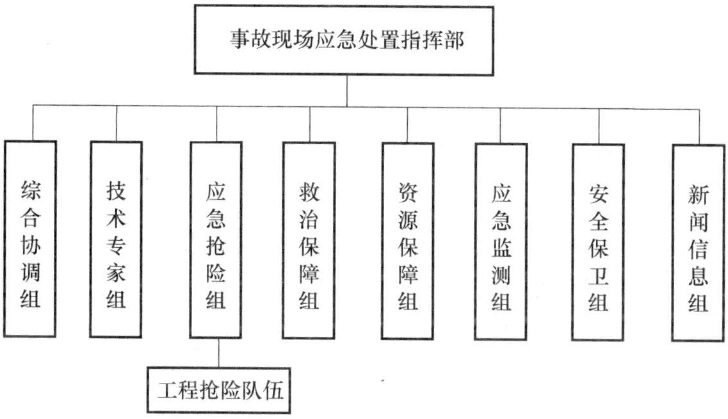

图 18-3　应急预案工作小组组织体系

18.3　应急预案编制主要内容

18.3.1　应急预案的分类

应急预案从功能与目标上划分为三类：综合应急预案、专项应急预案和现场处置方案。综合应急预案是应对各类事故的综合性文件，从总体上阐述事故应对方针、政策，应急组织机构及职责、应急行动、措施和保障等基本要求和程序；专项应急预案主要针对某种特有和具体的事故（如坍塌与倒塌、起重作业事故、机械设备事故、电气事故、火灾、中毒与窒息事故等），侧重明确救援程序和具体的应急救援（技术）措施；现场处置方案针对危险性较大的分部分项工程的施工、具体装置、场所或设施、岗位所制定的应急处置措施，应具体、简单、针对性强。综合应急预案、专项应急预案和现场处置方案各有侧重、相互衔接，构成一个应急预案体系，也可以将专项应急预案作为综合应急预案的附件。

18.3.2　应急预案的内容

1. 综合应急预案的内容

综合应急预案应包括总则、组织机构及职责、预警和预防机制、应急响应与处置、后期处置、保障措施、附则和附录等 8 个方面的内容（表 18-1），其中，组织机构及职责、信息报告与处置、应急响应程序与处置技术等要素属于应急预案的关键要素，是涉及日常应急管理与应急救援的关键环节，应体现在应急预案中。同时，危险源辨识与风险分析、应急资源和能力评估是确保应急预案具有针对性和可操作性的重要的应急策划工作，应体现在预案中且宜放在附件部分。

表 18-1　综合应急预案的基本内容表

项目内容		要求
总则	编制目的	目的明确，简明扼要
	编制依据	引用的法规标准合法有效； 明确相衔接的上级预案，不能越级引用应急预案
	应急预案体系	能够清晰表述本单位及所属单位应急预案组成和衔接关系（推荐使用图表）； 能够覆盖本单位及所属单位可能发生的事故类型
	应急工作原则	符合国家有关规定和要求，并结合本单位应急工作实际； 应明确救人第一、统一指挥、快速响应、先期处置等基本原则
	适用范围	范围明确，适用的事故类型和响应级别合理
组织及职责	应急组织体系	能够清晰描述本单位的应急组织体系（推荐使用图表）； 明确应急组织成员日常及应急状态下的工作职责
	指挥机构及职责	清晰表述本单位应急指挥体系； 应急指挥部门职责明确； 各应急救援小组设置合理，应急工作明确
监测与预警	风险监测	明确监测技术性预防和管理措施； 明确相应的应急处置措施
	预警行动	明确预警信息发布的方式、内容和流程； 预警级别与采取的预警措施科学合理
	信息报告与处置	明确本单位 24 小时应急值守电话； 明确本单位内部信息报告的方式、要求与处置流程； 明确事故信息上报的部门、通信方式和内容时限； 明确向事故相关单位通告、报警的方式和内容； 明确向有关单位发出请求支援的方式和内容； 明确与外界新闻舆论信息沟通的责任人以及具体方式
应急响应	响应分级	分级清晰，且与上级应急预案响应分级衔接； 能够体现事故紧急和危害程度； 明确紧急情况下应急响应决策的原则
	响应程序	立足于控制事态发展，减少事故损失； 明确救援过程中各专项应急功能的实施程序； 明确扩大应急的基本条件及原则； 能够辅以图表直观表述应急响应程序
	应急行动	应急行动应全面、符合实际，包括：接警与通知、指挥与控制、警报与紧急公告、通信、事态监测与评估、警戒与治安、受害人员营救、人群疏散与安置、医疗与卫生、公共关系与媒体应对、应急人员安全监控、消防与抢险
	应急结束	明确应急救援行动结束的条件和相关后续事宜； 明确发布应急终止命令的组织机构和程序； 明确事故应急救援结束后负责工作总结部门

续表

项目内容		要求
后期处置		明确事故后，现场清理、损失评估、原因分析、施工恢复、善后赔偿等内容； 明确应急处置能力评估及应急预案的修订等要求
保障措施		明确相关单位或人员的通信方式，确保应急期间信息通畅； 明确应急装备、设施和器材及其存放位置清单，以及保证其有效性的措施； 明确各类应急资源，包括专业、兼职应急救援队伍的组织机构以及联系方式； 明确应急工作经费保障方案
培训与演练		明确本单位开展应急管理培训的计划和方式方法； 如果应急预案涉及周边社区和居民，应明确相应的应急宣传教育工作； 明确应急演练方式、频次、范围、内容、组织、评估、总结等内容
附则	特殊情况处置原则	明确未列入预案的有可能发生的事故应急救援工作的处置原则； 明确事故的事态变化超出预案考虑的情况的处置原则； 明确应急反应和救援资源到位情况达不到预案要求的处置原则； 明确事态急剧恶化、已严重危及救援人员安全和救援工作进行时的处置原则
	应急预案备案	明确本预案应报备的有关部门（地方政府有关部门）和有关抄送单位； 符合国家关于预案备案的相关要求
	制定与修订	明确负责制定与解释应急预案的部门； 明确应急预案修订的具体条件和时限（一般不超过 3 年）
附件	危险辨识与风险分析	能够客观分析本单位存在的危险源及危险程度； 能够客观分析可能引发事故的诱因、发展途径、影响范围（包括场所）及后果
	应急能力评估	评估资源的准备状况和从事应急救援活动所具备的能力（包括自身的和可从外部求援的）； 分析预案事故应急救援所需要的资源，以及需求不足及其纠正措施
	应急功能图	应明确每一应急活动中每一个应急功能所对应的职能部门和目标（推荐用功能矩阵图表示）
	特殊风险分预案	能够在公共安全风险评价的基层上，提出若干类不可接受的风险（假如存在）； 能够针对每一特殊风险的应急活动，正确划分部门主要负责、协助支持、有关人员等 3 类具体的职责
	应急标准化操作程序	应明确应急活动、应急功能中具体负责部门和负责人； 应明确具体的活动内容、具体的操作步骤
	联系方式	列出应急工作需要联系的部门、机构或人员至少两种以上联系方式，并准确有效； 列出所有参与应急指挥、协调人员姓名、所在部门、职务和联系电话，并保证准确有效
	物资装备清单	以表格形式列出应急装备、设施和器材清单，清单应当包括种类、名称、数量以及存放位置、规格、性能、用途和用法等信息； 定期检查和维护应急装备，保证准确有效； 主要参照《宁波市轨道交通工程应急抢险标准化手册》进行项目物质储备。结合本工程实际，并与邻近标段应急合作，结合指挥部应急抢险队的力量
	格式文本	给出信息接报、处理、上报等规范化格式文本，要求规范、清晰、简洁

续表

<table>
<tr><th>项目内容</th><th colspan="2">要求</th></tr>
<tr><td rowspan="2">附件</td><td>关键的路线、标识和图纸</td><td>警报系统分布及覆盖范围；
重要防护目标一览表，分布图；
应急救援指挥位置及救援队伍行动路线；
疏散路线、重要地点等标识；
相关平面布置图纸、救援力量分布图等</td></tr>
<tr><td>相关应急预案名录、协议或备忘录</td><td>列出与本应急预案相关的或相衔接的应急预案名称，以及与相关应急救援部门签订的应急支援协议或备忘录</td></tr>
</table>

2. 专项应急预案的主要内容

专项应急预案应根据工程的专项安全技术方案制定，有比较强的针对性，一般应急内容应包括：应急处置的基本原则、应急组织及职责、预防与预警、应急处置（响应分级、相应程序、处置措施）、应急物资及装备保障（数量、管理及维护、正确使用等）等突出应急救援的技术措施。一般每个单位工程应由多个专项应急预案组成。

3. 现场处置方案的主要内容

现场处置方案主要包括：应急组织与职责（主要是基层单位和现场应急、自救组织与人员的职责）、应急处置（事故应急处置程序、现场应急处置措施、报警电话及联系电话）、注意事项（在个人防护、抢救器材、救援对策或措施、自救与互救等方面的注意事项）。

宁波轨道交通现场处置方案应参照《宁波市轨道交通工程应急抢险标准化手册》执行。

18.3.3 应急预案评审与备案

1. 预案评审

对编制的综合应急预案和专项应急预案组织评审。工程项目现场处置方案可视情况组织评审，评审人员应当包括城市轨道交通工程安全生产或应急管理方面的专家，以及预案涉及的其他部门和单位相关人员。

评审的主要内容包括以下几个方面：

1）应急预案是否符合有关法律、行政法规等，是否与有关应急预案进行了衔接。

2）主体内容是否完备，组织体系是否科学合理，责任分工是否合理明确。

3）风险评估及防范措施是否具有针对性。

4）响应级别设计是否合理，应对措施是否具体简明、有效可行。

5）应急保障资源是否完备，应急保障措施是否可行。

2. 预案备案

应急预案编制单位应当在综合应急预案印发后20个工作日内，向工程所在地建设主管部门和建设单位备案（提交应急预案文本、电子文档及评审意见）。

18.4　事故汇报流程（图 18-4）

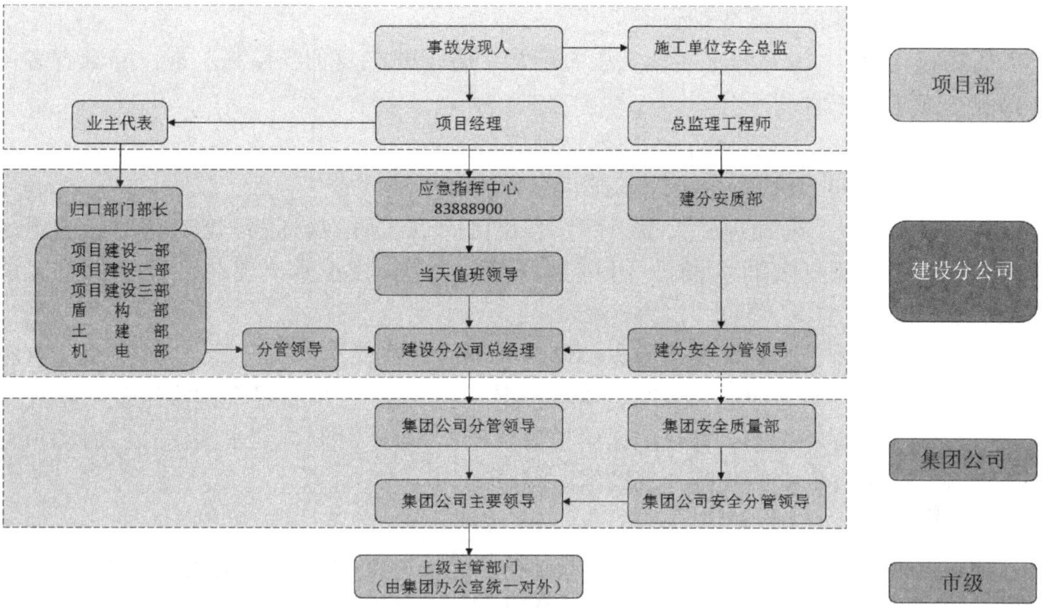

图 18-4　宁波轨道交通应急抢险汇报流程图

18.5　应急演练及实例

应急演练一般根据应急预案规定的频次执行，演练应结合工程进度进行，分桌面演练和实体演练两种方式。

下面是《宁波轨道交通 2018 年度盾构隧道盾尾突涌及管线爆裂应急演练》的范本（图 18-5）。

图 18-5　应急演练现场图

2018年6月15日下午3点钟，某区间右线盾构掘进地层正处于③1粉砂层中，当掘进至1650环时，现场工人突然发现盾构盾尾底部出现涌水涌砂。

正在施工现场的张班长快速跑到操作室，对盾构杨司机说："杨工，发现盾尾出现突发涌水涌砂，各掘进参数是否正常?"

盾构杨司机："没有异常啊！土压力正常、盾构姿态及轴线控制正常，有毒有害气体检测仪显示也正常。"

张班长大声喊："危险啊，立即停止掘进!"

杨司机："好！赶快跟余经理汇报。"

杨班长："喂，余经理，大事不好！金小区间右线盾构掘进至1650环时，盾尾底部4～8点位出现突发涌水涌砂。目前盾构各掘进参数正常，现在已停止掘进。请指示。"

项目经理余秀平听到汇报后心急如焚，立刻回复杨班长："老杨，立即组织所有施工人员全部撤离。我立即通知各应急抢险小组赶赴现场。"项目经理跑步至现场指挥中心，查看情况，查看完毕，并打电话给项目总工："樊总，洞内涌水涌砂，已启动项目部应急预案，你安排立即加强地面管线监测。"

项目总工回答："收到。"

项目经理同时向宁波轨道交通建设分公司汇报，他拨通应急抢险指挥中心电话："喂，应急抢险指挥中心，我是某标项目经理，我标段正在施工的盾构区间右线盾尾突发涌水涌砂现象；目前盾构掘进参数显示正常，现场已停止掘进，隧道内作业人员正在有序撤离。项目已组织抢险人员赶赴现场。"

建设单位应急抢险指挥中心值班人员回答："收到，我立即向当班领导汇报!"

值班员迅速拨通电话："喂，张总，某区间右线盾尾突发涌水涌砂现象；目前盾构掘进参数显示正常，现场已停止掘进，隧道内作业人员正在有序撤离。项目部已组织抢险人员赶赴现场。"

建设分公司张总回答："我知道了，立即通知相关部门负责人到830室集合。"830室应急抢险中心是应急抢险指挥系统的核心，集通信、指挥、控制于一体，可以实时查看所有施工标段的施工情况。当发生突发事件时，指挥部可以通过远程视频查看现场情况，迅速制定救援方案，对项目部的应急救援工作提出指导性建议。

此时指挥部盾构中心负责人通过后台视频监控发现异常。他也立即拨打手机汇报："张总，某标段盾构盾尾出现突涌，已发出红色预警，相关监控监测人员已赶赴现场。"

张总回答："继续跟踪，请密切关注现场监测数据变化情况，实时汇报。"

盾构中心负责人："收到。"

建设分公司张总起身跑步至轨道交通应急抢险中心830室，抢险领导小组各部门负责人均已迅速到位准备召开紧急会议。

建设分公司张总指示立即调取盾构视频查看险情，盾尾涌水涌砂的险情出现在监控画面中。

此时，项目经理跑步至现场指挥中心查看突涌险情（施工现场指挥中心是集信息反馈、多媒体显示、视频监控、指令发布、危机处理的综合现场办公场所。可以实时收集查看盾构掘进各项参数、各功能区的作业情况，及时有效地进行隧道内外信息沟通。在险情发生时，可作为项目应急抢险办公室）。

与此同时，隧道中班组长手持对讲机发出指令“全体人员立即撤离！”并且拉响警报。现场作业人员在班组长带领下从隧道内进行有序撤离；撤离至地面后班组长对人员点名核实，并与门禁系统显示进场人数核对，确保人员全部撤离。班组长：“报数！”作业人员：“1、2、3、4、5、6、7、8、9、10……”（门禁系统是项目信息化管理重要组成部分，通过系统分配、登记、录入与管理，可对项目内外人员进行分类动态管理，同时可做到工人进场教育、人员信息登记、劳动合同签订的协同管理）。

确认所有作业人员安全撤离后，班组长立即向项目经理汇报：“报告余经理，金小区间右线作业人员通过清点查验，已全部撤离到安全位置。”项目经理回复：“好的。”转身询问项目总工：“樊总，目前监测情况怎样？”项目总工回答：“目前根据各项监测数据显示，地面沉降稳定，隧道结构安全，具备抢险条件。”项目经理立即向副经理作出指示：“张经理，立即启动项目应急预案。”副经理接到指令后，转身向各小组发出抢险指令：“各小组出发！”各小组齐声回答：“收到！”随后立即散开，分头行动。

为保证人员安全，治安保卫组设置警戒线，站在警戒线附近警戒并组织与抢险无关的人员撤离。

地面监测组继续对地面情况进行严密监测。

项目经理会同技术方案组根据项目专项应急预案，结合险情动态共同商讨制定详细的抢险方案。

物资保障组立即行动，打开应急物资库，迅速搬运应急所需物资、设备，确保抢险物资及时有效供应。抢险物资、堵漏设备通过龙门吊下放至电瓶车上，向隧道内运输。后续设备及相关物资继续通过龙门吊向井下吊运。

施工项目部应急救援组赶赴事故现场，根据“专项抢险处置方案”进入隧道内进行应急救援。前端 3 人采用棉被、钢板对突涌处盾尾间隙进行塞填封堵，有效减少水、砂涌出量；中部 2 人在前端塞缝基础上利用聚氨酯注入泵在盾尾处注入聚氨酯材料。聚氨酯为地下工程防水堵漏常用材料，遇水后会迅速发泡、膨胀，可迅速有效填充涌水通道，进一步阻止水砂涌出；后端 3 人在盾尾后五环注入双液浆。双液浆是水泥和水玻璃的混合物，注入后可起到快速稳定管片及周边土体的作用。抢险进行中，因洞内水量过大，堵漏效果不好，盾构上方土体不断变形，导致盾构轴线上方燃气管线破裂。地面监测人员闻到异味，立即向项目经理汇报：“报告余经理，地表沉降较大，现场有异味，疑似燃气管线出现泄漏。周边为空旷地区，无人员和建筑物，需安排抢险人员对燃气泄漏进行处置。经监测，目前隧道结构安全，可继续隧道内抢险。”项目经理回答：“我立即安排项目抢险小组赶赴现场进行临时处置，并且请求燃气公司支援。”

土体逐渐变形，导致燃气管线泄漏逐渐扩大。项目抢险小组使用远距离喷雾洒水稀释气体，防止事故进一步扩大。

同时项目经理打电话给燃气管线产权单位求助：“喂，燃气公司吗？”燃气公司：“对，请讲。”项目经理：“我标段施工的盾构区间，在东钱湖大道与镇岚路交叉口，土体变形导致燃气管线漏气。我方已采取隔离措施，情况紧急，请求支援。”燃气公司：“我们立即组织人员赶赴现场实施救援。”

燃气公司根据项目经理描述的位置，通过燃气管网 GIS 系统查阅相关区域的燃气管网信息，确认为地下 DN100 煤气管发生泄漏，且该处已形成环网，无须停气。商讨抢险措施后立即组织抢修队赶赴现场。

由于堵漏效果不好，突涌逐渐扩大，应急救援组通过电话向项目经理汇报："报告余经理，盾尾突涌有扩大趋势，隧道结构整体安全。"项目经理："继续组织抢险，我请求建设分公司支援。"

项目经理立即向建设分公司张总汇报："报告张总，我标段按照项目应急方案对险情进行了紧急处置，但险情有继续扩大趋势；另外隧道上方对应燃气管道出现泄漏，燃气公司抢险队正在赶赴现场。请求建设分公司支援。"张总回复："我马上启动建设分公司应急预案。"

电话挂断后，张总立即通过电话向轨道交通应急抢险队陈队长作出指示："王曼，请通知抢险队，土建 4018 标金达南路站至小洋江站盾构区间右线出现突涌险情，立即出险。"建设分公司调度计划部负责人王曼立即告知了抢险队。陈队长："是！我立即集合抢险队人员带上抢险设备赶赴现场。"张总继续对盾构部门作出指示："黄毅，立即通知相邻标段，土建 4018 标金达南路站至小洋江站盾构区间右线出现突涌险情，立即组织相关抢险人员、物资赶赴小洋江站现场。"

应急抢险队陈队长接到张总出险指令后，立即通知抢险队队员集合："土建 4018 标金达南路站至小洋江站盾构区间右线出现涌水涌砂险情，立即查看最快行车路线。带上阿特拉斯钻机、注浆设备、内支撑体系等装备，马上出发。扫描二维码，物资设备准备。"宁波轨道交通应急抢险队成立于 2009 年，主要负责宁波轨道交通在建项目应急抢险任务，根据事件的程度和发展速度，为险情单位提供专业技术服务及设备应急物资。负责培训各在建项目的应急抢险队，并定期巡查各在建项目储备的应急物资和设备。应急抢险队主要设备有：阿特拉斯 ROC-D7 钻机、平板拖车、500kVA 发电机、汽车吊、随车吊、工程救险指挥车、工程抢险车、注浆机、水泵；主要应急物资有：水玻璃、聚氨酯、与水泵配套的高压防爆水带、高压橡胶钢丝软管。

接到指示后黄毅部长立即赶赴现场，接手现场应急抢险工作，并通知现场相邻标段 15、16、17 标立即组织人员将应急物资、设备装车，赶赴现场协助抢险。

就近东钱湖燃气公司接到险情报案通知后，即刻组织抢修人员及抢修车到达现场。抢修人员开始使用设备对周围各点的天然气浓度进行检测，确定现场确有天然气泄漏，立即着手排查天然气泄漏和扩散的大致范围。为防止事故进一步扩大，燃气公司关闭周边管网的 2 个相关阀门。通过检测，管线内已经无残留气体，可以进行维修，燃气抢修人员进场对泄漏管段进行开挖。泄漏点开挖出后抢修人员开始对泄漏管段实施抢修。完成后，使用发泡剂，对修复管段进行保压查漏，确定管道抢修合格。随后燃气公司抢修人员向项目经理汇报："余经理，燃气泄漏危险已解除，安全风险基本受控。"

此时，建设管理分公司人员到达，黄部长下车到达项目经理所站位置，询问项目经理："目前现场抢险情况如何？"项目经理回答："渗漏水仍有扩大趋势但隧道整体结构安全、燃气管线阀门已关闭并已通知燃气公司专业抢险，请指示。"黄部长："集团公司应急抢险队、联动标段救援人员、物资已陆续赶来现场。按方案继续组织现场抢险工作。"随后接手现场指挥权。

应急抢险队、联动标段人员物资陆续到达现场，应急抢险队队长及联动标段人员下车跑步至黄部长面前："黄部长，应急抢险队及联动标段应急抢险人员、物资、设备已经到达现场，请指示。"黄部长："陈队长，立即调运应急抢险专用支撑设备加固盾构台车后管片，防止隧道变形；使用钻机在指定位置打斜孔至盾尾管片下方注浆封堵。联动标段请立即将物资运送到指定区域卸车。"陈队长及联动标段："收到！"

部分抢险人员跑步下井，指挥门吊将隧道应急加固用的支撑体系专用设备下放到端头井下停放的电瓶车上，跟随电瓶车进入隧道内，并对隧道盾尾成型隧道进行支撑加固，控制隧道变形，提高隧道抗变形能力。可调式钢支撑是抢险队自主研发隧道支撑设备，它具有承重性能好、可自由调节高度、结构简单、支撑方便快捷等特点，可同时形成三道支撑，总支撑力可达到 220 吨。隧道专用支撑设备是抢险队自主研发的隧道应急抢险设备。该设备分前、中、后 3 层支撑架，每层间隔 1. 2 米，可以同时支撑三组管片。每层支撑架安装 8 个工作油缸，根据隧道内各种支架的实际情况，分布在环状方位上。每层支撑中心为正八边形钢结构，保证受力可靠均匀。隧道专用支撑设备采用液压泵站驱动，采用 24 个手动换向阀分别控制 24 个推进油缸，实现每个点位油缸的独立伸缩和支撑力的控制，根据现场情况对变形管片合理施加支撑力。隧道专用支撑设备具有结构简单、运输和加固速度快、抢险人员安全等特点。当隧道出现紧急情况，需要对管片进行加固时，使用现场的门吊把隧道专用支撑设备吊到电瓶车编组的管片车上，由管片车和电频机车运输到需加固的管片位置，体现了抢险设备高机动化的特点。

另一部分抢险队员指挥阿特拉斯钻机下车，移动至注浆位置，同时接通后台造浆系统电源，开始造浆。抢险队队长发出指令："现场钻孔注浆位置已确定，立即投入现场抢险。"宁波市轨道交通工程应急抢险队配备的阿特拉斯 DRC-D7 钻机通过改造，已经升级为地内压力可控旋喷钻机，该设备可以以 40MPa 压力向地内输送水泥浆或聚氨酯等堵漏材料，又具有强制排浆功能，可将地内的水和泥浆强制排出。目前抢险队计划利用阿特拉斯钻机可以倾斜打孔功能，通过一定夹角钻进到漏水点，开始向外排水来减小盾构机漏水处压力，给洞内封堵提供帮助。等洞内大的漏水处封堵形成时，开始向泄漏点注入聚氨酯，通过注聚氨酯来封闭漏水点。等漏水点堵住后，注入水泥浆进行回填。项目抢险人员配合配合抢险队将水管和电缆接通，将水泥、水玻璃、聚氨酯等抢险物资运往抢险区域，开始拌制双液浆。钻机司机将钻机就位，连接注浆管路，开始钻孔；钻进到指定位置，开始向外强制排水。待隧道内棉被及铁板塞缝完成后，向孔内注入聚氨酯，等聚氨酯发泡后再向孔内注入水泥浆回填。

通过上下联动，即在地面抽水减压及打孔压注聚氨酯双组分和隧道内使用棉被、铁板塞缝和压注堵漏材料，对盾尾突涌的堵漏效果终于见效，险情已得到了有效控制。业主代表与技术组人员观察确认隧道内涌水涌砂明显减弱。业主代表通过电话向黄部长报告："报告黄部长，隧道盾尾涌水涌砂明显减弱，请指示。"黄部长："好的，继续观察。"业主代表："收到。"

现场各小组负责人共同现场确认险情已得到控制，并向黄部长汇报。监测组："报告黄部长，盾构隧道及周边环境监测数据已趋于稳定。"技术组："报告黄部长，盾尾涌水涌砂现象已经得到控制。"燃气管线负责人："报告黄部长，燃气管线已修复完毕。"黄部长："继续加强观测和现场巡查。"余经理和各小组回复："收到。"

现场应急各小组负责人再次对事发现场和周边环境进行核查，确认突涌得到控制、燃气管线修复完成，应急抢险工作宣布结束。监测工作继续进行。

18.6 预案修订条件

根据演练和实际需要，诸如编制依据中的法律法规及标准等发生变化、管理组织体系或人员职责发生调整、应急演练评估后发现预案存在重大缺陷、应急预案管理部门要求修订、预案有重大缺陷等情况，可能导致应急事件发生时不能有效合理地应对险情时，应组织专业人员对预案及时予以修订完善。一般应急预案时效不超过3年。

结　语

轨道交通工程双重预防机制是类似中西医结合疗法治理工程安全问题的两大法宝。风险分级管控类似中医疗法，系统地在管理层把脉全部风险及其管控重点并分级设立预控，落实职责，合理统筹资源；以安全隐患排查治理为工程安全的日常手段，雷厉风行，快刀斩乱麻，讲求闭环，犹如西医下猛药，药到病除。双重预防机制是全员、全过程、全方位的系统安全管理工作，既运用监测监控信息化施工手段把预警管理做到宽严适度，又利用隐患排查治理系统让基本作业面处处可落地生根；最后在夯实双层防火墙的基础上，将针对性强的应急预案作为双重预防机制的有力后盾。

经验证，双重预防机制是一种科学的安全管理方法，标本兼治，值得全面推广。

宁波市住房和城乡建设局
宁波市轨道交通建设指挥部
二〇一九年五月